权威·前沿·原创

皮书系列为
"十二五""十三五"国家重点图书出版规划项目

江苏蓝皮书

BLUE BOOK OF JIANGSU

2018年
江苏社会发展分析与展望

ANALYSIS AND PROSPECT ON SOCIAL DEVELOPMENT OF JIANGSU (2018)

主　编／夏锦文　陈爱蓓

社会科学文献出版社
SOCIAL SCIENCES ACADEMIC PRESS (CHINA)

图书在版编目(CIP)数据

2018年江苏社会发展分析与展望/夏锦文,陈爱蓓主编.——北京:社会科学文献出版社,2018.8(2019.10重印)
(江苏蓝皮书)
ISBN 978-7-5201-2988-6

Ⅰ.①2… Ⅱ.①夏…②陈… Ⅲ.①社会发展-研究报告-江苏-2018 Ⅳ.①D675.3

中国版本图书馆 CIP 数据核字(2018)第 141705 号

江苏蓝皮书
2018年江苏社会发展分析与展望

主　　编 / 夏锦文　陈爱蓓

出 版 人 / 谢寿光
项目统筹 / 任文武
责任编辑 / 高振华

出　　版 / 社会科学文献出版社·城市和绿色发展分社(010)59367143
　　　　　　地址:北京市北三环中路甲29号院华龙大厦　邮编:100029
　　　　　　网址:www.ssap.com.cn

发　　行 / 市场营销中心(010)59367081　59367083

印　　装 / 三河市龙林印务有限公司

规　　格 / 开　本:787mm×1092mm　1/16
　　　　　　印　张:28.75　字　数:435千字

版　　次 / 2018年8月第1版　2019年10月第3次印刷

书　　号 / ISBN 978-7-5201-2988-6

定　　价 / 128.00元

皮书序列号 / PSN B-2017-636-2/3

本书如有印装质量问题,请与读者服务中心(010-59367028)联系

▲ 版权所有 翻印必究

本书编委会

主　　任　夏锦文

副 主 任　陈爱蓓　樊和平　章寿荣

委　　员（以姓氏笔画为序）
　　　　　　丁　宏　孙肖远　张　卫　钱宁峰　徐　琴

主　　编　夏锦文　陈爱蓓

主编简介

夏锦文 江苏省社会科学院党委书记、院长,法学博士,二级教授,博士生导师,国家级教学名师,十三届江苏省委委员、省十二届人大代表。2000年被评为首届"江苏省十大优秀中青年法学家";2006年被人事部等7部委评为"新世纪百千万人才工程"国家级人选;2007年被评为江苏省"333高层次人才培养工程"首批中青年科技领军人才;2010年享受国务院特殊津贴。兼任教育部高等学校法学类专业教学指导委员会副主任委员、江苏省哲学社会科学界联合会副主席、江苏省法学会副会长、江苏省人大常委会立法专家咨询组组长等。主要研究领域为法学理论、区域法治发展、法治理念与社会治理现代化等。

先后主持国家社科基金课题4项、教育部哲学社会科学研究重大课题攻关项目子项目2项,以及江苏省社科规划等其他省部级课题近20项。在 *Annual Survey of International & Comparative Law*(U.S.A)、《法学研究》、《中国法学》、《江海学刊》等期刊上发表学术论文140余篇。在《人民日报》、《光明日报》等报纸上发表理论文章10余篇;公开出版《社会变迁与法律发展》、《冲突与转型:近现代中国的法律变革》、《传承与创新:中国传统法律文化的现代价值》、《法哲学关键词》、《法治思维》、《法学概论》(教育部规划教材)等著作和教材30余部。学术成果获省部级一等奖2项、二等奖4项、三等奖4项。

陈爱蓓 江苏省社会科学院副院长,民建成员,法学博士,研究员。江苏省十大优秀中青年法学家,兼任江苏省法学会副会长,江苏省委、省政府决策咨询专家,江苏省人民政府参事室特邀研究员等。主要研究领域为经济法学、诉讼法学。

关注与研究入世后的法制全球化问题,提出了很多前沿和有实践意义的看法,代表性学术专著为《走进WTO时代——政策、法律的回应与创新》。参与撰写中宣部马基工程教材《西方社会学理论》,在专业核心期刊上发表学术论文80多篇,在《新华日报》上发表理论宣传文章20余篇。撰写的社会调查研究报告多次获得江苏省主要领导肯定性批示。曾获得"江苏省优秀博士学位论文"奖等。

摘 要

《江苏经济社会形势分析与展望》是江苏省社会科学院组织编写的江苏年度发展报告,从1997年开始编写,一直延续到现在。为深化对新常态下江苏的经济社会文化问题的研究,从2015年开始,江苏省社会科学院决定将《江苏经济社会形势分析与展望》扩充为经济、社会、文化3卷本,并于2016年首次出版了3卷本。

《江苏社会发展分析与展望》旨在分析当年的江苏社会发展情况,展望下一年度的江苏社会形势与问题,并提出相应的对策、思路与建议。本书是对2017年江苏社会发展运行的分析和对2018年江苏社会发展的预测与政策建议。本书的研究报告大体分为6个部分。第一部分为总报告,是对江苏社会形势的总体研究;第二部分为政府改革与党的建设篇,主要是对江苏基层党建方面的研究;第三部分为社会建设篇,主要是对江苏民生事业发展的研究;第四部分为新型城镇化篇,是对江苏城乡发展的研究;第五部分为基层社会治理篇,是对江苏基层地区治理实践问题的研究;第六部分为区域法治篇,是对江苏法治建设的研究。希望这些研究报告能为相关部门制定社会发展政策提供借鉴与参考。

目 录

Ⅰ 总报告

B.1 2017~2018年江苏社会形势分析与展望
　　…………………… 张　卫　鲍　磊　马　岚　后梦婷 / 001

Ⅱ 政府改革与党的建设篇

B.2 江苏加强国企党建的现状与对策………………… 孙肖远 / 028
B.3 行政审批制度改革的实践进展及优化路径……… 陈　朋 / 038
B.4 江苏农村基层党组织建设的现状与对策………… 王　里 / 047
B.5 深化县委书记工作讲坛建设的思考与建议……… 王　婷 / 054
B.6 江苏完善干部激励机制与容错纠错机制研究…… 成　婧 / 061
B.7 推进江苏省权力清单与互联网政务深度融合研究… 成　婧 / 071

Ⅲ 社会建设篇

B.8 江苏现代化事业进程、特征与对策研究………… 何　雨 / 080
B.9 江苏区域现代化建设现状与推进路径…………… 孟　静 / 089

B.10 江苏"十三五"人口发展趋势与对策建议 ………… 苗　国 / 098
B.11 江苏建设更高质量民生事业研究 ………………… 何　雨 / 108
B.12 扩大江苏中等收入群体的路径与对策研究 ………… 樊佩佩 / 117
B.13 江苏省人口老龄化发展趋势、新特点及其应对措施 …… 姚晓霞 / 131
B.14 江苏养老保障的新问题和对策研究 ………………… 马　岚 / 139
B.15 江苏推进绿色生活方式对策研究 …………………… 郭玉燕 / 149
B.16 防范与化解江苏环境污染类社会风险 ……………… 岳少华 / 158
B.17 江苏民营企业创新发展研究 ………………………… 郭玉燕 / 165
B.18 江苏房地产长效调控机制建立及相关政策建议 …… 苗　国 / 173
B.19 江苏多层次社会保障体系建设进展及对策 ………… 张春龙 / 183

Ⅳ 新型城镇化篇

B.20 江苏产城融合发展的主要进展与对策 ……… 徐　琴　吕叶晨 / 193
B.21 江苏市场型小镇发展的现状与提升对策 …………… 徐　琴 / 203
B.22 江苏美丽乡村建设的现状、短板与对策 …………… 孙运宏 / 211
B.23 推进江苏乡村振兴的实践与路径 …………………… 樊佩佩 / 222
B.24 推进城乡义务教育一体化与优质均衡发展的现状及
　　 对策 …………………………………………………… 韩海浪 / 232
B.25 江苏金融精准扶贫现状、问题与对策 ……………… 唐文浩 / 243

Ⅴ 基层社会治理篇

B.26 江苏基层群众自治的现状、问题与对策 …………… 束　锦 / 252
B.27 江苏"村改居"社区治理：现状、问题与对策 …… 费　钧 / 262
B.28 江苏新的社会阶层的社会心态分析 ………………… 后梦婷 / 270
B.29 江苏新的社会阶层人士网络统战工作方式研究
　　 ………………………………… 张　卫　后梦婷　孙运宏 / 278

B.30 推进江苏农村产权改革与法律保护的对策与建议 …… 徐　静 / 286

B.31 江苏打造共建共治共享社会治理格局的进展及政策
建议 …………………………………………… 岳少华 / 295

B.32 江苏社会治理现状及发展策略 ……………… 孟　静 / 304

B.33 江苏城乡基层社区治理的问题与对策研究
………………………………………… 张　卫　唐文浩 / 312

B.34 江苏农村协商民主自治的现实困境与路径选择 … 成　洁 / 321

B.35 江苏法治社会建设的进展、问题和对策 …… 张春莉 / 331

B.36 法治社会视域下江苏社会组织发展现状、问题与对策
………………………………………… 张　卫　王　晔 / 339

Ⅵ 区域法治篇

B.37 新时代法治江苏建设的新思路 ……………… 钱宁峰 / 349

B.38 全面修改《江苏省经济技术开发区管理条例》研究
……………………………………………………… 方　明 / 359

B.39 江苏推进行政执法与刑事司法衔接工作的现状、
问题与对策研究 ……………………………… 刘　伟 / 369

B.40 江苏行政诉讼的现状及对法治政府的促进 … 李小红 / 379

B.41 江苏检察机关提起公益诉讼的实践和思考 … 邹成勇 / 389

B.42 江苏加强个人信息保护的立法实践及完善建议 … 牛博文 / 397

B.43 江苏法治文化软实力建设的成就、挑战与深化 …… 林海 / 406

Abstract ………………………………………………………… / 414

Contents ………………………………………………………… / 415

皮书数据库阅读使用指南

总报告

General Report

B.1
2017~2018年江苏社会形势分析与展望

张卫 鲍磊 马岚 后梦婷*

摘　要： 2017年，江苏主动适应经济发展新常态，自觉践行新发展理念，着力抓好供给侧结构性改革，大力推动"两聚一高"新实践，加快建设"强富美高"新江苏。服务型政府、法治政府、廉洁政府建设进一步加强，廉政建设和作风建设进一步加快。民生改善有了新举措，启动实施"富民33条"政策。基本公共服务均等化水平不断提高。城乡一体的社会治理新格局逐渐形成。生态保护格局得到进一步优化，环保制度改革创新取得积极进展。2018年，要紧紧围绕推动高质量发展、建设"强富美高"新江苏，勇于自加压力、主动作为、

---

* 张卫，江苏省社会科学院社会学研究所所长、研究员；鲍磊，江苏省社会科学院社会学研究所副研究员；马岚，江苏省社会科学院社会学研究所副研究员；后梦婷，江苏省社会科学院社会学研究所助理研究员。

积极进取。为此，要在以下几方面着力：一是加大民生投入力度，着力解决人民群众最迫切的利益问题；二是健全基层社会治理体制机制，打造多元共治新格局；三是进一步加强生态环境治理制度建设，推动生态文明建设；四是进一步加强纪律保障，推进党风廉政建设。

关键词： 社会形势　社会发展　民生保障　社会治理

2017年，江苏全省上下紧紧围绕迎接党的十九大胜利召开和学习宣传贯彻党的十九大精神这条主线，把习近平总书记对江苏工作的重要指示要求作为行动指南，统筹做好各领域改革、发展、稳定各项工作。主动适应经济发展新常态，自觉践行新发展理念，着力抓好供给侧结构性改革，大力推动"两聚一高"新实践，加快建设"强富美高"新江苏。坚持正确的政治方向，始终在思想上、政治上、行动上同以习近平同志为核心的党中央保持高度一致。扎实推进"两学一做"学习教育常态化、制度化。加快推进廉政建设和作风建设，坚决纠正和整治"四风"，进一步加强服务型政府、法治政府、廉洁政府建设。民生改善有了新举措，实施"富民33条"政策。基本公共服务均等化水平不断提高，教育、医疗、住房等重点领域支出增幅均高于财政支出总体增幅。顺应利益群体多元、社会诉求升级、社会心态复杂等新特征，推进社会治理重心下移，将增进民生福祉作为关键点，打造城乡一体的社会治理新格局。生态保护格局得到进一步优化，环保制度改革创新取得积极进展。

一 2017年江苏社会发展的突出亮点及成效

经过改革开放近40年的不懈努力与艰苦奋斗，围绕满足人民群众日益增长的对"美好生活"的新需要，江苏民生事业发展进入全新的历史方位：

从江苏方位看,基本构建了"人民生活更加殷实"的民生事业新格局;从全国方位看,取得了率先建设更高水平民生事业新成就。

(一)民生事业取得新成就,民生共享水平不断提高

1. 率先建设更高水平民生事业取得了新成就

根据测算,江苏的现代化建设进程,领先全国平均水平6年左右,这也为江苏省在全国范围建设更高水平的民生事业奠定了坚实的物质基础。江苏深入贯彻以人民为中心的发展思想,一大批惠民举措落地实施,人民生活不断改善,人民获得感显著增强。

坚持把人民对美好生活的向往作为奋斗目标,持续加大民生投入力度,实施"富民33条"政策,组织开展富民增收专项行动,居民人均可支配收入达35024元,是2012年的1.56倍,城镇和农村常住居民人均可支配收入分别达43622元和19158元,城乡居民收入比由2012年的2.37∶1降至2.28∶1。在农村年收入4000元以下贫困人口如期脱贫的基础上,实施新一轮脱贫致富奔小康工程,累计超过133万年收入6000元以下的低收入人口实现增收脱贫。城镇登记失业率2.98%,城镇新增就业年均超过140万人,累计扶持96.4万人成功创业,带动就业409.3万人。覆盖城乡的社会保障体系基本建成,社会保险主要险种参保率均达97%以上。城乡居民基本养老保险参保人数1268.4万人,领取基础养老金人数1051.7万。城乡居民基本医疗保险参保人数5019.6万。调整退休人员基本养老金,全省人均增幅不低于5.5%,惠及760多万退休人员。城乡居民基本养老保险基础养老金最低标准由每人每月115元提高到125元。城乡居民医保人均财政补助最低标准提高到每人每年470元。城乡最低生活保障标准水平居全国前列。制定落实基本公共服务清单和基层基本公共服务功能配置标准,县域义务教育基本均衡实现全覆盖,高水平大学建设取得明显成效,教育现代化步伐加快。健康江苏建设全面启动,省级综合医改试点扎实推进,基本公共卫生服务从九大类增至十四大类,覆盖城乡的15分钟健康服务圈不断完善,全面二孩政策平稳实施,居民主要健康指标明显提升。建成保障性住房138.7万套(户),

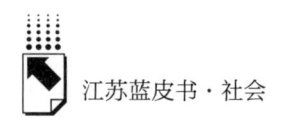

发放租赁补贴12.34万户，完成棚户区改造107.9万套、农村危房改造18万户。养老服务体系不断完善，妇女、儿童、残疾人、红十字、慈善事业取得新进展。基本公共服务均等化水平不断提高，教育、医疗、住房等重点支出增幅均高于财政支出总体增幅。

2. 基本构建了"人民生活更加殷实"民生事业新格局

从现代化事业的江苏方位看，对照党的十九大报告提出的"人民生活更加殷实"的全面建成小康社会决胜期目标，江苏已经基本形成了基础扎实、体系完备的民生事业新格局。2011年，江苏省在全国率先出台《关于大力推进民生幸福工程的意见》，提出大力增加城乡居民收入，构建终身教育体系、就业服务体系、社会保障体系、基本医药卫生体系、住房保障体系、养老服务体系"六大体系"，对民生事业发展做出了全面部署。2016年底，又提出了"聚力创新，聚焦富民，高水平全面建成小康社会"的新要求，勾画出了建设"强富美高"新江苏的美好蓝图，进一步健全、完善了江苏省民生事业新格局：居民收入与经济发展同步增长，城乡基本公共服务和标准体系全面建立，省定标准脱贫攻坚任务全面完成。在更好的教育、更稳定的工作、更满意的收入、更可靠的社会保障、更高水平的医疗卫生服务、更舒适的居住条件、更优美的环境、更丰富的精神文化生活等方面取得明显成效。

（二）推动社会治理重心下移，增强社会治理效能

党的十八大以来，江苏直面改革发展中出现的新问题，坚持依法治理、系统治理、综合治理、源头治理，先后出台《关于加强城市社区治理与服务的意见》、《关于印发江苏省城乡社区服务体系建设规划（2017~2020年）的通知》、《创新网格化社会治理机制工作意见》、《创新网格化社会治理信息化意见》、《网格化社会治理标准规范》等多个制度文件，在加强基层社区建设、创新社会治理、激发社会组织活力等方面发挥了先行者、示范区的作用，率先实现了经济社会的协调发展。

1. 联勤联动，打造网格化服务管理平台

江苏大力推进社会治理全要素网格化建设，努力实现从被动应对处置向

主动预测预警预防转变、从单纯管理向寓管理于服务转变、从主要依靠党委政府向开放共治转变。2017年8月，江苏确定5个设区市、9个区县作为创新网格化社会治理机制的试点单位。经过三个多月的实践探索，目前网格设置基本到位，网格队伍初步建立，"全要素网格通"研发成功，省级平台已经搭建，通过一个终端采集、一个平台联动、一个中心共享，全面提升了社会治理信息化水平，初步形成了全省统一的基层社会治理模式；初步形成了南京市网格工作联动处置、苏州市社会治理1734系统建设、盐城市社区警务"梳网清格"服务中心、泰州市人民调解组织基本覆盖等多个创新品牌项目，有效提升了社会治理社会化、法治化、智能化、专业化水平。

2. 推进治理重心下移，打造城乡社区"微治理"

江苏城乡基层社区治理围绕"把城乡社区建设成为和谐有序、绿色文明、创新包容、共建共享的幸福家园"的总目标，推进社区治理创新，打通服务群众的"最后一公里"，让惠民政策在基层社区真正落地，以城带乡、以乡促城、优势互补、共同提高，推进城乡社区协调发展。目前，江苏共有2.1万多个城乡社区，在过去五年中，省级财政每年投入亿元专项资金，撬动地方财政累计投入44亿元，新增社区服务用房达161.5万平方米，实现了5386个社区综合服务中心的改造提升，全省90%以上社区都建有400平方米的综合服务中心。鼓励各类主体参与社区服务，以投资主体多元化、服务队伍专业化、监督管理规范化为主旨，繁荣社区服务，以充分满足社区居民不同类型的需求。

3. 激发社会组织活力，增强社会治理效能

党的十八大以来，江苏率先试行直接登记，推广基层社会组织登记备案"双轨制"，并大力建立培育扶持（孵化）基地，促使江苏社会组织的数量迅速增长。截至2017年底，江苏各级民政部门注册登记的社会组织达87555个，总量居全国第一位，其中社会团体35361个、社会服务机构51532个、基金会662个。江苏加快政府职能转移步伐，通过公益创投逐步推进政府购买服务，发挥社会组织在促进经济发展、创新社会治理、增强社会自治等方面的重要作用。与此同时，江苏着力加强社会组织党建工作，以

党建推动社会组织规范化运作。苏州市有8个孵化基地建立了区域党建工作站。无锡市会同组织部门开展了社会组织党组织工作培训。徐州市推动社会组织党建指导员工作。扬州市建立市非公有制企业和社会组织党建工作联席会议制度。宿迁市将"提升社会组织党建工作水平"列入市委基层党建"书记项目"。

（三）生态环境监管力度加大，生态文明建设水平不断提升

1. 经济结构绿色转型步伐加快

一是空间结构不断优化。根据国家统一部署，稳步开展"多规合一"试点工作，着力解决规划数量过多、内容交叉重复、缺乏衔接协调等突出问题。淮安、镇江等地建成空间信息平台，将城建、土地、环保等规划叠加融合，建立统一的空间规划体系。启动生态红线监管平台建设，按照"一个规划、两个办法、一个细则"有关要求，开展生态红线区域监督管理工作考核，督促落实管控要求。二是致污能源消耗和清洁能源利用一降一升。省政府办公厅印发《江苏省削减煤炭消费总量专项行动实施方案》，将"减煤"目标逐年分解到各市、县（市、区）及重点行业。大力压减燃煤发电和热电机组数量，加快淘汰高能耗、高排放的小型燃煤机组，开展煤电机组节能减排与改造行动，加快推进分散燃煤锅炉关停，实施清洁能源替代，积极发展清洁能源，积极利用区外来电。对所有新、改、扩建耗煤项目一律实行减量替代或等量置换，电力行业一律实行等量置换，非电行业一律实行1.5倍减量替代，钢铁、水泥行业和2015年度空气质量排序较后的4市，实行2倍减量替代。三是通过淘汰落后产能降低污染物排放。省政府印发《江苏省钢铁行业化解过剩产能实现脱困发展实施意见》，明确严禁新增产能、坚决淘汰落后产能、严厉打击非法产能等重点工作措施，着力推动钢铁行业转型升级。组织开展全省钢铁企业产能情况普查，对全省钢铁行业冶炼企业名单及炼钢炼铁装备进行公示。2017年4月7日，省政府召开全省化解过剩产能工作会议，与各设区市人民政府签订《化解过剩产能目标责任书》，明确全省压减钢铁产能634万吨、煤炭产能18万吨、水泥产能90万

吨、平板玻璃产能200万重量箱,并具体落实到企业和项目。2017年,全省共化解钢铁产能584万吨、压减煤炭产能18万吨、水泥产能510万吨、平板玻璃产能330万重量箱和一批低端低效产能。积极开展化工企业"四个一批"专项行动。

2. "三大"污染防治攻坚战有力推进

一是深入实施大气污染防治行动计划。2017年,安排大气治理重点工程4288项,9月份增补912项VOCs治理项目,截至12月底,共完成5377项,完成率达103.4%。其中,整治燃煤锅炉11761台,完成率达127.3%。大力推广新能源汽车,全年淘汰老旧机动车8.04万辆。落实船舶排放控制区各项要求,新建港口岸电系统151套,完成率达111%。开展港口粉尘综合治理专项行动,完成堆场扬尘治理项目324项,完成率达100%。出台《VOCs污染治理专项行动实施方案》,推进化工园区VOCs集中整治及重点工业行业VOCs污染治理,开展移动源及面源VOCs治理。2017年完成VOCs整治工程3793项。进一步提高农作物秸秆综合利用水平,严格落实禁烧责任制,环境保护部卫星遥感未监测到秸秆焚烧火点。进一步提升空气质量预测预警水平,强化重污染天气应急管控措施的落实,提高重污染天气应急的有效性。二是扎实推进水污染防治行动计划。强力推进断面达标,按照"断面长制"要求,把断面水质改善达标、消除劣Ⅴ类等目标任务纳入2017年度水污染防治工作计划和年度环保任务书,由省政府下达到各设区市。组织逐一编制断面水质改善方案,明确任务清单、完成时限和责任单位。每月将断面情况通报相关设区市人民政府。推行水环境精细化管理,在太湖、长江、淮河流域划分101个国家控制单元和226个省级控制单元,将考核断面、治污项目、治理措施均落实到控制单元中,实施精细化管理。在国家下达的化学需氧量、氨氮两项约束性指标的基础上,增加总磷、总氮减排指标。2017年,全省实施1925个减排工程,4项指标均超额完成年度任务。推进水生态环境功能区划落地,率先开展水生态环境功能分区研究,制定《江苏省太湖流域水生态环境功能区划》,将太湖流域划分为49个水生态环境功能区,设定水生态管理、空间管控、物种保护三大类管理目标,实行分级、分区、分类、分期考核管理。加强水源地安全保障，省政府办公厅印发《关于加强全省饮用水水源地管理与保护工作的意见》，进一步明确相关工作要求。按照"一源一策"原则，针对督察反馈的水源地问题逐一明确整治措施、完成时间，并多次组织开展现场核查督察。截至2017年底，已全部整改到位。全面排查梳理全省县级以上集中式饮用水水源地存在问题，省政府办公厅印发《全省城市集中式饮用水源地风险隐患专项整治达标建设工作方案》，将存在问题的县级水源地整治完成时间提前至2018年底。三是有力落实土壤污染防治行动计划。开展土壤污染状况详查，编制《江苏省土壤污染状况详查实施方案》，已完成重点行业企业筛选、空间点位遥感核实、详查实验室筛选、农用地详查布点及核实、农产品水稻样品采集等工作。开展已关停并转、破产、搬迁的化工企业遗留地块环境信息排查，对其中尚未开发利用的遗留地块，优先纳入土壤详查，进一步识别环境风险，开展风险管控。建立健全多部门联合监管机制，省环保、经信、国土、住建等部门联合印发《江苏省污染地块环境管理联动监管方案》，制定完成《江苏省土壤污染治理与修复规划》，建立土壤污染治理与修复项目库，并实行动态更新。加快危险废物处置能力建设，全省新增危险废物处置能力35.85万吨，超额完成任务。

3. 生态保护格局进一步优化

根据省政府办公厅《关于开展省级生态红线区域优化调整工作的通知》要求，组织各地对省级生态红线区域保护规划进行优化调整，全省生态红线区域总面积拟增加到25701.18平方公里。其中，陆域生态红线区域总面积24431.14平方公里，占辖区面积的23.78%。组织开展全省国家生态保护红线划定工作，目前已形成方案，并经省政府常务会议审议通过，呈报环保部和国家发改委。苏北苏中生态保护网建设切实推进。2017年1月19日，省政府印发《苏北苏中地区生态保护网建设实施方案》，明确苏北苏中生态保护网的建设目标和重点任务。推进"两区"建设。同年5月15日，省政府办公厅印发《关于推进生态保护引领区和生态保护特区建设的指导意见》，率先在全国开展生态保护引领区和生态保护特区建设，构建统一登记、统一规划、统一保护、统一监管的自然资源一体化管理机制。目前，无锡宜兴市和常州武进区已开展生态保护引领区试点，盐城、宿迁依托盐城湿地珍禽国家级自然保护区和泗洪洪泽湖湿地国家级自然保护区启动生态保护特区建设。农村环境综合整治效果明显。继续按照国家两部委试点工作要求，扎实推进全省覆盖拉网式农村环境综合整治试点工作，共启动6140个村开展试点。组织对已建的31个自然保护区开展专项执法检查。实施生态修复工程。截至2017年底，全省完成造林46.7万亩，新建5处省级湿地公园、35处湿地保护小区，进一步提高自然湿地保护面积。

4. 环境监管执法力度持续加大

研究制定、修订《江苏省挥发性有机物污染防治管理办法》、《江苏省太湖水污染防治条例》，提请省人大常委会将《江苏省辐射污染防治条例》、《江苏省水污染防治条例》、《江苏省环境保护条例》、《江苏省土壤污染防治条例》等地方性法规列入2018~2020年立法计划。网格化监管都得到有效落实。省委办公厅、省政府办公厅印发《关于建立网格化环境监管体系的指导意见》，指导各地建立网格化环境监管体系。全省共划分一级网格13个、二级网格124个、三级网格1527个、四级网格15466个，其中包含82个特殊网格。环境执法力度不断加大。4月，省环境保护厅、公安厅出台《关于进一步规范全省环境污染犯罪案件危险废物认定工作的通知》，规范危险废物认定工作。2017年，全省公安、环保部门合力侦办环境污染犯罪案件508件、抓获犯罪嫌疑人935人，同比分别上升107%、82%。全省环保部门立案查处环境违法案件1.48万件、处罚金额9.6亿元，同比分别增加50%、39%。实施联合惩戒，组织对全省29957家重点企业开展环境信用评价，在省环境保护厅网站公布国控重点企业评价结果，并将评价结果抄送省信用办等部门。率先出台"环境影响评价中介机构和从业人员信用评价管理办法"，研究起草"环境失信企业联合惩戒办法"。排污许可证制度基本全面建立。截至2017年底，全省共核发火电、造纸、钢铁、水泥等15个重点行业排污许可证2479张，全面完成许可证核发任务。实施工业污染源达标排放行动计划。

5. 环保制度改革创新取得积极进展

一是建立与污染物排放总量直接挂钩的财政政策。制定《污染物排放总量挂钩财政政策相关指标考核办法》和《污染排放统筹资金收取、返还及环境质量达标奖励实施办法》，进一步明确考核范围、考核指标、任务分解、考核要求和相关工作程序。组织对全省54个市、县（市）开展总量减排和环境质量考核，根据考核结果核算各地收取、返还、奖励金额。将国家下达江苏省的年度总量减排和环境质量改善任务分解到54个市、县（市）。筹备征收挥发性有机物（VOCs）的统筹资金，并把总氮、总磷征收范围拓展到全省。二是深化水环境区域"双向补偿"制度。在全省跨市河流交界断面、直接入海入湖入江断面、清水廊道控制断面以及出省的重点监控断面等，实行双向补偿。全省补偿断面从原有的66个增加到112个，将补偿标准提高到以前的1.25~2倍，同时将太湖流域总磷补偿标准调高至其他地区的2倍。据统计，全年全省补偿资金约5亿元。三是实施排污权有偿使用和交易制度。出台《江苏省排污权有偿使用和交易价格管理暂行办法》、《江苏省排污权有偿使用和交易管理暂行办法》，规定排污单位获取排污权的方式、工作流程、征收标准、缴纳原则等。结合排污许可证发放，完成火电、造纸等15个重点行业企业排污权确权。四是开展生态环境损害赔偿试点。省政府印发《江苏省生态环境损害赔偿制度改革试点工作实施方案》，明确省政府为江苏省行政区域内生态环境损害赔偿权利人。受省政府委托，省环保、国土、住建、水利、农业、林业、海洋与渔业等相关部门根据职责分工，分别负责矿产、土地、水资源、耕地、森林及湿地、渔业（淡水）环境资源等损害的索赔工作，省政府法制办代表省政府处理涉法涉讼等相关事宜。五是推进绿色金融制度改革。把推进环境污染责任保险纳入年度生态文明建设目标责任书，建立联席会议机制，强化环保、保监局和金融办等部门合作。南京等地以市政府名义印发《环境污染强制责任保险实施办法》，将环责险与企业环境信用评价制度相结合，纳入企业环境信用评价指标。六是推进省以下环保机构监测监察执法垂直管理改革。经中央编办、环境保护部备案同意，7月，省委办公厅印发《江苏省环保机构监测监察执法垂直管理制度改革实施方案》。目前，全省各设区市正抓紧制定本地区工作方案，推动省以下环保垂管改革各项举措落地，着力构建条块结合、各司其职、权责明确、保障有力、权威高效的地方环保管理体制。

（四）不断深化体制改革，党风廉政建设进一步加强

1. 惩治腐败的政治生态初步形成

江苏各级纪检监察机关坚持无禁区、全覆盖、零容忍，坚持不松劲、不停步、再出发，以坚如磐石的决心夺取反腐败斗争压倒性胜利，营造风清气正、干事创业的良好政治生态。切实强化党章党规党纪和廉洁从政教育，举办廉洁从政专题研究班，对近两年新任省管干部进行集中培训。充分发挥反面教材作用，制作《坚决铲除政治生态"污染源"》专题警示教育片，召开全省领导干部警示教育大会，1.6万余人同上警示教育课。积极实践监督执纪的线索处置、谈话函询、执纪审查、调查谈话"四种形态"，其中，第一、第二种形态占90.4%，第三种形态占3.6%，第四种形态占6%，"四种形态"结构性特征基本显现，运用更加科学合理，由"惩治极少数"向"管住大多数"拓展。把坚决遏制腐败蔓延势头作为重点工作目标，始终保持惩治腐败高压态势，严肃查处一批违纪违法案件。完善信访举报分析研判双月专题会制度，推动信访举报向问题线索转化，探索构建既相互协调又相互制约的闭环管理机制。

2. "四风"问题得到明显遏制

紧盯重要时间节点、具体问题线索和"四风"问题新动向，严查违规公款吃喝、公款旅游、公款购买赠送节礼等违纪违规问题。全省查处一批违反中央八项规定精神问题，体现越往后执纪越严的要求。其中发生在当年的违纪违规行为占比降低，表明"四风"问题存量不断减少、增量明显遏制。在全省开展违规吃请和公款吃喝问题专项整治"回头看"，深入推进公款购买消费高档白酒专项整治行动。全省各级纪委持续加大通报曝光力度，省纪委通报曝光违反八项规定精神问题14批45起，释放执纪必严、违纪必究的信号。与此同时，聚焦群众关切，围绕扶贫脱贫、农村集体"三资"管理、

惠农补贴等领域，切实解决群众身边不正之风和腐败问题。对扶贫等领域问题反映比较集中的3个县（市、区）进行重点督办，筛选情况典型、问题突出、久拖不决的线索，开展直接督办、约谈交办、发函督办。加强农村集体"三资"管理监督机制建设，推动有关职能部门深化全省农村产权交易市场建设，实现农村集体资源资产交易事项应进必进、全部入场规范交易。规范农村财务监管，提升农村集体财务监管水平。加大环保领域违纪问题查处问责力度，推动解决工程建设招投标领域违纪违法问题。

3. 编织巡视巡察监督网越织越密

深化国家监察体制改革是中央做出的重大决策部署。根据中央统一部署，在省委坚强领导下，省纪委超前谋划，牵头推进和组织协调监察体制改革试点工作，在学习借鉴先行改革试点省市经验做法的基础上，研究制定江苏省深化改革试点的实施方案，明确"时间表"、"路线图"。协调推进编制划转、机构设置、干部转隶相关工作，坚持"全融合"理念，对转隶人员"高看一眼、厚爱三分"。科学设置纪委监委机关内设机构，力量配备向监督执纪一线倾斜。制定《市县两级监察委员会组建及内设机构设置指导意见》，坚持内涵式发展，力求精简高效，实现机构、职数、编制"三个不增加"。改革试点过程中，省纪委建立联系督导机制，领导班子成员分别带队到13个设区市督查指导，把改革任务落到实处。目前，全省市、县两级监察委员会转隶挂牌工作基本完成，省监委筹建各项工作正在有序推进，将实现对所有行使公权力的公职人员监督全覆盖。至此，全省形成巡视、派驻、监察省市县三级全覆盖的监督格局，汇聚反腐败斗争的强大合力。

二 江苏社会发展面临的挑战和困难

党的十九大报告提出，"发展不平衡不充分，这已经成为满足人民日益增长的美好生活需要的主要制约因素"，这也是江苏今后社会发展面临的现实挑战。"不平衡"指的是发展在不同地区、不同部门、不同行业之间的差异；"不充分"指的是与工业化发达国家相比，我们在发展的程度、质量、结构等方面还有差距,实现"共富"的物质基础还不够牢固。具体到民生事业,"不平衡"主要表现为民生福祉的资源与分配,在地区之间、城乡之间、群体之间、行业之间,存在差异过大。如城乡、区域的民生福祉和收入分配的差距依然较大。而"不充分"则主要表现为民生事业发展的程度、质量与结构,与人民群众对美好生活的期待,还有较大距离。如人民群众在就业、教育、医疗、居住、养老等方面还面临不少难题。

(一)民生领域发展不平衡,高质量发展水平有待进一步提高

对江苏来说,随着人们对"美好生活"的需要日益增长,民生事业发展中的不平衡不充分现象,已经成为当前更加突出的问题,也成为"满足人民日益增长的美好生活需要的主要制约因素"。民生的各领域发展不平衡不充分问题仍然比较突出,优质教育、医疗、养老服务等方面的供给与人民群众期盼仍有差距,城乡区域协调发展水平需进一步提升,基础设施建设仍存在不少短板。

一是教育现代化薄弱环节亟须强化。当前全省教育事业的发展与经济社会发展,与人民群众对公平教育、优质教育的期望还有比较大的差距。主要表现为区域、城乡、学校之间存在较大差距,特别是实现基础教育的公平公正问题面临较大困难。校际教育差别导致的中小学基础教育中的"择校难、择校贵"问题依然突出,甚至学前教育也开始出现"择校难、择校贵"问题。区域、城乡之间教育差距也有扩大趋势,苏北地区、农村地区子女能够进入重点大学特别是一流大学的机会不是变多,而是变少了。

二是社会就业的结构性矛盾有待解决。主要表现在用人单位的"招工难"和求职者的"就业难"矛盾在不同区域、行业长期存在。统一的人力资源市场尚未形成,农村劳动力的非农化转移和失地农民的就业难问题比较突出。

三是社会保障水平有待提高。主要是社会保障在城乡、区域之间差别很大,不同程度存在覆盖范围有限、保障项目不统一、保障待遇不高等问题。社会保障的制度配套改革没有同步,制度之间衔接机制缺位,特别是推进灵

活就业人员纳入参保范围有较大难度。

四是医疗卫生领域尚需攻坚克难。随着城镇化、老龄化的发展，人们对医疗卫生服务的需求越来越大，但是从现有的医疗卫生服务供给能力看，和人民群众的需求还有较大的距离。城乡之间、区域之间医疗卫生事业发展依然存在不平衡、不协调问题，公益性投入补偿机制尚未形成，人民群众看病难、看病贵的问题依然不同程度地存在。

五是住房保障需要相关制度政策配套。主要表现在各项住房保障制度之间衔接不够紧密，部分城镇中等偏下收入家庭、新就业和外来务工人员的住房困难问题还比较突出。

六是社会养老服务供需矛盾尖锐。和江苏快速老龄化的现状相比，江苏各类养老机构床位总数明显不足，城市护理型养老机构床位供不应求，社区托老床位过少；由于政策扶持不到位，民办养老机构发展滞后；受工资待遇偏低影响，许多养老机构面临用工荒，护理、专业管理人员严重不足。

（二）社会动员能力有待提高，社会组织参与治理效能有待提升

近年来，江苏在构建社会治理格局中取得了卓越成效，尤其在基层社会网格化治理平台建设中亮出了江苏"名片"。但是与党的十九大提出的"打造共建共治共享的社会治理新格局"要求相比还存在较大的差距，在治理主体、治理结构以及治理过程等方面还存在不足。

1. 不同区域、城乡之间社会治理水平仍有差异

随着江苏经济社会的快速发展，城乡居民生活质量明显提高，但是总体来看依然存在着治理水平发展的不平衡，这首先表现在地区之间的不平衡，苏北、苏中地区的社会治理水平依然落后于苏南地区，而苏南地区在社会治理中的辐射带动效能还没有充分发挥，区域性的不平衡在公共服务上表现得尤为明显。其次表现在城乡之间的不平衡，农村地区仍然存在大量弱势群体，公共服务水平相对落后。这一点在信息化、智能化体系建设中表现得尤为明显，江苏信息化建设的不平衡已经影响了苏南、苏中、苏北的区域社会现代化发展，造成了城乡社会发展的数字鸿沟，制约了农村地区社会治理的

智能化、专业化水平。

2.治理主体之间的关系结构仍不明晰

社会治理需要充分发挥多元主体作用，需要充分引导社会力量，带动社会资本，构建全面覆盖的社会化服务支持体系。江苏一些地方依然存在着固化的"路径依赖"，以管理思维指导社会治理，习惯于政府大包大揽，对于一些公共服务项目不愿放手，这就造成一些社会力量在治理活动中束手束脚，社会活力不能充分释放，多元主体之间的互动合作也无法实现。因此，从现有社会治理体制的条块分割来看，江苏政府、民众、社会三者之间的关系结构仍不明晰，大部分公共服务工作依然有赖于政府的主力推动，而民众与社会组织的主动性、独立性较差，基层治理中的多方主体难以形成协调有效的集体行动。

3.社区群众参与度不高，社会动员能力仍需提高

受到长期以来自上而下管理体制的影响，群众参与社会治理的认识不足、动力不强、渠道不畅，因此客观上造成政府做了很多美好的规划设计，但普通群众的参与性不足，整体公共服务依然无法满足民众的生活诉求。这在社区基层治理中表现得更为明显，群众遇到事情向社区求助或者社区需要依靠居民开展工作的社会氛围不够浓厚。造成这一现象的原因可能是对已有公共服务项目的宣传内容不够深入，并没有及时准确地向广大居民群众广泛宣传，导致群众对于基层政府的政策产生理解偏差，甚至产生对立情绪，造成社会治理无法最广泛动员群众的力量。

4.智能化、网络化水平不适应社会发展的现状

随着信息技术的不断进步，社会治理迫切需要一个整合的公共信息平台，实现智能化、网络化。但江苏在固有体制影响下，信息共享机制尚不完善，不同部门之间的合作意识尚未形成，信息的碎片化导致了社会治理成本增加，公共服务难以完全覆盖全体居民。同时，江苏在推进社会治理重心下移过程中对人才的需求迫切增加，尤其是农村基层社区，人才队伍的科技化程度低，难以满足社区治理要求，直接阻碍了智能化、网络化的进一步发展。

5. 社会组织的治理效能仍需提升

目前江苏社会组织在数量上稳步提升，但总体治理能力和治理水平仍需提升。受长期以来双重管理体制的影响，一些社会组织行政化色彩浓厚，习惯用行政思维开展工作，缺乏社会化、市场化运作能力。一些社会组织自身建设不足，规范章程不完善，管理体制不健全，自身发展受限，在项目运作、资源动员、相互协调等方面能力不足，限制了社会组织效能的发挥。此外，社会组织在社会中地位不高，社会组织从业人员的发声渠道不畅通，一些有能力有理想的社会组织人才没有合适的参政议政方式，影响了社会组织的活力。

（三）生态文明建设机制亟待健全，配套措施有待深化

2016年7月15日~8月15日，中央第三环境保护督察组对江苏省开展了环境保护督察，并形成督察意见。督察意见指出，江苏省环境保护工作虽然取得明显进展，但全省经济社会快速发展与资源环境承载能力之间的矛盾依然突出，一些结构性、区域性环境问题未得到根本解决，环境风险较大。存在的主要问题有：一是贯彻落实国家环境保护决策部署还存在不到位情况。二是环境风险问题没有得到有效解决。三是部分区域生态环境问题突出。虽然此后江苏在中央环保督察整改上做了不少工作，取得了积极进展，但仍存在一些问题，特别是化工园区防护距离搬迁、钢铁产能置换等工作任务重、推进难度大；中央环保督察组交办的2451个环境信访问题，群众关注度高，立行立改、即知即改后，相应监管措施松懈、问题反弹的风险依然存在。

一是体制机制改革仍然有待突破。特别是中央要求的改革任务落实得还不够到位、不够深入，有的试点多年仍停留在起步阶段；许多改革措施还处于设计阶段；市场化推进生态文明建设的机制不健全，排污许可、排污权交易、第三方监管、政府购买服务、资源环境价格改革等有待进一步深化；基层环境监管能力不足，农村环保投入还需增加；全社会生态文明意识有待提升，不少企业环保意识差，社会责任感不强，存在不同程度的环境违法行为。

二是生态环境问题仍然突出。总体上看,国土空间承载负荷较大、资源能源约束趋紧、产业结构总体偏重、污染治理难度增加,生态环境仍是"两个率先"的突出短板和薄弱环节。同时,部分地区发展挤占生态空间较为突出,耕地或湿地、林地等生态空间保护方面亟待改善。

三是配套措施有待进一步深化。生态文明建设与经济建设密不可分。目前,经济发展与生态文明相辅相成、相得益彰的科学发展观还没有牢固确立,分散于众多部门主管的相关政策措施建设滞后于生态文明建设形势的需要。因此,既要建立一套系统完整的生态文明制度,也要统筹考虑经济体制改革,需要财政、价格、投资、信用、金融等多个部门、多项政策协力同步推进。

四是人们对生态文明建设认识仍然不够充分。人们生态意识不足,导致资源浪费严重,从而引发了一系列的环境恶化、能源危机、生态失衡等问题。因此要从自身做起,倡导勤俭节约,选择健康的生活方式,这样才有利于人类自身健康发展和人类文明的不断进步。

(四)党风廉政责任意识仍需加强,建设任务艰巨

1. 责任传导冷热不均

市、县两级普遍好于乡村基层,党政机关部门普遍好于国有企事业单位,特别是基层,管党治党意识亟待进一步加强。少数党组织主要负责同志的主体责任意识不强,抓党风廉政建设没有形成常态。虽然全省问责党组织和领导干部数量均比上年大幅提升,但仍有个别设区市问责党组织数量不升反降,有两个设区市运用纪律处分方式问责人数出现负增长。一些地区"一案双查"制度落实不到位,特别是在脱贫攻坚、环境保护、不作为慢作为问题等方面,问责不严,虎头蛇尾。

2. "四风"问题禁而不绝

违规发放津补贴福利、收送礼品礼金、公款吃喝、公车私用等问题时有发生,有的披"隐身衣"逃避检查,有的打"擦边球"规避监督,有的依然我行我素、顶风违纪,全年全省查处新发生违反中央八项规定精神问题422起、处理628人,绝对数量仍然不小。一些党员干部不再乱作为,但为

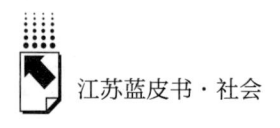

了不出事，宁愿少做事，不敢担当、怕担责任。形式主义、官僚主义问题仍不同程度存在，文山会海现象没有根本好转。

3. 突出问题整改仍未到位

一些地方和部门对工程建设领域监管不严不实，仍然存在违规拆分工程、擅自变更等问题。个别地方"两规"审查的县处级领导干部中，近七成涉及工程建设领域问题。有的地方和部门廉政风险防控机制不健全，特别是在项目立项、行政审批、资金拨付等重要环节，仍存在以权谋私或权力寻租空间。部分地区查处侵害群众利益问题力度不足，个别设区市查处问题数、处理人数少于上年。少数地区和单位办公用房清理不彻底，一些清理出来的办公用房综合利用率不高。

三 2018年江苏社会发展的展望及对策建议

党的十九大胜利召开，开辟了我国现代化建设事业的新征程，也为江苏更高水平、更高质量发展指明了方向。2018年是我国改革开放事业40周年，是贯彻党的十九大精神的开局之年，是2020年全面建成小康社会的关键之年。全省上下要以习近平新时代中国特色社会主义思想为指导，认真贯彻党的十九大精神，切实增强"四个意识"，紧紧围绕推动高质量发展、建设"强富美高"新江苏，勇于自加压力、主动作为、积极进取。从民生建设角度看，建设更高质量的民生事业，必须始终把人民利益摆在至高无上的地位，以增进民生福祉为根本，采取切实有效的措施，让改革发展成果更多更公平惠及全体人民，实现"更好的教育、更稳定的工作、更满意的收入、更可靠的社会保障、更高水平的医疗卫生服务、更舒适的居住条件、更优美的环境"。

（一）加大民生投入力度，着力解决人民群众最迫切的利益问题

1. 要更好地了解百姓需求

随着物质生活质量的日益提高，人民群众对经济社会发展成果的期望值

越来越高，因此可能出现了经济发达的地区，百姓满意度反而下降的局面。当前人民群众最关心的医、食、住、行等方面还存在着一些亟待解决的突出问题。必须坚持一切从实际出发的原则，顺应群众过上美好生活的新期盼，多谋民生之利，多解民生之忧，抓住群众最关心、最直接、最现实的利益问题，建章立制，增加财政对改善民生的投入比例，每年为群众多办实事，切实解决好就业、就学、就医、社会保障等问题。民生工作好不好，最终的评判者就是人民群众，充分调动广大人民群众参与民生幸福建设的积极性，鼓励人民群众积极参与民生工作。若政府决策缺少民众参与，政府提供的公共服务与民众的需求便不能有效吻合，会造成资源闲置与供给不足。政府应当通过在线交流、服务论坛等传播媒介听取公众的意见，以公众意愿作为唯一价值取向。同时，各级政府必须建立有效的机制，确保监督工作的顺利进行，通过内部与外部的双向监督来提高公众满意度，形成建设共同参与、成果共同分享的良好局面。

2. 加大社会民生投入力度

要紧抓国家政策机遇，加强健康养老、医疗卫生、教育、就业和社会保障等领域重大工程和项目谋划，建设社会民生领域项目库，加快推进社会领域重大工程包和相关消费工程。要借鉴国外基本公共服务供给模式，积极引入市场化和社会化投入机制，着力推行合同外包、政府购买、政府间协议、特许经营、凭单制、志愿服务等多种方式。选择一批民生工程项目，合理利用PPP、O2O等新型融资模式，支持企业和社会组织参与建设、管理和运营。创新财政支持方式，通过政府购买、财政补贴、贷款贴息等形式，鼓励和引导社会力量参与基本公共服务供给。创新公共服务设施抵押担保方式，拓宽信贷抵押范围，满足公共服务设施建设信贷需求。加快多层次资本市场建设，大力支持符合条件的服务业优质企业上市，加大直接融资力度。完善银行、担保、保险、信托等机构的合作机制，拓宽公共服务设施建设的多元化融资渠道，提高服务供给质量和效率。

3. 根据地区和部门状况进行分类指导

由于苏南苏中苏北发展阶段不同，民生工作上遇到的问题也有所不同，要针对各自的突出问题，有的放矢加以解决，达到既实现经济的转型升级，又提升民生工作水平的双赢目标。深入实施民生幸福工程，扎实办好民生实事，加快"六大体系"建设，让发展成果更多更公平惠及全省人民，在增加收入、就业、社保、教育、健康等方面，针对提出的具体措施或年度指标，分门别类做好指导工作。

4. 针对突出问题，攻坚民生事业中"不平衡"与"不充分"的主要矛盾

在率先"基本建设社会主义现代化"的征程中，建设"更平衡更充分"的民生事业：一方面，要以"不平衡"为导向，坚决打赢扶贫攻坚战，确保"没有一个人在全面小康社会中掉队"，重点推动教育、医疗、就业、养老等基本公共服务，在地区、城乡、群体与行业间的全覆盖。另一方面，要以"不充分"为导向，积极推动民生事业在供给数量上更充裕、在供给质量上更高水平、在供给结构上更为合理。

5. 着力解决好人民最关心最直接最现实的利益问题

要紧紧抓住人民最关心最直接最现实的利益问题，坚守底线，突出重点，完善制度，引导预期，不断满足人民日益增长的美好生活需要。

优先发展教育事业，深入推进教育强省建设，加快推进教育现代化，深化教育改革开放，促进基础教育优质发展、职业教育融合发展、高等教育内涵发展，加快构建终身教育体系。加大投入力度，加快一流大学和一流学科建设。坚持立德树人，建设高素质教师队伍。推进婴幼儿照护和儿童早期教育服务，着力解决学前教育资源不足、中小学生课外学业负担重、课外机构不规范办学、教师数量短缺和结构不合理等突出问题，积极营造健康的教育生态，努力办好人民满意的教育。

深入实施创新创业行动，细化落实"富民33条"，促进高校毕业生等青年群体、化解过剩产能转岗分流职工、农民工多渠道就业创业，推动科技人员、海外留学归国人员等高层次人才创新创业，拓展"互联网+"等创业新空间，充分释放创业带动就业的巨大潜力。大规模开展职业技能培训，提高劳动力市场供给与需求的匹配性，解决好结构性就业矛盾，提高就业质量。

深入推进"健康江苏"建设，深化医药卫生体制改革，继续推进公立医院改革，加强基层医疗卫生体系和全科医生队伍建设，高质量做好家庭医生签约服务，实施智慧健康工程，建立优质高效的医疗卫生服务体系。提高基本公共卫生服务水平，加强重大疾病防控，优化生育全程服务。传承发展中医药事业。深入开展医养结合，加强老年人精神关爱，推进居家和社区养老服务创新示范区建设，构建养老、孝老、敬老政策体系，优化社会环境。

加强社会保障体系建设，全面实施全民参保计划，完善企业职工养老保险省级统筹制度，按照国家统一部署调整机关事业单位和企业退休人员基本养老金，加快实施统一的城乡居民基本医疗保险和大病保险制度，积极推广基本照护保险制度。促进社会救助和人道慈善事业功能互补，健全农村留守儿童和妇女、老年人、残疾人关爱服务体系。

加快棚户区和城中村改造，推进住房租赁市场试点工作，建立多主体供给、多渠道保障、租购并举的住房制度，让人民群众住有所居。

全力打好精准脱贫攻坚战，坚持分类施策、精准帮扶，深入推进产业扶贫、就业扶贫、教育扶贫，创新拓展资产收益扶贫模式，坚持扶贫与扶志、扶智相结合，增强经济薄弱村和低收入群众自我发展能力。加大对黄桥、茅山等革命老区扶持力度。对因病因残致贫返贫、自身没有能力脱贫的家庭，落实好救助供养、大病救治、医疗互助、生活兜底等保障措施。确保全省60万以上建档立卡农村低收入人口人均收入提高到6000元，200个以上的省定经济薄弱村集体年收入达到18万元。推进"阳光扶贫"监管体系建设，加强扶贫资金绩效管理，切实提高使用效率，防止腐败现象发生。

解决好困难群众生产生活问题，是全面建成小康社会必须补齐的短板、高水平全面建成小康社会的重要标志。各级政府及其工作人员要高度重视和切实加强困难群众帮扶工作，强化责任，精心安排，深入开展"大走访"活动，送温暖、解民忧，努力创造人民群众认可、经得起历史检验的过硬成果。

（二）健全基层社会治理体制机制，打造多元共治新格局

打造共建共治共享的社会治理格局，共建是基础，是对制度机制的根本性建设；共治是关键，是多元主体参与的开放性治理体系的良性运作；共享是目标，是使社会治理的成效更为公平地惠及全体人民。未来江苏应当在建立社会矛盾预警机制、健全公共安全体系、营造积极社会心态、推动城乡社区治理、激发社会组织活力等重点领域着力攻关。在党和政府的领导下，最大限度地动员社会力量，推进社会治理重心向基层下移，打造社会化、法治化、智能化、专业化的社会治理新格局。

1. 加强党的领导，以党建引领社会治理

党的十九大报告指出，"要以提升组织力为重点，突出政治功能，把企业、农村、机关、学校、科研院所、街道社区、社会组织等基层党组织建设成为宣传党的主张、贯彻党的决定、领导基层治理、团结动员群众、推动改革发展的坚强战斗堡垒"。提升江苏社会治理水平必须始终坚持党对社会治理工作的领导，确保党始终总览全局、协调各方，总领社会治理工作的各个方面。要切实发挥各级党组织的领导核心和战斗堡垒作用，确保党的各项路线方针政策在基层全面贯彻落实。深入推进社会治理重心下移，通过强化基层社区党组织建设提升社会治理水平。在确立基层党组织核心地位的基础上，要把城乡社区的工作重心向公共服务转移，城乡社区党组织要通过开展大走访，了解群众需求，办好民生实事，积极回应居民群众合理诉求。同时，积极开展城乡社区党风廉政建设，加强基层干部党风党纪学习，加强对基层权力的有效监督，切实防范居民群众身边的不正之风和腐败行为。

2. 以人为本，提升公共服务水平

新时代的社会治理格局必须坚持以人民为中心，把服务居民、造福居民作为打造共建共治共享社会治理格局的出发点和落脚点。正如十九大报告指出的，新时代社会的主要矛盾已经转化为人民日益增长的美好生活需要和不平衡不充分的发展之间的矛盾，民生建设已经成为社会治理的重要切入点。江苏要把群众的合理诉求作为发展的突破口，改善民生服务质量，着力推进公共服务均等化，做好与居民利益密切相关的就业创业、社会保障、教育医疗、住房保障、文化体育等公共服务事项，重点推进子女教育、医疗、技能培训和职业教育等基本公共服务由户籍人口向常住人口全覆盖。坚持把教育改革发展放在转变经济发展方式、建设创新型省份的大局中来谋划。进一步推进社区"减负增效"，增加基层资源投入，推动社会力量参与社区服务，助推社区服务精细化。

3. 完善政策法规，推进社会治理法治化

社会治理要运用法治思维和法治方式推动，最大限度地增进公共利益。第一，要及时总结江苏各地已有的社会治理创新经验，将适合推广的方面上升为地方性法规，制定与完善社会治安综合治理、突发事件应急管理、社会组织管理等配套的规章制度，以法律为最高权威，提高政府依法行政的能力。第二，要努力营造遇事找法、办事依法的社会氛围，引导群众通过法律途径解决涉法矛盾纠纷。以法治思维做好新常态下信访工作，把涉法涉诉信访事项从普通信访中分离。第三，完善基层民主自治，促进政社互动。要按照转变职能、规范权责、有效衔接、促进自治的要求，推动基层政府与基层群众性自治组织的分工协作和良性互动。第四，要培养居民的法治认同，将制度内化到每一个社会成员的道德观念和意识之中，使广大群众成为社会主义法治的自觉遵守者、忠实崇尚者和坚定捍卫者，把法治精神、法治观念内化到人们的思想意识、落实于日常行为中，最终形成遵法守法的社会氛围。

4. 提升治理主体效能，打造社会治理的多元共治格局

面对复杂多样的社会问题和公共需求，社会治理需要调动各个社会主体的积极性，形成多元主体共治共建的合力。一方面，要进一步激发社会组织活力，在制定政策、实施重大决策等过程中，注重广泛听取社会组织的意见和建议，提高社会组织对公共事务的参与度，特别是发挥城乡社区服务类社会组织在相关领域的积极作用。另一方面，细化明晰政府职能转移清单，依照"逐步试点、稳步推进"的原则将基本公共服务、社会事务服务、行业管理与协调、技术服务、政府履职所需辅助性服务和劳务服务6个方面事项，明确细化"可剥离的"公共服务转移名录，将这些通过政府购买服务、

职能转移等各种方式转交给社会进行，向社会组织开放更多的公共资源和领域。

5. 增强居民参与能力，以网格化助力基层社区治理

群众是推进社区治理创新的主体，也是社区治理创新成果的主要受益者。社区治理要广泛开展社区协商，推进"村民自治"、"院落自治"、"楼栋自治"等，推动居民之间以诚相待、以信为本的优良风气，形成和谐友爱的人际关系。同时，要积极推广"一委一居一站一办"的综合治理新体制。以社区党组织为核心，以社区居委会推进居民自治、自我管理，以社区管理服务站承接公共服务，以社区综治办负责维护稳定。在此基础上，推行网格化管理服务，把社区划分为若干网格，实行分片包干、责任到人、设岗定责、服务到户，推动社区服务走向专业化、社会化、多元化，矛盾调解、治安联防、民主自治、公共服务等职能在社区层面得到有效落实。

6. 推进信息平台建设，提升社会治理智能化水平

要以人口基础信息为核心，借助居住信息系统、就业登记信息系统和房屋出租管理系统，整合违法犯罪信息、网络舆情信息、公共卫生信息、环境状况信息、劳资关系信息、突发事件信息等多种信息源和社会统计资源，建立全面覆盖、动态跟踪、指标齐全的社会治理基础信息平台。推进"互联网+社区服务"的智慧社区建设，鼓励各地各级根据自身的条件和需求，开发社区服务交互信息平台，引导居民运用新媒体手段共同参与社区事务。要充分运用大数据系统，及时分析把握数据中蕴含的规律性、倾向性问题，提高公共决策的科学化水平，更准确有效地回应群众的合理诉求。此外，要把线上线下的社会治理结合起来，在遵循网络传播规律的基础上提高政府应对网络社会风险的能力。

7. 加强社会心态建设，增强社会治理的软实力

江苏要积极加强社会心理服务体系建设，培育自尊自信、理性平和、积极向上的社会心态，增强文化自信和社会认同。社会治理能力的提升离不开全民的参与，更离不开平等、民主、和睦的价值基础。社会流动性的增强使得社会道德规制力日趋下降，社会关系松弛、社会凝聚力下降、社会安全感

和归属感缺失。应当在增强制度建设、公众参与和提高政策透明度的过程中，积极弘扬社会主义核心价值观，增强政府部门的权威性和公信力，减少社会心理中的"不公平感"和"被剥夺感"，促使群众更加认同政府所倡导的主流意识形态和文化，避免出现"信仰流失"等社会问题。同时，通过提升群众对公共事务的参与意识和参与能力，促进全社会形成共治共建共享的文化氛围，进而促进社会治理体系更加全面地发展。

（三）进一步加强生态环境治理制度建设，推动生态文明建设

1. 加强生态环境治理制度建设

习近平总书记指出，"只有实行最严格的制度、最严密的法治，才能为生态文明建设提供可靠保障"，"保护生态环境必须依靠制度、依靠法治"，"我国生态环境保护中存在的一些突出问题，一定程度上与体制不健全有关"。因此，一是应当严格党政领导干部生态环境损害责任追究，全面推行党政同责制。二是在全省推进环保机构监测监察执法垂直管理，同时确保地方政府的环境保护法律责任只能加强不能减弱，法律赋予环境保护部门的职责和各部门所担负的环境保护责任不能削弱，现有的环保队伍建设和工作能力不能削弱。三是全面构建以环评和排污许可制为核心的一体化管理制度，以质量约束、总量减排为向导，把建设项目环评、总量控制、排污权交易、排污收费以及网格化监管、双随机检查、信用评价等事中事后监管制度有效捏合起来，构建一套系统完整、权责清晰、高效协同的监管体系。

2. 充分发挥市场机制的作用

重视和运用市场机制促进节能减排。严格市场主体责任与权益。生态环境治理必须下狠手、下猛药，企业要把环境资源成本纳入成本体系，公众要有监督意识和反映的渠道。严格市场准入退出机制，完善行业准入标准，提高行业准入门槛，加快完善标准体系，对排污的外部性问题要严格采取收税收费办法。加强信息公开，强化公众对能耗污染的知情权。

3. 推动形成绿色发展方式和生活方式

习近平总书记指出，生态文明建设"既是经济增长方式的转变，更是

思想观念的一场深刻变革"。生态文明要深入人心，必须在思想观念上进行一场深刻变革。提倡培育生态伦理，转变人们现有的生产方式、生活方式和消费理念，养成环保意识、节约意识、低碳意识、绿色出行意识，从而使得生态观念不断普及。在全社会确立起追求人与自然和谐相处的生态价值观，牢固树立尊重自然、顺应自然、保护自然的生态文明理念，将生态文明理念融入经济、政治、文化、社会全方面发展的范畴。生态文化的核心应该是一种行为准则、一种价值观念，要营造一个全社会关心、支持、参与生态建设的良好文化氛围。

4. 以更有力、更有效的行动推动生态文明建设

继续强力推进中央环保督察整改，确保按时整改到位，同时根据第三批中央环保督察发现的共性问题，主动认真对照检查，更高标准推进整改工作。要进一步扎实有效推进省级环保督察和"263"专项行动，严格落实责任，各地各部门要以对党和人民高度负责的精神抓好各项任务的落实，相互配合、形成合力，切实把职责履行到位。要狠抓工作推进，突出重点做好中央环保督察整改、省级环保督察、"263"专项行动，针对突出问题加大攻坚力度，严格落实党政同责、一岗双责要求。要实施督察问责，通过督察问责推动整改落实，同时加大环境问题曝光力度，坚决依法依规问责。

（四）进一步加强纪律保障，推进党风廉政建设

一是要进一步压实"两个责任"。全省各地要制定实施年度责任清单，落实"履责记实"制度，完善监督考核机制。加大督察问责力度，严格实行"一案双查"，以强力问责推动"两个责任"落实。完善巡察和派驻体制机制，强化监督职责，推动落实管党治党责任全面覆盖、层层传导。

二是要进一步推进作风建设。继续整治"四风"问题，特别是形式主义、官僚主义，坚决反对特权思想和特权现象。充分运用信息化手段和大数据资源，精准发现问题和解决问题，巩固拓展落实中央八项规定精神成果。健全鼓励激励、容错纠错等机制，形成持续改进作风、努力干事创业的良好局面。

三是要进一步强化执纪审查。充分发挥纪委、监委职能作用，强化对党员干部和所有行使公权力公职人员廉洁从政从业、秉公用权等情况的监督，坚决查处违纪违法行为。对巡视巡察发现和移送的问题线索抓紧核实，严肃查处问责；充分发挥各级派驻纪检监察机构"探头"和"哨兵"作用，及早发现问题，严肃查处问责，形成震慑效应。

四是要进一步加强源头治理。注重案例分析，查找体制机制漏洞。深入开展扶贫领域腐败和作风问题专项治理，督促各地充分发挥"阳光扶贫"监管系统作用，以精准监督保障精准扶贫和精准脱贫。紧盯群众反映强烈的问题，加大集中整治和督查督办力度。

五是要进一步强化纪律保障。充分发挥执纪监督综合协调作用，着力发现影响"三大攻坚战"推进的问题线索。创新督察问责机制，对责任落实不力、失职渎职问题严肃追责问责，推动各级党委、政府及其相关职能部门履职尽责，保障"三大攻坚战"各项任务落到实处。

政府改革与党的建设篇

The Government Reform and the Party Construction

B.2
江苏加强国企党建的现状与对策

孙肖远*

摘　要： 坚持党的领导、加强党的建设是国有企业的"根"和"魂"。从江苏地方国有企业资产规模、创造GDP占比、利润总额看，在经济发展中的地位十分重要。近年来，江苏积极探索国企党组织建设新路径，推动党的领导、党的建设与国企改革发展深度融合，把党的政治优势、组织优势厚植为国企竞争优势、发展优势。目前，江苏地方国企党建还存在着一些不容忽视的问题，需要进一步明确国企党组织参与重大问题决策的内容和流程，完善党委参与重大决策工作方法；以法治型党组织建设引领国企法治建设，持续推进公司治理规范化法治化；推动国企党组织建设与国企改革发展有机融合；

---

* 孙肖远，江苏省社会科学院马克思主义研究所研究员。

推动国企党委纪委履行监督保障职责与公司治理有机结合。

关键词： 国有企业　法治型党组织　党建工作

习近平总书记在全国国企党建工作会议上的重要讲话，深刻揭示了中国特色现代国有企业制度的本质特征，明确了新形势下加强国有企业党的建设的重要内容和基本方面，为全面加强和改进国有企业党的建设提供了根本遵循。江苏国有企业拥有近170万名在岗职工、1.8万个基层党组织、31.7万名在职党员，是全省工人阶级队伍中的骨干力量。江苏地方国有企业资产总额截至2016年底已达近8.3万亿元，居全国第二位，每年创造出约占全省1/5的GDP，利润总额相当于全省财政总收入的1/4，是推进"两聚一高"的重要支撑。江苏全面加强国有企业党的建设，把党的政治优势、组织优势厚植为国企竞争优势、发展优势，确保国有企业沿着正确方向做强做优做大。

一　江苏加强国企党建的进展情况

自中共中央、国务院印发《关于深化国有企业改革的指导意见》，特别是全国国有企业党的建设工作会议召开以来，江苏积极探索国企党组织建设新路径，推动党的领导、党的建设与国企改革发展深度融合。①全面推进省属企业法治国企建设，进一步完善省属企业法人治理结构。省国资委制定《关于全面推进省属企业法治国企建设的意见》，厘清股东会、党委会、董事会、监事会、经理层的职责边界，规范各治理主体的责权利关系，明确履职程序、议事规则和决策机制。②制定董事会工作规则，加强党对国有企业的领导。昆山市制定《昆山市国有独资公司董事会工作规则（试行）》，明确二十条董事会职权，在职权范围内公司董事会按"三重一大"规定自主决策，进一步完善了国有企业公司法人治理结构。③运用党建制度优势提升公司治理科学化水平,形成相互制衡、相互促进的机制。省农垦集团把民主集中制运用到企业重大问题决策之中,积极推行企业"三重一大"决策制度、场务公开制度、内控体系制度,制定董事会、总经理办公会、党委会议事规则。④发挥考核考评"指挥棒"的作用,提升国企党组织建设的规范化程度。淮安市制定《2016年度市管国有企业党组织书记抓党建工作考核实施细则》,省盐业集团制定落实党风廉政建设责任制暨惩防体系建设绩效、基层单位纪委书记工作绩效"双考评"办法。

2017年2月,省委专题召开全省国有企业党的建设工作会议,研究部署江苏国企党建工作,推动全省国企党建各项任务真正落实,并取得了明显成效。一是落实责任抓党建。沿着国有企业领导人员管理链条,构建党委统一领导、有关部门齐抓共管、企业党组织履职尽责的工作格局。二是服务发展抓党建。坚持把提高企业效益、增强企业竞争实力、实现国有资产保值增值作为国有企业党组织一切工作的出发点和落脚点,把企业改革发展成果作为检验党组织工作和战斗力的重要标准。三是分类指导抓党建。遵循国企党建内在规律,根据企业功能、行业、层级等个体差异,以及股权结构、产业质态、发展阶段等个体特征,分门别类提出指导意见。四是强化保障抓党建。根据企业实际需要设立专门的党务工作部门,确保党建有人抓、有机构管,有条件的要推行人事管理和基层党建有人抓,分属两个部门的要由一个领导管。一年来,省国资委党委紧扣"落实"二字,推动省属国企全面落实党建各项任务,取得了显著成效,具体表现在以下方面:①省属企业党委全面履行管党治党政治责任。出台《省国资委党委履行全面从严治党主体责任清单》,厘清党委工作的职责边界,督促省属企业党委制定履行全面从严治党主体责任清单;出台《省国资委党委关于进一步推进省属企业贯彻落实"三重一大"决策情况报告制度的通知》,在省属企业坚决杜绝"一言堂"和"一把手说了算"现象。②党建工作总体要求纳入省属企业公司章程。按照国企党建进企业章程的要求,完成了22户省属企业章程修订工作,把党的领导融入公司治理结构各个环节,明确党组织在公司法人治理结构中的法定地位。③大力实施国企党建"强基提质"工程。在全国省级国资委中率先出台实施《省属企业党支部建设规范（试行）》和《省属企业党支部书记工作规范》，组织实施省属企业基层党组织书记轮训，2017年举办6期培训班，培训基层党组织书记2101人；组织开展全省国有企业基层党建创新案例征集评选活动，征集基层党建创新案例136个，组织优秀创新案例在全省国企评比。

二　江苏国企党建工作中存在的问题及其原因

根据2018年2月初媒体公开的十三届江苏省委第三轮巡视向省属国企党组织的反馈意见，江苏省属国企党建工作中存在的问题主要表现在以下方面：①国企党委领导核心作用发挥不明显、不充分。国企党委把方向、管大局、保落实的领导核心作用发挥不到位，贯彻落实中央、省委决策部署不够深入，工作部署落实不到位。②国企党委领导决策制度不完善、治理结构不健全。国企党组织在公司法人治理结构中的法定地位未真正落实，党的领导未能有效融入公司治理，党委会、董事会、总经理议事规则不够清晰，一些决策行为还不规范，执行民主集中制不到位。③基层党建工作存在虚化、弱化、边缘化的问题。基层党组织建设相对薄弱，党的政治建设未能摆在首位，存在重业务轻党建现象，党内政治生活不够严肃，意识形态工作责任制落实不到位，基层党组织战斗堡垒作用发挥不充分。④国企党委管党治党主体责任意识不够强、落实不到位。纪委协助党委履行主体责任不够主动，企业内部廉洁风险防控体系不健全。制度规定执行不严，"四风"问题禁而未绝，存在打折扣、搞变通、走过场、搞形式等现象。

省属国企党建工作中存在的问题具有一定的普遍性，在全省市县地方国企党建中也有不同程度的表现，这既有思想认识问题，也有体制机制问题，需要各级党委和国企党组织以敢于担当的勇气、严与实的作风、锲而不舍的劲头，把国企党建各项工作落到实处。

1. 党委、纪委行权边界不清晰，主体责任、监督责任缺乏制度保障

传统的国企领导体制是一个决策、执行、监督三位一体的统合型领导体

制,而公司法人治理结构则是一个决策、执行、监督三者独立运行且相互协调的分治型领导体制,党组织在公司治理中发挥核心作用,主要采取"双向进入、交叉任职"的方式,由于没有明确党委成员在公司法人治理机构中履行组织行为或承担个人责任孰轻孰重,党委成员的双重身份可能会与党委行使职权发生冲突。监事会在国企法人治理结构中作为最高监督机构,独立行使监督职权,而纪委同样承担监督责任,但其权限没有做出明确规定,二者监督责任难以界定。

2."三重一大"决策制度执行不到位,责任追究机制不健全

根据有关规定,"三重一大"事项决策前需经充分的调研论证,如重大投资和工程建设项目,应当事先吸收有关专家的意见;重要人事任免,应当事先征求纪检监察机构的意见;涉及职工切身利益的重大事项,应当听取职工群众的意见。但一些企业没有严格执行这一制度,常常忽略决策前的一些重要环节。决策中领导班子成员参与意识不强,认为决策是主要领导的事情,使集体决策达不到集体研究、讨论决定的效果。决策后也较少进行考核评价,出现资产流失、用人不当等决策失误得不到及时纠正,决策责任难以得到落实和追究。

3.企业基层党的组织生活开展不规范,基层党组织战斗堡垒作用弱化

企业基层党的组织生活大都还是沿用传统办法,习惯于对党员提要求、派任务、下指标,常因缺乏实质性内容而流于形式,党员对组织生活也不能严肃对待,党员主体意识、责任意识和权利意识淡薄。基层党组织政治意识不强,轻党建、重经济和轻党务、重业务的现象比较普遍,基层党内生活随意化、平淡化现象比较严重。一线青年职工入党积极性较高,但由于受到指标限制,一线党组织普遍出现党员队伍老化、缺乏新鲜血液补充的状况。一些基层党组织长期软弱涣散、无所作为,有的沦为"沉寂组织"、"休眠组织",没有发挥应有作用。

4.企业"一把手"权力过于集中,监督管理机制不尽完善

国企高管贪腐案件频发,国有资产流失严重,国企已成为反腐败的重点领域。从现行体制看,国有资产产权主体的责任不够明确,"委托－代理"

链条虚化，易于形成"代理人控制"。从工作机制看，国企"一把手"往往身兼数职，经营决策大权集于一身，独断专行缺乏约束，集体领导制度形同虚设。在公司治理结构尚不完善的情况下，企业内部监督作用的发挥十分有限，对国企"一把手"廉政风险点的预防机制缺失，滥用职权、搞利益输送、渎职不作为、用人搞"小圈子"等问题比较突出。

三 江苏地方国企加强党建工作的典型经验

昆山交发集团党委全面推进从严治党，深度融合党建工作和企业中心工作，积极构建以"五个坚持"为党建理念、以"五型组织"为固垒抓手、以"四有四无"为先锋标尺、以"三个一"为目标追求的"五五四一"党建工作体系。充分发挥党组织的领导核心和政治核心作用，为企业经营发展指向领航、凝聚力量，探索出了一条国企党建领航助推企业经营发展之路。

一是以"五个坚持"为党建理念，打造发挥党组织核心作用的示范军。坚持以党建引领企业发展，将服务发展、保障民生作为企业生存的立足点和落脚点，将党纪党规作为企业发展的根本保障，将上级党委精神作为企业行为的根本方向；坚持以文化凝聚人心力量，提炼并大力涵养"专业、责任、实干、不停步"的企业文化，努力打造一支"业务精湛、敢于担当、求真务实、永不停步"的党员干部和员工队伍；坚持以示范带动争先进位，提出党员树形象、做表率"四有四无"评判标准，为党员确立思想导向和行动标尺；坚持以品牌树立行业形象，培育精益求精的工匠精神，将服务品牌升级为党建品牌；坚持以服务体现责任担当，紧紧抓住服务民生的根本导向，切实发挥集团功能、服务、产业三大职能。

二是以"五型组织"为固垒抓手，构筑风清气正的党建生态。将基层组织建设作为完善公司治理结构的重中之重，创建学习型服务型创新型法治型廉洁型"五型"党组织，积极争创"政治引领力强、推动发展力强、改革创新力强、凝聚保障力强"的"四强"党组织。创建学习型党组织，强信念，把方向；创建法治型党组织，强规范，管大局；创建创新型党组织，

强动力，寻路径；创建服务型党组织，强堡垒，保落实；创建廉洁型党组织，强监督，筑防线。

三是以"四有四无"为先锋标尺，激活集团党建一池春水。将"心中有正气、身上有功夫、脑中有火花、肩上有担当、眼中无困难、口中无怨言、手上无浪费、足下无事故"作为"两学一做"学习教育在企业的具体实践，坚持"四有四无"评价标准与企业文化、树风尚与解决实际问题、党员与群众相融合，充实了党建内涵，丰富了党建元素，勾勒出党员和职工思想行为的经纬。

四是以"三个一"为党建目标，实现党建工作和企业中心工作的深度融合。推动充分发挥党组织领导核心和政治核心作用、党支部战斗堡垒作用、党员先锋模范作用落到了实处、产生了实效，彰显"一个支部一盏灯、一名党员一面旗、一位员工一扇窗"的"三个一"成效。

四 江苏加强国企党建的对策思路

（一）明确国企党组织参与重大问题决策的内容和流程，推行党委参与重大决策的"五步工作法"

1.进一步明确党委参与重大问题决策的内容

依据《党章》、《公司法》等法规，将党委参与重大问题决策写入企业章程，决策内容主要包括企业生产经营方向和企业发展战略、涉及企业管理和改革发展的重大问题，以及企业选人用人政策和重要人事安排、涉及职工的切身利益等问题。规定凡属企业重大问题决策前须经党委集体讨论，在董事会决策中发挥监督保障作用，决策形成后团结带领广大职工群众推动决策高效实施。

2.加强党委参与重大问题决策的制度建设

制定决策前调查研究制度，为参与决策提供"第一手"资料和科学依据；制定重大问题党员讨论制度，为党委提出决策意见奠定群众基础；制定党委中心组学习制度，为党委成员参与决策提供知识储备和素质保证；制定专题性工作会议制度，为党委深入了解企业中心工作创造条件。

3.明确党委参与重大决策的程序和步骤

党委参与重大决策是其发挥核心作用的重要途径，由于这项职权需要经常性行使，需要有简明易行的操作方法。为此，可以推行党委参与重大决策"五步工作法"：第一步，对拟决策的重大问题进行事前论证并提出意见；第二步，就其意见与董事会、经理层进行会前沟通；第三步，进入董事会、经理层的党组织成员在决策时充分表达党组织意见；第四步，对表决没有通过的决策事项重新进行调研和论证；第五步，对表决通过的决策事项充分发挥党组织的政治优势加以推动落实。

（二）以法治型党组织建设引领国企法治建设，持续推进公司治理规范化、法治化

1.建立健全形成权力制衡、运转协调、科学民主的决策执行监督机制，推进依法治理

进一步完善党委会讨论议事规则，明确董事会、总经理办公会决策重大事项，会前必须先提交党委会审议，党委班子成员在董事会、总经理办公会上必须充分发表意见建议，体现党委的"声音"，保证党委在重大决策中"既管方向、又抓落实"。

2.进一步完善企业"三重一大"决策制度，推进依法决策

细化决策范围、决策事项、决策权限，党组织监督职工参与、专家论证、风险评估、法律审核、集体决策等决策程序的有效落实，同时建立健全违规决策责任追究制度，强化决策责任刚性约束。

3.进一步规范重点领域、关键环节管理制度，推进依法管理

加强对工程建设、投资融资、改制重组、对外担保、产权流转、物资采购、招标投标等重点领域的管理，在推进混合所有制、员工持股、股权激励等改革中坚持依法规范操作，确保流程规范、公开透明。

（三）推动国企党组织建设与国企改革发展有机融合

1. 创新国企思想政治工作方式

紧紧围绕"两学一做"学习教育和建功"两聚一高"，依托移动互联网平台等多种形式推动企业文化建设，营造企业创新观念浓厚的文化氛围，引导国企员工勇于创新、追求卓越，在新一轮国企改革发展大潮中赢得先机。

2. 加强基层党支部书记队伍建设

建立一套常态化的基层党支部书记选拔任用、教育培训、考核管理制度，精心培养任用一批靠得住、信得过、有能力的基层党支部书记，带动基层党建工作体系的完善。

3. 加强一线岗位青年党员队伍建设

入党指标分配要向一线岗位青年职工群体倾斜，逐渐改变企业党员队伍结构不合理状况，引导更多青年职工在一线岗位建功立业。

4. 加强国企关键岗位廉政风险防范

将健全"三重一大"决策制度作为惩防体系建设的重要内容，建立防止利益冲突制度和决策失误责任追究制度，细化权力运行监督，杜绝滥用权力和各种以权谋私行为。

（四）推动国企党委纪委履行监督保障职责与公司治理有机结合

针对国企内部监督主体多元、监督资源分散、监督效率不高的状况，在公司章程中进一步明确监事会职责，赋予监事会对董事会决议事项的质询权或建议权、对公司经营情况异常时的调查权、对公司财务的检查权、对公司高管人员职务行为的监督权等，并有权要求公司其他监督机构在其履行职权时协作配合。充分发挥监事会在企业监督中的主体作用，统一协调各方监督机构，形成资源共享、协同配合、高效有力的国企监督体系和运行机制。监事会是国企党委纪委履行监督保障职责的重要制度平台，建议监事会主席、副主席分别由党委专职副书记、纪委书记兼任，并使监事会中党委成员和纪委成员之和达到监事会成员数的一半以上，以党的组织行为履行监事会职责。安排监事会成员列席董事会和经理层会议，党委和纪委通过监事会对企业进行全面监督，使党委纪委监督保障职责在公司治理中得到有效落实。建议在监事会成员中安排一定比例的职工代表，将监事会建设成为广大职工行使民主监督权利的制度平台，以调动广大职工的主人翁责任感，在国企内部形成上下同欲的监督合力。

B.3
行政审批制度改革的实践进展及优化路径

陈　朋*

摘　要： 行政审批制度改革涉及政府部门的权力结构优化和职能调整，被看作政府的"自我革命"和行政管理体制改革的有力抓手。党的十八大以来，江苏以时不我待的紧迫感和勇于创新的时代精神积极推进行政审批制度改革，使其成为全省经济社会发展的先旗手。在这个过程中，江苏重点抓好了"517改革"和相对集中行政审批权改革两大举措。调研发现，这些探索形成了三大成功经验：成为全面深化改革的有效突破口，抓住了审批制度改革的"牛鼻子"，构建科学合理的现代行政审批体系。总体上看，江苏的行政审批制度改革有力地推动了经济社会发展。但成效依旧是阶段性的，改革举措"分散化、碎片化"、"放得不完整、接得不顺畅、管得不到位"的问题仍然存在。对此，亟须做出进一步拓展和提升。基于此，明晰拓展方向和基本原则，达成思想共识；瞄准关键领域关键环节，形成有效突破；健全完善配套举措，形成闭合链条；借力信息技术，推动改革纵深拓展；加强跟踪督察，形成强有力的倒逼机制，都是需要推进的举措。

关键词： 行政审批制度改革　权力结构　职能调整

---

* 陈朋，江苏省社会科学院中特中心副研究员。

行政审批制度改革涉及政府部门的权力结构优化和职能调整，被看作政府的"自我革命"和行政管理体制改革的有力抓手。随着改革开放的不断推进，进入新时代行政审批制度改革承载着全面深化改革的重大期待。党的十九大报告提出，深化机构和行政体制改革，转变政府职能，深化简政放权。作为改革开放的前沿阵地，江苏一直高度重视行政审批制度改革，并将其摆在政府职能转变的突出位置。特别是党的十八大以来，江苏以时不我待的紧迫感和勇于创新的时代精神积极推进行政审批制度改革，使其成为全省经济社会发展的先旗手。

一 行政审批制度改革的新实践进展

从历史脉络看，江苏在2000年左右就试水行政审批制度改革。经过不断摸索和调适，省、市、县三级政府不断压缩行政审批事项。以省级部门为例，经过多轮清理，省级行政审批事项从原来的2100多项减少到375项，实际取消下放调整数占原行政审批事项总数的56.9%，提前完成本届省政府取消下放1/3以上行政审批事项的目标；2016年又新增取消下放审批事项133项，全面取消非行政许可审批。省级部门向社会组织转移职能数十项，下放管理权限1200多项，省级行政事业性收费项目减少到150多项，减幅达65.2%。其中，一个显著变化是2013年7月省政府将行政审批制度改革的牵头单位由省监察厅调整为省编办，彻底理顺了行政审批制度改革的组织架构，着力打造更为科学合理的顶层设计。随后，省政府又研究制定了《省政府关于推进简政放权深化行政审批制度改革的意见》，明确提出行政审批制度改革的目标任务和主要措施。这些有力举措较好地推动了全省行政审批制度改革的实践进展。

梳理党的十八大以来江苏在行政审批制度改革进程中的有益探索，可以清晰地发现，其实践进展是全面深入、行之有效的，集中体现在"517改革"和相对集中行政审批权改革两大方面。

所谓"517改革"，就是构建"5张清单、1个平台、7项相关改革"的改革架构。具体而言，5张清单就是大力精简行政审批事项，建立行政审批事项目录清单；全面梳理政府职权，建立政府行政权力清单；深化投资审批制度改革，建立投资审批"负面清单"；清理项目资金，建立政府部门专项资金管理清单；减少收费项目，建立行政事业性收费目录清单。1个平台就是打造网上办事大厅和实体大厅"线上线下、虚实一体"的政务服务平台。7项改革就是落实强化事中事后监管，推进监管执法体制改革，促进社会组织健康发展，推行政府购买服务制度，全面推行政府绩效管理制度，健全责任追究制度，深化地方政府机构改革。这是省级层面首次针对简政放权、优化政府职能而做出的顶层设计。

所谓相对集中行政审批权改革就是江苏按照中央编办与国务院法制办联合印发《相对集中行政许可权试点工作方案》在南通市、盱眙县等地做出的改革试点探索。以南通市为例，2015年8月，南通市挂牌成立了全国首家市级层面的行政审批局并试点运行。从组织架构看，行政审批局与原来的市政务中心合署办公，内设4个处室。市级部门应明确纳入相对集中审批的事项和职责全部划转至行政审批局，其他纳入政务中心的职责仍按照"三集中、三到位"的要求，进驻政务中心，实行集中审批。从集中审批事项看，主要是对市场准入、建筑项目等领域的事项进行集中审批。从业务流程看，主要着力的是再造优化流程。通过绘制企业注册登记审批流程一览图，将审批切分为咨询指导、统一收件、分类流转、证照联办、一窗发证等环节，大大便利了办事群众，也有利于实施监督。同时，在行政审批局内部也通过实施组团式审批、流水线作业的方式，借助"互联网＋"来优化内部业务链条。更大的特色是实施"容缺预审"——对于某些审批时限过长的事项，允许申请人初次提交时缺少某些材料，但是要尽快补交。如果能按时补交，则不会耽搁审批进程，否则就会中途暂停审批。

从这些实践看，近年来江苏行政审批制度改革的显见特征是实现"放、管、服"的有机融合。其一，取消和下放部分行政审批事项，即"放"。不该审批的不再审批，是行政审批改革的一个基本准则。所以，在总结前期经验的基础上，近年来江苏行政审批制度改革首先做的就是取消和下放部分行政审批事项。比如,在"517改革"中,目前取消下放行政许可133项,分别涉及创业创新生产活动共58项、资格鉴定39项、基层民生36项。具有面广量大、内容均涉及创业创新、高含金量等特点。其二,注重对保留的行政审批事项规范审批,即"管"。简政放权,不是一放了事、袖手不管,"放"和"管"始终同样重要。要"放"得有效,"管"得到位,两个轮子一起转,该管的还得管,而且要管好。调研中,很多人反映,"规范审批"事实上比取消和下放更为重要。所以,江苏积极探索规范化审批。比如,镇江的"多评合一"、常州的"多图联审"等创新举措,都是围绕规范审批而做出的探索。事实证明,管住该管的审批事项,着力破解了审批过程中的"中梗阻"、"最后一公里"等问题。特别是对直接涉及国家安全、公共安全、生态环境保护以及直接关系人身健康、生命财产安全等的行政审批事项和中介服务,确保安全监管职责无缝隙;对当前一些领域存在的检查任性、执法扰民、执法不公、执法不严等问题,加强事中事后监管。其三,将优化服务作为行政审批改革的重心,即"服"。比如,积极推行"不见面审批"、"容缺受理"等都是围绕服务做出的探索。

二 行政审批制度改革的成功经验

对于行政审批制度改革,江苏一直将其作为推动经济社会发展的重要推动力量。实践证明,这些探索不仅富有成效地推动了江苏改革发展进程,而且积累了宝贵的成功经验。

1. 成为全面深化改革的有效突破口

改革是一个国家、一个民族的生存发展之道。纵观世界,改革是大势所趋、人心所向;立足中国,改革是决定当代中国命运的关键一招,是解决中国现实问题的根本路径;着眼江苏,过去依靠改革取得了巨大成就,未来依然要靠改革赢得发展先机。基于此,江苏总是着力抓住一切有利于促进改革发展的机会。改革是一项纷繁复杂的系统工程。其中,政府自身改革是基础和关键。所以,近年来江苏把行政审批制度改革作为全面深化改革的先旗手、主抓手、当头炮，以自身改革撬动整个政府治理体系改革，进而带动全领域的改革。实践也恰恰证明，行政审批制度改革在纵向上撬动了政府自身改革，横向上牵引了整个经济社会的全面深化改革，努力为创新清障、为富民开道。以相对集中的行政审批权改革为例，通过"一枚印章管审批"，有效整治了审批时间长、中介服务多、盖章多、收费多、材料多的"一长四多"问题，把过去涉及近40个部门的繁文缛节和漫长审批链条，整合为一个行政审批局内部的沟通协调机制。这种改革初步实现了拿营业执照不超过3天、拿施工许可证不超过50天。改革试点最大的成功是大幅度提速增效，便利企业创业、便利老百姓办事，激发了改革创业的激情和热情。

2. 抓住了审批制度改革的"牛鼻子"

行政审批制度改革是一项复杂的系统工程，既要整体推进又要抓住关键，从而形成有效突破。客观而言，江苏推动行政审批制度改革的探索为时已久。但是，过去一段时间对一些突出症结并没有形成有效突破。这集中表现在两个方面：一是多层多头审批的问题。比如，一个项目，县里批、市里批、省里批。有的则是审核在县里，评估到省里，论证又在市里，盖多个公章，如同"踩高跷"。之所以出现这种情况，从其源头看，主要原因在于部门利用审批不断扩权扩力，形成行政机关利益法定化、部门系统利益信息化。有的则是设审中介红顶化，变成了一个变相的利益链条。这不仅成为多层审批的深层缘由，也是制约整个行政审批制度改革徘徊不进的主要原因。近年来江苏着力破解这一顽疾，明确规定：除了报中央审批的项目以外，留着在省一级批；除了法律法规明确规定的涉及安全、环保的项目，必须由省级部门批的则由省级审批，其他的事项要么取消要么下放。这就是"省级部门不再审批"的含义。二是信息孤岛问题。在信息化社会里，行政审批需要借助网络信息技术。但是，有些部门却把系统信息平台当作权力扩张的工具，把一个个端口变成权力的哨位，通过把持端口不对外开放的要塞把权力固化在本部门，进而使这些端口演变成阻碍行政审批的信息化孤岛。从表面上看，是行政审批的操作技术问题，但实际上是部门本位主义思想在作祟。为此，江苏通过强化信用监管和互联网服务来破解这一难题。比如，

"517改革"中的"网上办"就是据此做出的探索。很显然，这些探索都是坚持鲜明的问题导向，妥善解决了审批制度改革的"牛鼻子"问题。

3. 构建科学合理的现代行政审批体系

无论是借力互联网还是整合资源建立"一枚印章管审批"的行政审批管理局，其目的都是为了打造科学合理的现代行政审批体系。因为，行政审批说到底就是要通过转变理念，由重审批轻监管、以批代管、只批不管转为放宽准入、有效监管、精准服务，由部门审批转向科学有效的监管和服务。这符合现代行政审批改革的发展方向。比如，过去叫"谁审批，谁监管"，改革后则叫"谁审批，谁负责；谁主管，谁监管"。其主要出发点就是把审批权集中过来，放在公共平台上，把权力变成服务。也就是说，要把过去依靠审批搞管制，转换成"监管+服务"。基于此，近年来江苏着重加强三个方面的尝试性探索：其一，打造"三位一体"的便民服务体系。主要是通过优化服务流程，创新服务方式，公布部门公共服务项目和中介服务项目，进而逐渐形成了以政务服务中心为龙头、以市县镇便民服务中心为支撑的服务系统。其二，构建综合监管体系。主要是通过以"一主七辅"为主要内容的事中事后监管制度和"依据监管和服务责任清单追责"的6项机制，建立以信用监管为基础，以行政监管、行业自律、社会监督、公众参与为配套的综合监管体系。其三，促进形成改革的协同体系。江苏在推进行政审批改革的进程中，力争规避"单枪匹马推改革"的限度和不足，转而寻求投资审批、中介机构、收费管理、资质资格认证、商事制度、综合行政执法等领域的协同改革推进路径，形成改革的协同效应。

三 优化提升行政审批制度改革的思路对策

调研发现，江苏的行政审批改革着眼于建立以权责清单为核心的集中高效阳光透明审批体制、以信用监管为基础的事中事后综合监管执法体系和以企业和群众需求为导向的便捷公共服务模式，有力地推动了经济社会发展。但是，成效依旧是阶段性的，改革举措"分散化、碎片化"、"放得不完整、

接得不顺畅、管得不到位"的问题仍然存在。这说明，江苏行政审批制度改革的空间和潜力依然很大，亟须进一步拓展和提升。

1. 明晰拓展方向和基本原则，达成思想共识

思想是行动的先导。只有思想观念跟得上，才能形成有效的推动力。行政审批制度改革说到底是政府自身的革命。因此，促使它向纵深方向推进，前提就在于思想上达成共识，努力从思想上破除阻力。基于此，要从三个方面明确推进行政审批制度改革的方向和原则。一是明确推进行政审批制度改革的出发点。行政审批制度改革的出发点不是为了限制政府作为，而是为了优化区域发展环境，以减少政府的权力去换取市场的活力，最终形成改革发展的强大动力。二是瞄准突出问题。坚持问题导向是过去一段时间行政审批制度改革的基本方略。事实证明，这种方略是契合实际的。未来要继续推进行政审批制度改革同样必须紧紧抓住基层群众反映突出的难点和焦点问题，比如提高下放权力的含金量，有效整治了审批时间长、中介服务多、盖章多、收费多、材料多的"一长四多"问题。三是要有系统性思维。行政审批制度改革是一项复杂的系统工程，涉及省、市、县等多个层级。因此，要从省级层面加强统筹谋划，做到全省意愿一致、方向一致、政策一致、步调一致，努力形成部门力量整合、上下意见一致、整体推进、规范运行。

2. 瞄准关键领域关键环节，形成有效突破

行政审批制度改革推进到今天，显然不再是要不要改的问题，而是如何行之有效地推进改革。调研发现，要想有效推进改革，当前急需寻求突破的就是聚焦突出焦点问题，抓关键环节，着力解决群众和企业反映的"老大难"问题，敢于触碰并解决改革进程中的瓶颈、梗阻、堵点等硬骨头。一是重点行业的审批改革要重点突破。比如，消防评估验收、药品医疗器械审批等跟企业生产直接相关的审批，要从方便企业的角度出发，适当下放审批权限，优化流程，缩短时间。对这些领域的审批，政府要把主要精力放在监管而不是审批上。二是重点领域的审批程序要有效调整优化。比如，工程建设领域的审批改革，要通过多规合一、多图联审、多评合一、联合踏勘、联合验收、区域性评估的创新做法，实现行政审批全流程提质增效。在土地出

让问题上，应该提前统一开展地质、气象、文物、环保等方面区域性评估，以减轻企业负担。三是集中精力清理中介机构。中介机构的出现在一定程度上确实帮助减轻了政府的负担，但是有些中介机构也存在借机敛财、搞权力腐败的嫌疑。因此，要通过与主管部门脱钩，斩断利益关联，实行财务独立、人员分开，走向市场。对于必须由行政机关行使的权力，不得转交给中介机构。对行业协会开展的各类评比活动和收费项目及标准，相关部门要严格审查。对于确实可以开展的评奖活动，要由相关职能部门自行开展。对于那些可以开展也可以不开展的活动，则要严格控制。

3. 健全完善配套举措，形成闭合链条

调研发现，过去行政审批制度改革的一大障碍就是缺少配套举措，形成不了闭合链条。这说明，在推动行政审批制度改革朝纵深发展的过程中，要加强相关配套制度建设，形成稳固扎实的闭合链条，真正实现"放得实、接得住、管得好"。基于此，要在三个方面形成突破。其一，要加强事后监管。事前审批只是行政审批的一个组成部分，比审批更重要的是监管。这说明要对取消和下放的事项，根据不同的事项和风险类别，通过随机抽查、联合抽查、专项督查、事后稽查等方式开展跟踪监管，把该管的管住管好管到位，防止下放之后的乱为、失控。其二，要重视信用体系建设及其影响。社会信用体系是开展行政审批的重要依托力量，对于一些失信的部门或个人可以在审批环节加以甄别和规制。这是推动行政审批的有力抓手。因此，有必要从省级层面整合各类信用信息平台，尽全力形成信用采集、整理、储存、应用等一体化的信息信用平台、负面信息披露制度和守信激励制度。这个信用平台主要用于行政审批的甄别，最终实现"守信者一路绿灯、失信者处处受限"的目的。其三，提升基层政府审批监管能力。在行政审批制度改革过程中，有大量的事务下沉到基层。这就要求县市区政府、乡镇政府具有相应的承接能力，能接得住上级转移下来的权力和服务项目。为此，可以通过业务培训、保障人财物等方面加以解决。有必要的时候，还可以鼓励基层政府通过购买服务的方式来解决相关难题。

4. 借力信息技术，推动改革向纵深拓展

信息化社会的来临，对行政审批制度改革来讲是一把"双刃剑"。因此，要发挥其积极作用，为行政审批插上现代科技的翅膀。在这个过程中，重点是加快建立全省统一的电子政务服务网，打造横向到边、纵向到底的政务服务网络平台，通过网络来实现服务预约、办理、查询、核对等业务，真正做到"让数据多跑路、让群众少跑腿"。在网络平台建设过程中，最关键的地方是破除信息孤岛，让部门、系统、地区之间实现信息共享，避免信息使用上的重复劳动，最大限度地便利审批部门、便利群众。

5. 加强跟踪督察，形成强有力倒逼机制

行政审批制度改革是政府的自我革命，涉及权力结构调整和利益分配。因此，要通过严格督察确保改革举措有效落地。比如，可以把行政审批制度改革纳入各级党委政府的综合考评体系和民主测评之中，对于落实不力的要一票否决。当然，在这个过程中还可以探索开展第三方评估，扩大公众参与范围。这样既有利于扩大公众参与面，又能形成强有力的社会监督机制，进而形成有力的倒逼机制。

B.4 江苏农村基层党组织建设的现状与对策

王 里*

摘 要： 本文通过专题调研，深入分析当前农村基层党组织建设面临的新挑战，在总结江苏省农村基层党组织建设的实践和探索经验的基础上，概括分析了当前江苏农村基层党组织建设存在的突出问题，最后就进一步加强江苏农村基层党组织建设提出了有针对性的对策建议。

关键词： 江苏 农村党组织 土地流转

农村基层党组织是党在农村基层领导的基础和执政的根基。在城市化、信息化和农业现代化的背景之下，进一步加强农村基层党组织建设，对于提高党对农村的领导水平、提高农业现代化水平、巩固党在农村基层的执政基础和群众基础，具有十分重要的意义。2017年9月以来，本课题组就江苏农村基层党组织建设进行专题调研，其成果如下。

一 当前农村基层党组织建设面临的新挑战

社会转型加速、经济快速发展和供给侧结构性改革加速推进，信息化、城镇化和农业现代化深入发展，给农村基层党组织建设带来了重大挑战。

---

* 王里，江苏省社会科学院马克思主义研究所助理研究员。

1. 农业发展方式的转变给农村基层党组织建设带来了新挑战

（1）农业组织化程度提高。农村土地流转加快，新型合作化组织不断涌现，农业经营方式由单个个体经营转向集约化经营、社会化服务。

（2）产业结构加速调整。农业与第二产业、第三产业融合发展，生态农业等现代农业快速发展。

（3）非农业性收入逐年增加。农村基层党组织和党员干部如何提高对农村和农业领导水平，推动农业经营方式转变、优化农业产业结构调整和增加农民收入，加快全面建成小康社会步伐，建设美丽农村遇到重大挑战。

2. 农村基层社会结构变化给基层党组织建设带来了新挑战

（1）人口结构发生巨大变化。大量青壮年人口去沿海发达地区打工经商，特别是有知识、有文化的年轻一代出去务工经商，留在农村的大部分是老年人、妇女和儿童，导致了农村"三缺"（农业生产缺乏能手、农技推广缺乏技师和振兴农业缺乏人才）现象比较突出。

（2）社会组织越来越多样化。2017 年，随着市场经济的发展和供给侧结构性改革的推进，新社会组织不断出现，养老机构和服务组织不断涌现。

（3）社会阶层出现了新变化。出现了个体劳动者、进城务工人员、私营企业主等。

3. 基层民众参与意识和民主权利给基层党组织建设带来了新挑战

市场经济的发展和个人利益的觉醒，使人们的权利和法治意识在增强，越来越多的人会运用法治思维和法律手段来维护自己的合法权益。突出表现在：①参与村级事务管理和事务决策的积极主动性明显增强。在选举日临近时，越来越多的农民工返乡参加民主选举。②维护合法权利意识越来越强。要求更好的居住环境，更加卫生安全的食品，更好的教育、医疗条件等，以实现更好的生活。如何实现党内民主，健全运转高效的村民机制，以保障农民的合法权利，是基层党组织一项重要使命。

二 江苏农村基层党组织建设面临的新问题

调研发现，江苏农村基层党组织建设总体情况是好的，发挥了党在基层的战斗堡垒作用。但是与十九大报告提出的"要坚持农业农村优先发展，按照产业兴旺、生态宜居、乡风文明、治理有效和生活富裕的总要求"相比，还存在许多不适应、切实加以解决的问题。

1. 有些地方基层党组织不健全不完善

随着社会主义市场经济的持续深入发展，江苏农村经济成分日益多样化，社会组织形式日益复杂化，特别是苏南经济发展地区，行业协会、私营企业、村民合作组织等"两新"组织大量涌现，在这些组织中，党组织没有实现有效覆盖，即使有些组织建立了党组织，但党组织软弱涣散。据统计，全省近两万个村民合作组织中，建立党组织的只有3100家，84.5%没有建立党组织。有些地方"两委"换届选举，农村社会矛盾突出，党务公开和民主管理未能有效运转。有些地方虽然完成换届选举，但是村长和村支部书记相互钩心斗角，责任上相互推诿，没能形成工作合力。在村民问卷调查中，有19.2%的村民认为"两委"班子工作能力不强。

2. 基层党员干部素质能力与新型城镇化要求不相适应

（1）基层干部队伍结构明显老化。相比较城市，农村在教育、医疗和养老等方面明显落后，导致一些优秀人才不愿意、也不想来农村发展，即使大学生村官也只是暂时留在农村，最终还是流向城市。

（2）基层党员干部业务水平有待提高。在增加农民收入、提高农村公共产品供给和提升基层社会治理绩效等方面，基层党员干部缺乏有效举措和办法，主要表现在：部分基层党员干部能力与基层民众期盼过上好日子和满意度高的生活有一定差距；部分基层党员干部工作中所运用的方法与提升基层社会治理绩效有一定差距；不少基层党员干部还习惯于旧思路和旧方法，遇到新问题新矛盾，往往套用旧办法，导致新问题无法解决，同时又增加了新矛盾；基层党员干部服务意识不强、服务理念不新与基层民众的需求有一定差距。

3. 基层党员干部带头模范意识不强，其作用没有充分显现

（1）有些党员干部党性意识不强，党员全心全意为人民服务宗旨意识有待提高。如村"两委"选举，有些基层党员干部受宗族观念和家庭利益

的影响,将神圣的一票投给自己的家族成员,不考虑当选者的能力和素质,忽视了村集体利益。

(2)党员干部队伍结构不合理。农村基层党员干部队伍老化、知识陈旧和素质不高等现象比较突出。江苏省298.5万农村基层党员干部中,60岁以上的占36.9%,初中以上文化程度的占大部分。

(3)入党把关不严。由于市场经济发展和个人利益的觉醒,党员干部在发展党员时用自身利益关系来考量,与自身利益关系紧密的就发展成为党员,如家族成员,与自己利益无关的则排除在党组织之外。另外,受过良好教育的年轻人大多去发达地区打工,留守下来的多是老人、妇女和儿童,导致发展党员质量不高。

4. 农村基层不稳定因素在增多,农村基层治理绩效需要提高

当前供给侧结构性改革加速推进,城乡之间、农村内部的利益关系正面临深度重组和调整,稍有不慎就会导致群体性事件,给基层政权维稳带来了巨大的压力。据调查,2015年以来,农村信访量曾呈上升趋势,农民信访也呈现出很多变化,农民信访从以前以妇女生育为主到农村财务预算和农村基层干部腐败等,过去农民要求更多的是物质获取,现在农民除了物质获取,还要生态环境、食品安全以及文化娱乐等,其中农村干部腐败是导致干群关系紧张的一大诱因。

5. 基层党组织经费困难,导致基层党组织难以正常运转

调研发现,村集体经济强大、资金雄厚的如一些苏南地区农村,基层党组织服务群众就比较好,为基层民众提供很好的公共产品,相反,村集体经济弱小、资金短缺的如一些苏北地区农村,基层党组织服务群众问题就比较突出,更谈不上为基层民众提供公共产品了。调查问卷显示,85.4%的干部认为,农村党组织难以正常运转的主要原因是缺乏足够的资金。突出表现在:①村一级负债普遍。苏北某市村负债共计17.5亿元,其中平均每个村负债27.5万元,其中54.3%无集体经济收入。②集体创收增收难。截至2017年底,江苏全省有4.1万个村集体创收困难,占总数的56.7%,比2016年增加了780个。③村集体支出比较多。近年来,农

村基础设施和民生投入力度加大，一些村干部反映，所剩下来的用于农村基层党组织活动的经费已所剩无几。

三 如何加强江苏农村基层党组织建设

建设科学合理的农村党组织的总体思路是：以习近平新时代中国特色社会主义思想为指导，贯彻执行党的十九届一中、二中全会精神，紧紧围绕建设美丽乡村和振兴实施农村经济这一中心任务，加强党群关系，以提升党对农村基层治理绩效为目标，不断巩固党在农村基层执政基础和群众基础，为加快农村的社会发展提供组织保障。

1. 完善领导体制和工作机制是加强农村基层党组织建设的关键

基于农村发展的实际情况，具体措施有：①实行基层领导离任检查办法。具体地讲，在村党支部书记任期即满时，村委会或者村党员代表大会对村支部书记履行村党建工作的业绩进行检查，检查结果可以作为考核村支部书记业绩的重要组成部分。2017年，苏北某县实施这一办法，在村支部书记即将离任之际，由村委会或者村党员代表大会对村支部书记在工作期间表现进行民主测评，民主测评得分为非常满意、满意和不满意，对其工作业绩出色者给予表扬，对其工作业绩差者给予一定的处罚，这一办法极大地调动了农村基层党员干部的积极性。②建立基层党员干部的"双述双评"制度。村支部书记抓党建工作要每年向村党员代表大会和乡镇党委述职报告，接受村党员干部、村民和乡镇党委的监督检查，检查的结果与村支部书记的福利工资挂钩。③完善基层干部考核体系。关键要细化村支部书记考核参数，增加基层党建在村支部书记综合考核指标中的比重，并严格加以执行和落实。

2. 科学合理运转高效的基层党组织是加强农村基层党组织建设的着力点

基于农村党组织发展的现状和农村基层经济社会发展现实，具体做好以下两个方面工作。一是构建"六位一体"农村基层党建的新格局。为了适应农村基层发展的新需要，2017年江苏省委召开了全省农村党建工作会议，提出了"强核心、顺机制、建组织、抓人才、保民生和促发展"六位一体的农村基层党建新格局的思路。这是解决农村基层党建工作存在的组织机制不畅、人才结构不合理、干部素质低下和农村基层党组织建设经费紧张等突出问题的有效举措。认真总结鲜活经验，规范体制机制、活动方式和评估手段，明确"六位一体"农村基层党组织建设的具体方法。坚持价值引领、组织支撑和产业带动，着力建立科学高效的运行机制。二是优化农村基层党组织设置方式方法。要打破组织关系隶属，积极运行在"两新组织"中建立党支部，让党员在这些组织中发挥先锋模范作用；优化城乡党组织配置资源，建设城乡党组织有效互动机制；要引导基层事业单位、企事业单位等基层党组织与农村基层党组织建立联合党组织，以城带乡，促进资源丰富的基层党组织向资源匮乏的农村基层党组织转移。

3. 提高基层干部的业务水平，创新农村基层党组织人才选拔机制

（1）创新农村基层党组织干部选拔机制。针对农村基层党组织人才结构老化和能力素质不高等问题，应加大农村人才吸引力度，通过基层挂职锻炼和大学生村官等途径，吸引人才去农村工作。2016年，江苏从省、市和县选拔672名事业单位干部去农村挂职。选聘13000名大学生去村里任职，大大加强了农村基层党组织队伍建设。在省级公务员考试中，重视考生基层经验，特别是对有农村基层工作经验的人才和大学生村官优先录取。让优秀人才流向农村；又注重从农村选拔基层干部去省级机关，形成人才资源科学配置、双向流动的格局。

（2）建立健全农村基层党员干部能力素质提升机制。积极探索农村基层党员干部的培训机制，完善分类培训办法，探索建立以问题为导向，学前注重调查、学中注重检查和学后注重效果等培训制度，注重培训的方式方法，采取灵活多样的培训方法，以提升党员干部能力素质。

（3）强化对基层党员干部的激励。通过探索福利发放和补贴标准办法，落实医疗和养老等制度安排，使得基层干部待遇得到保障。注重从农村基层党员干部和大学生村官中选拔基层领导干部，考核农村基层干部，完善考核内容，改革考核机制，让在农村基层干得好的党员干部有升迁的希望。

4. 发挥优秀党员干部的示范作用，构建科学合理的先进性机制

（1）健全农村基层党员干部选拔制度。针对农村基层优秀人才流失的状况，要制订相应的计划，选派省或市县级党员去基层挂职锻炼，让优秀人才流向农村。2016年，省委组织部从市和县级党政机关和事业单位选聘879名干部去农村基层挂职任职。同时，选聘12000名大学生去村里任书记或支部书记，为农村基层党组织建设提供了智力支持。

（2）健全提高干部业务水平的培训制度。针对当前基层干部普遍存在的能力不足问题，应建立健全科学的干部培训制度，完善培训体系，建立学前调查研究、学中监督考察、学后效果评估等制度，以增强培训的有效性。注重采用图片或影视等方式，重视发挥各类农村基层党员示范作用。

（3）加强对农村基层党员激励机制。认真贯彻落实省有关农村基层党员干部薪水福利等发放办法，并结合本地区实际情况，制定实施细则，充分保障广大基层干部的合法权益。村与村之间，村"两委"与其他村的"两委"乃至与村支部书记之间的工资待遇要保持合理的比例关系。细化对干部的考核体系，每个干部工资待遇以其考核绩效为准。

5. 完善以农村基层党组织为核心的农村基层自治制度

（1）完善基层民主制度。健全基层党员干部利益表达机制，使得基层民主制度在农村真正落地生根，运转有效。完善农村基层党组织领导班子由党员代表大会选举产生或者由上级党组织推荐产生。健全或完善村支部的议事规则和表决程序，凡是涉及村里的重大事项和村民的切身利益，都要经过村党员代表大会的表决通过，或者要征求本村村民的意见和建议，提高决策的透明度。完善农村基层党组织生活会、民主评议会等制度，不断提高党内民主的生活质量。

（2）增加村务公开的透明度，不断完善党务村务公开制度。增加村务公开的内容和形式，让基层民众及时了解本村的情况，凡涉及村民的自身利益，要及时公开。同时，通过民主恳谈会、民主生活会等民主形式，拓宽民主参与渠道和保障民众的参与权利。

B.5
深化县委书记工作讲坛建设的思考与建议

王 婷*

摘 要： 举办县委书记工作讲坛是江苏省委加强县一级工作的重大创新，体现了省委对县域经济社会发展的高度重视，也为推动县级工作提供了良好的平台。对于这项广受好评的创新探索，如何进一步深化发展，使其"更过瘾"、"更解渴"、"更管用"，成为当前县委书记工作讲坛建设重要的现实命题。为此，结合前期课题调研情况，报告提出四个方面的思考与建议，以进一步放大工作讲坛的示范与带动效应，着力将其打造为全国县委书记队伍建设的江苏品牌。一是形成多元化的参与主体，进一步扩大工作讲坛的交流面；二是完善问题导向的主题设置，进一步凸显工作讲坛的针对性；三是构建需求导向的组织方式，进一步增强工作讲坛的生动性；四是推行效果导向的转化模式，进一步强化工作讲坛的实效性。

关键词： 江苏 县委书记 工作讲坛 建议

举办县委书记工作讲坛，是江苏省委加强县一级工作的重大创新，体现了省委对县域经济社会发展的高度重视，也为推动县级工作提供了良好的平台。自2016年8月以来，省委围绕"县委书记当好一线总指挥"、"大力弘扬求真务实，说实话办实事求实效"、"聚焦富民"、"大走访"、"推动改革

---

* 王婷，江苏省社会科学院《学海》编辑部副研究员，管理学博士。

落实,释放发展活力"、"加强和创新社会治理"、"推动高质量发展走在前列"等主题,先后举办了七期县委书记工作讲坛。

作为工作讲坛的主要参与者,全省县委书记对这项举措给予了积极关注、充分肯定、高度赞誉。99.17%的受访县委书记认为,工作讲坛的开展效果明显、意义重大,引导全省上下把注意力、关注点更多地聚焦到县级工作和县域发展上来,有助于把县一级工作提高到新的水平,为全省改革发展稳定打下坚实基础。97.55%的受访县委书记认为,工作讲坛给县委书记提供了良好的学习和展示机会,既带来了压力,也是一种鞭策,在全省范围内形成了"比学赶帮超"的浓郁氛围,营造了竞相发展、奋发作为的生动局面。特别是对于省委书记在每期"县委书记工作讲坛"结束后的讲话,99.33%的受访县委书记认为,讲话主题鲜明、深入透彻,既关注当前、贴近现实,又谋划长远,具有很强的指导性。

对于这项广受好评的创新探索,如何进一步深化发展,使其"更过瘾"、"更解渴"、"更管用",成为当前县委书记工作讲坛建设重要的现实命题。因此,结合前期课题调研情况,建议围绕四个方面深入推动工作讲坛建设:一是谁来讲,即工作讲坛的参与主体;二是讲什么,即工作讲坛的主题设置;三是怎么讲,即工作讲坛的组织方式;四是讲了以后怎么办,即工作讲坛的成效落实,以此进一步放大工作讲坛的示范与带动效应,着力将其打造为全国县委书记队伍建设的江苏品牌。

一 形成多元化的参与主体,进一步扩大工作讲坛的交流面

顾名思义,县委书记工作讲坛,当然应以县委书记为主体,但论讲县委书记工作,却不止县委书记才有发言权。因此,在条件成熟的情况下,可以进一步扩大讲坛参与主体的范围。在以县委书记为主体的基础上,适时邀请省直部门负责人以及部分党代表、人大代表、政协委员、企业家等群体参加,此外,还可以按照"走出去"、"引进来"、"跳出江苏看江苏"的思

路,邀请一些专家学者或全国知名县委书记做客讲坛。他们既可以点评,也可以建言,还可以介绍前沿与经验。通过扩大参与交流面,能帮助县委书记更好地打开思路、开阔视野,从更多方面汲取讲坛的滋养启迪。

访谈中,很多县委书记建议设置"对话县委书记"现场交流互动环节,省委领导、其他县委书记、专家学者等可就相关问题现场提问,请发言的县委书记做深度解读,对其面临的困难与问题进行分析研讨,共同谋划解决办法。甚至可以围绕一个主题,进行辩论式讨论,掀起"头脑风暴",从不同层面启迪思维。同时,适当安排相关专家围绕当期主题进行点评或开展相关专题讲座。扩大工作讲坛发言主体的范围,有助于实现工作交流与思想碰撞的有机结合,把县委书记工作讲坛办成党员干部思想的"转换器"、前进的"加油站",更好地更新思想观念、提升工作能力。

二 完善问题导向的主题设置,进一步凸显工作讲坛的针对性

准确把握讲坛主题,是持续办好县委书记工作讲坛的前提。县委书记工作讲坛反映的是县域经济社会发展的现实情况,因此,主题选取上,既要站得高,又要接地气,只有在正确分析县域发展生态、把省委省政府的中心工作同县域发展实践相结合的基础上,才能行之有效地进行主题设置,从而把县委书记工作讲坛这项工作做深做实做细做透,避免流于形式。

1. 方向上,"通天线"与"接地气"相结合

"通天线"就是全面正确地理解党中央和省委的各项决策部署,确保这些部署在县域不折不扣地落地落实;"接地气",就是把上级的要求和县域的实际紧密结合起来,形成自身的发展特色。坚持"通天线"与"接地气"相结合,既可以全方位、宽领域地把握省委的工作部署,又可以"切口小,挖掘深",让讲坛成为抓落实的有效途径,增强讲坛的系统性与针对性。例如,江苏目前已经启动了宁杭生态经济发展带、扬子江城市群等规划编制工作,这些省级战略涉及的一些县如何定位,可以共同探讨,通过"讲"来

推动工作落实，解决县域在发展中遇到的实实在在的问题。再如，尽管县域发展形态丰富、格局各异，但发展的基本理念、精神内核有共通之处，可以围绕县域经济的特色发展之路、全面深化改革在县级的突进之路、县级生态文明建设之路、改革发展稳定中的工作创新和理论政策探讨等问题，通过工作讲坛中的交流，让大家拓宽发展思路，充实发展内涵。

2. 内容上，经验介绍与问题分析相结合

目前，讲坛以谈成绩、谈经验、谈特色占主导，发言既可以分享好的经验，也应鼓励摆出问题、提出困惑。突出问题导向，可以将工作中遇到的困惑、难题作为切入点，详细阐释实践中的具体做法，从问题入手，重点分析问题成因，采取了哪些措施解决发展过程中的瓶颈和突出问题，如何打通工作落实的"最后一公里"，现在取得了怎样的成效，等等，从而真正达到相互借鉴、共同提高的目的。

3. 结构上，共性主题与特色主题相结合

在确定讲坛主题的过程中进一步优化选题结构，既从宏观方面出发，贯彻中央的大政方针、省市的工作部署，交流探讨经济社会发展中一些具有重大意义的共性问题；又要突出区域特色、施政理念和创新举措。由于苏南、苏北、苏中目前处于不同的发展阶段，面对一些个性化、具体化问题，建议以苏南、苏中、苏北等区域特色工作和发展瓶颈为切入点，分类制订讲坛主题菜单，将一些成果显著、行之有效的办法进行推介，将改革发展中遇到的矛盾障碍及思考加以交流，有助于更有效地指导县域工作开展，引导大家培育特色、展现特色、发展特色，形成江苏发展的"百花园"。

4. 方式上，省委"出题"、书记"选题"和群众"荐题"相结合

目前，工作讲坛采取省委出题、县委书记答题、省委书记点评的方式，为全省县委书记搭建了一个交流工作的平台。调研中，一些县委书记建议省委提早公布主题，让所有的县委书记都有思考的机会，筛选有代表性的问题进行集中交流。在省委"出题"的同时，26.46%的受访县委书记认为"每次选题的确定，应该多听听基层意见"，通过征求意见的方式，县委书记可以根据区域实际自行"选题"，把自己工作中感觉到最有心得的地方、最满

意的工作以及遇到的困难，拿出来和大家交流，提高工作的针对性。此外，还有县委书记指出，对于讲坛主题的确定也可以结合"大走访"活动，通过征求群众意见的方式进行收集，积极听民声、汇民智，让基层干部群众"荐题"，拓宽主题来源，增强工作实效性。

三 构建以需求为导向的组织方式，进一步增强工作讲坛的生动性

工作讲坛的组织形式合理与否，对促进讲坛效果具有重要的意义。工作讲坛的开展可以根据现实需求，进一步丰富组织方式，不断提高讲坛的生动灵活性。

1. 基层一线实地看，坚持讲坛宣讲与现场观摩同步推进

创新工作讲坛召开的方式方法，尝试采取省级主办、县级承办的模式，将主会场设在某项工作开展较好或特色性较强的地方，采取先观摩再开讲的方式进行，组织现场观摩学习、座谈交流；或者根据主题，在县委书记发言后，选取几个先进的县区作为典型进行现场观摩。通过实地体验和交流互动，深入挖掘典型经验，放大示范效应，进一步增强论坛的实效性，同时避免出现"做得好不如写得好，干得好不如讲得好"的异化现象。

2. 分层分类专题学，形成集中交流与分片交流交叉互动

目前，县委书记工作讲坛以电视电话会议和主会场—分会场形式举行，这种形式集中程度大、效率高。在保持这种形式的同时，根据每期主题设置，可以对讲坛受众分层分类，既把全省县委书记都集中起来召开电视电话会议，又能够围绕部分县域发展中共同存在的问题，分片区组织县委书记召开现场会、专题学习会、座谈会，等等，进一步增强讲坛的实效性与针对性。当前，江苏多地都在借鉴县委书记工作讲坛模式，泰兴市开办了领导干部"学思践悟讲坛"，常州市天宁区启动了"天宁大讲坛"，金坛区创办了"金沙大学堂"，如皋市策划开设"村支书工作讲坛"，等等，这些实践中的探索对于分层分类组织县委书记工作讲坛提供了丰富的经验。通过集中交流

与分片交流相结合的方式，针对不同类型、不同层次的受众群体区分侧重点，采取易为受众对象所接受的方式方法，不断增强讲坛实效。

3. 多元媒介拓展讲，推动传统手段与现代手段汇聚融合

在条件成熟的情况下，可以通过引入 PPT、制作视频专题片等形式，多角度立体化展示交流。通过网络直播、电视直播、设置"县委书记工作讲坛"微信公众号等形式，把讲坛的理念、观点、经验、方法深化到镇村社区，覆盖到基层干部群众，形成大家听、大家议的浓厚氛围，激发各层各级的工作干劲和创新活力。

四　推行效果导向的转化模式，进一步强化工作讲坛的实效性

县委书记工作讲坛的落脚点在于成果的运用，其关键在于将比学赶帮超的平台向解决问题、完善举措延伸拓展，把讲坛交流的成果转化为指导工作的思维方法，推动县域经济社会健康快速发展。

1. 以形成机制为抓手，及时总结巩固讲坛成果

在县委书记工作讲坛上，每个县区 8 分钟的交流发言浓缩了工作的精华，每一期讲坛都是一次学习借鉴、对标提升的平台，都会讲出很多真知灼见与先行经验。同时，由于台上发言时间短、受众范围广，有些主题并没有充分展开来讲，因此需要及时汇总、巩固每一期的讲坛成果，包括每位县委书记的发言、省委书记的讲话、各发言地区在该主题上的具体做法等。建议将每期县区发言以及相关的政策、经验材料汇编下发，便于基层更好地学习借鉴，在此基础上形成长效机制，开展后期追踪、专家评估（第三方评估）、总结推广等工作。例如，适时在一定范围内召开条线现场会议，组织相关部门有针对性地进行考察交流、实地学习，推广成功经验和做法。通过及时的汇总巩固讲坛成果，既能推出活样板，又能促进新思考，有助于把讲坛成果转化为谋划工作的思路、促进工作的措施和提高工作质量的能力。

2. 以媒体推广为抓手，深入解读宣传讲坛成果

调研中，部分县委书记建议，每期主题可将电视电话会议和相关媒体推广同步进行，在相关媒体上开设专栏，除印发讲坛上的材料外，对每一期的发言内容进行深度解读，全方位、深层次挖掘发言单位围绕某一专题的所思所想、所感所悟；总结提炼县委书记讲坛中的先进做法和优秀案例，发挥先进典型的引领作用；还可以刊登其他县委书记、专家学者等对主题的思考和建议。通过强化媒体的宣传引导作用，营造促进成果转化的良好氛围。

3. 以制度建设为抓手，有效保障落实讲坛成果

对于一些可复制、可借鉴、可推广的好的做法，建议省级相关部门及时深入开展调查研究，总结提炼成可供推广的制度措施，进一步发挥县委书记讲坛集思广益、推动工作的效能；对于通过讲坛反映出来的共性问题、涉及全省面上的问题，建议省级相关部门及时把问题梳理出来，出台具体意见予以跟进，进一步加强调查研究，寻找破题路径，通过政策统筹整体研究解决；对于县委书记工作讲坛的运行也应研究出台相关配套规章制度，对主题选择、县委书记讲稿内容、贯彻落实情况反馈等做出明确规定，推动县委书记工作讲坛制度化、长效化。

B.6 江苏完善干部激励机制与容错纠错机制研究

成 婧*

摘 要： 容错纠错机制是党和国家在新的发展背景下提出的鼓励广大干部多干事、干实事的重大举措。当前江苏各级政府分散化地制定了以干部容错纠错机制为核心的干部激励机制，对容错行为、容错程序进行了限定，取得了一定成效，但也存在系统化程度低、可操作性不强等问题。因此要从系统化、协同化的角度进行完善，提高制度的可操作性，并且充分利用经典案例的引导作用，进一步构建宽容失败的文化氛围。

关键词： 江苏 干部激励 容错纠错

党的十八大以来，从中央到地方坚持全面从严治党，严肃党内政治生活，严明党的纪律，强化党内监督，发展积极健康的党内政治文化，坚决纠正各种不正之风，以零容忍的态度惩治腐败，不敢腐的目标初步实现，不能腐的笼子越扎越牢，不想腐的堤坝正在构筑，反腐败斗争压倒性态势已经形成并巩固发展，进一步净化了党内政治生态。但同时，部分干部的行为导向发生了一定程度的转变，出现了不能为、不想为、不敢为等"为官不为"现象。因此，2016年的《政府工作报告》提出："健全激励机制和容错纠错

---

* 成婧，江苏省社会科学院《学海》编辑部副研究员。

机制，给改革创新者撑腰鼓劲，让广大干部愿干事、敢干事、能干成事。"同年，《中国共产党问责条例》施行，以问责倒逼责任落实，形成了新型干部激励机制。江苏省于2017年制定了《关于建立容错纠错机制激励干部改革创新担当作为的实施意见（试行）》，近期，省委办公厅印发了《江苏省党政干部鼓励激励办法》、《江苏省进一步健全容错纠错机制的办法》、《江苏省推进党政领导干部能上能下办法》，健全完善鼓励激励、容错纠错、能上能下"三项机制"。各地也先后制定了相关的制度规定，但是此类激励举措仍然是分散化的，成效有待检验。因此，党的十九大又提出要"坚持严管和厚爱结合、激励和约束并重，完善干部考核评价机制"，这对地方完善干部激励机制提出了新的要求。

一 全面从严治党下干部行为模式的转变与激励模式的构建

（一）新时代党内政治生态的变化

党的十八大召开以来，全面从严治党带来了强势的反腐态势，净化了党内政治生态，使得权力运行的制度化程度进一步提高。总体上来说，包括以下四个方面：首先，职能边界明晰化。党的十八届三中全会首次提出："推行地方各级政府及其工作部门权力清单制度，依法公开权力运行流程。"权力清单制度是明晰政府职能边界的重要方式，有利于避免权力运行中的暗箱操作，从源头上避免权力滥用，是加强权力运行制约和监督体系建设的一项重大举措。其次，权力运行的规范化。表现在依法治权，让权力在法律范围内行使，给权力的运行划定"红线"、"警戒线"、"高压线"，从而让权力在安全线内运行。在现实中，近年来各地政府一再推行的阳光政务，意在将权力运行的过程公之于众，提高公共服务的效率与水平。再次，责任追究的严格化，强化责任与权力的对等。十八届中央纪委六次会议再次指出，要强化担责尽责，从严追责问责，深化标本兼顾，创新体制机制，健全法规制度，加强党内监督，坚决遏制腐败蔓延势头。五年来，问责追责的严格化一方面体现在反腐斗争方面，力图杜绝"为官乱为"，另一方面体现在日常工作的开展中，严格惩治"为官不为"。最后，利益获取的透明化。党的十八大以来，制定和落实中央八项规定，开展群众路线教育活动，反对形式主义、官僚主义、享乐主义和奢靡之风，坚决反对特权，从而将之前存在的"隐性福利"一并消除，强化了广大干部与人民群众的联系。

（二）干部激励面临的问题与挑战

在国家治理的过程中，干部行为起着关键的作用，一方面通过政策的制定诠释着国家治理理念，将党和国家的意志传递到具体的治理层面；另一方面通过政策的执行，将国家政策具体化，落实到广大人民群众之中。因此，对干部的激励直接决定着国家治理的效率与合法性。面对党的十八大开启的治党、治国的新的政治生态，原有的干部激励体制面临着新的挑战。

改革开放以来，为鼓励广大干部抛开一切思想包袱干事业，从中央到地方制定了一系列激励制度，为干部"减负"，总体上说实行的是一种"结果导向的政绩激励"模式，"不管黑猫白猫，能抓到老鼠的就是好猫"的"猫论"，发动干部群众为了社会主义的建设事业贡献智慧，可以说这种激励模式是结果导向的。同时，以经济建设为中心的发展目标的确定，使得干部激励机制也围绕经济目标展开，对 GDP 的强烈重视与可测量性使其成为衡量干部业绩的重要指标，也成为干部考核与晋升的重要依据。众多学者通过研究晋升与经济发展之间的关系，认为围绕 GDP 开展的晋升锦标赛是中国经济保持几十年持续高速增长的原因所在。[1] 但是这一激励机制在新的政治生态下逐步失效，对发展结果的过分强调导致权力运行过程中出现诸如腐败、特权主义盛行等问题，面对十八大以来权力运行制度化的要求，结果导向的干部激励模式面临挑战，使得干部在行使权力的过程中，不仅要注重结果，更要关注过程的合理化、科学化。同时，传统发展理念导致我国目前发展中

---

[1] 周黎安：《转型中的地方政府：官员激励与治理》，格致出版社，2008，第 87～119 页。

不平衡、不协调、不可持续的问题突出,针对这一问题,党的十八大提出"五位一体"的总体发展布局。面对多元发展目标,原有的以GDP为中心的激励模式面临失效,GDP增长不再是官员追求的唯一目标,多地还出现了"挤出GDP水分"的做法。

可见,在新的政治生态下,原有的干部激励体制面临新的挑战,治理目标与干部激励的不匹配必然影响干部行为,进而影响治理效率。

(三)干部行为方式的转变

在新的治理环境下,广大干部的行为方式发生了一定的变化,尤其是处于政策执行端的基层干部。主要体现在:第一,权力运行透明化后日常工作的流程化更强。从一定程度上讲,自由裁量权的行使对干部也是一种激励,但是近些年广泛推行的权力清单制度以及阳光政务工程使得政府部门的工作更加透明,流程更加规范,在这种情况下,干部的自由裁量权逐渐缩小,因此会出现行为方式的变化,更倾向于做事的流程化,开拓创新动力不足。第二,强势反腐下监督多元化带来的"行动束缚"。在反腐败无禁区、全覆盖、零容忍的态势下,出于避责心态,从理性的角度来看会带来不敢为现象。第三,利益规范化带来的动力不足,中央八项规定等一系列规范权力运行的要求逐步呈现制度化、长期化效果,干部的隐性福利一再被挤压,个人利益的压缩必然导致行为动力不足。

对于基层干部来讲,其面临的冲击更加强烈。基层干部是政策执行的前端,也是责任的最终承担者,在权力上移责任下放的过程中,基层干部成为政府与广大群众矛盾的焦点,出于对自身的保护,理性的行为者在一定程度上会表现出不敢为、不想为、创新不足、动力缺失等"为官不为"。

二 新型激励机制的构建与江苏省的实践

习近平总书记强调要加快构建容错纠错机制,以坚持"三个区分开"为原则,鼓励干部积极作为,敢于担当,形成允许改革有失误、但不允许不改革的鲜明导向。随后，各级政府制定了一系列激发广大干部能干事、敢干事的激励举措，以激发社会发展活力，为全面深化改革提供有力抓手。

（一）新型激励机制的建构与基本逻辑

新型激励机制以促使权力的规范运行为前提，以避免庸政懒政怠政为目的，主要体现在容错纠错与问责之上，体现在三对关系之中。

一是激励与容错之间的关系。从本质上讲，容错是一种激励机制，"激励"重在解决干部干事创业中动力不足的问题，让能干事、干成事的干部得褒奖、获重用。"容错"则是为鼓励探索、宽容失误，让敢担当、敢创新的干部没有顾虑，有"舞台"。可以说容错是激励机制中的"保障因素"，是为勇于探索、踏实干事的干部提供的有力支持。激励与容错都是促进改革，为改革者撑腰。但容错不是权力滥用的"挡箭牌"，其核心一定是精准界定容错的范围，坚持习近平总书记"三个区分开来"的原则，明确错与非错的标准，划定容与不容的界限。

二是容错与问责之间的关系。问责与容错，从防止权力懈怠和激发权力活力、规范权力运行和提高权力效能两个方面提高政府质量。[①] 二者的目标方向是一致的，都是朝着有利于改革创新的角度来安排的，都是为了激发干部"愿干事、敢干事、能干成事"，目的是权力运行的规范化，提高权力效能。容错是前导性的，问责是事后处置性的。容错机制一方面可以在干部出现探索性失误之时为其提供保护，另一方面可以营造一种鼓励创新、允许失误的宽松氛围，而问责则是事后处置性的，是对权力滥用、权力误用造成失误的一种惩处制度。所以容错是鼓励引导性的，问责是惩处性的。同时二者具有互补效应，问责划定了容错的限度，不是所有错都可以容，超出了正常的边界，就要被问责。而容错又是问责的保障机制，只有问责机制会进一步强化干部的"不敢为"心理。所以，只有容错与问责并用，才能让权力归位，才能让干部敢为。

---

① 竹立家：《问责与容错》，《中国党政干部论坛》2016年第8期。

三是容错与纠错之间的关系。改革就是试错，错误就有成本，而广大干部改革创新的理想状态就是以低成本试错，并尽力减轻错误导致的负面影响，而纠错机制就是将改革创新失误产生的损失控制在一定范围内。从这个角度来看，容错和纠错必须统一起来，是激励机制的"一体两翼"，容错是手段，是一种鼓励创新的态度，是针对干部的，是为了保护大胆创新、锐意进取的干部，有利于激励党员干部勇于担当、大胆创新、积极作为；而纠错是目的，是一种控制损失的作为，是针对事业发展的。促使党员干部在"犯错"后，认真查找症结所在，及时发现错误、中止错误，避免给党和国家的事业造成更大损失，二者配合使用，才能真正具有激励作用。

（二）江苏省干部激励的举措与绩效评估

2017年6月，江苏省委办公厅印发了《关于建立容错纠错机制激励干部改革创新担当作为的实施意见（试行）》，充分调动和保护了干部队伍干事创业的积极性主动性创造性，用机制为作风正派、敢于担当、勇于负责的干部撑腰鼓劲。首次明确了容错的5个条件和8种情形，严格规范认定容错的程序、完善风险防范和纠错机制，对及时为受到不实反映和误解的干部澄清正名等做出了明确规定。

在推动容错纠错机制的运行上，基层政府发挥了先试先行的作用。在省委《实施意见》颁发之前，江苏多地就颁发了容错纠错相关的实施意见，充分体现了容错纠错对于基层政府、基层干部的重要性。2016年5月，南通市出台《改革创新容错免责机制的实施办法》，从项目建设、招商引资、民生工程等七大类勾勒容错清单，同时建立纠错整改机制，督促被免责的单位或个人积极采取措施，严格纠错整改，最大限度消除影响、挽回损失。建立信访举报甄别机制，对符合免责情形的相关信访举报由市纪委、监察局会同市委组织部调查核实后做出认定意见，确保"容得正确"、"免得合理"。2016年7月，泰州市出台了《鼓励改革创新激励干事创业容错纠错实施办法》，界定了容错的14种具体情形，确保"可对照"；规范了启动、申请、受理、核查、认定、报备等容错纠错6项流程，确保"效果好"。规定出台以来，泰州市对12名干部进行了容错纠错。2016年12月，无锡出台一套"1+3"系列文件，包括《关于运用监督执纪"四种形态"的意见》、《关于建立容错纠错机制的办法（试行）》、《关于治理"为官不为"行为的办法（试行）》、《关于对党员和公职人员侮辱诽谤诬陷他人行为的查核处理办法（试行）》，这一系列文件推动践行了监督执纪"四种形态"。以系统化的方式把规范干部行为与激发干部改革创新积极性结合起来，把教育监督管理干部与信任保护激励干部结合起来。2017年3月，徐州市下发《关于容错纠错鼓励创新先行办法（试行）》。2017年7月，苏州市出台《苏州市激励改革创新担当作为容错纠错实施办法（试行）》，在省委文件的基础上，与苏州"两聚一高"新实践相适应，制定了具有地方特色的容错纠错机制。除此之外，区县级政府也制定了相关激励政策，为改革者撑腰。

总体来说，这些政策目标明确，点明了为何建立容错纠错机制，各项政策均以激发广大干部干事业为目的；边界清晰，规定了哪些问题可容，哪些不可容，各地容错纠错机制的重要内容即规定容错的限度，防止容错滥用；流程规范，规定了容错纠错的基本流程与做法，明晰了各相关部门的职责，保障科学认定，同时规范容错的认定程序和容错结果的运用；容错纠错与问责相结合，在问责中容错，对不能容的错强化问责；政策的制定具有延展性，各地制定的容错纠错激励举措都结合本地发展特点，做出了增加性的规定。原则性与灵活性相结合，在一定程度上消除了一些干部的担忧。

三 江苏基层干部激励机制构建的优化路径

针对新时代广大干部存在的行动顾虑，2016年下半年以来，江苏省各级政府开始制定相关的容错纠错制度，运行了一年多以来，取得了一定成效，但也凸显了一些问题。在今后一段时间内，要在试行中对新时代的干部激励机制进行不断完善，使其与全面深化改革的背景相适应。

（一）构建系统化的激励体制

配合当前结构性改革所进行的容错纠错机制建设应该是一个多要素、多环节规范有序运行的系统化过程，而不仅仅表现为地方的试水先行，应该具有一个系统化运行的完整"路线图"，主要包括以下几个方面。

首先，中央与地方、上级与下级之间的制度要有一定的衔接性与传导性。国家层面在2016年最早为容错纠错"定调"，相关论述出现在党的重要文件、政府工作报告、主要领导人的讲话中，并没有形成制度化的政策。制度顶层设计的抽象与模糊化在一定程度上限制了地方的跟进与试行效果，目前呈现的容错纠错机制都是各地分散化提出的试水性文件。典型表现就是各地纷纷制定了相关的容错纠错规定，南通市、无锡市以及其他区县级政府都试水先行制定相关政策。但没有形成自上而下的传导机制，抽象性强、同质化强，发挥的作用自然有限。所以总体来看，江苏省的容错纠错机制构建还处于分散化的试行阶段，没有形成上下一致的协同统一效应。

其次，协调好容错纠错与激励机制中其他要素之间的关系。激励机制包括奖励机制、制约机制、保障机制。容错纠错只是新时期激励中的重要一环，因此要处理好其与其他法规、制度之间的关系。既不能忽视容错，也不能忽略奖励和纠错。在建立容错机制的同时，要建立为改革创新者鼓劲的激励机制和对违法乱纪者监督问责的惩戒纠错机制。

再次，激励机制要与其他制度形成良性互动。要形成容错纠错与权力清单的良性互动，以权力清单为依据建立合理的评估机制；建立改革创新风险备案机制，从而摆脱容错总是在问责后的现实；建立配套的问责官员澄清保护机制，全面保护被问责干部，形成防错、容错、纠错的系统化激励。

最后，激励机制的构建要与全面改革的大环境、江苏"两聚一高"的新目标相融合。目前，干部容错纠错机制的构建仍然处于探索起步阶段，不同地方的制度规定相似性较强，共性明显，特性不足。例如对"可容之错"，所有地方文件都从干部行事动机的公共性、决策过程的民主性、条件的客观性等方面做出了限定，大部分地方没有突出地方特色与重点发展任务，没有将本地区、本领域发展过程中的主要任务、主要矛盾和干部队伍的实际状况和容错纠错机制有机结合①。所以，要充分考虑地方的发展定位与特殊情况，将"两聚一高"伟大实践，将各市地发展目标与容错纠错相结合，制定与发展全局相适应的、与地方发展相结合的具体的容错规定，在一定程度上解决规定抽象化的问题。

（二）提高政策精细化水平与可操作性

容错纠错机制的建设和创新还要从流程上科学地进行论证和设计，使各级党委政府能够依法依规实施。首先，应该探索建立更为精细的容错清单制度、容错备案制度、容错审核制度等，使容错政策具有更强的可操作性；其次，在机制的运行方面，各地规定中提出的容错情形都是原则性的，认定程序规定过于宽泛，缺乏可操作性、科学性。在具体的操作过程中，如何认定缺乏客观科学的标准，因此可能出现一定的负效应，如容错成为某些干部违规违纪的"挡箭牌"，使容错变为"错容"。所以在具体的运行过程中，应该加入第三方评估，使得相关职能部门、智库机构、专家学者、人民群众共同参与，为干部行为是否可以免责做出科学的评判。

（三）营造与容错文化相结合的社会氛围

容错不仅需要有科学的政策设计，同样需要营造与之相适应的文化氛围。目前，容错纠错机制的启动发生在问责程序启动之后，哪怕干部容错申诉成功，被免于追责，也可能由于被追责的经历而影响晋升、任用等。在纠错中出现的改革成本在一定程度上还会对免责干部造成巨大压力。所以需要一种宽容的文化氛围与之相适应，从而推动广大干部形成大胆改革、勇于创新的良好风尚。要培养社会理性精神，使干部群众能以长远的发展眼光看待改革中出现的问题，正确看待短期利益与长远利益之间的关系。在这个过程中，要发挥干部选拔任用的导向作用，确保被问责干部在人事任免中被公平地对待。

---

① 王炳权：《各地容错纠错机制的优点与不足》，《人民论坛》2017年第26期。

（四）充分发挥典型案例的激励作用

容错纠错在本质上体现的是一种制度弹性，因此在运行过程中必然存在很强的自由裁量空间，制度的规定不可能囊括所有的容错情形，所以在具体的运行过程中，要充分利用典型案例的示范作用。在具体容错机制的执行中，注重对各类事件的收集归纳，总结其中的新问题，及时宣传发布典型事件的处理流程、处理规范等，使其成为干部具体操作中的重要借鉴。大力宣传改革创新、攻坚克难的先进人物和事迹，用鲜活的案例推动文件精神落实。

B.7
推进江苏省权力清单与互联网政务深度融合研究

成　婧*

摘　要： 以权力清单为基础推进互联网政务是转变政府职能，推进法治政府、服务型政府的重要手段。江苏省依托权力清单标准化建设构建了集行政审批、公共服务、投诉建议等于一体的"旗舰店式"江苏政务服务网，取得了一定的成效。针对目前存在的数据共享问题、覆盖范围有限问题，要利用"制度＋技术"的治理思维，以权力清单为基础进一步优化互联网政务平台建设。

关键词： 江苏　权力清单　互联网政务　融合

党的十九大提出"明确全面深化改革总目标是完善和发展中国特色社会主义制度、推进国家治理体系和治理能力现代化"。推进国家治理现代化，最重要的是加强体制机制建设，政府权力运行的制度化、规范化、程序化是基础。转变政府职能、优化政府职能配置，是近年来深化党和国家机构改革的重要任务。党和国家大力推行各项政策，不断简政放权，强化服务，优化办事流程，全面提高政府效能。近年来实行的政府权责清单制度是政府职能明细化、全面推进"放管服"改革的重要举措，而互联网政务的推出

---

* 成婧，江苏省社会科学院《学海》编辑部副研究员。

为切实提高政务服务质量与效率提供了平台,二者从制度和技术两个层面为构建法治政府、服务型政府提供支持。江苏省2017年政府工作报告中提出"推动权力清单和互联网政务深度融合,加快建立高效便捷透明的审批体制",以权力清单为支持的互联网政务取得了切实发展。

一 权力清单与互联网政务融合的必要性

党的十八届三中全会审议通过的《中共中央关于全面深化改革若干重大问题的决定》明确提出:"推行地方各级政府及其工作部门权力清单制度,依法公开权力运行流程。"十八届四中全会提出"推行政府权力清单制度,坚决消除权力设租寻租空间"。所谓权力清单就是对各级政府及其各个部门权力的数量、种类、运行程序、适用条件、行使边界等方面进行详细统计和全面清理,明晰权责,形成的目录清单。[①] 其本质是界定权力边界,编制清单及权力运行流程图,向社会公布并主动接受社会监督。体现"法无授权不可为、法定职责必须为"。

权力清单制度是规范权力运行、推进法治建设的重要举措。首先,权力清单将政府权责事项、工作流程、办事准则公开,其实质是打造一个"制度之笼",为行政机关权力规范化运行提供依据,权责明晰是防止权力越位、缺位、错位的重要手段,是规范权力运行,防止"为官不为"、"为官乱为"的重要手段。其次,实现以"清权、减权、限权、晒权"为核心的权力清单制度是政府转变职能,提升行政管理水平,提高政府工作效率的重要举措。权力清单制度的实行是摸政府"家底"的行为,有利于理清不同层级政府、政府部门之间的职责权限,最大限度地避免职能交叉重叠的现象。同时,权力清单制度是推动服务型政府建设的内在要求。"法无授权不可为"、"法定职责必须为",用制度化的手段敦促政府把该负的责任负起

[①] 程文浩:《国家治理构成的"可视化"如何实现——权力清单制度的内涵、意义和推进策略》,《学术前沿》2014年第5期。

来，将该管的管住管好，有利于促进政府全面正确履责，优化公共服务质量，保障公平竞争，加强市场监管，克服懒政、怠政，提高服务水平和服务效率，为大众创业提供良好的氛围。最后，权力清单制度是强化社会监督的重要手段。政府部门权力事项、流程的公开，有利于强化权力的制约和监督，消除设租寻租的空间，为社会监督提供重要依据。

而权力清单的设置只是政府职能改革的"万里长征第一步"，更为重要的是打通制度与技术的阻隔，使行政权力按照权力清单运行，切实优化权力运行流程，提高行政效率，互联网政务的推行就是权力清单制度能够落到实处的关键所在。党的十九大报告指出，要"提高社会治理社会化、法治化、智能化、专业化水平"，"善于运用互联网技术和信息化手段开展工作"。这是利用技术倒逼改革的重要手段，而将权力清单制度与互联网政务融合，是实现治理法治化、智能化的关键。

首先，权力清单是互联网政务平台建设的重要依据，在互联网政务平台的构建中，权力清单是全面梳理政府公共服务、行政审批事项的重要依据，是互联网政务实现的基础。同时，权力清单所晒之权与具体的权力行使之间还有一定的距离，互联网政务是将"晒权力"与"用权力"结合的良好平台。从而将权力的"公示"、权力的行使和权力的监督结合起来，能够真正起到促进权力运行合法化的效果。其次，只有权力清单与互联网政务的融合才能真正实现简政放权，提高办事效率。互联网政务平台的使用可以倒逼行政流程再造和行政管理体制改革。政务平台的设置过程，必然涉及对权力的清理，尤其是部门之间重合之权，明确权力与责任归属，明确办事流程，从而进一步提高人民群众办事效率。此外，所有入平台的政务事项都要以权力清单为依据，用技术化的手段确保权力行使的规范化、流程的科学化。

二　江苏省权力清单制度与互联网政务平台运行状况

江苏省按照国家规定，从"清权、减权、晒权、制权"四个阶段分步推进权力清单制度，在2015年，江苏省人民政府1号文件《关于深入推进依法行政加快建设法治政府的意见》提出实行"五张清单"制度，即行政审批事项目录清单、政府行政权力清单、行政事业性收费目录清单、政府部门专项资金管理清单、投资审批"负面清单"，对不符合法律规章规定的管理、收费、罚款项目一律取消。"五张清单"为政府权力清单制定奠定了基础。省审改办制定了《江苏省行政权力事项清单编制规范》，为进一步细化行政权力清单提供了政策口径。2015年12月出台了《江苏省行政权力事项清单管理办法》，规范行政权力运行流程，强化行政权力事中事后监管，制定了标准化管理、动态管理的基本原则。2016年通过进行省市县三级权力普查，制定了《省市县（市、区）政府部门行政权力清单》，对省市县三级权力事项进行了纵向梳理，对省市县三级5300多个政府机构的66万多行政权力事项和公共服务事项统一管理、动态更新、集中发布。对每个事项实行集中编码管理，规范事项名称、条件、材料、流程、时限等，做到"同一事项、同一标准、同一编码"，实现省市县行政权力事项相同，权力名称、权力类型、权力依据、权力编码四统一的"三级四同"，在全国率先实现了省市县三级行政权力清单标准化。权力清单标准化不仅是简政放权、"放管服"的重要组成部分，而且是实现互联网政务的基础，是实现治理现代化的前提。权力清单标准化彻底解决了市县权力清单数量不一、名称不一、类别不一的问题，能够在统一的标准下界定权力，明晰权力运行。

在互联网政务平台的建设方面，江苏走在了全国的前列，2016年1月，国务院确定了江苏、浙江、贵州、甘肃、青岛作为"互联网+政务服务"试点。2016年8月，省委、省政府做出建设江苏政务服务"一张网"的重大决策。2016年12月，江苏省委办公厅、省政府办公厅联合出台《关于全面推进政务公开工作的实施意见》（以下简称《意见》），确定"以公开促落实、促规范、促服务、促廉洁"为基本原则，推动政务公开透明程度进一步提高。2017年1月24日，集齐10万多项便民服务资源的江苏政务服务"一张网"——江苏政务服务网上线试运行，江苏政务服务网是全国首个按照国家标准建设、做到权力清单标准化全口径覆盖、实现实体政务大厅与网上服务平台融合发展、依托公有云建设的政务服务网，安全性、稳定性与淘宝和支付宝平台在同一层面。其推行"网上办、集中批、联合审、区域评、代办制、不见面"的办理模式,内容主要包括省、市、县(市、区)三级政府部门权责清单、办事指南、便民服务、公共资源交易、12345 政务服务热线、开办企业套餐式指南等多项政务服务。截至 2017 年 5 月 31 日,江苏政务服务网累计访问量 528.13 万次,APP 下载量 85.7 万次,用户注册量 48.17 万人次,实名认证量 27.87 万人。在地方层面,全省各地、各部门也实行创新试点,建立各有特色的"互联网+政务服务"平台。南京市加快建设"我的南京"城市公共信息服务平台,无锡市优化再造网上办事流程,常州市实施"五联合一简化",镇江、宿迁开展"多评合一",淮安、泰州推进"互联网+审图",大大提高了行政效率。省公安、工商、税务等部门积极推动"互联网+政务服务",创建了一批网上服务品牌,方便了企业和群众办事创业。在国家行政学院发布的《省级政府网上政务服务能力调查评估报告(2017)》中,江苏位列第三名。

三 江苏"制度+技术"改革中的特色与问题

通过权力清单制度与互联网政务的联合推进,江苏省实现了以"制度+技术"切实转变政府职能,深化了行政体制改革。总体来看,江苏的互联网政务走在了全国前列,以下特点决定了互联网政务实施的效率。

第一,以权力清单为先决条件构建互联网政务。江苏政务服务网是第一个做到权力清单标准化全口径覆盖的政务服务网。权力清单是推进互联网政务服务的基础和前提,是其运行的"说明书"。江苏政务服务网上的不见面审批(服务)清单都是基于各部门的权力清单设置,也是以部门为单位的。在 13 个地市中,相关部门的权力清单都是统一的,相同的审批项目具有同一编号。这就为行政审批的标准化、统一化奠定了基础。

第二,设置"综合服务旗舰店",各地各部门拆掉部门之间的"篱笆",打通"围墙",建立起了"综合服务旗舰店"。目前,20 个省级部门、13 个设区市都开设了"综合服务旗舰店"。旗舰店的开设有利于将分布于各个部

门的审批事项进行重组,进而实现"跨店服务",在虚拟网络的层面实现"只进一次门",让人民群众实现"一次登录,一站办理"。这一举措的实质是以事项为出发点,在互联网政务后台实现权力重配,前提是对职能的明晰,将涉及同一事项的权力实现流程化的整合,从而提高人民群众的办事效率。

第三,实现了审批服务、公共资源交易、12345在线、预决算信息公开等同网服务,集晒权、行权、办事、监督四大功能于一体。江苏政务服务网"一张网"的建成意味着全省统一的政务服务门户、全省统一的政务服务APP、全省统一的公共资源交易服务网、全省统一的权力清单库系统的实现,用技术化的手段实现了政府职能、责任、公共服务、监督的一体化。

可以看出,权力清单的制度化建设与江苏政府服务平台建设取得了一定的成绩,但是仍然存在一些问题需要突破。

首先,尚未形成统一的数据信息共享平台。信息的共享缺失带来一系列的问题,一些可以通过网络共享的材料在具体的办事过程中仍然需要企业和群众重复提交,一些信息在共享平台下可以以便捷查询,但是目前尚需要其他单位提供,降低了工作效率,增加了群众办事的复杂程度。目前看来,省网和各市尚未形成功能和信息的完全共享。

其次,资源整合不到位,统一的政务系统与已经存在的信息系统之间存在匹配问题。诸多服务事项仍然分散在各个部门,网上办理链接对应的是各个单位的主页,从而使得服务平台仅仅产生引导性作用,不能实现一站式办理。之前有些部门和地方已经建立了自己的电子政务系统,在"一张网"的建设过程中,如何实现新平台与已有资源的匹配,降低行政成本也是需要关注的问题。

最后,互联网政务对权力清单涉及的事项覆盖范围有限。可以看到,江苏政务服务网成为目前省市县三级政府"权力公示"的重要平台,政府部门责任清单、政府专项资金管理清单、公共服务事项清单、企业投资负面清单等都可以在网上呈现。以部门为界限的责任清单中包括部门职责,职责边界,公共服务,部门职责对应的权力事项,行政权力运行流程图,权力运行中涉及的中介、盖章、收费、事中事后监管制度等,信息十分全面,但诸多事项仍然尚未实现网上不见面审批服务。江苏政务服务网2017年第三季度的运维报告显示,各部门、各地方不见面清单业务数与业务总数的比例仍然偏低,各部门各地之间相差较大,13个设区市中,不见面清单占业务总数的比例超过50%的仅有南京、常州、连云港、扬州、镇江①。13个设区市的"服务一站通"只有"开办企业套餐服务"和"开办企业常见问题解答"两个栏目,许多栏目仅有部分介绍,最多有办事流程,而没有实现网上办事。

四 促进以权力清单为基础的互联网政务平台构建

促进以权力清单为基础的互联网政务平台建设是进一步深入推进简政放权,切实转变政府职能,强化权力运行制约监督,推进政府治理能力现代化的重要手段,要从以下几个方面进行优化。

(一)多方合力共举打造高效互联网政务平台

在促进权力清单与互联网政务深度融合过程中,牵涉多元治理主体之间的协同问题。《江苏省行政权力事项清单管理办法》规定,机构编制部门负责权力清单的管理工作,政府服务管理机构负责行政权力事项、行政服务事项的网上运行平台建设、运行和维护工作,政府法制部门负责行政权力事项的合法性审查和政府法制监督平台建设、管理和维护工作。在具体的权力清单制定与互联网政务的运行过程中还需要各个部门、各层级政府工作人员的参与。所以,以权力清单为准绳打造互联网政务服务平台需要多方合力共举,共同实现。2017年11月,江苏省政务公开领导小组明确建立政务服务网首席信息主管(CIO)制度,全省74名首席信息主管上岗履职,多为本地区、本部门负责信息工作的分管领导。为各部门政务服务信息资源规划、

---

① 资料来源:《江苏政务服务网引入第三方评估,被吐槽多的旗舰店要"停业整顿"》,http://www.yangtse.com/app/zhengzai/2017-10-08/468047.html。

数据资源整合、业务流程再造和系统优化整合提供了人员与组织保证。为进一步实现各部门各地政务数据共享，首席信息主管制度要进一步发挥实效，通过组织资源整合促进数据资源整合。

（二）扩大可办事项的覆盖范围，深化在线业务办理

根据部门的权力清单，推进互联网政务服务事项"应上尽上"，对已经实现的10万余项不见面清单，根据权力清单对服务事项、办事指南、业务规范、技术规范、质量规范、服务规范制定统一的标准，从而实现数据上传的统一化与便捷性，为个人与企业办事提供方便。同时，推动权力清单与互联网政务向基层延伸，推进基层政务公开标准化、规范化建设，使得江苏政务服务网真正实现省市县乡村五级覆盖。

（三）提高数据对接程度、资源共享程度

让政府服务更加高效、百姓办事更加舒适是互联网政务需要实现的目标。目前，江苏已经完成了权力清单的标准化建设，在江苏政务服务网，可以便捷地查询、搜索各个部门的职责权限。下一步需要做的就是进一步整合现有资源，将权力清单与具体的事项相关联。同时，将政务服务事项办理的基本信息、过程信息、结果信息等电子数据上网，并实现数据共享，从而为互联网政务平台功能的完善提供数据支持。江苏政务服务网开通的全省一站式便捷政务服务涉及政府几乎所有层面、机构的办事项目和网络平台、数据、端口的对接，在工作量和技术难度上都很大，所以应该加强业务和部门之间的磨合和改进，提高数据的对接程度，实现资源共享，为一体化平台建设提供更好的后台支持。

（四）以权力清单为基础完善政务服务事项动态管理

在江苏政务服务网的"一张网"优化过程中，要严格以权力清单为依据，对照行政权力事项清单、部门责任清单、行政审批中介服务事项清单、财政专项资金管理清单、收费目录清单等建立全省统一的政务服务事项在线

动态管理机制，按照"三级四同"的原则，实现行政权力的分级动态管理与互联网政务的动态更新。

（五）构建以互联网政务为基础的政府监督机制

互联网政务可以成为政务监督的重要平台，融合了政府权责清单的互联网政务平台可以很好地反映政府的办事效率、企业和人民群众的满意度。互联网政务的一大特点就是可以让权力运行的每一步都可回溯、可查询，为权力监督提供重要的标准。因此，在下一步，可以依托政务平台开展政府满意度评估，针对网上办事企业与个人在事后进行满意度打分，建立良好的社会参与评价机制，对政府部门的不作为、乱作为、慢作为进行监督、问责。

社会建设篇

The Social Construction

B.8
江苏现代化事业进程、特征与对策研究

何 雨*

摘 要： 自中华人民共和国成立起，现代化就是我国社会主义事业的一项战略性目标。在呈现出鲜明中国道路共性的同时，也呈现出自身在现代化道路选择上的地域特征。大致来说，以两次外部金融危机为分界线，改革开放以来江苏现代化事业在进程上大致可以分为三个阶段：改革开放后至亚洲金融危机、亚洲金融危机至美国次贷危机、美国次贷危机以后特别是2013年至今。纵观江苏现代化事业，有三个特征：率先性、均衡性与高水平。今后，推动江苏现代化事业再上新台阶的对策有：从发展的平衡性与协调性、发展成果的普惠性与人民性上破解"不平衡"；从速度维度、质量维度和结构维度

---

* 何雨，江苏省社会科学院区域现代化研究院副研究员。

上破解"不充分"。

关键词: 现代化　江苏　地域特征

自中华人民共和国成立起,现代化就是我国社会主义事业的一项战略性目标。经过数代人的筚路蓝缕,特别是改革开放40年的跨越式发展,我国现代化事业取得了举世瞩目的成就,也让我国社会主义事业迈入了新阶段。党的十九大报告指出:"从二〇二〇年到二〇三五年,在全面建成小康社会的基础上,再奋斗十五年基本实现社会主义现代化。"党中央新的判断与新的部署,描绘了我国现代化建设事业的美好蓝图,也将成为下一阶段江苏各项工作的根本依据与根本遵循。

一　江苏现代化事业的历史背景

学术界对于"现代化"一词的概念与含义有着多种不同的界定与表述。在罗荣渠看来:"从历史的角度来透视,广义而言,现代化作为一个世界性的历史过程,是指人类社会从工业革命以来所经历的一场急剧变革,这一变革以工业化为推动力,导致传统的农业社会向现代工业社会的全球性的大转变过程,它使工业主义渗透到经济、政治、文化、思想各个领域,引起深刻的相应的变化;狭义而言,现代化又不是一个自然的社会演变过程,它是落后国家采取高效率的途径(其中包括可利用的传统因素),通过有计划的经济技术改造和学习世界先进,带动广泛的社会改革,以迅速赶上先进工业国和适应现代世界环境的发展过程。"[①] 马崇明则认为:"现代化是一个世界性的历史概念,它是伴随工业化而来的一种社会变迁,是传统文明向现代文明的演进,具体地说现代化表示的是一个以农业为基础的生活质量很低的社

---

① 罗荣渠:《现代化新论》,北京大学出版社,1993,第293页。

会，走向着重利用科学和技术的都市化和工业化社会这样一个急剧转变的动态过程，它包括了经济领域的工业化，政治领域的民主化，社会领域的城市化、信息化，价值观念的理性化等。"①

历史地看，自1840年鸦片战争打开国门后，在一次次与世界工业化国家的军事与经济较量中不断落败的中国，逐渐地从自发到自觉地开始了向西方学习的现代化之路。在相当程度上，洋务运动、立宪运动、辛亥革命、五四运动等，都是人们对中国现代化之路的探索。关于我国现代化建设事业的雏形，可以追溯到1954年的第一届全国人民代表大会。本次大会明确了社会主义建设的战略目标是现代化，其主要内容为工业、农业、交通运输业和国防四个方面，这就是后来为人们所熟知的"四个现代化"的最早版本。1956年，这一战略目标被列入党的八大所通过的党章中。1959年12月到1960年2月间，毛泽东在读苏联《政治经济学教科书》时说："建设社会主义，原来要求是工业现代化、农业现代化、科学文化现代化，现在要加上国防现代化。"后来，在此基础上，形成了改革开放前我国现代化战略的"两步走"构想：第一步，用15年的时间，即到1980年，建立一个比较完整的工业体系和国民经济体系。第二步，到20世纪末，全面实现现代化，赶上和超过世界先进水平。② 正如邓小平曾明确地指出："我们现在讲的四个现代化，实际上是毛主席提出来的，是周总理在他的政府工作报告里讲出来的。"③

受诸多因素影响，"两步走"设想遭遇了巨大困境。直到1978年改革开放后，在邓小平等人的坚持下，作为社会主义建设事业战略目标的现代化才重新走上正轨，并成为党和国家议事日程中的优先任务。1979年12月6日，在与日本首相大平正芳会谈时，邓小平把四个现代化量化为：到20世纪末，争取国民生产总值达到人均1000美元，达到小康水平，并称之为

---

① 马崇明：《中国现代化进程》，经济科学出版社，2003，第57页。
② 黄健江：《从"中国式的现代化"到三步走的战略目标》，《五十年社会变迁与中国现代化学术研讨会论文集》，1999。
③ 《邓小平文选》（第二卷），人民出版社，1993，第311~312页。

"中国式的四个现代化"。1987年8月,他对"三步走"战略构想进行了系统论述:"我国经济发展分三步走,本世纪走两步,达到温饱和小康,下个世纪用三十年到五十年时间再走一步,达到中等发达国家水平。"①

国家层面的现代化背景及其战略选择,为江苏现代化事业的发展提供了宏观环境,而江苏现代化事业的实践也反过来丰富了现代化中国道路的内涵,在呈现出鲜明中国道路共性的同时,也呈现出自身在现代化道路选择上的地域特色。

二 江苏现代化事业的总体进程

江苏现代化事业基本上与国家总体现代化进程同轨,自中华人民共和国成立后,现代化事业由自发阶段进入到自觉阶段。改革开放前,在国家的统一安排与部署下,有计划地推进现代化。真正的变化发生在改革开放后。受益于长期以来形成的良好的工业基础、商业氛围与文化传统,国家层面的改革开放为江苏现代化事业的大发展、大跨越提供了前所未有的历史契机。大致来说,改革开放以来江苏现代化事业在进程上大致可以分为下述几个阶段。

一是改革开放后至20世纪90年代中期。这是江苏现代化事业从计划经济向商品经济、市场经济全面转型的阶段,也是现代化事业发展动力由单一的政府推动开始向多元化主体转变的阶段。在此阶段,最为典型的现象就是乡镇企业的异军突起,并在全国范围内形成了著名的"苏南模式"。这一模式的主要特征为:农民依靠自己的力量发展乡镇企业;乡镇企业的所有制结构以集体经济为主;乡镇政府主导乡镇企业的发展;市场调节为主要手段。十一届三中全会对社队企业发展的明确支持,促使社队企业步入了一个大发展的阶段。苏南地区的社队企业利用临近上海的大量技术工人优势,抓住市场空隙,迅速壮大起来。据统计,至1989年,苏南乡镇企业创造的价值在

---

① 《邓小平文选》(第三卷),人民出版社,1993,第251页。

农村社会总产值中已经占到了60%。

二是亚洲金融危机至2008全球金融危机前后。这是江苏传统现代化之路开始寻求转型与跃升的阶段。肇始于东南亚的亚洲金融危机，在给我国经济社会发展带来巨大冲击的时候，也暴露出前一阶段江苏现代化事业中的深层次矛盾。其中，最为典型的就是苏南模式遭遇困境。受困于产权不清晰，做大后的乡镇企业开始出现种种问题。为此，围绕着社会主义市场经济的大方向，江苏开始启动了对乡镇企业产权清晰化工作。产权清晰化也为乡镇企业的第二次腾飞创造了制度环境，并使之进入了"新苏南模式"阶段。

除了乡镇企业和国有企业改制带来的市场化红利，在此阶段，江苏现代化事业的另一大推动力就是城市化，它与工业化共同构成了现代化事业最重要的两大动力源。与农村改革相比，城市改革迟至1984年才正式启动。改革释放了城市活力，但是，从20世纪80年代初到90年代中期，主要城市依然局限在以往历史形成的基本框架中，真正的变化发生在新千年前后。由于历史所形成的城市框架已经无法满足经济、社会、人口、产业对空间的需求，江苏包括南京、苏州等在内的特大城市，率先进行了城市新区建设，让城市从单中心进入了多中心时代。新城建设，不仅是城市有形空间的突围，更重要的是人们观念意识的一次大变革。此后，新城建设进入了如火如荼的状态，由之形成的对基础设施、房地产业、公共服务等的带动作用，为本阶段江苏现代化事业做出了巨大贡献。

三是次贷危机特别是2013年至今。源于美国的次贷危机，给当时的世界带来了巨大不安。重新进入高增长的我国也感受到了危机的巨大危害。除了继续加码基础设施建设以稳定经济增长外，更重要的问题开始浮现，即如何改变粗放式、速度型经济增长方式，为现代化事业提供集约化、质量型的可持续动力机制？以"两个率先"为己任的江苏，再次率先开始探索江苏现代化事业新的发展动能。这就是在产业上坚持创新驱动，在城市发展上走高端化道路。拒绝高能耗、高污染、低效益产业已经成为各主要城市的政策选择。同时，基于信息与知识的新经济，全面成为各城市聚焦目标，并获得了高速发展。在空间环境上，优化存量空间，推动城市更新，节制增量空间的开发，成为一二线城市的选择。其中，大中城市还积极推动工业制造业从中心城区转移出去，腾笼换鸟，推动第三产业在中心城区的发展。在人力资源质量上，为与产业转型升级相匹配，各一、二线城市也都开始以更大力度吸引高学历、高素质、高技能人才。

三 江苏现代化事业的主要特征

作为我国现代化事业的高地之一，改革开放以来，江苏省现代化事业在坚持中国道路的同时，走出了江苏特色。主要表现在以下几个方面。

一是率先性。江苏在我国现代化事业中具有重要地位，发挥特殊作用，始终是党和国家领导人关注的焦点之一。邓小平同志曾经说过："江苏发展应该比全国平均速度快。"江泽民同志要求："为全国的发展做出新的更大的贡献。"胡锦涛同志指出："江苏提出在全面建成小康社会的基础上率先基本实现现代化的发展目标，既是必要的，也是可行的。"习近平总书记明确指示："为全国发展探路是中央对江苏的一贯要求。"改革开放40年来，在历任党和国家领导人的关心下，江苏人民牢记重托，不负使命，在现代化事业中走出了一条率先发展、创新发展、协调发展、富民发展之路。与全国现代化建设总体进程相比，江苏省现代化建设事业有一个鲜明特点，那就是总有一个率先发展的时间差。这个时间差，从人均GDP维度看，在6年左右；从全面建成小康社会的综合性国定指标看，至少有3年的提前量。

二是均衡性。现代化事业的区域不平衡，既是国家层面现代化事业的一个总体特征，也是困扰各个省份的一个难题。江苏同样受困于包括区域在内的发展不平衡问题。但是，与其他省份相比，江苏又是平衡性最好的省份之一。在城市层面，江苏几乎没有短板，即使排名垫底的宿迁，如果放到广东也相当于中游城市水平；在公司层面，尽管缺乏巨头，但是一批专注于行业内细分市场的隐形冠军层出不穷。2016年江苏城乡居民人均可支配收入分别达到40152元和17606元，城乡收入比为2.28∶1。城乡差距指标在全国范围内都是表现非常好的。从区域看，2006年苏南、苏中和苏北三大板块在全省GDP中的占比分别为62%、18%和20%。到了2016年这三个区域的占比分别为57%、20%和23%，不平衡问题得到大幅改善。从三次产业结构看，2016年江苏的三次产业增加值比例为5.4∶44.5∶50.1，第二产业和第三产业相对均衡，体现了江苏经济的制造业底蕴深厚。

三是高水平。就经济增长动能而言，2016年消费需求对江苏经济增长的贡献率达到54.2%，科技进步贡献率达61%，民营经济增加值比重提高到55.2%。区域科技创新能力连续8年位居全国第一。就轨道交通而言，国家发改委数据显示，截至2016年底，江苏已建成的轨道交通里程为348.28公里，其中，南京224.35公里、苏州67.73公里、无锡56.16公里。已批复待建的轨道交通里程为779.94公里，涵括了全省6个城市，徐州、南通和常州也将上马地铁项目。其中，南京待建里程为401.93公里，在全国范围内仅次于杭州的416.67公里，位居第二。就民生事业而言，过去五年里，城镇新增就业143.2万人，应届高校毕业生年末总体就业率达到96.9%，；退休人员人均基本养老金最低标准上调6.9%，新农合政策范围内报销比例达到76%以上；基层诊疗人次占诊疗总数的比重达到60%；76.8万农村低收入人口人均收入提高到6000元；新开工棚户区（危旧房）和城中村改造27.4万套，基本建成27.5万套。

四　江苏现代化事业的对策建议

党的十九大报告明确提出，当前我国社会的主要矛盾已经转变为"人民日益增长的美好生活需要和不平衡不充分的发展之间的矛盾"。推动江苏现代化事业在深度与高度上再上新台阶，就要紧扣社会矛盾新变化，以问题为导向，结合本省实际，采取有效措施积极应对。从学理层面看，"不平衡"更多地属于生产关系范畴，涉及的是分配问题，而"不充分"更多地属于生产力范畴，涉及的是发展问题。"不平衡"既是发展程度上的，即不同地区之间、行业之间、部门之间的发展水平上的差异，也是发展成果的再分配上的，即"先富"与"后富"、"未富"的并存的状态。为此，江苏省在寻求破解"不平衡"的路径选择上，既要涉及生产力层面，也要涉及生产关系层面。

一是要推动发展的平衡性与协调性。地区与城乡之间的差异是最显著的发展不平衡现象。此外，不同所有制类型之间、新旧产业之间、经济发展与环境保护之间的发展不平衡问题则是近年来的突出问题。如近年来，民营经济发展压力一直较大，投资意愿下降；与旧产业相比，包括大消费、互联网、物联网、智能制造、工业机器人等在内的新产业，呈现出蓬勃生机；以透支环境为代价的经济发展道路已经步履维艰。要想穿透、减缓这种类型的不平衡，需要因地制宜、因时制宜，在动态发展的过程中，采取有针对性的措施。如应优化生产力布局的空间结构；应采取措施，提振民营经济信心；推动以新产业为代表的新动能尽快壮大；以更大的力度保护环境。

二是要推动发展成果的普惠性与人民性。针对收入、生活水平与基本公共服务等在地区、城乡、行业与群体之间存在的过大差距，应积极动用再分配手段，不断提升发展的公平正义性。邓小平曾说过，贫穷不是社会主义，两极分化也不是社会主义。实现全体人民共同富裕的伟大目标，必须坚持发展的人民本位，永远把满足人民对美好生活的向往作为社会主义现代化事业的总目标。具体来说，就是要创造条件，保证城乡居民收入增速不低于经济增速，其中，重点保证"未富"、"后富"群体的收入增速要高于全国平均水平。要持续扩大中等收入群体，使之成为共同富裕的主体。要提供更高质量的就业，加强对包括残疾人在内的脆弱群体的就业保障。要加快教育现代化，更高质量补齐农村地区、薄弱学校的教育短板。要不断改善环境质量，营造山清水秀的美丽中国。要让全体人民安居乐业，特别是弱势群体、流动人口住有所居。

"不充分"指的是现代化事业在发展的程度、质量、结构等方面，与人民对美好生活的需要、与实现共同富裕的愿景要求相比，还有比较大的差距。这意味着，在路径选择上，"必须坚定不移地把发展作为党执政兴国的第一要务"，推动社会生产力迈向更高水平、达到更高程度。发展生产力，至少包括三个维度。

一是速度维度。从现代化事业的全球方位看,"基本实现社会主义现代化"的一个关键指标,就是人均 GDP 达到作为中等发达国家的希腊、葡萄牙水平。2017 年,根据国际货币基金组织数据,希腊和葡萄牙的人均 GDP 分别为 17901 美元和 19832 美元。研究发现,1995～2013 年,希腊人均名义 GDP(非实际人均 GDP)由 12874 美元增长到 21902 美元。18 年间,大概增长了 70%。2017～2035 年,刚好为 18 年。假定希腊继续保持这一增长速度,那么,2035 年,其人均 GDP 为 30431.7 美元。对我国来说,这意味着同期达到中等发达国家水平,那么,人均 GDP 就要达到 3 万美元左右。IMF 数据显示,2017 年我国人均 GDP 为 8167 美元。要想达标,大概要在接下来的 18 年里翻两番。即平均每 9 年就要翻一番,相当于平均每年要达到 8% 左右的增速。显然,这与当前我国 6.5%～7% 的经济增速还有相当大的距离。假定我国现代化事业进展顺利,推动人民币升值,到期能贡献 30% 左右的统计口径上的人均 GDP 数据,那么,也要平均年经济增速维持在 6% 左右。因此,保持长期稳定连续的增长速度,依然是实现目标的必要前提。

二是质量维度。当前,人民群众的需求已经从"日益增长的物质文化需要"转变为对"美好生活的需要"。需求正在发生巨变,开始全面迈向中高端。特别是随着"中等收入群体比例明显提高",人民群众对供给端产品的质量要求会更高。需求催生供给。只有深入推进供给侧结构性改革,以人民群众的需求为导向,不断提高产品质量,才能满足人民群众对美好生活的新期待。

三是结构维度。人民群众对美好生活的需要是多元的。当前,除了供给侧的产品与人民群众的新需求有差距外,结构上同样面临不充分问题。如每年向国外进口大量影视作品就表明,在产业结构上,我们的文化产业发展得还不够充分,还无法满足人们的精神需求。优化产业与行业结构,同样应是破解发展"不充分"的应有之义。

B.9
江苏区域现代化建设现状与推进路径

孟 静*

摘　要： 党的十九大报告要求,"从二〇二〇年到二〇三五年,在全面建成小康社会的基础上,再奋斗十五年,基本实现社会主义现代化"。习近平总书记对江苏发展一直高度重视、寄予厚望,为全国发展探路是中央对江苏的一贯要求。江苏应增强使命意识,从经济发展、人民生活、社会发展、民主法治建设、生态环境等方面分析发展现状,找寻和补齐短板,进一步发挥优势,建设创新型省份,发展壮大实体经济,提升发展质量,进一步保障和改善民生,打造共建共治共享的社会治理格局,实现绿色发展,积极探索符合省情的现代化之路,拓展走向现代化的路径。

关键词： 江苏　区域建设　区域现代化

一　区域现代化建设的现状

（一）区域现代化建设整体情况良好

江苏深入贯彻党的十九大建设现代化经济体系、推进治理体系和治理能力现代化等要求,全力推进稳增长、促改革、调结构、惠民生、防风险等各

---

* 孟静,江苏省社会科学院区域现代化研究院助理研究员。

项工作，无论发展质量还是发展成果的共享程度都获得极大提升。

从经济发展看，2017年，实现地区生产总值85900.9亿元，占全国的10.39%；人均地区生产总值107189元，比上年增长7.2%；高新技术产业产值占规上工业总产值比重42.7%，非公有制经济实现增加值占GDP比重67.9%；万人发明专利拥有量22.5件，已达到《江苏基本实现现代化指标体系》（2013年）目标值；经济发展质量进一步提升，发展活力进一步增强，是中国经济的主引擎之一。从人民生活看，居民收入水平与目标值仍有较大差距，人均预期寿命79.19年，每千人拥有医生数2.45人，均超过目标值，居民健康水平较高。从社会发展看，2016年，每万劳动力研发人员数157.7人，每万劳动力中高技能人才数616人，每千名老人拥有养老床位数40.17张，均超过目标值，养老、医疗、失业保险覆盖率均达97%，居民科学素质达标率9.5%、居民综合阅读率88.4%，均接近目标值，人力资源水平、居民素养和社会保障水平高，经济社会协调发展。从民主法治建设看，党风廉政建设满意度为92.9%，法治建设满意度为95.3%，公众安全感为94.2%，均已超过目标值，对全国有示范作用。从生态环境看，江苏坚持"绿水青山就是金山银山"理念，大力发展低碳经济，紧扣生态环境短板，深入实施"263"专项行动，2017年林木覆盖率提高到22.9%，节能减排成效显著。

（二）民生领域是区域现代化建设的短板

江苏区域现代化建设的短板主要在民生方面。2017年，江苏居民收入实际增幅首次跑赢GDP，但相比其经济发展水平而言依然不高，城镇居民人均可支配收入、农村居民人均纯收入分别为43622元、19158元，距离70000元、32000元的目标值差距较大，与浙江省51261元、24956元的水平也有较大差距。如何落实富民政策，使经济发展的成果更多、更好地惠及民生，满足人民日益增长的美好生活需要，依然是江苏下一步需要重点解决的问题。工业发展的效率是另一个短板，2016年工业全员劳动生产率仅为16.6万元/人，与目标值差距较大，需要通过智能化手段提高生产率，这也是增加人民收入的重要途径。

（三）区域发展不平衡的情况得到极大改善，但依然存在

江苏是我国城乡发展差距较小的省份之一，2017年城乡居民人均可支配收入比为2.28∶1，好于全国（2.71∶1），但弱于浙江（2.05∶1）。随着沿海开发、沿江开发、长三角一体化等战略的实施，苏南、苏中、苏北的区域发展也日趋协调：南通依托上海迅速崛起，盐城也在努力对接上海，徐州、连云港2017年全体居民人均可支配收入增速均达9.8%，领跑全省，宿迁成功跻身全国地级市百强，获得了飞跃发展。扬子江城市群的提出直接打破了江南、江北的区隔，是区域政策上的一大进步，2017年扬子江城市群对全省经济增长的贡献率达77.7%。

但由于政策效果尚未充分显现，加之发展的惯性，江苏经济社会发展的区域差距依然很大。苏南5市的人均GDP均已超过1.6万美元，城镇居民人均可支配收入均超过45000元，农村居民人均可支配收入均超过22000元，全部进入现代化国家与地区的经济发展水平，GDP占江苏的57.05%，应率先实现现代化，并增强对苏中、苏北的辐射作用，对中国现代化发挥先导、示范作用。苏中、苏北8市的GDP仅占全省的42.95%，城镇居民人均可支配收入最高的南通仅有42756元、最低的宿迁仅有26118元，有6个市低于4000元，农村居民人均可支配收入最高的南通仅有20472元、最低的宿迁仅有15268元，有7个市低于20000元，民生建设任务相对于苏南更为艰巨。这些地区要找准发展定位和发展方向，积极培育产业经济创新主体，积极推进基础设施向高铁时代迈进，以高铁全覆盖和信息高速公路建设为契机，实现跨越式发展。

二 推进江苏区域现代化的路径

江苏要全面贯彻落实党的十九大要求，坚持党对一切工作的领导，自觉

在思想上政治上行动上同党中央保持高度一致，坚持立党为公、执政为民，进一步提升发展质量和发展效益，更好地满足人民对美好生活的向往。针对江苏发展现状，下一步需要重点做好以下工作。

（一）实现各领域各地区的系统协调发展

要坚持系统化思维，坚持问题导向，精准选择实现现代化的突破口，补齐民生等短板领域，推动苏中、苏北的跨越式发展，确保各领域、各地区间的综合平衡。

第一，区域现代化是包括经济、社会、文化、政治、生态诸体系在内的多领域、多层次、多目标的整体现代化，必然伴随着对协调的需要，各子系统相互磨合、相互适应，最终达到协同发展，而不是某个子系统的单独增长。江苏要在提升系统功能基础上，适时推进结构改革，保证系统功能的良好发挥和现代化转型的秩序。

第二，构建城乡、区域命运共同体。江苏要按照建设国际型城市群、形成国际经济影响力的目标整合区域空间，加强城市间、城乡间的合作。以"七沿"城市带和产业带为骨架，以扬子江城市群建设为重点，推进空间整合，更加凸显县域经济优势，建成多中心网络状城市区域，确保城乡利益的公平实现，使城乡均能发挥自己的优势。

第三，在平衡基础上，保持发展的多样性。不同区市因资源禀赋、文化传统、经济社会发展水平存在差异，所能达到的现代化水平不可能千篇一律，要选择和探索适合自身的现代化道路。面对问题并不存在唯一正确的解决方法，发展的目标不是寻找一种最理想的发展路径，而是承认差异，使各种发展路径（如科教驱动、高端制造业驱动、现代服务业驱动、绿色发展等）能够融洽相处。

（二）不断增强创新对发展的推动作用

江苏是我国首个创新型省份试点省，苏南国家自主创新示范区是首个以城市群为单位的国家级自主创新示范区，应该按照十九大要求把创新作为引领发展的第一动力,作为建设现代化经济体系的战略支撑,加强创新体系建设。

第一,把自主创新作为科技发展的核心,形成世界领先的基础研究能力。增强对科研院所和高校的创新支持,倡导创新文化,加强知识产权保护,加强技术咨询、技术转让等中介服务,促进技术的有偿扩散。建成科技信息、仪器设备、数据文献共享平台,以共性技术研发联盟、核心技术研发联盟、产业联盟、专利池等形式促进多元合作,由注重单项技术研发转变为注重整体技术优势的形成,提升区域创新整体效能。支持自然科学创新的同时也要大力提高社科领域的创新能力,创新治理管理技术、运营方式和发展模式,实现全过程创新。同时,实现与全球顶级科研机构的直通,引入最顶尖、最实用的技术。

第二,坚持企业的创新主体地位,实现创业创新联动。鼓励以技术为核心的创业行为,对其进行专业的创业辅导,提供专门的资金支持。确立以客户需求为导向的企业创新战略,优先安排启动应对社会挑战所需要的、市场前景好、对扩大内需能产生直接作用、对经济社会发展有重大影响的技术和产品的研发,如高档数控机床、极大规模集成电路、生物科技、养老健康技术等。

第三,创新发展与人才强省相结合。从基础教育抓起,引导学生自主完成科学实验和社会实践课题,提高学生对自然和社会科学的兴趣。以全球视野对焦高等教育发展,建成若干世界一流的高等教育基地,加大毕业审查力度,确保人才合格。发展多层次的职业教育,健全职前教育与职后教育相衔接的技能培训体系,赋予企业技能培训上的主导权,让学生在企业接受最先进的设备和技术学习,提高培训的针对性和有效性。加强管理型科技人才的培养,培养既懂技术、又懂市场,既懂管理、又懂法律的高素质复合型人才。

第四,加大金融服务对创业创新的支持力度,R&D 投入保持在 GDP 的 3% 以上。由政府设立创投基金,由专业化的团队运作,由政府投资拉动民营资金,拓展资金来源渠道。

（三）实现经济发展的智能化转型，建设现代化经济体系

党的十九大指出，"发展是解决我国一切问题的基础和关键"，江苏要树立国际化眼光，从技术变革和需求变革两方面把握产业发展趋势，借助"互联网+"，智能化、绿色化、个性化发展机遇，更好地发挥政府作用，推动经济发展质量变革、效率变革、动力变革。

第一，2017年12月12日，习近平总书记视察江苏时指出："必须始终高度重视发展壮大实体经济，抓实体经济一定要抓好制造业。"制造业始终是江苏的核心竞争力。①推动机械、化工等传统产业升级，以智能化改造生产方式、产品形态和流通业态，借助"一带一路"倡议在更广阔的空间上完成制造业布局。②围绕科技创新壮大新的经济增长点，包括智能装备制造、环保装备制造、机器人生产、电动汽车和无人驾驶汽车、物联网发展所必需的传感器和芯片、3D打印、航空航天、生物医药、新材料、新能源等。③培育具有品牌优势的大企业，实现企业的全球化布局；同时，继续发展壮大民营经济，保持县域经济优势，培育在某个细分行业中位居全球前列的中小企业。④坚持质量第一，发扬工匠精神，以做好产品为根本，使江苏的制造业产品成为质量和信誉的代名词，打造制造业的江苏标准。

第二，依托制造业优势发展人工智能，由制造业+信息化走向制造业+智能化。①实现智能生产。生产全程都由机器人根据事先设好的程序完成，并逐步研发和引入学习型机器人，可以在掌握大量信息的情况下做出高准确率决策，实现个性化生产。②生产智能产品。把产品作为一个数据采集端，以此为依据对用户进行服务，并利用大数据进一步实现生产系统的优化。③实现生产的服务化。生产厂商因为拥有大数据会兼有服务商职能，可以进一步拓展软件生产和服务市场。④鼓励建设柔性化生产线，即在品质、成本等保持一致的条件下，实现在大批量和小批量生产间的切换。

第三，大力发展现代服务业。未来跨界发展、跨界竞争将成为常态，三次产业已是你中有我、我中有你，不可能截然分开。江苏要重点发展科技服务业；教育培训业；互联网产业和大数据产业，为智能化提供数据积累和数据分析支撑；物联网产业；创意产业，即脱离大生产体系的灵活而富于创造性的产业；金融业，壮大和引进若干家金融企业总部，鼓励金融创新，确保实体经济发展获得充足的资金支持；电子商务，打造集交易、支付、营销、供应链管理、数据收集于一体的电商平台；产品设计、市场研究、质量控制、保险、广告等生产性服务业。

（四）坚持以人民为中心，保障和改善民生

"增进民生福祉是发展的根本目的"，江苏必须坚持发展为了人民，以营造适宜居民生活、发展的理想家园为最终目的，全方位促进居民增收，补齐民生短板。

第一，通过提高就业率消除贫困，赋予贫困人口以发展的技能和上升的渠道，使其由贫困走向富裕。不仅要确保充分就业，还要提高就业水平，通过新技能的获得使劳动力能够适应新形势，进行职业转换，减少失业情况。

第二，大力提高中等收入群体比例。不仅要实现充分就业，还要实现高质量就业，对中等收入群体的利益给予充分关注。增加劳动收入，促进产业繁荣和工资待遇的提高，试点并推广"人才安居"、"人才扶持资金"等优惠政策，给予本地人才和引进人才同等的住房、子女教育、税收优惠。拓宽财产性收入渠道，严厉打击非法集资等损害居民财产安全的行为。

第三，建设高水平的公共服务和社会保障体系。提高教育质量，实现教育公平，将学前教育纳入义务教育体系，实现"幼有所育"，通过教育集团化和集团整体考核等措施实现教育资源的合理配置。提升医疗发展水平，加大医疗技术人员培养和先进医疗设备的使用。以老年人需要为落脚点，发展老年服务业。增强社区的基础服务功能，建设和谐小区。

（五）推进社会治理体系和治理能力现代化

第一，保证治理行为的合法性，做到依法治理，法治和德治相结合，依法和依规有机统一。以法律为社会利益调节的最高权威，提高政府依法决策、依法行政的能力，寻求法治下的最大社会共识。把法治精神、法治观念

内化到人们的思想意识中，落实于日常行为中，形成广泛的法治共识和遵法守法的社会氛围。依靠道德规范、学校教育、社会关系压力等指导和规范人的行为，维护社会秩序，实现德治和法治的结合。

第二，确保社会治理人性化。全面了解居民需求，设计大数据分析框架，确定区域内居民的需求情况和社会热点问题，及时回应社会关切。政策制定者和执行者要始终明确政策针对的是有血有肉的人，强调人文关怀，采用柔性化、渐进式推进手段，促进治理手段向法律规范、经济调节、道德约束、心理疏导、舆论引导等并用转变，坚决避免运动式的治理方式。

第三，实现政府治理和社会调解、居民自治良性互动。坚持党对社会治理工作的领导，提高党把方向、谋大局、定政策、促改革的能力和定力。坚持政府负责，提高政府为全体居民提供基本生活保障，救济弱势群体，确保起点公平的能力。坚持社会协调，拓展公众参与渠道，丰富民主形式，确保人民当家做主权利的落实。发挥社会组织的作用，积极培育服务型、公益型和互助型社会组织。

（六）实现绿色发展

树立和践行"绿水青山就是金山银山"的理念，强调生态环境保护与经济社会发展、人类与自然的和谐共生、相互促进，既实现现代化的生态转型，又实现生态的现代化转型。

第一，发展低碳经济。一方面要解决发展中产生的环境污染和生态损害等问题；另一方面要从环保活动中获取经济效益。发展生态农业、生态旅游、可再生能源等有利于改善环境的绿色产业，从绿中要金，灵活管理绿色浪潮带来的压力，获得实际收益。

第二，发展低碳技术。重点攻克资源替代技术、资源恢复技术、资源耗用减量化技术、碳捕获技术、无害化处理技术、废弃物循环利用技术等，支持相关产业构建起循环经济产业链条。

第三，用制度保护环境。明确各级各市政府环境保护的事权、财权，确保事权清晰，财权事权对称。加快环境统计、环境监测和绿色政绩考核三大体系的建设，对严重损害环境生态的行为，实行领导干部终身责任追究制度。增强市场手段的运用，鼓励政府更多地使用绿色公共采购。

第四，采取紧凑开发模式。用足城市存量空间，减少盲目扩张，重新开发废弃工业用地。以连续性代替土地细分，使邻里社区最大可能地与周边相邻地块连接起来，使人们的居住更靠近工作地点和日常生活所必需的服务设施。

B.10
江苏"十三五"人口发展趋势与对策建议

苗 国*

摘 要： "十三五"时期，江苏人口发展既面临机遇，更有严峻挑战。劳动年龄人口（15~64岁）将开始逐年"萎缩"，人口预测显示未来5年全省青壮年劳动力人口降幅较大，15~24岁劳动力人口将减少16%或150万人左右，25~44岁劳动力人口将减少7%或180万人左右。2020年劳动年龄人口占总人口比例下降到70%以下，整体减少4个百分点或250万人左右。常住人口中，60岁以上老年人口比例超过20%，进入中度老龄化社会，老年抚养比和少儿抚养比双双攀升，人口抚养负担日益加重。除少子老龄化之外，江苏出生性别比长期居高不下，20~35岁青年男女性别失衡问题渐渐凸显。全面提高人口综合素质，持续优化人口空间布局，积极应对人口老龄化，推进基本公共服务均等化，促进重点人群共享发展，推动人口与经济社会、资源环境协调可持续发展，加快实现由人力资源大省向人力资源强省转变，需要从鼓励落实二孩政策的配套措施、积极应对人口老龄化、推动非户籍人口落户城镇等方面加大改革力度，为全面高水平小康建设打下最重要的人力资源基础。

关键词： 江苏 人口发展 人口空间布局 少子老龄化

---

* 苗国，江苏省社会科学院区域现代化研究院助理研究员。

一 江苏人口发展现状

（一）人口数量

2017年江苏人口数量约为7866.09万人，由于出生率在低水平徘徊，"十二五"时期人口增量仅达"十一五"时期的1/3，人口增长势头明显减弱。低生育水平持续保持稳定，人口出生率、自然增长率分别控制在10‰、3‰左右，育龄妇女总和生育率保持在1.3‰左右。人口自然增长压力较小（见图1）。

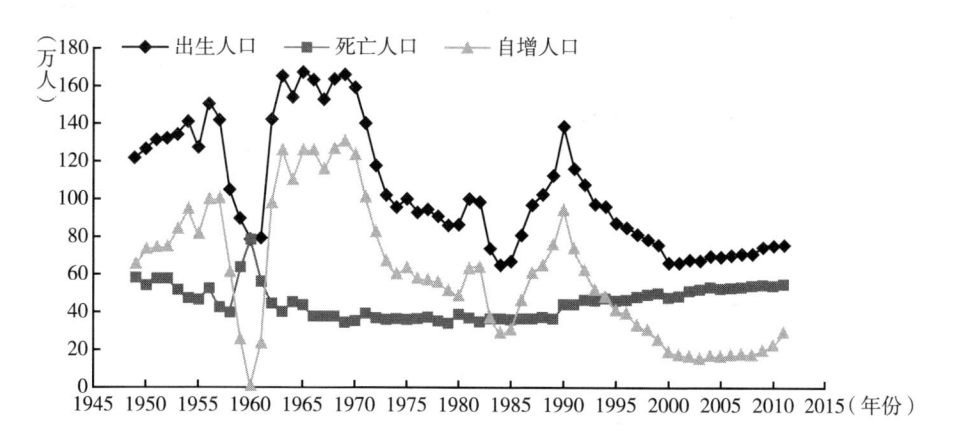

图1 江苏人口自然变动情况

从2015年开始实施的"全面二孩"政策增加了全省出生人数。2016年和2017年，全省常住出生人口分别为77.96万人和77.82万人，比"全面二孩"政策实施前的"十二五"时期年均出生人数分别多出3.48万人和3.34万人；出生率分别为9.76‰和9.71‰，与"十二五"时期相比，分别提高了0.38个和0.33个千分点。出生人口中二孩比重大幅上升。2017年出生人口中二孩比重已接近50%，而在2010年出生人口中二孩比重还不到30%。生育水平有了一定程度的回升。依照目前人口出生与死亡水平预测，未来5年（2018~2022年）仍将保持缓慢增长趋势，但增长速度不断减缓，预计到2022年末达到峰值8080万人左右，随后进入持续负增长阶段，到2030年末下降到"十三五"期初的规模。

全省特大城市1个、Ⅰ型大城市2个、Ⅱ型大城市8个、中等城市6个、Ⅰ型小城市33个、Ⅱ型小城市7个。全省13个地级市的人口规模（常住人口）与经济规模占比如表1所示。

表1 2015年江苏省各市基本情况

地区	辖区面积（2013年）		常住人口		地区生产总值	
	总规模（平方公里）	占全省比例（%）	总规模（万人）	占全省比例（%）	总规模（亿元）	占全省比例（%）
南京市	6587	6.41	821.61	10.32	8820.75	13.20
无锡市	4627	4.50	650.01	8.17	8205.31	12.28
徐州市	11259	10.96	862.83	10.84	4963.91	7.43
常州市	4372	4.26	469.64	5.90	4901.87	7.34
苏州市	8488	8.26	1060.40	13.32	13760.89	20.60
南通市	8001	7.79	729.80	9.17	5652.69	8.46
连云港市	7615	7.41	445.17	5.59	1965.89	2.94
淮安市	10072	9.80	485.21	6.10	2455.39	3.67
盐城市	16972	16.52	722.28	9.07	3835.62	5.74
扬州市	6591	6.42	447.79	5.63	3697.91	5.53
镇江市	3847	3.74	317.14	3.98	3252.44	4.87
泰州市	5787	5.63	463.86	5.83	3370.89	5.05
宿迁市	8524	8.30	484.32	6.08	1930.68	2.89

（二）人口分布与结构

人口继续向城镇地区集中。2017年末，江苏城镇人口5520.95万人，占总人口比重为68.76%。与2016年末相比，城镇人口增加104.3万人，城镇人口比重上升1.04个百分点（见图2）。

江苏省人口密度一直以来具有"南高北低，两翼中空"的空间分布特征。从人口空间分布来看，人口密度的高低与经济发展水平存在正相关关系。全省人口分布具有团块效应，三大团块，以"苏锡常"为城市带，绵

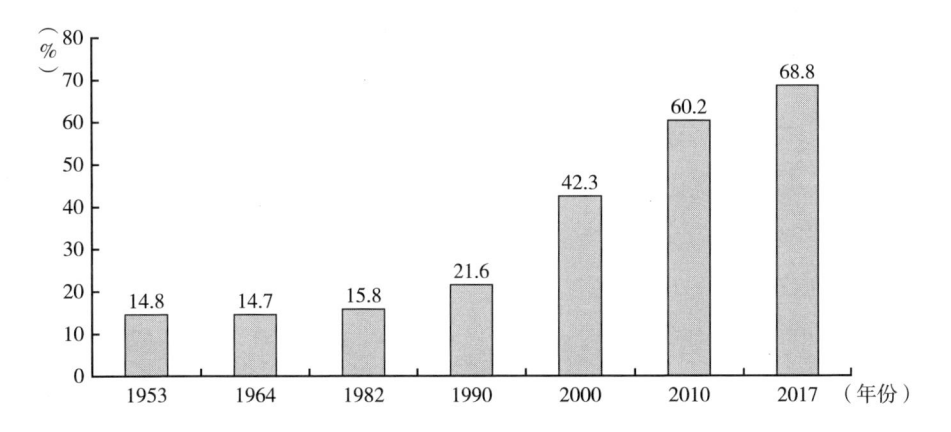

图 2 江苏各年份人口城市化情况

连上海都市圈为第一团块，人口密度分布呈现连绵带状，以省会南京为区域中心，都市圈呈现点状团块分布，而徐州都市圈则呈现圈层状分布格局。长江下游县市存在着显著的"高—高"集聚，高密度人口区域由城镇向农村扩张，苏北平原存在显著的"低—低"集聚，苏南地区，特别是长江下游县市因经济发展水平较高，呈现由中心向外围递减的"核心边缘"结构。从而与周围地区形成高低集聚，处于高高区域和低低区域过渡地带的县域受发达地区的辐射较小。

"十三五"期间，省内地区间人口增长发生较大转变，三大区域同时表现为人口增加。随着产业梯度转移，苏中、苏北地区的经济发展迎来了高峰期，欠发达地区的工业化程度提高，新办企业的增加和原有企业的扩张，使得苏北地区对劳动力的需求与日俱增，从而促使外出人口减少和回流。2000~2011年，苏南地区常住人口增加了821.8万人，同期，苏中、苏北地区常住人口分别减少50.9万人、176.4万人；2012~2016年，苏南、苏中、苏北地区常住人口分别增加了31.9万人、4.5万人、42.3万人，常住人口总量分别达到3333.6万人、1643.9万人、3021.1万人。苏中、苏北地区在自然增长人数稳定的基础上，人口外流明显下降，常住人口自2012年起连续5年都呈增长的态势。在省际人口流动规模趋于稳定、人口外流规模持续低增长、自然增长人数略有提升的形势下，苏北地区常住人口增量连续4年最高。

随着经济社会持续快速发展，江苏省的城镇化和城市现代化发展战略有效实施，江苏的城镇化率在达到60%后，继续保持快速增长的态势，仍然处在高速增长时期。随着新型城镇化全面推进，人口、产业集聚与城市发展互动融合，城市的经济职能和服务功能得到加强，城镇化和城市发展再度趋于活跃，主要城市以全省1/3的土地面积，创造了3/5的地区生产总值，集聚了全省1/2的常住人口，依托城市群建设，城市体系发育势头良好。

从人口年龄结构来看，劳动力资源人口持续减少，江苏老年人口具有规模大、比重高、老化程度快等特点。按照国际通用标准，江苏人口年龄结构在20世纪90年代就已进入老年型，至今已接近30年。到了2016年，人口老化程度进一步深化。2012年以来，全省60岁及以上人口在增量、增速上都要高于20世纪80年代、90年代。从老年人口的数量变化上看，2016年，全省60岁以上老年人口1556.5万人，比2012年增加185.4万人，增长13.5%；65岁及以上老年人口1021.6万人，突破1000万人，比2012年增加了107.6万人，增长11.8%。从老年人口的比重上看，全省60岁及以上老年人口比重从2012年的17.3%增加到2016年的19.5%，提高了2.2个百分点；65岁及以上老年人口比重则从11.5%上升到12.8%，提高了1.3个百分点（见表2）。

表2　江苏省人口结构变动情况

指标/年份	1953	1964	1982	1990	2000	2010	2016
总人口性别比	100.6	101.5	103.4	103.6	102.6	101.5	101.2
家庭户规模（人/户）	4.19	4.09	3.91	3.66	3.25	2.94	2.83
各年龄组人口比重（%）	1953	1964	1982	1990	2000	2010	2016
0~14岁	37.56	39.82	28.98	23.75	19.63	13.01	13.4
15~64岁	57.95	56.48	65.48	69.46	71.52	76.10	75.8
65岁及以上	4.49	3.71	5.55	6.79	8.84	10.89	12.8

由于老年人口的快速增加、少年人口的小幅增加，全省2016年老少比达94.5%，比2012年上升5.5个百分点。2015年末15~64岁劳动年龄人

口 5910 万人，占总人口的比例为 74.13%。少子老龄化日益加剧，劳动力人口持续减少，仍然是未来一段时间江苏省人口年龄结构变化的主要特征。预计 0~14 岁少儿人口比例呈先升后降趋势，从 2017 年的 13.79% 略升至 2019 年的 14.05%，随后逐渐下降至 2030 的 11.54%，在预测期内始终低于 15%，长期处于超少子化阶段。65 岁及以上老年人口比例从 2017 年的 13.70% 持续上升至 2030 年的 22.40%。人口抚养负担快速上升，总抚养比将从 2017 年的 37.9% 左右持续攀升至 2030 年的 50% 以上，届时人口红利将消失。老年抚养比对总抚养比的贡献从 2017 年的 50% 稳步上升至 2027 年的 60%，随后快速上升至 2030 年的 66%。

（三）人口质量

人口综合素质不断提高。全省人口健康水平达到发达国家水平，平均预期寿命达到 77.51 岁，位居全国前列。政府财力保障优化，医疗卫生条件全国领先，江苏的婴儿死亡率、孕产妇死亡率分别下降到 3.30‰、4.64/10 万，比肩最先进"发达国家水平"。江苏教育实力雄厚，尊师重教氛围浓厚，人口受教育程度再上新台阶，每 10 万人中具有大学教育程度人口由 10815 人上升为 15427 人，增幅达 42.64%，居民受教育水平高等化趋势明显。在优质基础教育与职业教育带动下，江苏劳动力资源开发卓有成效，新增劳动力人均受教育年限由 13.9 年提高到 14.5 年，主要劳动年龄人口平均受教育年限提高到 11.13 年。"人才强省"战略成效显著，人才总量大幅增长，人才结构日益优化，高层次人才不断涌现，人力资本对经济增长的贡献递增，全员劳动生产率年均提高 10% 以上，2015 年达 14.73 万元。公民文明素质和社会文明程度逐步提高，人力资源优势增强。

二 问题和挑战

通过各项人口预测模型，"十三五"时期，江苏人口总量、结构与分布等内生性指标将基本保持稳定，低生育率水平进一步维持，人口与经济社会

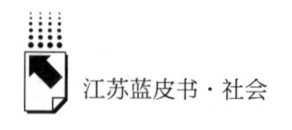

资源环境等外部要素关系紧张得到缓解，但少子老龄化带来的人口结构性矛盾和问题更加突出，推进人口均衡发展的任务更加艰巨。

（一）人口结构压力增加

少子老龄化带来人力资本短缺与社会竞争力下降。就江苏而言，人口少子老龄化可能带来的隐患主要表现在：一是人口年龄结构失衡加剧，老龄化快速发展、劳动年龄人口比例不断下降以及少儿人口比例持续回升，使老年抚养比和少儿抚养比双双攀升，人口抚养负担日益加重，传统的"人口红利"快速消减。劳动年龄人口绝对数量减少、年龄结构老化、劳动参与率降低，企业劳动用工成本不断上升。由于转型升级面临激烈的国内外竞争，中低端企业转型升级压力极大，中高端产业转型升级和创新发展所需的人才资源发掘不足、供需结构失衡，高层次、复合型、创新型科技人才和高素质工程师人才、高技能人才缺乏，拥有发明创造能力和自主知识产权的领军人才尤其匮乏。二是养老保障的负担日益沉重。离退休费用呈连年猛增趋势。作为刚性增长的财政负担，政府、企业都感财务压力显著加大。三是出生性别比长期居高不下，20~35岁青年男女性别失衡问题渐渐凸显。人口分布与经济布局不协调、与资源环境承载力不适应、区域间人口发展不平衡问题仍然存在。四是养老社会服务的需求迅速膨胀。老年人医疗卫生消费支出的压力越来越大。目前，由于人口流动加速、社会转型、家庭养老功能急剧弱化，政府为老服务业发展不容易对接实际需求，难以满足庞大老年人群，特别是迅速增长的"空巢"、高龄和带病老年人的服务需求。

（二）制度建设滞后人口发展需要

首先，人口均衡发展和人的全面发展仍然面临体制与机制障碍。涉及人口的教育、就业、社会保障、医疗、住房等各领域配套改革需要加快统筹推进。市场机制配置资源受到行政调控的制约仍然明显，城乡公共资源均衡配置机制尚未真正形成，基本公共服务体系均等化覆盖水平和服务保障能力仍需大力提高。相关工作体制机制有待理顺完善，解决人口问题的决策规划、政策协调和社会治理等机制建设亟待增强。

其次，家庭发展政策需要提上议事日程。社会问题的根源在于家庭，经济社会发展和人口结构调整使家庭规模、结构、功能等方面发生明显变化。作为社会的最基本细胞，核心家庭规模不断缩小，家庭抵御风险能力下降，养老扶幼等传统家庭功能受到削弱和挑战。人口少子老龄化使得家庭问题日趋复杂，空巢家庭、留守家庭、单亲家庭和其他特殊家庭问题日益增多，迫切需要全社会共同关注。目前，中国的家庭发展，既缺乏全方位、系统化、可持续的政策支持，又没有统一的领导机构进行顶层设计，许多工作亟待破题。

三 对策建议

（一）城镇化相关制度改革大力落实

深入推进户籍制度改革，优化主体功能区人口布局和推动城市群人口合理集聚。推进城乡统一的户口登记制度，放宽户口迁移政策，拓宽落户通道。全面实施居住证制度，扩大向居住证持有人提供公共服务的范围。全面放开建制镇和小城市落户条件，调整完善特大城市和大中城市落户政策。完善各地吸引人才政策，推进居住证制度覆盖全部未落户城镇常住人口，居住证持有人享有与当地户籍人口同等的劳动就业、社会保障、基本公共教育、基本医疗卫生服务、计划生育服务、公共文化服务等权利。

创新社会治理体制机制，以人口服务管理创新带动社会管理创新。改革人口社会服务管理体制和工作方式，推进人口服务管理重心向社区下移，有效提高人口服务管理基层执行力。提升人口管理社会化水平，大力培育和发展有利于人口管理的各类社会组织。推动人口管理社会化参与程度，培育社区人口管理自治能力。按照国家有关为群众提供优质高效便捷的公共服务的要求，尽快推出新举措，加快推进部门间信息共享和业务协同，大力推进办事流程简化优化和服务方式创新，充分利用信息化手段提升公共服务整体效能。

（二）落实二孩政策的配套措施

为避免重蹈"低生育率陷阱"覆辙，应对少子老龄化冲击，全面提高人口风险意识，扎实落实全面二孩政策的配套措施，依托人口预测与专项规划实施，合理配置妇幼保健、幼儿照料、学前和中小学教育、社会保障等资源，帮助符合政策家庭解决生育后顾之忧。通过加大财政投入力度，向符合条件的孕产妇免费提供全过程的基本医疗保健服务，免费建立母婴健康手册，全面实施免费孕前优生健康检查。免费为儿童接种国家免疫规划疫苗，免费提供孕产期保健和儿童保健服务等。改革和创新计划生育服务管理。进一步加强人口计生公共服务体系建设，拓展服务范围，实现优质服务全覆盖。开展家庭初级保健、儿童早期发展、家庭教育指导，以及对计划生育家庭、流动家庭、失独家庭的关怀服务等。加强对育龄妇女的生殖健康服务，全面推进孕前优生健康检查，建立有效预防出生缺陷的工作机制，降低出生缺陷发生率，提高出生人口素质。

（三）积极应对人口老龄化

坚持应对人口老龄化和促进经济社会发展相结合，满足老年人需求和解决人口老龄化问题相结合，从加快发展养老服务业、大力推进医养结合、健全老年保障体系和提高老年人社会参与度四个方面，提出应对人口老龄化的对策。在合理配置基本公共服务资源方面，江苏省将明确政府在优化基本医疗和公共卫生资源配置、提高基本教育公共服务水平、加强基本劳动就业服务能力建设和完善公平可持续的社会保险制度等领域提供的基本公共服务内容。另外，通过税收优惠或财政补贴，鼓励企业和社会组织向大龄劳动力提供更多的工作岗位。对大龄失业者给予培训补助和工作税收优惠。坚持和完善养老金多缴多得、长缴多得的机制，激励大龄劳动力积极就业。

（四）推进人口服务管理改革，促进人口长期均衡发展

综合治理出生人口性别比偏高问题，实现降低出生人口性别比目标。强

化孕情服务，严厉打击非医学需要的胎儿性别鉴定和选择性别人工终止妊娠行为。完善出生统计监测体系，全面实施出生实名登记制度。继续开展关爱女孩行动，促进社会性别平等。

联合并发挥社会力量，助力发展妇女儿童社会事业，探索法制化渠道，切实保障妇女儿童权益，促进妇女儿童发展。通过专项研究，加强对妇女、儿童发展规划实施情况的监测评估。推动妇女平等依法行使民主权利、平等参与经济社会发展、平等享有改革发展成果。

完善家庭发展政策，全面提升家庭发展能力。制定和实施支持家庭抚养、赡养功能的公共政策，加大对高龄、残疾、单亲、失业、受灾等困难家庭的扶助力度。改革完善计划生育家庭利益导向政策体系，做好与相关民生政策的衔接。全面落实对计划生育家庭奖励扶助制度，加强对独生子女父母养老的政策支持。

B.11
江苏建设更高质量民生事业研究

何 雨*

摘　要： 民生是最实际最重要的民心事业。经过改革开放40年的不懈努力与艰苦奋斗，江苏民生事业已经进入了全新的历史方位：从江苏看，基本构建了"人民生活更加殷实"民生事业新格局；从全国看，取得了率先建设更高水平民生事业新成就；从全球看，正在开启迈向中等发达国家水平民生事业新征程。"不平衡"与"不充分"问题是当前江苏省民生领域中"满足人民日益增长的美好生活需要"的主要制约因素。按照党的十九大报告的新要求、结合江苏的新方位，建设"更平衡更充分"的民生事业是江苏现代化事业的必然选择：一是遵循党中央总体安排，科学部署江苏民生事业发展的"两阶段"目标；二是聚焦中期目标，制定民生事业率先发展的路线图与时间表；三是决胜全面建成小康社会，建设"人民生活更加殷实"的民生事业；四是针对突出问题，攻坚民生事业中"不平衡"与"不充分"的主要矛盾；五是坚持以人民为中心的发展观，推动民生事业迈上新台阶。

关键词： 民生事业　"两阶段"目标　江苏

---

* 何雨，江苏省社会科学院区域现代化研究院副研究员。

党的十九大开辟了我国现代化建设事业的新征程，要想继续充当"两个率先"的排头兵，完成习总书记2014年12月提出来的建设"经济强、百姓富、环境美、社会文明程度高的新江苏"的新要求，江苏就必须勇于自加压力、主动作为、积极进取。从民生建设的角度看，建设更高质量的民生事业，就是要以增进民生福祉为根本，采取切实有效的措施，在江苏大地上实现"更好的教育、更稳定的工作、更满意的收入、更可靠的社会保障、更高水平的医疗卫生服务、更舒适的居住条件、更优美的环境"，让全省人民的生活一年更比一年好。

一 江苏建设更高质量民生事业的现实基础

党的十九大站在历史高度与全球视野，对我国的现代化事业作出了新的全面部署，明确指出，"中国特色社会主义进入了新时代"，我国社会的主要矛盾也已经转化为"人民日益增长的美好生活需要和不平衡不充分的发展之间的矛盾"。这是一个关系全局的历史性变化，不仅意味着"两个一百年"战略中的第一个百年目标即将完成，而且意味着"全面建设社会主义现代化国家新征程"的第二个百年目标即将开启。从现在到2020年是"全面建成小康社会决胜期"，也是"'两个一百年'奋斗目标的历史交汇期"。这一"两个一百年"目标的衔接期与过渡期，虽然只有短短几年，却意义重大，不仅关系到第一个百年目标的成效与质量，而且关系到第二个百年目标的基调与态势。充分利用全面建成小康社会决胜期，不仅需要踏石有痕、抓铁有印的实干家精神，也需要有对第二个百年目标提前谋篇布局、抢得先机的战略家视野。

作为经济总量仅次于广东的经济大省，江苏在我国现代化事业中具有重要地位、发挥特殊作用，始终是党和国家领导人关注的焦点之一。邓小平同志曾经说过："江苏发展应该比全国平均速度快。"江泽民同志要求："为全国的发展做出新的更大的贡献。"胡锦涛指出："江苏提出在全面建成小康社会的基础上率先基本实现现代化的发展目标，既是必要的，也是可行

的。"习近平总书记明确指示："为全国发展探路是中央对江苏的一贯要求。"

改革开放40年来，在历任党和国家领导人的关心下，江苏人民牢记重托，不负使命，在现代化事业中走出了一条率先发展、创新发展、协调发展、富民发展之路。随着我国现代化事业进入新时代，江苏现代化事业也进入了体现时代特征、具有自身特点的全新的历史方位中。

一是从全球范围看，江苏已经达到了上中等收入国家水平。2016年，折换成美元，江苏经济总量大约为1.103万亿美元，位于全球经济体中的第15位，仅次于西班牙的1.2326万亿美元；人均GDP为1.436万美元，位于全球经济体中的第54位，仅次于立陶宛的1.48万美元。其中，苏州、无锡人均GDP超过2万美元，南京接近2万美元，大概和世界上著名的产油国沙特阿拉伯2.19万美元的人均GDP相当。

二是从国内看，2017年江苏人均GDP为9.539万元，远高于全国平均水平的5.397万元。比较发现，早在2010年，江苏人均GDP为5.284万元，基本接近2017年的全国平均水平。换言之，就现代化指标中的人均GDP而言，江苏现代化水平大概领先全国6年。

三是从实际进程看，江苏已经在全国率先全面建成小康社会。无论是按照国定标准，还是省定标准，最迟于今年，江苏将在全面建成小康社会的各个指标上达标。江苏不仅在时间上提前全面建成小康社会，而且在质量上也高于全国平均水平。江苏已经在全国率先取得了全面建成小康社会决胜期的胜利。

四是从部署上看，江苏已经提前调整发展战略应对全新历史方位的新挑战。去年省第十三次党代会明确提出，要全面实施"聚力创新，聚焦富民，高水平建设全面小康社会"的新方略。

可以说，改革开放以来，现代化建设事业的丰硕成果，奠定了江苏在新的历史方位中继续勇立潮头、奋力作为的建设更高质量民生事业的殷实基础。顺应时代趋势、响应人民呼声，充分利用好率先发展形成的机遇期，才能继续"为全国发展探路"，在"两聚一高"中建设强富美高新江苏。

二 江苏建设更高质量民生事业的全新方位

经过全省人民近 40 年改革开放的不懈努力与艰苦奋斗，一直在全国范围内坚持以"率先基本实现现代化"为己任的江苏，经济社会发展进入了新时代。与全国现代化建设总体进程相比，江苏现代化建设事业有一个鲜明特点，那就是总有一个率先发展的时间差。这个时间差，从人均 GDP 维度看，在 6 年左右；从全面建成小康社会的综合性国定指标看，至少有 3 年的提前量。时间表倒逼路线图。江苏的现代化事业，在行动上，很难与全国保持齐步，必然要率先谋划、率先行动、率先起跑。也只有这样，才是科学、充分、合理地利用全面建成小康社会决胜期战略机遇应有的江苏担当。围绕着满足人民群众日益增长的对"美好生活"的新需要，江苏省民生事业建设也进入了全新的历史方位中。

1. 基本构建了"人民生活更加殷实"民生事业新格局

从现代化事业的江苏方位看，对照党的十九大报告提出的"人民生活更加殷实"的全面建成小康社会决胜期目标，江苏已经基本形成了基础扎实、体系完备的民生事业新格局。2011 年，江苏在全国率先出台《关于大力推进民生幸福工程的意见》，提出大力增加城乡居民收入，构建终身教育体系、就业服务体系、社会保障体系、基本医药卫生体系、住房保障体系、养老服务体系"六大体系"，对民生事业发展做出了全面部署。2016 年底，又提出了"聚力创新，聚焦富民，高水平全面建成小康社会"的新要求，勾画出了建设"强富美高"新江苏的美好蓝图，进一步健全、完善了江苏民生事业新格局。

2. 取得了率先建设更高水平民生事业新成就

从现代事业的全国方位看，根据测算，江苏的现代化建设进程，大概领先于全国平均水平 6 年，这也为江苏省在全国范围建设更高水平的民生事业奠定了坚实的物质基础。对照全面建成小康社会统计监测指标体系（国家统计局 2013）中的五大类、三十九个指标，最迟在 2018 年，江苏将率先在各个指标上达标,取得全面建成小康社会决胜期的新成就、新胜利。据统计,2017年,江苏居民人均可支配收入达35024元,是2012年的1.56倍,城镇和农村常住居民人均可支配收入分别增长8.6%和8.8%,城镇登记失业率为2.98%,居民消费价格涨幅为1.7%,城乡居民收入比由2012年的2.37∶1降至2.28∶1。扶持创业29.1万人,城镇新增就业148.6万人。基本公共服务均等化水平不断提高,教育、医疗、住房等重点支出增幅均高于财政支出总体增幅。覆盖城乡的社会保障体系基本建成,社会保险主要险种参保率均达97%以上,城乡最低生活保障标准水平居全国前列。县域义务教育基本均衡实现全覆盖,高水平大学建设取得明显成效,教育现代化步伐加快。健康江苏建设全面启动,省级综合医改试点扎实推进,基本公共卫生服务从九大类增至十四大类,覆盖城乡的15分钟健康服务圈不断完善。建成保障性住房138.7万套(户),发放租赁补贴12.34万户,完成棚户区改造107.9万套、农村危房改造18万户。公共文化服务体系不断完善,文化产业增加值占比达5%,提高0.7个百分点。

3. 开启了迈向中等发达国家水平民生事业新征程

从现代化事业的全球方位看,江苏早在2012年人均GDP就已经达到了1万美元,跻身于世界银行上中等收入国家行列。2017年,全省经济总量达到8.59万亿元,年均增长8.4%;人均地区生产总值达10.7万元,年均增长8.1%;一般公共预算收入达8172亿元,年均增长6.9%。全面协调发展的现代化事业要求,江苏民生事业建设要与经济建设水平相适应,开启迈向以西班牙、沙特阿拉伯等中等发达国家水平为参照对象的新征程。

三 江苏建设更高质量民生事业面临的问题与矛盾

党的十九大报告指出:"不平衡"与"不充分"是当前我国现代化事业的主要矛盾。对我国发展阶段性特征与矛盾作出的这一新判断,既是全国性现象,也是江苏面临的现实挑战。从实际看,"不平衡"指的是发展在不同地区、不同部门、不同行业之间的差异,是"先富"与"后富"并存的状态;"不充分"指的是与先发工业化国家相比,我国的现代化事业,在发展的程度、质量、结构等方面,还有差距,实现"共富"的物质基础还不够牢固。

对江苏来说,随着人们对"美好生活"的需要日益增长,民生事业发展中的"不平衡不充分"现象已经成为当前"更加突出的问题",也已经成为"满足人民日益增长的美好生活需要的主要制约因素"。具体来说,"不平衡不充分"现象主要表现在:

第一,民生事业发展的"不平衡"。主要表现为民生福祉的资源与分配,在地区之间、城乡之间、群体之间、行业之间存在差异过大。如城乡、区域的民生福祉和收入分配的差距依然较大。

第二,民生事业发展中的"不充分"。主要表现为民生事业发展的程度、质量和结构,与人民群众对美好生活的期待还有较大距离。如人民群众在就业、教育、医疗、居住、养老等方面还面临不少难题。

第三,民生事业发展"不平衡"、"不充分"的集中表现。①教育现代化薄弱环节亟须强化。当前全省教育事业的发展与经济社会发展,与人民群众对公平教育、优质教育的期望还有比较大的差距。主要表现为区域、城乡、学校之间存在较大差距,特别是实现基础教育的公平公正问题面临较大困难。校际教育差别导致的中小学基础教育中的"择校难、择校贵"问题依然突出,甚至学前教育也开始出现"择校难、择校贵"问题。区域、城乡之间教育差距也有扩大趋势,苏北地区、农村地区子女能够进入重点大学特别是一流大学的机会不是变多,而是变少了。②社会就业的结构性矛盾有待解决。主要表现在用人单位的"招工难"和求职者的"就业难"矛盾在不同区域、行业长期存在。统一的人力资源市场尚未形成,农村劳动力的非农化转移和失地农民的就业问题比较突出。③社会保障水平有待提高。主要是社会保障在城乡、区域之间差别很大,不同程度存在覆盖范围有限、保障项目不统一、保障待遇不高等问题。社会保障的制度配套改革没有同步,制度之间衔接机制缺位,特别是推进灵活就业人员纳入参保范围有较大难度。④医疗卫生领域尚需攻坚克难。随着城镇化、老龄化的发展,人们对医疗卫生服务的需求越来越大，但是从现有的医疗卫生服务供给能力看，和人民群众的需求还有较大的距离。城乡之间、区域之间医疗卫生事业发展依然存在不平衡、不协调问题，公益性投入补偿机制尚未形成，人民群众看病难、看病贵的问题依然不同程度地存在。⑤住房保障需要相关制度政策配套。主要表现在各项住房保障制度之间衔接不够紧密，部分城镇中等偏下收入家庭、新就业和外来务工人员的住房困难还比较突出。⑥社会养老服务供需矛盾尖锐。和江苏快速老龄化的现状相比，江苏各类养老机构床位总数明显不足，城市护理型养老机构床位供不应求，社区托老床位过少；由于政策扶持不到位，民办养老机构发展滞后；受工资待遇偏低影响，许多养老机构面临用工荒，护理、专业管理人员严重不足。

四 江苏建设更高质量民生事业的对策建议

建设"更平衡更充分"民生事业是新时代江苏在全国范围内率先实现中国梦的新使命与新征程。

1. 遵循党中央统一安排，科学部署民生事业发展的"两阶段"目标

党的十九大报告指出：到2035年，民生事业的总目标为"人民生活更为宽裕，中等收入群体比例明显提高，城乡区域发展差距和居民生活水平差距显著缩小，基本公共服务均等化基本实现，全体人民共同富裕迈出坚实步伐"。到了2050年，这一目标提高到"全体人民共同富裕基本实现，我国人民将享有更加幸福安康的生活"。党中央对我国社会主义现代化建设中民生事业目标与进度两个阶段的安排，实质是规划了我国民生事业的中期目标与远期目标。其中，中期目标的核心是让"人民生活更为宽裕"，而远期目标则是"全体人民共同富裕基本实现"。应在充分体认、理解这两个阶段目标差异的基础上，结合实际情况，以其为江苏省建设更均衡更充分民生事业的根本依据与根本遵循。

2. 聚焦中期目标，制定江苏民生事业率先发展的路线图与时间表

在"两个十五年"的阶段性目标中，"基本实现共同富裕"是党和政府

各项工作的远期目标。远期目标必须以坚实的"第一个十五年"的中期奋斗为基石。这要求应在远期目标的引领下，制定出科学合理的中期目标的路线图与时间表，作为江苏下一阶段民生事业发展的行动指南。与全国现代化进程相比，江苏现代化建设事业领先全国 3~6 年时间。这意味着，在对接党中央的民生现代化事业总体部署时，应充分考虑江苏率先发展的实际，自加压力、主动作为，以更高水平、更快速度、更优质量推进江苏民生事业。

3. 决胜全面建成小康社会，建设"人民生活更加殷实"的民生事业

"千里之行，始于足下。"从现在到 2020 年是全面建成小康社会决胜期，也是"'两个一百年'奋斗目标的历史交汇期"。让"人民生活更加殷实"，既是实现让"人民生活更为宽裕"中期目标的基础，又是必须脚踏实地、真抓实干的近期目标。无论是按照国定标准，还是按照省定标准，最迟于 2018 年，江苏将在全面建成小康社会的各个指标上达标，也意味着江苏提前取得全面建成小康社会决胜期的胜利。在此基础上，高水平建设"人民生活更加殷实"的全面小康社会，成为江苏的必然选择。为此，应结合实际，按照更高水平、更严要求，围绕"聚焦富民"，全力推动江苏民生事业发展。

4. 针对突出问题，攻坚民生事业中"不平衡"与"不充分"的主要矛盾

在率先"基本建设社会主义现代化"的征程中，建设"更平衡更充分"的民生事业，要求江苏：一方面，要以"不平衡"为导向，坚决打赢扶贫攻坚战，确保"没有一个人在全面小康社会中掉队"，重点推动教育、医疗、就业、养老等基本公共服务在地区、城乡、群体与行业间的全覆盖。另一方面，要以"不充分"为导向，积极推动民生事业在供给数量上更充裕、在供给质量上更高水平、在供给结构上更为合理。

5. 坚持以人民为中心的发展观，推动民生事业迈向新台阶

坚持以人民为中心的发展观是贯穿于党的十九大报告的灵魂。要永远把满足人民对美好生活的向往作为江苏民生事业发展的总目标。更加自觉地维护人民利益，坚决反对一切损害人民利益、脱离群众的行为。要保证全体人民在共建共享发展中有更多获得感。要创造条件，保证城乡居民收入增速超

过经济增速，持续扩大中等收入群体。要提高就业质量，特别要加强对包括残疾人在内的脆弱群体的就业保障。要加快教育现代化，更高质量补齐农村地区、薄弱学校的教育水平。要不断改善环境质量，营造出山清水秀的美丽江苏。要大幅提高人民健康和医疗卫生水平。要让全体人民住有所居，特别是弱势群体、流动人口安居乐业。

B.12 扩大江苏中等收入群体的路径与对策研究

樊佩佩*

摘　要： 中等收入群体的发展越来越成为影响中国发展全局的重要议题。与发达国家相比，我国中等收入群体比重明显偏低。如何有效扩大中等收入群体规模，挖掘中等收入群体的增收动力，关系到中国能否避免陷入"中等收入陷阱"。当前，江苏居民的收入结构和经济发展水平还不相称，江苏居民的收入分配状况依旧严峻，不利于扩大内需和经济的可持续增长。要改变目前江苏中等收入群体"底线不低，上限不高，小康有余，富裕不足"的局面，主要有如下对策建议：①稳定中等收入群体的工资性收入，提高低收入群体的收入水平。②通过推进农业转移人口转型和创业，扩大中等收入群体规模。③挖掘财产性收入提升途径，健全要素报酬机制。④通过有效制度供给和公共投入鼓励创新创业，营造创富氛围。

关键词： 中等收入群体　收入分配　财产性收入　要素报酬机制

一　中等收入群体对于富民的意义

按照"十三五"规划，到2020年国内生产总值和城乡居民人均收入要比

---

* 樊佩佩，江苏省社会科学院区域现代化研究院副研究员，博士。

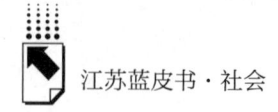

2010年翻一番，中等收入群体的发展越来越成为影响中国发展全局的重要议题。与发达国家相比，我国中等收入群体比重明显偏低。如何有效扩大中等收入群体，挖掘中等收入群体的增收动力，不仅关系到共享理念能否落地，能否实现人民群众对美好生活的向往，消费内需拉动能否得到有效提振以及社会安定局面能否得到保障，而且关系到中国能否避免陷入"中等收入陷阱"。

江苏省"十三五"规划指出，江苏省经济发展不平衡、不协调、不可持续的问题仍然存在，经济下行压力加大，创新能力还不够强，新增长点支撑作用不足，制约发展的体制机制障碍仍然存在。十九大报告提出，我国到2035年要"基本实现社会主义现代化"，就经济发展水平而言，人均GDP大致要达到"中等发达国家水平"。根据MFI数据，去年我国人均GDP为8113美元，居全球第74位。江苏人均GDP中由民众分享的比例还不够，与发达国家在居民可支配收入水平上的差距显著。据推算，以现有的经济增长率到2023年就可以实现中等收入群体规模过半这样一个目标。因此，保持长期稳定的经济增速依然是重中之重。江苏在全国现代化进程中处于领先地位，常住人口城镇化水平达到67.70%，远超过全国57.35%的平均水平，超过浙江低于广东。但江苏的中等收入者总体偏少，成为江苏富民的现实制约。尤其近年来，随着江苏的经济增速放缓，居民的增收难度不断加大。

二 江苏城乡居民收入现状

2017年，江苏实现地区生产总值85900.9亿元，比上年增长7.2%。2016年江苏的地区生产总值76086.2亿元，比上年增长7.8%。就全省人均地区生产总值而言，2017年相对2016年涨幅为6.8%，而2016年相对2015年的涨幅为7.5%。可见，由于经济下行压力增大，江苏地区生产总值和人均GDP都面临着涨幅趋缓的问题。

从人均可支配收入来看，2017年江苏全省居民人均可支配收入为35024元，较上年增长9.2%。2016年，江苏全体居民人均可支配收入为32070元，较上年增长8.6%，在全国省市排名第五，仅次于上海、北京、天津和浙江。从数据来看，2014~2016年，江苏人均可支配收入的增速持续下滑，2017年有所提升，说明富民问题的解决有所起色（见表1）。但是，2016年江苏人均可支配收入占当年地区人均生产总值的33.67%，远低于浙江和广东等省份。虽然2017年人均可支配收入的增速9.2%高于人均GDP 6.8%的增幅，但2017年人均可支配收入占人均GDP的比重相对2016年依旧下降了1个百分点，为32.67%。说明改善江苏居民的收入分配状况依旧严峻。

比较2017年与2016年城镇和农村居民的人均可支配收入，江苏农村常住居民的收入涨幅为8.8%，略超过城镇常住居民的8.6%，但是两者的收入涨幅均低于全省人均可支配收入9.2%的涨幅。与此同时，城乡差距的收缩不明显。

根据2017年的收入分组数据，江苏居民人均可支配收入中位数30182元，增长10.0%。将全省居民人均可支配收入按五等份分组，低收入组人均可支配收入9975元，中等偏下收入组人均可支配收入19928元，中等收入组人均可支配收入30169元，中等偏上收入组人均可支配收入44122元，高收入组人均可支配收入79953元。按全省2016年居民五等份收入分组，低收入组人均可支配收入9436元，中等偏下收入组人均可支配收入18581元，中等收入组人均可支配收入27670元，中等偏上收入组人均可支配收入40363元，高收入组人均可支配收入73201元（见表2）。

表1 江苏国民经济统计指标涨幅变动（2016~2017年）

	江苏统计指标	2016年	2017年	2017年涨幅	两年涨幅变动
1	地区生产总值	76086.2亿元	85900.9亿元	7.2%	-0.6%
2	人均生产总值	95259元	107189元	6.8%	-0.7%
3	人均可支配收入	32070元	35024元	9.2%	0.6%
4	人均可支配收入占人均GDP的比重	33.67%	32.67%	-1%	—

数据来自《2017年江苏省国民经济和社会发展统计公报》，http：//tj.jiangsu.gov.cn/art/2018/2/22/art_4031_7491654.html，2018年2月22日发布。该统计公报仅有部分来自于统计快报的主要数据，细分数据尚未出炉。2017年最新数据仅用于与2016年数据进行对照。为了便于分析和比较，本文使用的大部分细分数据为2016年江苏和浙江省的统计数据，来自2017年的江苏和浙江统计年鉴，文中皆有标明。

2017年全省五个收入组的人均可支配收入均较2016年有了显著提升，涨幅最大的为中高收入组，2017年相较2016年增长9.31%，其次是高收入组，增长9.22%，超过人均可支配收入9.21%的涨幅。较高收入群体的收入增长超过平均涨幅，说明劳动收益率与增收渠道相较低收入群体均有优势，收入差距有拉大的趋势。

表2 按收入分组统计的江苏城乡居民家庭人均收入情况（2016～2017年）

单位：元

项目	2016年	2017年	涨幅
人均可支配收入	32070	35024	9.21%
低收入户	9436	9975	5.71%
中低收入户	18581	19928	7.24%
中等收入户	27670	30169	9.03%
中高收入户	40363	44122	9.31%
高收入户	73201	79953	9.22%

按照2016年城镇常住居民家庭平均每户就业人口来计算，中等收入户的家庭年收入为61610.64元，中高收入户的家庭年收入为79292.98元，高收入户的家庭年收入为121063.68元。同样，按照农村常住居民家庭平均每户就业人口来计算，农村中等收入家庭年收入为32428.90元，中高收入家庭年收入为45622.40元，高收入家庭年收入为71459元。

三 江苏居民收入结构与收入差距分析

1. 江苏城镇居民的可支配收入结构分析

通过分析江苏城镇居民可支配收入的结构可以发现：①随着人均可支配收入的增加，工资性收入所占比重依次降低，但中低收入户和中等收入户对于工资的依赖性最强；②中等收入户和中高收入户的经营净收入低于城镇常住居民的人均比重，这是增收的提升空间；③随着人均可支配收入的增加，财产性收入的占比依次升高，只有中高收入户和高收入户的财产性收入占比超过了城镇常住居民的平均占比，所以提升低收入户、中低收入户和中等收入户的财产性收入在可支配收入中的占比，是扩大中等收入群体并挖掘其增收动力的途径（见表3）。

表3 城镇常住居民不同收入组可支配收入的构成分析（2016年）

单位：元，%

	全省人均水平	占比	中等收入户	城镇常住居民	占比	中高收入户	占比	低收入户	占比	高收入户	占比	中低收入户
人均可支配收入	32070	100	36456	40152	100	48646	100	15989	100	84072	100	27057
工资性收入	18664	58.2	23642	24214	64.9	29644	60.3	9541	60.9	46570	59.7	17862
经营净收入	4724	14.7	2421	4411	6.6	4301	11.0	2463	8.8	11216	15.4	3041
财产净收入	2880	9.0	3352	4151	9.2	5074	10.3	1398	10.4	10253	8.7	2188
转移净收入	5802	18.1	7041	7375	19.3	9627	18.4	2587	19.8	16033	16.2	3965
	占比		占比		占比		占比		占比		占比	占比
人均可支配收入	100		100		100		100		100		100	100
工资性收入	66.0											55.4
经营净收入	11.2											13.3
财产净收入	8.1											12.2
转移净收入	14.7											19.1

2. 江苏与浙江的收入结构、城乡差距以及收入分层比较

与浙江的收入构成相比（见表4），2016年江苏的人均工资性收入的占比为58.2%，比浙江高出0.6个百分点。如果加上转移性收入的比例，江苏达到76.3%，浙江仅为71.6%。浙江的经营性收入在人均可支配收入中的比例比江苏高出2.4个百分点，财产性收入的比例比江苏高出2.3个百分点。可以说，江苏居民的收入结构和经济发展水平还不相称，不利于扩大内需和经济的可持续增长。浙江自改革开放以来的经济发展是靠市场导向的民间诱致型制度创新来启动的，以农村工业化和小城镇发展为主线的内发型区域现代化。由于民间力量的旺盛和市场化内驱力强大，浙江以个体私营经济、股份合作经济为代表的乡镇企业发达，经营性收入和财产性收入都较江苏的占比高，工资性收入虽然较江苏高，但占比更低。可见，江浙两省发展路径不同，江苏经济以乡镇企业起家，政府主导痕迹浓重，经济活力与增长潜力稍显不足。浙江的收入结构更加藏富于民，江苏公共投资实力雄厚，江苏可资借鉴的是发展轻资产的新型经济，在推动智能制造转型升级以及促进小微和草根企业发展的同时优化居民收入结构，提高人均可支配收入。

表4 江苏和浙江的人均可支配收入结构比较（2016年）

单位：元，%

2016年	人均可支配收入	工资性收入	经营性收入	财产性收入	转移性收入
江苏	32070	18664	4724	2880	5802
占比	100	58.2	14.7	9.0	18.1
浙江	38529	22207	6589	4337	5396
占比	100	57.6	17.1	11.3	14.0

江苏农村联产承包责任制推广、乡镇企业的发展和城镇化的加速，推进了江苏农村居民人均收入的大幅提升。从最近三年人均可支配收入的情况来看（见表5），江苏的城乡差距从2.29倍到2.28倍，差距有所缩小，但城乡差距依旧明显高于浙江2016年的2.07倍。2017年，浙江的城乡人均收入差距继续降低，为2.05倍，江苏的城乡差距降低不明显，与浙江的差距

依旧保持①。

就城镇居民可支配收入而言,江苏城镇高收入户和低收入户的收入比从2014年的5.57倍降至2016年的5.26倍,收入差距明显缩小。不过,江苏农村的收入差距却在2016年呈现扩大趋势,从2015年的6.29倍上升到2016年的6.48倍。而浙江的城镇和农村收入差距均小于江苏,近几年不断缩小差距,尤其是城镇居民的可支配收入差距出现明显的收缩趋势。从江浙收入分层的情况来看,两省的高收入户和低收入户的人均可支配收入差距近年来不断收缩,江苏从2014年的8.54倍降至2016年的7.76倍,但依旧明显高于浙江。

表5 江苏和浙江人均可支配收入的城乡差距和收入分层差距

比较内容	省份	2014年	2015年	2016年	2017年
城乡人均可支配收入差距(城镇人均可支配收入/农村人均可支配收入)	江苏	2.29倍	2.29倍	2.28倍	2.28倍
	浙江	2.09倍	2.07倍	2.07倍	2.05倍
城镇收入差距(高收入户/低收入户)	江苏	5.57倍	5.57倍	5.26倍	暂无
	浙江	5.09倍	4.66倍	数据缺失	暂无
农村收入差距(高收入户/低收入户)	江苏	6.48倍	6.29倍	6.48倍	暂无
	浙江	6.39倍	6.04倍	数据缺失	暂无
不同收入组收入差距(高收入户/低收入户)	江苏	8.54倍	8.08倍	7.76倍	暂无
	浙江	7.28倍	6.49倍	数据缺失	暂无

注:城乡收入差距的计算方式为城镇与农村居民人均可支配收入之比,城镇收入差距、农村收入差距、全体居民收入差距采取的均是高收入户与低收入户之比。另外,《浙江统计年鉴2017》仅提供2015年及之前的"按收入分的城乡居民人均可支配收入"数据,所以2016年和2017年数据缺失。

虽然江苏人均可支配收入的城乡差距正逐渐缩小,但产业间劳动生产率的相对差距也在不断扩大。随着城乡劳动力流动的加快,农村居民的工资性收入占比同步增长。但是,农村居民在城市中大多从事附加值和劳动生产率较低的行业,如建筑业、传统服务业,很多打工者只能从事体力劳动或简单

---

① 2017年,江苏城镇居民人均可支配收入43622元,农村居民为19158元,城乡差距为2.277倍,保留小数点后两位为2.28倍。

的脑力劳动，工资性收入略高于当地最低工资水平。因而，江苏农村居民的工资性收入增长受到很大制约，工资性收入的增加对缩小城乡收入差距的作用相当有限。可以说，在不提高农村居民劳动比较生产率的基础上缩小城乡居民收入差距收效甚微。加之随着工业化和城镇化的推进，越来越多的农村耕地被占用，这种现象在苏北地区更加明显。耕地的减少不利于规模化经营，生产效率难以提高，直接减少了本就不多的农业收入。

从不同收入组的收入差距来看，江苏省内的贫富差距比较显著。2016年苏南的人均可支配收入为42795元，苏中为29138元，苏北为22174元，最高的苏南和最低的苏北相差近一倍。高收入户和低收入户的人均可支配收入之比为7.76倍，超过城乡差距。江苏的收入分配结构调整滞后于上海和浙江。2016年江苏城乡居民可支配收入占人均GDP的比重偏低，为33.7%，比上海低14.1个百分点，比浙江低12.5个百分点。说明资本要素获取了最大的收益，劳动力要素的收益分配不足，老百姓未能充分分享发展的成果。如何破解江苏"增长高，收入低"的局面，使得江苏居民收入增幅与财政收入增长一致，与区域经济协调发展，增强老百姓的获得感，避免中等收入陷阱，需要优化收入分配格局。

四 江苏居民收入的特点及成因

从2017年的地区生产总值、人均地区生产总值以及从业人员的产值等宏观数据来看，江苏全年实现地区生产总值85900.9亿元，全省人均地区生产总值107189元，比上年增长6.8%；全年平均每位从业人员创造的增加值达180578元，比上年增加17907元。浙江全年地区生产总值为51768亿元，人均GDP为92057元，比上年增长6.6%；全年全员劳动生产率为13.7万元/人。①

---

① 数据来自《2017年江苏省国民经济和社会发展统计公报》，http://tj.jiangsu.gov.cn/art/2018/2/22/art_4031_7491654.html，2018年2月22日发布；《2017年浙江省国民经济和社会发展统计公报》，http://tjj.zj.gov.cn/tjgb/gmjjshfzgb/201802/t20180227_205759.html，2018年发布。

对比两省2017年的收入状况，江苏全省居民人均可支配收入为35024元，较上年增长9.2%；浙江全省居民人均可支配收入为42046元，比上年增长9.1%。2016年浙江全省居民人均可支配收入为38529元，比上年增长8.4%；江苏居民人均可支配收入为32070元，比上年增长8.6%。

比较两省2016~2017年的数据可见，江苏的地区生产总值远远超过浙江，人均地区生产总值与人均产值创造能力显著高于浙江，江苏收入增幅略高于浙江，但两省居民人均可支配收入的差距在进一步拉大（从2016年的6459元到2017年的7022元）。从人均可支配收入占人均GDP的比重来看，2016年江苏人均可支配收入与人均国内生产总值之比为33.67%，位居全国倒数第二。虽然江苏2017年人均可支配收入的同比增速高于人均GDP的增幅，但人均可支配收入占人均GDP的比重相对于2016年依旧下降了1个百分点，为32.67%。虽然江苏近年来的国民经济增幅和绝对值可观，但通过比较发现，数据的质量与结构需要提升。尽管江苏经济发展的蛋糕越做越大，但是收入分配却没有跟上步伐，居民收入尚未匹配经济大省的地位，劳动力要素的收益分配不足，居民尚未从发展中充分获益，以至于经济增长无法带来消费的同步增长，使得江苏居民收入呈现出"底线不低，上限不高，小康有余，富裕不足"的局面。

收入状况是经济发展和就业形势的反映。收入的背后是产业结构，产业结构决定就业结构，就业结构影响收入水平。就产业结构而言，2017年江苏三次产业的增加值均超过浙江，但增幅依次为2.2%、6.6%、8.2%，低于浙江的2.8%、7.0%、8.8%。江苏全年三次产业增加值比例调整为4.7∶45.0∶50.3，浙江为3.9∶43.4∶52.7。浙江相对江苏的优势主要体现在第一产业比重更低，第三产业比重高，第三产业增加值的比重为52.7%，大于江苏的50.3%。浙江第三产业对于GDP增长的贡献率达到57.0%，表明其产业结构更合理，服务业的就业吸纳能力更强。从江苏三产的就业人数来看，第一产业占比16.8%，第二产业占比42.9%，第三产业占比40.3%。[①] 相较

---

① 截至2017年末，江苏全省就业人口4757.8万人，第一产业就业人口799.3万人，第二产业就业人口2041.1万人，第三产业就业人口1917.4万人。

于2016年数据，第一产业就业比重继续下滑，第二产业近四年来首次出现下降，第三产业就业比重持续上升。目前，江苏面临第一产业就业比重降幅较慢，第二产业就业比重偏高，制造业亟须转型升级，第三产业就业比重上升速度较为缓慢，无法充分吸纳劳动力等问题。要提高居民的生活质量和富裕程度，寻求高质量的发展，建立更健康的产业结构迫在眉睫。

江苏居民收入与经济增长不协调的原因是多方面的。

一是与制造业和建筑业为主的产业结构有关，产业附加值不高，不少从业者只能在产业链和价值链的低端工作。江苏城镇64.3%的从业人员在个私经济组织就业，企业体量小，受经济波动影响大，用工稳定性相对较弱，受经济形势波动影响较大，受化解过剩产能、"机器换人"、处置"僵尸企业"挤出效应的影响大，使得就业能力对于收入提升具有较大限制。

二是与浙江的"老板经济"相比，江苏尤其苏南地区由于历史上便是富庶之地，而且地域上有着浓厚的重文、尚学、崇政、轻商传统，"小富即安"的思想较普遍，使得江苏创业者不多，以"打工经济"为主，不少人满足于有一份稳定的工作。

三是从行业类型看，江苏政府机关、科研院所等体制内从业人员规模较大，财物资源丰富，吃"财政饭"的群体比例不小，但由于科研院所等事业单位改革力度不够，政策激励措施不到位，导致人才输出、创新创业的活力没有充分激发。呈现出的特点是体制内工作者多，中等收入群体规模较大，但高薪产业和岗位较少，收入增长后劲乏力，依赖被动性收入，工资性收入占江苏居民总收入的一半以上，面临着工资性收入增幅缓慢，收入增长机制锁定等问题。

五 扩大江苏中等收入群体的对策建议

作为城镇化水平领先以及现代化率先发展的经济大省和人口大省，江苏居民的富裕程度在国内处于中等收入和高收入之间。当前，江苏居民的人均可支配收入增长动力放缓，相比浙江存在不小差距。中等收入群体在产业转型升级过程中面临挑战，其收入有一定的波动性，要有相关政策保证收入的稳定性，所以经济增长率极其重要。苏北和部分苏中地区城乡居民的收入提升潜力较大，未来有可能使其成为促进中等收入阶层崛起的主力。农林牧渔采矿批发等行业的部分单位职工的人均工资收入与中等收入群体尚有差距，这也是扩大中等收入群体的空间。另外，就人均可支配收入的结构而言，提高经营性收入和财产净收入的比重具有提升中低收入户和中等收入户可支配收入的可能性，也是使一部分中低收入群体有可能成为中等收入群体的有效途径。

要改变目前江苏中等收入群体"底线不低，上限不高，小康有余，富裕不足"的局面，须采取两步走的战略：首要是通过扩大中等收入群体的规模来弥补短板，与此同时要拉伸长板，挖掘中等收入群体的增收潜力，方能跨越中等收入陷阱，进而构建高收入经济体，主要有如下对策建议。

（一）稳定中等收入群体的工资性收入，提高低收入群体的收入水平

首先，工资薪酬是中等收入群体最主要的收入来源，是实现富民的最直接途径。保持中等收入阶层的工资收入稳步提升，同时提高低收入阶层的工资收入水平是扩大中等收入阶层比例的重要措施。应深化人事工资制度改革，适时适度调整最低工资标准，指导企业和职工双方围绕工资增量分配、利润分享、劳动定额和计件报酬等重点内容开展协商，推动企业提高技术工人、一线职工的工资水平；落实机关事业单位工作人员基本工资正常调整机制。

其次，低收入组和高收入组的经营净收入占比要高于其他收入组，因此继续采取措施为低收入群体增加经营净收入创造条件可促进该群体的收入水平进入中等收入范围，虽然目前经营净收入并非中国中等收入阶层的主要收入来源。同时，可对经营净收入占比最高的高收入组实行累进税，在不损害效率的前提下提高其他收入阶层的转移性收入。

再次，2016年江苏居民的财产性收入占比基本与各收入组收入水平成

正比，但是除高收入组和中高收入组之外，比例均低于城镇常住居民平均10.3%的比例，因而完善资本市场、增加居民财产性收入渠道有利于各阶层居民提高收入水平。若对低收入居民普及更多的理财知识则可能提高中等收入阶层人口比例。

最后，中高收入组和高收入组获得的转移性收入的占比相对低收入组和中低收入组更高。因此，为促使更多的低收入者流向中等收入阶层，政府应该降低对中等收入组和高收入组的转移性支出，提高对低收入组的转移性支出，最终提高中等收入阶层的人口比例。

（二）通过推进农业转移人口转型和创业，扩大中等收入群体规模

推进农业转移人口市民化与增加农民财产收益是扩大中等收入群体的重要举措。从现实情况看，中等收入者很大一部分来自城镇，但扩大中等收入群体的最大空间在农村。江苏2016年的统计数据表明，第一产业内的部分细分行业的人均可支配收入低于中等收入群体的标准，第一产业各个维度的中产阶层始终没有发展起来，收入中产、职业中产的比例都不高。

第一，应该进一步加大扶持力度，提高新型职业农民的增收能力，拓宽增收渠道，鼓励教育水平以及职业技术水平较高的精英人才从事新型农业、有机农业，挖掘现代农业的增收潜力。不断完善职业教育和技术培训体系，实施大规模的职业培训计划，鼓励和帮助农民工通过提高生产技能，降低就业能力对于收入提升的限制，使80%的新生代农民工在未来能够进入中等收入者的行列。

第二，促进农业人口向产业工人转型，为农民创业搭好平台，依托园区成立创业基地，建设相应规模的农民创业园。加大对农业创业就业规划、人才、资金和用地等方面的支持力度，帮助农民群众解决实际困难。把农民工纳入城乡一体的就业管理和服务体系，引导更多农民在家门口创业就业。同时，搭建好融资平台，整合农业农村项目，完善落实促进农民创业的信贷、土地等政策，推进现代农业以及智慧农业的发展。

第三，扩大农村中等收入群体，当务之急是在严格农村土地用途管制和

规划限制的前提下,深化农村土地制度改革,赋予农民更多的财产权利,增加农民的财产收益。

(三)挖掘财产性收入提升途径,健全要素报酬机制

中等收入群体具有动态演变性,需要稳定制度预期从而稳定扩大中等收入群体规模。近几年,金融和房地产领域"脱实向虚"倾向较为突出,金融和实体经济失衡,实体经济存在结构性失衡,这增大了中等收入群体的不稳定性。振兴实体经济,实现资本市场和房地产市场的平稳发展,既是经济运行中的重大挑战,也是扩大中等收入群体的重大任务。

因此,增加民众的财产性收入,降低对工资性收入的依赖,是有效拓展民众收入及财富增量的重要路径。民众的收入不能让工资收入占据绝对比重,而是应当趋于多元化,挖掘"增高"的途径。财产性收入包括股市收入、租赁房屋收入、各种理财收入、技术转让收入等。挖掘财产性收入的空间,健全资本、知识、技术、管理等由要素市场决定的报酬机制,保护投资者尤其是中小投资者合法权益,多渠道增加居民财产性收入,并使其得到有效保障。

(四)通过有效制度供给和公共投入鼓励创新创业,营造创富氛围

在现今的战略赶超阶段,制度红利和公共投入发挥着关键作用,通过激励创业创新进而提升经济活力,激活富民增收动力。

第一,鼓励自主创业,激活富民的动力之源,提高居民经营性收入。要抓住产业结构调整和服务业快速增长的时机,以推动自主创业为突破口,释放财富创造的巨大潜力。提升增收的活力和空间。政府提供有效的制度供给,为"大众创业,万众创新"提供金融扶持,降低融资门槛,扩大经营性收入的渠道。一方面,要积极帮助大学生培养和发展相应的职业技能,引导大学毕业生合理选择职业、行业,鼓励大学生自主创业。另一方面,制造业、批发和零售业等行业催生的小微创业者是中产阶层占比较大、增速较快的群体。对农业转移人口而言,这也恰恰是重要的就业机会。应该鼓励商业

服务业的发展，进一步降低市场准入门槛，清除创业壁垒，降低创业和经营成本，引导广大小微创业者提升服务质量，在更大范围、更深程度上推进"大众创业、万众创新"。

第二，打造"创业资源池"，加强创新创业资源集聚，通过资本、信息、人力资源等要素结构的改善来提升创新创富的活跃度。江苏省金融体系发达，但是在为社会经济发展服务能力上仍存在不足，尚未形成具有典范效应的金融支持产业发展的模式。银行的资金主要流向了个人消费和政府项目，贷给实业的资金偏少，金融资本向产业资本转移的效率还不高。

第三，加强对创业文化的宣传、教育和引导，大力营造尊重劳动、崇尚技能、鼓励创新创富的社会氛围。对创业最有效的激励就是身边勇于尝试的成功案例，放大典型示范引领效应能有效激发求富创新的欲望和动力。创业文化要根据不同阶段，结合实践突出不同的文化内容，打破专业局限，逐步形成完善的体系。

第四，鼓励创新创业人才的流动，激励知识作为资本的要素创新，进行薪酬激励制度改革，增加知识贡献在初次分配中的比例。不仅要提供完善的社会保障制度，而且要提供包括落户、子女教育、住房、医疗等配套的政策，让人才流动免于后顾之忧，增加中等收入群体参与竞争、创新发展的动力和通道。

B.13
江苏省人口老龄化发展趋势、新特点及其应对措施

姚晓霞*

摘　要： 人口老龄化已成为全社会关注的焦点，江苏省是全国较早进入老龄化社会的省份之一，比全国平均早13年进入老龄化社会。本文主要是在对江苏省人口老龄化现状、发展的趋势及新特点进行分析的基础上，提出要科学地、清醒地认识人口老龄化给我们未来发展带来风险的严峻性、紧迫性和长期性，最后对如何应对人口老龄化提出具体对策建议。

关键词： 人口老龄化　抚养比　城乡差异

人口老龄化是指人口生育率降低、人均寿命延长导致的总人口数中年轻人数量减少，老年人数量增加，这是一个动态指标。当今国际上通常定义为，一个国家或地区60岁以上老年人数量占人口总数达到10%，或65岁以上老年人数量占人口总数达到7%时，我们就确定为这个国家或地区发展到了老龄化社会。江苏省是全国较早进入老龄化社会的省份之一，比全国平均早13年进入老龄化社会。2017年10月江苏省民政厅发布的《老年人口信息白皮书》显示：2016年全省新增老年人71万，老龄化的比例位于全国之首。因此，我们要认识到老龄化带来的危机，

---

* 姚晓霞，江苏省社会科学院经济研究所副研究员。

树立起全民的责任心,为解决老龄化问题出谋划策,应对人口老龄化的长期挑战。

一 江苏省人口老龄化基本现状

(一)老年人口规模大、比重高,老龄化程度加快

每个国家、地区人口结构都是随着经济社会的发展而不断变化的。用国际通用标准判断,全省人口年龄结构在1982年就已经迈入成年型社会,迈入老年型社会的初期阶段是在1990年,迈入老年型社会在2000年,2016年人口老龄化程度进一步加深。据统计,全省2016年末户籍人口为7780.56万人。其中:1719.26万人为60周岁及以上老年人口,占户籍人口的22.10%,其中男性有831.76万人,占老年人口的48.38%;女性有887.5万人,占老年人口的51.62%。老年人口比2015年末增加70.98万人,占人口比重比同期增长0.74个百分点。1167.55万人为65周岁及以上老年人口,占户籍人口的15.01%,其中男性552.59万人,占老年人口的47.33%;女性614.96万人,占老年人口的52.67%。269.18万人为80周岁及以上老年人口,占全省老年人口的15.66%,其中男性109.04万人,占80周岁及以上老年总人口的40.51%;女性160.14万人,占80周岁及以上老年人口的59.49%。这意味着江苏省人口老龄化的高峰即将到来,同时意味着社会劳动力在减少,社会医疗成本上升,人口红利在消失,这些都给社会方方面面带来多层面的挑战。

(二)人口老龄化存在明显的城乡地域间差距

至2016年底,全省户籍老年人口比2015年增加71万人,但是老年人不是在各城乡区域均衡增加的,而是城乡区域差异非常明显。全省各市60周岁及以上老年人口占户籍人口比重排前三位的依次是南通市(28.35%)、无锡市(25.34%)、泰州市(25.29%)。80周岁及以上老年人口占60周岁

及以上老年人口比重排前三位的依次是徐州市（18.6%）、宿迁市（17.47%）、淮安市（17.10%）。截至目前，全省各市老龄化程度最高的为南通市，老年人口比例为28.35%，最低的宿迁市为15.99%，高低相差12.36个百分点；全省老龄化程度最高的县（市、区）是如东县，老年人口比例为31.78%，最低的沭阳县为15.05%，高低相差16.73个百分点。城乡地域间人口老龄化的差异会导致贫富差距的扩大。

（三）老年人高龄化、空巢化、独居化态势显著，且有上升趋势

据统计数据显示，全省有80周岁以上老年人269.18万人，占老年人总数的15.66%；全省拥有百岁老人5491人，比2015年增加了187人；南通市、徐州市和盐城市是拥有百岁老人最多的城市，分别为1130人、755人和495人。据对全省33个县（市、区）15840个样本抽样调查测算：全省有872.8万空巢老人，超过老年人总数的一半；有12.5万孤寡老人，占老年人总数的0.73%；有187.9万独居老人，占老年人总数的10.93%；有12.7万失智老人，占老年人总数的0.74%；有42.6万失能老人，占老年人总数的2.48%；全省老年人有71.09%患有各种慢性病。我们应该看到，江苏省高龄老年人口的不断增多，反映了社会进步、人们物质和文化生活水平的不断提高以及医疗卫生条件的改善。

（四）劳动力持续不断减少，抚养比持续不断上升

劳动力是指达到法定劳动年龄的人，在创造社会财富的过程中支出体力和智力的总和。国际上通常将15~64岁定为劳动年龄。据统计数据显示：2012年、2016年全省15~64岁人口分别为5979.6万人、5896.4万人，也就是说，2012~2016年平均每年大约减少21万劳动力。如果一个地区劳动力的绝对数不断减少而老年人的绝对数不断增加，势必使这个地区的老年负担系数升高。2016年，全省0~14岁、15~64岁、65岁及以上人口，占常住人口的比重分别为13.5%、73.7%、12.8%。与2012年相比，0~14岁人口和65岁及以上老年人口的比重分别上升0.6个百分点和1.2个百分点，

但是15~64岁的劳动力人口比重下降1.8个百分点。我们应该清楚地看到，随着江苏省人口年龄结构的变化，少儿抚养比由2012年的17.2%上升至2016年的18.3%，提高1.1个百分点；老年人抚养比由15.3%上升至17.3%，提高2.0个百分点；总人口抚养比则由32.5%上升至35.7%，提高3.2个百分点。今后，随着人口老龄化的不断加深，医疗、护理任务必然进一步加重，用于医疗和护理方面的费用负担也会加重，老年人口的抚养系数还会进一步上升。

（五）全面实行二孩政策，人口出生率有了明显提高

党的十八届五中全会提出，全面实施一对夫妇可生育两个孩子的政策，此政策实施以来在江苏取得显著成效。2016年人口变动情况反映出，全省出生人口中，一个孩子的比重降到60%左右，比2012年减少了8个百分点；2016年，两个及以上孩子的比重达到了40%。可喜的是，2016年全省常住人口出生率为9.76‰，比2012年提高0.32个千分点，比2015年提高0.71个千分点，这也是江苏省自2000年以来常住人口出生率的最高值。2016年全年出生人数达到77.96万人。

二 江苏省人口老龄化发展趋势及其新特点

经权威部门预测，2016年全面施行二孩政策后，全省户籍人口将有可能会在2017~2027年呈现上升趋势，2028~2050年呈现下降趋势。预测2027年会达到最高峰值8104.35万人。预测显示从2029年开始60岁以上老年人数量占总人口比例将超过30%，届时江苏成为超老龄型省份。随后由于20世纪70年代末的计划生育政策实行力度的加大，预计全省老龄化速度会有所减缓，到2052年达到峰值37.81%，绝对数为2743.31万人，老年人口占到全省人口的1/3。可以预料到今后30年里，老年人口的绝对数、比重和高龄老人的绝对数、比重都会基本维持在较高的水平，人口老龄化程度只会越来越高，老龄化将对江苏省经济、社会、政治、文化等诸多方面带来深远的影响。

江苏省老龄化比例位于全国各省之首，人口老龄化形势虽然很严峻，但是也会带来机遇。我们也要看到作为经济大省，随着老年人口结构的变化，未来老人的自身知识素养、经济状况、居住条件、生活环境等方面都会发生明显变化，老年人购买能力和消费需求都会增强，有利于发展老龄市场，有利于智慧养老模式有效实施，政府相关部门在制定政策时，可以针对老年人的新特点进行相应调整，引领养老事业建立具有中国特色的养老模式。

首先，随着老年人口结构的变化，特别是20世纪50、60年代出生的人逐步进入60岁门槛，他们受教育程度不断提高，他们文化层次越来越高，文化品位越来越高，对生活更有热情，对生活的要求越来越高，对老有所为、价值尊严、休闲旅游、精神关怀等高层次的需求越来越多，掌握和运用新科技的能力越来越强，更愿意接受新鲜事物，对发展智慧养老、互联网养老都会起到积极作用。

其次，随着受益于改革开放红利的老人增多，他们拥有可支配的收入和财产增加，特别是居住条件、生活环境等方面都有明显改善。大多数人都有退休金、自有住房，有的人还有股票或其他资产，他们大多数人为自己准备了养老储蓄。随之而来会带来社会价值观的转变和消费结构的改变，对老年服务业、老年金融业、老年房地产业将有更高要求，同时也为"以房养老"、"资产养老"等多元化养老方式带来可行性。

三 积极应对人口老龄化所采取的对策建议

习近平总书记在党的十九大报告中强调，积极应对人口老龄化，构建养老、孝老、敬老政策体系和社会环境，推动医养结合，加快老龄事业和产业发展。让我们看到党和政府应对人口老龄化问题的积极态度。人口老龄化是社会经济发展的趋势，需要我们用科学的态度对待，勇于用积极的态度迎接老龄化的挑战。因此，我们应科学、客观、理性地分

析研究老龄化问题，协调好全局与局部、当前与长远等各个方面的关系，认清未来人口结构演变的发展趋势，制定切实可行的应对人口老龄化应采取的政策措施。

（一）加强人口发展政策研究，制定有效的生育政策

我们面对的人口老龄化的挑战是前所未有的，我们迫切需要加强人口学的研究。十九大报告中强调，要"促进生育政策和相关经济社会政策配套衔接，加强人口发展战略研究"。首先，江苏必须从人口自身发展战略入手，尽快制定人口近期和长远的发展战略，统筹解决好人口的数量、结构、质量、分布与经济社会发展的关系。其次，从人口政策入手，在积极贯彻放开二孩政策的同时，要制定有效措施来消除育龄妇女不愿生、不想生、不敢生的思想，同时要保证新出生的孩子有住地、有学上；保障父母有足够的时间和精力照顾和教育孩子，确保后顾无忧；还要有鼓励、奖励生育二孩政策，要在全社会营造出生育友好的社会氛围，使江苏省生育回归并长期稳定在合理的、较高的水平。

（二）完善和规范养老、医疗、服务等社会保障制度

社会养老保障制度是社会公共服务制度体系的重要组成部分，是社会公共服务制度建设的基本要求。社会养老保障包含经济保障、医疗保障和生活服务保障三大体系。现阶段，江苏省虽然实现了养老保险制度的全覆盖，但是还没有实现全员的覆盖，特别是农村的养老保障水平还是很低的，要建立和完善与江苏省经济社会发展水平相适应的社会养老保障体系。有资料表明，老年人年龄渐长，健康指数下降，患病风险增加，而且容易患上治疗成本高的疾病，所以老年人的人均医疗费用支出是在职人员的3~5倍。因此，在建立全员医疗保险制度的同时，需要制定针对老年人的相关政策，以保障老年人医疗的基本需求。要构建多层次的养老服务体系，在大力倡导居家养老模式的同时，要进一步降低养老服务业的准入门槛，也要积极建设公办或民办养老机构，要建立全省统一的养老服务质量标准和考核体系，推进医养

融合，优化医养服务资源配置，以满足高龄老人、失能老人、残疾老人的养老需求。

（三）积极扶持养老产业，为老年人提供有尊严、有保障的生活

养老产业是指以市场化机制为导向的为老年人提供产品或者劳务来满足老年人衣食住行用等方面需求的产业的统称。它涉及多个行业，主要涉及生产、经营和服务等领域。各级政府要从全局和战略的高度，深刻认识人口老龄化进程的加快给社会经济带来的影响，要深刻认识发展养老产业有利于促进经济社会协调发展，有利于满足老年人群消费需求的转型升级，特别是加大对高龄老人、残疾老人、失能老人需要的特殊产品的开发研制力度，不仅可以提高这些特殊老人的生活质量，而且可以让他们有尊严地生活。

（四）大力弘扬尊老爱幼的优良传统，建立和谐的社会关系

中华民族是一个重礼节、讲孝道的民族，尊老爱幼是我们的优良传统，儿女绕膝、天伦之乐是对老人最大的安慰。要大力开展国情教育和宣传，一方面，增强公民对老龄社会的正确认识；另一方面要大力弘扬中华文化，维护老年人权益，营造一个尊老敬老、爱老助老的社会氛围。鼓励、倡导年轻人到社区、到养老公寓为老年人开展精神慰藉、精神关爱的公益活动。有关政府部门制定有关政策，鼓励多代同住，对家里有高龄老人的给予一定的特殊照顾，如带薪休假照顾老人。有利于按照国家、社会、家庭、个人共同负担的原则，量力择路，构建中国特色的养老模式和养老制度。

（五）积极培育智慧健康养老服务的新业态

智慧健康养老服务新业态就是将互联网、云计算、大数据、智能硬件等信息技术产品充分运用到个人、家庭、社区和机构，使其有效对接和优化配置健康养老资源，提高健康养老服务质量和效率。江苏如果还沿用传统的养老服务方式是很难满足不断增加的老年人群需求的，唯一的方法是积极培育和发展智慧养老服务新业态，利用"互联网+"思维，用线上线下融合的

思想促进居家养老、机构养老、医养融合、精神关爱等养老服务的全面提升，为老龄化社会健康发展提供保障。

（六）要积极倡导健康老龄化的战略

目前，国际上公认，老年人的疾病和伤残并不一定是老年人身体必然存在的状态，完全可以通过方方面面的努力让疾病和伤残在生命最后的较短时间内发生或根本不发生，从而提高晚年老人生活自理能力和生活质量，实现健康的老龄化。许多发达国家都在倡导健康老龄化战略，我们有必要在全社会大力倡导健康老龄化理念，有利于每个人用正确的态度来提前规划自己的老年生活，培养良好习惯，坚持锻炼身体，培养兴趣爱好，力争保持良好的身体状态，拥有更长的健康期，才能让自己拥有舒心、安享的老年生活。

参考文献

徐美铃：《"互联网＋居家养老"：智能化居家养老服务模式探析》，《北华大学学报》（社会科学版）2016年第5期。

曹茅：《当今老龄化：沿革、趋势与新界定》，《辽宁大学学报》（哲学社会科学版）2017年第6期。

江苏省老龄办：《江苏省2016年老年人信息和老龄事业发展状况报告》，2017年11月8日。

张强、高向东：《上海市老年人口空间分布及演变趋势研究》，《人口与发展》2017年第6期。

桑助来：《德国应对人口老龄化挑战的对策及启示》，《中国人力资源社会保障》2016年第12期。

成少蓉：《对人口老龄化时期养老问题的探索》，《中国市场》2017年第35期。

B.14
江苏养老保障的新问题和对策研究

马 岚*

摘 要： 党的十八大以来，江苏在养老保障建设方面取得了显著成效，但是目前养老保障制度设计和运行还存在一些深层次矛盾和问题：社会保险制度区域、城乡、人群分割格局尚未根本改变，社会保险基金收支矛盾比较突出，养老金的增长机制不科学，市场和偿付不足等，都对养老保险制度的可持续性发展带来巨大挑战。"十三五"时期养老保障制度应当理性地走向定型，通过建立科学的养老金增长机制、逐步提高养老保险的统筹层次、明确政府责任边界、扩大养老保障的支持网络等途径推动江苏养老保障体系向更加公平、更可持续、更有效率的方向发展。

关键词： 养老保障　公平　可持续性

养老保障是社会保障制度的主体与核心，也是覆盖人群最广、资金数额最大、保障作用最为关键的社会保障项目。随着人口预期寿命延长、社会流动性增强、家庭结构小型化及家庭养老功能的弱化，人们的养老保障需求在规模和质量上急剧增长，成为一种紧迫的刚性需求。近年来，相对于全国其他地区，江苏人口老龄化形势尤其严峻，由此产生的养老服务需求更加旺盛、更加迫切、更加多样。但是，目前江苏养老保障制度设计和运行还存在

---

* 马岚，江苏省社会科学院社会学研究所副研究员。

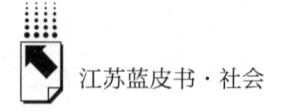

一些深层次矛盾和问题，这些矛盾和问题已经成为江苏经济社会发展的制约因素。

一 江苏养老保障体系的建设成效

加强养老保障体系建设是全国各地的共识，而江苏取得的成绩非常醒目。近年来，面对人口老龄化速度快、程度深的新形势，江苏全省上下清醒地认识到养老保障的核心地位和重要作用，坚持"广覆盖、保基本、多层次、可持续"的基本方针，持续出台政策法规，不断加大财政投入力度，注重提升服务能力，进一步强化管理监督，在养老保障体系建设方面取得了显著成效，老年社会保障制度更加成熟定型，公平性、可持续性进一步增强。

（一）养老保险制度的基本框架已经建立

2011年7月开始实施的《社会保险法》对基本养老保险覆盖范围、制度模式、缴费和待遇办法、财政责任等做了具体规定。2012年，《国家基本公共服务体系"十二五"规划》将基本养老保险列为国家基本公共服务的一个重要项目。2010年江苏开展新型农村社会养老保险，开启了农民领取养老金的历史；2011年江苏启动城镇居民社会养老保险试点，除农村外，城镇中没有养老保险的居民被纳入了养老保障体系；2014年，江苏将新型农村社会养老保险和城镇居民社会养老保险制度合并，建立了全省统一的城乡居民基本养老保险制度，从此江苏城乡居民在养老保险上实现了"大一统"。2015年，全省开始对国家机关和事业单位工作人员养老保险制度进行改革。2014~2015年，有关部门就企业年金、职业年金和商业养老保险等补充性养老保险制定了相应的政策。这一系列举措，标志着江苏不同身份的群体都已经被纳入同一制度体系当中，江苏基本养老保险实现了制度全覆盖，养老保险制度的基本框架已经建立起来。

（二）基本养老保险惠及面持续扩大

江苏基本养老保险制度的惠及面不断扩大，重点推进将进城务工人员、非公经济组织从业人员、灵活就业人员和自由职业者等符合条件的各类群体纳入养老保险制度，特别注重拾遗补阙，着力解决以前没有参保的集体企业职工等特殊群体的养老保障问题。到2017年底，企业职工基本养老保险参保人数达到2097.5万人，比2016年底增加51万人。城乡居民基本养老保险参保人数1268.4万人，领取基础养老金人数1051.7万人[①]。

（三）保障待遇水平稳步提高

各类人群的保障待遇持续增长，在保障老年人基本生活方面发挥了积极作用。健全企业退休人员基本养老金正常调整机制，建立城乡居民养老保险基础养老金正常增长和财政保障制度。全省退休人员基本养老金人均增幅不低于5.5%，惠及760多万退休人员。连续13年提高企业职工基本养老金，企业退休人员人均月养老金达到2620元。2016年、2017年机关事业单位和企业退休人员同步调整。在较早实现全覆盖的基础上，全省城乡居民基础养老金最低标准从2010年的每人每月70元提高到2017年的125元。近两年来，江苏全省各级财政累计投入资金逾1000亿元，推动全省老龄事业全面保质保量发展。

（四）养老保险经办服务切实改善

参保人数的增长、业务量的提升、人员身份的多样化以及业务复杂性和精细化程度的加深，对各级养老保险经办服务机构的服务能力、服务水平提出了更高的要求，江苏各地各级政府对养老保险经办服务都给予了一定程度的重视和支持，养老保险经办服务机构在队伍建设、服务经费、工作环境等方面都有了较大改善，业务处理速度和服务水平明显提高，以保障参保人员

---

① 江苏省统计局：《2017年江苏省国民经济和社会发展统计公报》。

获得更加高效优质的服务。特别是国家城乡养老保险制度衔接办法出台后,参保人员基本养老保险关系转移接续更加方便,这对于促进劳动力合理流动、保障广大参保人员权益具有重要意义。

二 江苏养老保障制度所面临的问题

当前,江苏养老保障制度结构体系的建设已经取得了一定成就,但是应该看到问题尚多,当前最紧迫的问题是养老保障制度的长期可持续性面临挑战。人口预期寿命的延长、快速深度的人口老龄化、退休人员的数量增加以及 GDP 增速的放缓,养老金资金来源已经不能满足迅速增长的需要,资金缺口日渐增大,导致政府负担加重[①]。此外,统筹层次低、发展不均衡对养老保险制度的可持续性发展带来巨大挑战。

(一)养老保险制度区域、城乡、人群分割的局面还没有完全改变

1. 统筹层次不高

江苏养老保险的省级统筹从 2010 年开始施行已有 8 年的时间,但还没有完全实现,当前所谓的"省级统筹"仍旧是"省级预算、分级负责",统筹单位是县(市),绝大部分资金都以财政专户形式留存在各地的社保基金账户上。调研发现,省内 13 市经济发展水平不同,基金收入不平衡,地区之间社会保险待遇差距较大,苏北不少地区养老金入不敷出。

2. 统筹调节功能有限

苏北 38 个县市的养老金发放完全靠同级财政不能确保,通过建立健全养老保险基金省级调剂制度和省对养老保险基金困难市县的基金补助制度,保证了养老金的按时按量发放。但是,养老保险省级调剂金的主要作用在于防范和化解重点统筹地区收支风险,因而资金规模不大,只占全省用工单位

---

① 姜向群、商楠:《建立公平可持续的老年社会保险制度》,《中国社会科学报》2017 年 5 月 31 日。

和参保人缴费工资总额的1.5%。

3. 保障作用不足，整合力度不够

首先是不同社会群体之间养老金的差距。机关事业单位、城镇职工养老保险、居民养老保险在筹资水平和保险待遇上仍有较大差距。公职人员退休后的养老金一般是企业退休职工的两倍以上；2017年江苏企退人员月基本养老金人均水平达2620元，但城乡居民基本养老金仅为125元/月。多数退休者收入偏低，影响了他们的基本生活保障，也导致了社会性的不公平，影响了社会稳定。其次是缴费性与非缴费性之间的平衡。从2017年7月1日开始，南京市低保标准提高到810元/月，而城乡居民养老保险参保人员的养老金待遇在提高后，农村居民为130元/月，城镇居民调至245元/月，远远低于低保水平。养老金水平低于最低生活保障水平在某种程度上会影响养老保险参保人员的积极性。

（二）社会保险基金收支矛盾比较突出，基金可持续性较差

对江苏来讲，在经济常态化的背景下参保人数、缴费人数增幅放缓，加之人口老龄化加剧和养老金刚性增长等因素的叠加影响，养老保险基金压力日渐加大。调研中发现，省内各地区养老保险基金出现不同程度的赤字，部分县市赤字规模还较大，尤其是一些劳动力输出地区养老金收支状况进一步恶化，必须依靠转移支付和省级调剂金才能实现"保发放"，但由于财政收入增速在放缓，各级财政对养老金的补助也存在不同程度的力不从心。造成这种状况的具体原因有以下几个方面。

1. 养老保险基金收入端的增长跟不上支出端的增长

当前经济下行压力较大，部分企业经营困难，影响了养老保险基金收入的增长，各地普遍存在扩面艰难而且断保人数大增的现象。苏南地区因为产业转移的原因，参保人数增幅下降，苏州"十一五"时期增幅106万人，到"十二五"时期只有56万人，基金支付压力较大。张家港参保职工71万人，而退休职工23万人，已经出现财政赤字。调研发现，2015年以来社会保险欠缴情况增多，累计结余逐步降低，养老保险当期财政赤字逐步增

加,如淮安市本级当前欠缴3.2亿元。部分地区反映,由于省政府制定的缴费基数过高,即使按照60%征收,缴费基数仍然高于有些县市企业职工的实际收入,扩面难度非常大。淮安大致测算社保费用约占企业用工费率的39%,企业压力很大。此外,城乡居民保险虽然参保率高,但是有效缴费不高,断保严重。如盱眙县自由职业者参保人数多于企业职工养老保险,处于倒挂状态,2017年城乡居民保险参保18万人,但正常缴费的只有11万人。因而企业职工养老保险和城镇居民养老保险的征缴都出现一边扩面、一边断保的情况。

2. 从长期看,人口老龄化将是影响江苏省社会保险基金收支状况的重大因素

以企业职工基本养老保险为例,2011年全省赡养比(在职参保人员与退休人员的比例)为3.68∶1,2015年降到3.15∶1,预计2020年将降到3∶1以下。目前,有的县(市、区)赡养比已降到了2∶1以下①。人口老龄化程度不断提高将加剧社会保险基金收支失衡问题。

在这种双重压力下,基金收支状况严重恶化,即使用光了个人账户的资金和全部滚存结余,当地的企业职工养老保险仍然收不抵支,养老保险基金收支不平衡的状况正在向全省多地蔓延。

(三)养老金的增长机制不科学

2005~2017年,国家连续13年较大幅度提高企业退休人员基本养老金,企业退休人员月人均基本养老金水平明显提高,比2004年提高了2倍多,年平均增长率10%左右②。2017年江苏企业退休人员月人均基本养老金2620元。连续较大幅度调整基本养老金,有利于改善企业退休人员生活,提升参保人员对社会保障的认同程度。按照官方说法,企业退休人员养老金

---

① 江苏省人大财政经济委员会:《关于全省社会保险基金管理和监督情况的调研报告》,江苏人大网,2016年9月28日,http://www.jsrd.gov.cn/cwhzt/1225/hywj/201609/t20160928_434306.shtml。
② 《养老金已经实现十三连涨,为什么还有人放弃社保?》,2017年4月11日,http://www.sohu.com/a/133239076_132269。

不仅远远跑赢了 CPI，也跑赢了 GDP。养老金增速高于居民收入增速、高于 GDP 增速，我们在认可国家对社会保障重视的同时，还得看到养老金连续多年单纯普涨的负面效应已逐渐显现：从财政支出的角度来看，养老金的"13 连涨"已经超过了养老保险基金的承受能力，加重了财政负担，可持续性是一个很大的问题；对个人而言，甚至出现了在相同因素条件下，后退休人员养老金少于先退休人员的"倒挂"现象，大批人称想提前退休；此外，连续通过行政手段提高养老金水平，企业退休职工对此形成"路径依赖"，因而有可能对养老金产生不合理的增长预期，也容易引起同时退休的事业单位职工的不满；对于相关政府部门而言，民生投资少、见效快，因而许多执政者乐意在社会保障方面投入，既有了"政绩"，又得了"口碑"，在调研中发现有部分地区不顾自身财政状况，与相邻市县盲目攀比养老金增速的情况，因而不顾实际情况一味追求将保障标准定得太高同样是对老百姓不负责。

（四）市场和偿付不足

目前，三支柱的养老金体系发展不均衡，对市场化的手段利用不足，政府主导的基本养老保险制度发展迅速，第二、第三支柱发展严重滞后，过度依赖第一支柱。尽管注重发展职业年金和商业性养老保险的说法在理论界呼吁已久，但受各种条件的制约，目前发展缓慢。已经参加职工养老保险的人群，因基本养老金数额尚可，很少参加补充性养老保险；而待遇较低的城镇居民养老保险，参加者多为农民和城镇非就业居民，由于没有付费能力也没有参加补充性养老保险。因此，补充性养老保险领域呈现出严重的结构性矛盾：有购买能力者无意购买，而有购买需求者却无力购买，从而导致养老金体系面临着替代率低、可持续性差的困境。

三 建立可持续的养老保障体系的具体对策

上面存在的一系列问题，其根本原因是没有处理好公平和效率两者的关

系，因而养老保障制度的可持续性面临挑战。未来的养老保障制度设计应该更加理性，政策框架逐步定型，向更加公平更可持续更有效率的方向发展，具体对策有以下几个方面。

（一）应建立科学的养老金增长机制，树立科学理性的执政观

养老金待遇调整机制是养老保险顶层设计方案中聚焦的重要问题。当前经济发展已步入"新常态"，经济增长速度放缓；但同时人口老龄化的速度和深度都不断加快、加深，这就对养老保险基金的增收和发放提出了挑战。社会保障制度的建设和改革，不能脱离当前国情和发展水平而盲目推进，西方一些国家出现的"高福利陷阱"给我们敲响了警钟。一个基本的原则就是要根据当前经济社会发展的基本情况，根据各主体的承受能力，既满足保障对象的基本需求又不增加沉重负担，合理确定社会保障项目和水平。

2017年，国家养老金5.5%的上调幅度较2016年的6.5%再次降低。这是国家经过系统调研、科学精算后做出的决策，也释放出了一个新的信号。江苏应该充分领会中央精神，尝试探索建立养老金科学的增长机制：这种增长机制既能保障基本生活、兼顾各类退休人员的基本养老需求，不引起社会矛盾，又符合本省的经济增长速度、财力承受能力及基金的支付能力；不仅要考虑广大退休人员当前切身利益，也要考虑养老保险制度长期可持续发展和广大退休人员的长远利益。另外，对于养老金标准的认识，必须从实际情况出发：江苏各地经济发展水平存在着显著的差异，虽然总体上养老金缴存依然存在着一定的结余，但地区不平衡的结构性差异十分明显，落后地区大可不必与相对发达地区攀比。如果不顾当地实际情况，一味追求高标准的待遇水平，不仅会加重当地参保者的缴费负担，对地方财政也会造成不小的压力，进而影响到养老金制度的可持续性。因此，在确定养老金的增长标准上，应综合权衡、量力而为、因地制宜。只有从本地区实际情况出发，综合考虑各方面的利益，注重短期利益和长期利益的平衡，才能在保障退休人员基本生活不降低的情况下，实现养老金制度的可持续发展。

（二）逐步提高养老保险的统筹层次

鉴于我国的地区差异，当前要实现养老保险的全国统筹还不具备一定的条件和基础，因而首先要推进养老保险省级统筹。江苏作为我国经济发达的地区，在率先实现养老保险的省级统筹上有着一定的优势，可以争取在短时间内实现养老保险基金统一征缴、统一管理、统一调度。对社会保险经办机构实行省级垂直管理，防止在养老保险政策上各地区各行其是；加大省级基金在区域内横向调度使用的力度，真正起到调节的作用；对养老保险个人账户基金进行统一运营，保证基金安全；同时注意落实地方政府的责任，实行定额补助、自求平衡、确保发放的机制，避免形成依赖倾向。

（三）明确政府责任边界，将市场行为交给市场

在实现养老责任共担的同时，明确政府和市场行为各自的边界和内容，杜绝"大包大揽"、"无限责任"和"互相推诿"的状况。

政府的主要职责首先是要保证养老保障制度的公共性，遵循养老保障支出与国家经济发展水平相适应的原则，确立强制性的养老保障服务筹资机制；依据国家经济发展水平调整国家基础养老金标准，改善老年群体物质保障[①]；制定推进养老保障的目标责任和指标体系，提高政府效能；创造尊老敬老的社会环境，号召全社会关爱老年人，提升老年群体的存在价值和生活质量。在坚持养老保障政策注重公共性前提下，政府鼓励并多用市场机制发展补充养老保险制度，进一步完善补充保险的税收政策支持，为多层次养老保险体系的发展创造良好环境。

（四）扩大养老保障的支持网络，加强市场、社区和家庭的作用

基本养老保险制度、补充养老保险制度和个人储蓄养老保险制度共同构

---

① 林瑜胜：《提高养老保障成效的着力点》，人民网，2016年4月7日，http://theory.people.com.cn/n1/2016/0407/c49154-28255809.html。

成了多层次的养老保险制度。除养老保险外，还有家庭养老保障、社区服务、机构养老等多种模式的养老服务。这种多层次性及多种模式的养老保障，既可以分担政府在养老保障制度方面的财政压力，也有利于满足不同群体老年人的养老保障需求，因而必须扩大养老保障的支持网络。

首先，要发挥市场作用，利用市场机制优化配置养老服务资源，同时提供多层次、多样化、多种类型的养老服务，创新养老保障模式。其次，强化社区在养老服务中的主体作用和支撑地位，使社区成为养老服务资源接收主体和养老保障管理实施主体。以社区为依托，优化养老服务空间布局，使老人在自己熟悉的环境里受到日常照料，得到心理慰藉；同时又可以和社区医疗机构配套建设，有利于老人及时方便就诊，节约养老服务机构的成本。再次，发挥家庭在养老保障中不可替代的作用。家庭作为最亲密的初期群体，在老年照料中具有其他机构、群体所不具有的特殊作用。塑造积极健康的家庭文化，提高养老能力与养老意愿，倡导家庭成员之间加强沟通、互相关爱，为老年人创造健康平和的养老氛围。最后，积极探索建立高龄老人的基本照料制度。江苏试点的政府购买家人照料服务的方式值得重视，未来要借鉴日本老年护理保险的做法，从失能、半失能的老年人的护理做起，通过老年护理保险制度，更好地把基本养老保险金与老年照料结合起来，克服家庭小型化导致的照料缺失问题。

B.15
江苏推进绿色生活方式对策研究

郭玉燕*

摘　要： 党的十八大以来，党中央高度重视生态文明建设和环境保护，将生态文明建设纳入"五位一体"总体布局，并提出创新、协调、绿色、开放、共享五大发展理念。江苏作为工业大省，传统的经济发展模式加剧了资源环境与经济发展的矛盾，目前资源环境问题已成为制约江苏经济社会绿色发展的瓶颈，转变生产和生活方式迫在眉睫。近年来，江苏在绿色生活方面取得了一些成绩，但还存在绿色生活理念尚未深入人心、绿色生活方式还未形成体系、相关制度法规不健全等问题，妥善解决这些问题，才能促进绿色生活取得较好的成效。

关键词： 绿色生活　江苏　资源环境

2016年，江苏省环境空气质量总体有所改善，空气质量达标率为70.2%，较2015年上升3.4个百分点。全年共发生11次重污染天气过程。省控水体断面有37.1%达不到三类标准，全省地表水环境质量总体处于轻度污染。江苏省环境形势依然严峻，转变生产方式和生活方式刻不容缓。江苏肩负着党和国家"率先全面建成小康社会率先全面实现现代化"的重任，寄托着习近平总书记"强富美高"新江苏的殷切希望。绿色生活是绿色发展的重要方面，在全社会普及绿色发展理念、构建绿色生活新风尚，有助于

---

* 郭玉燕，江苏省社会科学院区域现代化研究院助理研究员。

经济社会可持续、绿色发展。面对资源环境的双重约束,坚持绿色发展是经济发展和资源环境约束的共同要求。

一 江苏推进绿色生活方式的实践与成效

(一)绿色建筑发展迅速

江苏节能建筑发展迅速,节能建筑面积从2006年的0.64亿平方米提高到2016年的1.69亿平方米,节能建筑占比从2006年的10%增加到2016年的49%。自2008年起,江苏绿色建筑数量一直保持全国领先。可再生能源建筑应用面积从2006年的0.03亿平方米增加到2016年的0.6亿平方米,可再生能源建筑应用面积占比从2006年的5%提高到2016年的35%。江苏省自2010年开始开展绿色建筑评价,绿色建筑数量成倍增长。绿色建筑的加速推进,对经济的拉动作用也日益明显,"十二五"期间对全省产生了1.1万亿元的经济拉动。[1]

(二)绿色交通体系基本形成

近年来,作为全国首个绿色循环低碳交通运输示范省份,江苏绿色交通建设取得了阶段性进展。水上方面,江苏在全国率先开展内河船舶应用LNG清洁能源工作并取得初步成功,研发的靠港船舶使用岸电系统在全国推广,完成24艘LNG动力船舶建造和68艘大吨位船舶整体LNG动力更新改造,完成8座LNG加气站建设。港口岸电设施台数较上年增长141%,内河航道上17个水上服务区全面实现船舶刷卡用电"一卡通"。高速公路服务区建成充电桩197座。[2] 陆上方面,2012~2017年,全省铁路通车里程由

---

[1] 汪晓霞:《江苏绿色建筑规模全国居首 将对全省经济产生3万亿元拉动作用》,《新华日报》2015年11月18日,第5版。
[2] 《江苏将启动绿色交通发展三年行动》,2018年3月8日,http://jtyst.jiangsu.gov.cn/art/2018/3/8/art_ 41904_ 7508005.html。

2348公里增加至2791公里；高速公路通车里程由4371公里增加至4688公里，省际出口由18个增加至26个；跨江通道由11座增加至14座；通用机场由6个增加至10个；综合客运枢纽由7个增加至17个；具有多式联运功能的货运站场由14个增加至42个。[①] 仅2017年全省就新增城市轨道交通3条、95.75公里，总里程达584.435公里，居全国第四位。全省镇村公交开通率达到72.4%；新购节能环保公交车2080辆，公共自行车、共享单车加快发展，绿色出行更加便捷。[②] 交通一卡通在全国率先实现县级以上城市全覆盖，"巴士管家"公路购票平台和"运满满"智慧物流车货匹配免费平台的市场占有率均居全国首位。全面实施公交优先发展战略，南京、苏州、常州、扬州、昆山列入国家公交都市创建城市名单，数量居全国前列，其中，南京获首批"国家公交都市建设示范城市"称号。江苏省目前高速公路密度居全国各省（区）首位，并率先实现了联网畅通。建成了包括苏通大桥、润扬大桥、泰州大桥等一批世界级现代化跨江大桥，在通行条件、通行时间以及便捷度上都有了长足的改善，节能减排效益明显提升。

（三）"绿色GDP"纳入考核体系

2017年，江苏省委办公厅、省政府办公厅发布了《江苏省生态文明建设目标评价考核实施办法》，对各设区市党委、政府生态文明建设目标实行"一年一评价、五年一考核"机制；随后，江苏省环保厅、江苏省统计局、江苏省发改委、江苏省委组织部发布了细化的《江苏省绿色发展指标体系》和《江苏省生态文明建设考核目标体系》，意味着"绿色GDP"正式纳入官方考核体系。

[①] 《江苏公铁水空交通建设投资破1100亿元创新高》，2018年2月25日，http://www.sohu.com/a/223999636_123877。

[②] 江苏省交通运输厅办公室：《2017年江苏绿色交通建设成效显著》，2018年3月6日，http://www.jiangsu.gov.cn/art/2018/3/6/art_60085_7505296.html。

（四）制定地方法规和条列助推绿色发展

绿色建筑方面，2014年江苏省修订了《江苏省发展新型墙体材料条例》，在全省范围内禁止生产黏土实心砖，大力推广新型墙体材料的应用。2015年7月，制定出台了《江苏省绿色建筑发展条例》，从规划、立项、设计、建设、验收、运行管理、技术标准等各个方面，对推动绿色建筑发展做出了一系列创新性规定，使江苏省成为全国第一个以地方法规全面推进绿色建筑的省份。

绿色交通方面，编制了《江苏省绿色循环低碳交通运输发展规划（2013~2020年）》和《江苏交通运输现代化规划纲要（2014~2020年）》。

二 江苏推进绿色生活方式面临的问题和挑战

江苏经济社会发展与资源环境承载能力不足的矛盾依然突出，群众不断增长的环境需求与公共生态产品供给不足的矛盾依然突出，资源环境问题仍是制约绿色发展的最大瓶颈，生态环境质量仍是全面建成小康社会的突出短板，推进绿色生活还存在一些困难和不足。

（一）绿色生活的理念还未深入人心

近年来，江苏省尽管在推动绿色发展、绿色消费方面取得显著成效，但公众的绿色消费和环境保护意识仍待加强。讲排场、比阔气、爱炫耀、爱攀比，铺张浪费现象普遍存在，比如大肆操办红白喜事，追求奢侈品牌的包、化妆品、首饰，频繁更换手机、电脑、电视等电子产品；大量使用一次性筷子、纸杯、餐盒等用品；过度包装现象仍然存在。这些过度消费，增加了资源消耗量和污染排放量，对自然环境极不友好，严重制约了生态文明建设和绿色生产生活方式的形成。

（二）绿色生活方式还未形成完整的体系

以垃圾收集为例，江苏省还未实现完全的垃圾分类收集。有些区域还未配置分类垃圾桶,有些区域配置了分类垃圾桶,但仅有垃圾分类提示。一方面民众还未形成垃圾分类的习惯,丢弃垃圾时并未遵照垃圾分类的提示进行,另一方面垃圾车在集中收集清运垃圾时仍然没有采取分类收集的方式。这就使得垃圾分类在最初的两个环节流于形式。居民小区的垃圾分类与清运也存在同样的问题。目前,绿色办公还处于提倡阶段,对前期绿色产品的提供没有明确的标准,对后期执行效果也没有具体的监管和奖惩。

(三)相关的制度和法规还不完善

以绿色消费为例,目前绿色消费缺乏顶层设计,与绿色消费相关的法律法规很少,现有的大多数是部门发布的管理办法,同时还存在着管理碎片化问题。国家层面出台有《关于促进绿色消费的指导意见》(发改环资〔2016〕353号),但江苏省目前没有与促进绿色消费的相配套的地方法规。对绿色公办也仅限于提倡,执行过程和执行效果没有具体的细则。

三 推进江苏绿色生活方式的对策

(一)加大绿色生活宣传力度,引导生活消费绿色化

广泛开展宣传教育,提高公民保护环境、绿色生活的意识。积极倡导节约简朴、保护自然的绿色生活理念,引导公众改变不符合生态文明要求的生活习惯,形成可持续的生活方式。弘扬勤俭节约的优良传统,深入宣传节约光荣、浪费可耻的理念,引导机关、企业及广大群众做低碳环保生活的倡导者和践行者。开展全民绿色教育,在中小学基础教育中推广绿色生活知识,引导公民养成对绿色生活方式的认同感。通过基础教育培育全民族的绿色道德意识和绿色价值取向,在全社会形成健康、文明和发展的绿色文化风尚。促进党政机关带头开展反浪费行动,严格落实各项节约措施。深入开展"反食品浪费行动"和"文明餐桌行动",在全社会积极倡导厉行节约的生活方式。提倡自然健康食品,引导人们拒食各类保护动植物。提倡低碳着

装，引导公众拒绝购买使用野生动物皮毛制成的服装、物品，优先选择环保产品。加强公共场所禁烟管理，努力营造无烟环境。强化资源回收意识，鼓励个人和家庭养成资源回收利用习惯，自觉进行垃圾分类，对废旧电池、过期药品等有毒有害物品集中存放收集。推广社区"跳蚤市场"和"换物超市"，鼓励家庭闲置物品和废旧物品的循环利用。

发布《绿色生活方式指南》，定期公布包括能效标识产品、节能节水认证产品、环境标志产品和无公害标志食品等绿色标识产品目录，引导公众优先采购绿色标识产品。以《绿色生活方式行为准则》引导公众积极践行绿色简约生活方式和低碳消费模式。

（二）加快绿色建筑建设与改造，实现居住绿色化

一是建立健全绿色建筑发展工作制度。规范各部门工作职责，强化绿色技术在新建建筑中的推广应用，形成土地出让、规划设计、施工图审查、工程实施监管、竣工验收的闭合式绿色建筑一体化管理模式。以创建省级绿色建筑示范城市为契机，加快推进既有建筑绿色化改造。

二是推进新建建筑采用绿色建筑标准。扩大可再生能源建筑应用规模，发展安全耐久、节能环保、施工便利的绿色建材。推进城镇新建民用建筑按一星及以上绿色建筑标准设计建造；使用国有资金或者国家融资的大型公共建筑，采用二星级以上绿色建筑标准设计建造。推动绿色生态城区示范建设，创新绿色建筑推进机制。

（三）打造低碳交通体系，推行出行绿色化

一是构建绿色循环低碳综合交通运输体系。构建集铁路、公路、港口、机场于一体的全方面多层次外围交通体系。构建以轨道交通为骨干、地面公交为主体、步行以及租赁自行车等多种交通方式为补充的城市公交系统，确立城市公共交通在城市交通中的优先地位，完善公共交通基础设施建设，建立服务高效、换乘便捷、出行舒适、城乡统筹的多层次公交体系。

二是促进交通信息平台建设。完善换乘查询系统，提供换乘方案快速查

询方式，改善出行体验。推进交通物流信息化建设，构建公铁水空多种运输方式相互衔接、与全国互联互通的交通运输物流信息平台。拓展公铁水空和城市交通"一站式"综合信息服务，打造公众出行综合信息服务体系。加快推进干线公路网运行监测和服务体系建设。大力推进高速公路与水上ETC建设，努力实现公共交通市域"一卡通"。

三是完善与绿色交通相关的配套设施和政策。提高公共自行车配置密度，解决"最后一公里"问题，提高换乘便捷度。划定公交专用线，设定合理宽度的骑行道与人行道，设置更加科学合理安全的交通信号灯模式。严格执行交通法规，提高公共出行的安全性和舒适度。加强对共享单车的监管，避免共享单车无序化发展，为绿色交通提供助力。

四是增强绿色循环低碳交通运输管理能力。建立绿色循环低碳交通运输发展规划体系；建立交通运输节能减排与绿色循环低碳发展统计监测考核体系；建立与绿色循环低碳交通运输体系建设相适应的人才工作管理体制和运行机制，着力构建一支总量适度、结构合理、素质优良的绿色循环低碳交通建设与管理人才队伍。

五是鼓励生产和使用环保型、节能型交通工具。除了在公共交通工具的配备上，优先选择环保型交通工具，采用税收优惠鼓励和引导企业生产环保型交通工具，还鼓励和引导居民购买和使用环保型交通工具，并配备环保型交通工具所需要的便捷的补充能源装置。

（四）转变传统办公观念，实现办公绿色化

一是推进绿色节能办公方式。政府机关率先推动办公建筑节能监管体系建设，实行能耗统计与能源审计制度。减少使用一次性纸杯、烘手机、电梯、饮水机等耗能产品，营造节能办公环境。使用节能型双面打印机、低电压高速扫描仪等环保节能产品；严格控制文件印刷数量，选择双面打印；重视信封、复印纸的再利用以及废纸等资源的回收。

二是提倡无纸化办公。充分利用现有的电子平台，从传统的办公方式向现代的办公方式转变，严格控制文件印刷数量，逐步实现纸质文件资料向电

子文件资料转变。

三是推行绿色采购制度。落实《节能产品政府采购实施意见》和《环境标志产品政府采购实施意见》，提升绿色采购在政府采购中的比重。优先采购再生材料生产的产品、通过环境标志认证的产品、通过清洁生产审核或ISO 14000认证的企业产品。政府办公设备和用材采购优先使用可回收、再生材料、再利用的绿色办公用品。建立并完善激励购买无公害、绿色和有机产品的政策措施和服务体系。

（五）加强环境整治，完善绿色生活

一是建立垃圾分类收集、综合循环利用机制。编制完成城乡生活垃圾分类和治理规划，以及餐厨废弃物和建筑垃圾处理等专项规划。建立生活垃圾分类技术标准体系，推进分类收集试点示范工作，促进生活垃圾"减量化、资源化、无害化"。健全垃圾收运网络体系，实现生活垃圾机械化、分类收集。初步建成较为完善的"组保洁、村收集、镇转运、县处理"的城乡生活垃圾统筹收运处置体系；实现县以上城市餐厨废弃物处理全覆盖，设区市全面完成建筑垃圾资源化利用设施建设。有条件的地区积极开展农村生活垃圾分类收集、源头减量试点工作。

二是实现污水处理设施建设全覆盖。加强城乡生活污水处理体系建设，提高村庄生活污水处理设施覆盖率，建立村庄生活污水处理设施运行保障机制。

三是加强水环境综合整治，保障饮用水源水质安全。定期开展县级以上集中式饮用水水源地环境状况调查评估。加强饮用水水源地安全监管，落实水源地日常巡查制度，定期开展饮用水源地隐患排查。建立饮用水源地管理长效机制。

四是严控秸秆焚烧污染。推进落实秸秆禁烧巡查制度和责任追究制度，将秸秆禁烧落实情况与农业各类补贴政策和环保工作考核挂钩。探索秸秆综合利用的新途径，扶持发展以秸秆为原料的综合利用项目。完善秸秆机械化还田、收储、成型燃料制造、利用等环节的财政补贴和价格政策，促进秸秆综合利用。

（六）推动科技创新，助力绿色生活

发挥高校、科研机构、企业等多重主体的协同作用，完善产学研结合体系。打造一批具有产业技术研发、专业技术服务等产业集聚功能的产学研联合创新载体，建立集绿色科技研发、集成应用、成果产业化、产品商业化于一体的绿色科技产业链。积极完善产学研联盟运行管理评估机制和利益分配机制，提高产学研结合的组织化程度。将具有重要应用前景的绿色技术进行系统化、配套化和工程化研究开发。加强对科学技术研究的政策扶持，吸引省内及国内高等院校、科研院所等研究机构在宿迁建立研究基地，面向产业高端发展的重大需求，重点开展资源环境、新能源、新材料、生态农业等领域的基础性研究，提高原始创新能力，积极推进科技成果转化。

（七）建立健全绿色生活法规体系

制定相应的法律、法规，为绿色生活方式的形成提供"刚性的"法制保障。加强顶层设计，在政策、法律的制定过程中，突出有关绿色生活方式倡导、绿色补偿机制、"反绿色"行径的惩处等规定，使绿色生活方式的养成有法可依。

制定"绿色消费促进法"，修订、完善《环境保护法》、《产品质量法》、《消费者权益保护法》，健全调控和引导绿色消费的法规体系，完善鼓励绿色消费的财税政策；支持绿色产业、绿色产品的技术创新、产品研发和销售；规范绿色采购政策，推动政府优先采购节能环保绿色产品；明确对绿色消费的税收优惠。建立统一的绿色产品标准标识体系、认证评估体系，完善绿色产品市场准入和追溯制度，形成安全、诚信的绿色消费环境。

B.16
防范与化解江苏环境污染类社会风险

岳少华*

摘　要： 习近平总书记在十九大报告中指出，要坚决打好防范化解重大风险、精准脱贫、污染防治的攻坚战。当前，江苏经济社会快速发展与资源环境承载能力之间的矛盾较为突出，一些结构性、区域性环境问题未得到根本解决，生态风险较大。水资源、土壤、大气污染以及石油化工园区布局，是生态风险的主要表现。社会群体、公众参与则是生态风险向社会风险转化的关键因素。目前，环境污染类社会风险主要有以下几种类型：民众与违法企业的对立、"邻避"效应引发的群体性抗争、交通事故引发环境事件所导致的群体抗争、由谣言引发的群体性恐慌。这几类风险涉及面广，群众感受强烈，对社会稳定影响较大，必须增强风险防控意识，筑牢安全防线。一是加强环境污染问题化解和风险排查工作；二是建立和完善环境污染类社会风险评估制度；三是加大对环保类社会组织的培育力度；四是提高政府对社会风险网络传播的引导能力。

关键词： 江苏　环境污染　社会风险

在我国经济高速发展的同时，严重的大气污染、土壤污染、水污染，以及资源枯竭已经直接影响了人们的健康生活，也严重影响了社会的可持续发

---

* 岳少华，江苏省社会科学院区域现代化研究院助理研究员。

展和美丽中国建设。习近平总书记在十九大报告中指出,"要按照党的十六大、十七大、十八大提出的全面建成小康社会各项要求,紧扣我国社会主要矛盾变化……突出抓重点、补短板、强弱项,特别是要坚决打好防范化解重大风险、精准脱贫、污染防治的攻坚战"。重大风险,既包括经济、政治以及意识形态风险,也包括社会风险。"三大攻坚战"论断突出了全面建成小康社会"决胜"的难点与重点,其中精准脱贫是全面建成小康、共同富裕的"最后一公里",重大风险和污染防治则涉及社会政治稳定和美丽中国建设,且两者有着极强的关联性。由环境问题引发的群体性冲突事件也已经成为影响中国社会稳定的主要因素之一。当前,江苏正处于产业结构调整和经济转型升级的关键期,还没有迈过生态环境高污染高风险的阶段,保生态与稳增长之间的矛盾仍然比较突出。建设"强富美高"新江苏,需要在发展过程中增强风险意识,防范化解环境污染类社会风险。

一 环境污染类社会风险的主要类型

环境污染类社会风险是人类社会经济发展过程中的伴生物。就本质而言,这类风险不是自然风险,而是吉登斯所说的"人造风险","人类某些技术官僚的'愚昧、狂妄、盲目的乐观'以及民众的从众心理和迷信是生态风险的源头"。当前,饮用水源污染、土壤污染、大气污染以及化工园区布局等生态风险,是江苏环境污染类社会风险产生的环境条件和结构性压力。

从饮用水水源污染看,江苏城市饮用水源以集中式供水为主,主要以地表水作为取水水源,淮河流域、长江流域以及太湖流域都是重要的水源地。尽管目前长江干流总体水质较好,太湖流域连续8年实现饮用水水质达标的目标,但监测结果显示,全省101个城市集中式饮用水水源地中,有25个未完成风险隐患达标建设任务,13个已完成达标建设的水源地发现新的风险。部分支流污染严重,部分饮用水水源地存在安全隐患,废水排放量逐年增加,部分地区生态问题突出。长江江苏段分布的30个集中式饮用水水源地中，有相当一部分存在环境违法问题。有的水源地上游分布着高风险污染行业，环境安全隐患较大。此外，一些国家和省重大公共基础设施的项目位于水源地一二级保护区内，且均已建成投运，整治取缔难度大。水上运输环境风险隐患突出。

从土壤污染看，根据《全国土壤污染状况调查公报》以及《江苏省环境状况公报（2016）》显示，江苏土壤环境状况总体不容乐观，部分地区土壤污染较重。在主要针对污染企业、固废处置场地周边土壤的163个风险点位中，有42个达不到《土壤环境质量标准》（GB 15618—1995）二级标准，占25.8%；超标点位中，处于轻微、轻度、中度和重度污染的点位分别占16.6%、3.1%、4.9%和1.2%。超标项目主要为镉、铅等重金属。"靖江毒地"、"常州毒地"都引起了社会的广泛关注。

从大气污染看，江苏城市空气质量总体呈改善趋势，但环境空气质量超标城市比例依然较大。按照《环境空气质量标准》（GB 3095—2012）二级标准进行年评价，13个设区市环境空气质量均未达标，超标污染物为PM 2.5、PM 10、臭氧和二氧化氮。其中，13市PM 2.5均超标；除南通市外，其余12市PM 10均超标；苏南5市、苏中的南通和扬州以及苏北的淮安共8市臭氧超标；南京、无锡、徐州、常州和苏州5市二氧化氮超标。超标城市中，颗粒物（PM 2.5、PM 10）污染和臭氧污染防治问题突出。

从石油化工园区布局看，石油化工园区对环境污染严重，目前在江苏沿江沿海地区，化工遍设、储罐林立，存在布局性、结构性隐患，不少化工园区盲目扩张、粗放发展，项目低端、工艺落后的现象比较严重。江苏有化工企业6000多家，其中危化品生产企业2300多家，重点环境风险企业数量居全国前列，长江沿线分布着700多家化工企业、110多个化工码头，每年进出长江江苏段港口的船舶达到210万艘次，其中载运危险货物的船舶10.5万艘次，散装危险化学品运输量约7000万吨。

饮用水源、空气等污染只是生态风险的外在表征，社会群体、公众参与以及适当的诱发因素才是生态风险向社会风险转化的关键因素。随着工业化、城市化的推进，环境与发展的矛盾尤为突出。群众环保意识、维权意识的增强，使得环境问题已经成为引发群体性事件的重要因素。2015年以来，因公众担心由建设项目带来的环境问题，引发多起对基础设施和重大工业设施建设项目的"邻避"事件，其中以PX为代表的重化工、垃圾焚烧发电、核电三类项目为主。2015年仅垃圾焚烧发电项目引发的群体事件就达20余起。由生态风险引发社会风险的可能性也在不断加大，在一定区域内危及社会公众的身体健康和心理稳定。目前，因环境污染引起的社会风险主要有以下几种类型：一是民众与违法企业的对立；企业违法排污，或化工或重污染企业生产事故，导致当地水环境、大气环境或土地有害物质超标，并造成人身或财产损失，引起当地群众抗争。二是"邻避"效应引发的群体性抗争。化工、垃圾焚烧或排污项目规划建设不合理，如距离居住区太近，当地居民集体抗议。三是交通事故引发的突发环境事件。危化品运输车辆交通事故造成危化品泄漏，对周边土壤、水体、大气造成污染，进而使周边居民的生存质量受损，应急预案不到位或处置不及时会造成民众抗争。四是由于民众对政府不信任，由谣言引发的群体性恐慌。与民众切身利益密切相关的环境污染问题在微博、微信等社交媒体上发酵扩散，激发民众的愤怒情绪。群体性恐慌在传播的叠加效应下，放大了风险的危害性。

二 环境污染类社会风险的诱因剖析

环境污染类社会风险的形成有多方面的原因。根本原因在于片面追求GDP，忽视环境保护，导致长期累积的矛盾集中爆发。在事件解决过程中，环境污染受损者的基本生存、公众环境参与的权利没有受到应有的尊重。生态风险有可能会逐步演化成群体性事件的社会风险。

（一）环境评价机制缺位

涉事的污染企业在建厂之初大都没有经过严格的环境影响评价审查，相关手续违法。一些污染企业和工业园区，在没有进行充分环境评估的情况下，匆忙上马。有的因污染严重而停产，随后易地转移重建再生产。

（二）对污染企业的处罚力度不够

环保部门在发现违法排污或造成污染之后，处罚力度严重不足。出于招商引资等目的，少数地方"环保腐败"得不到根除，仍有部分官员对环境污染视而不见，甚至为污染企业充当保护伞。

（三）受损群众利益诉求得不到有效支持

一些污染事件中，民众的赔偿要求得不到满足，排污单位和有关部门甚至无视群众的维权意愿和赔偿要求。受害群众在污染企业的侵权行为得不到公权力有效制止的情况下，转而寻求"上访"途径。

（四）政府公信力缺乏引发民众不满情绪

政府在环境事件中对信息有绝对的控制权，极易造成公众与政府在话语权和信息获取上的不平等。政府部门在处理环境事件时，忽略了民众的知情权与参与权，造成政府的公信力缺失，民众对政府不满、不信任。随着新媒体的发展，信息的发布与传递更加快速、便捷，加之信息在网络空间的传递具有开放性、匿名性等特点，为谣言的产生与传播提供了便利条件，使得谣言的传播范围更广、传播速度更快、传播力更强。

三 防范与化解环境污染类社会风险的对策建议

从现在到2020年全面建成小康社会，是我国发展面临的各方面风险不断积累甚至集中显露的时期。江苏经济社会快速发展与资源环境承载能力之间的矛盾依然突出，一些结构性、区域性环境问题未得到根本解决，环境风险较大。必须增强风险防控意识，筑牢安全防线。环境污染类社会风险涉及面广、群众感受强烈，对社会稳定影响较大，必须加以重视。

（一）加强环境污染问题化解和风险排查工作

对重大环境污染隐患实行党政领导、职能部门领导分别包案挂牌督办;环保信访等部门要高度重视环境信访工作,采取果断措施,及时办理信访投诉案件,及时解决环境污染纠纷,防止矛盾激化、升级。要正确引导群众以理性、合法的方式表达诉求、解决矛盾,维护自身环境权益。加快政府反应速度,各乡镇(街道)党委、政府(办事处)和环保等相关部门一旦掌握或接报群体性事件的预警信息,在对事件性质、信息级别做出具体分析判断的基础上,应立即采取相应工作措施,防止事态扩大,并及时上报。

(二)完善环境污染类社会风险评估制度

政府要转变行政方式,疏通利益诉求的渠道,及时有效地回应民众的意见和诉求,采取多渠道多途径对利益冲突进行调节。加强社会风险评估的权威性,把"风评"与"环评"、"安评"一样作为刚性法定评估。把是否进行社会稳定风险评估作为重大项目、重大决策事项能否出台或实施的前置条件,做到未经社会稳定风险评估的不审批,未经批准或虽经批准但涉稳重大隐患尚未消除的不实施。为当地民众提供一个与政府和企业平等对话的平台,在重大问题和公共事件中建立起政府、企业和公众的协商机制。对环境和人身健康安全可能产生影响的项目立项前必须公开信息,充分听取和采纳民意,尤其是反对意见。项目落地应该充分考虑当地的资源环境容量而不仅是GDP,选址应该秉持科学精神对老百姓的利益负责。

(三)加大对环保类社会组织的培育力度

新《环保法》规定,对污染环境、破坏生态,损害社会公共利益的行为,符合条件的社会组织可以向人民法院提起诉讼。这一突破扫除了诉讼主体资格的障碍,为环保类社会组织实施公益诉讼创造了条件。然而,从现实情况来看,受制于取证难、耗时长、成本高、人才缺等诸多因素,提起公益诉讼的原告,绝大部分是行政机关和检察机关,环保组织提起的公益诉讼比较少。政府部门要加大对环保类社会组织的扶持力度,如可以建立基金的形式对环保组织的公益诉讼提供经费支持。此外,在机制上,可以采取协同合

作的办法，由社会组织来提起诉讼，检察机关在必要情况下支持起诉，与行政部门共同在调查取证等方面给予支持。

（四）提高政府对社会风险网络传播的引导能力

社会风险源逐步外显化形成社会风险事件，网络传播起着重要作用。谣言的产生也是社会可能存在风险的一种预警，应该引起政府部门的注意和反省。政府部门应加强舆论引导能力建设，通过主流媒体、政务微博、政府部门官方网站等多种渠道发布及时、真实、准确的消息，回应社会公众的关注，满足公众知情权，挤压谣言产生和传播的空间。一味地遮掩只会加重公众对政府的不信任感，引发民众对政府的抵抗情绪。

B.17 江苏民营企业创新发展研究

郭玉燕*

摘　要： 江苏民营企业在全省经济发展中起着举足轻重的作用，对经济总量的贡献率逐年增长。党的十八大提出了创新发展、协调发展、绿色发展、开放发展和共享发展的五大发展理念，对转变经济发展方式提出了新的更高要求。经过多年的发展，江苏的民营企业取得了令人瞩目的成绩，但在创新发展方面还存在一些显著的问题，诸如标杆企业少、投资受限、技术创新不足、融资渠道不畅、税费负担重等。必须切实解决影响民营企业创新发展的问题，才能真正将民营企业发展壮大。

关键词： 江苏　民营企业　技术创新　融资渠道

党的十九大指出，"要支持民营企业发展，激发各类市场主体活力，要努力实现更高质量、更有效率、更加公平、更可持续的发展"。十九大报告中还强调，要把发展经济的着力点放在实体经济上，引导广大民营企业保持定力，坚守实体经济，加快技术、产品、管理、商业模式等的创新，培育以创新驱动为核心的竞争新优势。

作为制造业大省，江苏经济创新发展对全国来讲意义重大，而占据江苏经济"半壁江山"的民营企业又是江苏经济保持中高速增长、迈向中高端

---

* 郭玉燕，江苏省社会科学院区域现代化研究院助理研究员。

水平的"主力军"、"生力军",其创新发展的程度与效果,对江苏经济创新发展有着重要的现实意义。

一 江苏民营企业发展状况及特征

江苏民营经济起步较早,经过 30 多年的探索实践,江苏省民营企业取得了可喜的成绩,经营规模不断壮大,经济效益稳步提升,竞争实力持续增强。

(一)民营经济平稳健康发展

截至 2017 年底,全省规模以上民营工业企业占全省规模以上工业企业数的 77.2%,比上年底提高 0.8 个百分点。2017 年,规模以上民营工业累计实现增加值占全省规模以上工业比重为 54.7%,同比增长 8.0%,拉动全省规模以上工业增速 4.4 个百分点,对全省规模以上工业增长贡献率达 58.0%。规模以上民营工业完成主营业务收入同比增长 10.6%;完成利润总额同比增长 15.1%。

民营企业进出口总额超过 1500 亿美元。2017 年,全省民营企业实现出口总额 1142.4 亿美元,同比增长 10.0%,民营企业出口总额占全省出口总额的 31.4%,较上年同期降低 1.2 个百分点。民营企业实现进口总额 448.0 亿美元,同比增长 20.2%,民营企业进口总额占全省进口总额的 19.7%,较上年同期提高了 0.1 个百分点。

(二)民营经济质量有所提升

2017 中国民营企业 500 强榜单中,江浙两省民营企业总数达到了 202 家,占到榜单四成。其中江苏企业 82 家,仅次于浙江(120 家),位居全国第二。上榜的江苏民营企业,最多的来自房屋建筑业、黑色金属冶炼和压延加工业,分别达到了 12 家、9 家。此外,纺织业,服饰业企业总数达到了 8

家。而这些行业一直是江苏民营经济中的拳头产业。①

《2016 中国独角兽企业发展报告》显示，2016 年中国独角兽企业呈现爆发式增加，总数达到了 131 家，比 2015 年增加了 61 家，增幅高达 46.56%。总估值达到了 4876 亿美元。在 131 家中国独角兽企业中，根据估值超过 100 亿美元的标准，蚂蚁金服、小米、阿里云、滴滴出行、陆金所、美团点评和大疆创新 7 家企业属于"超级独角兽"。江苏有两家企业入围中国独角兽企业榜。分别是苏州的信达生物制药和南京的孩子王，价值 10 亿美元估值，并列第 83 位。

（三）对税收贡献增大

2017 年，全省民营企业上缴税金 7617.2 亿元，同比增长 6.6%，高于全省税收增幅 2.9 个百分点；占全省税务部门直接征收总额的 62.0%，同比提高 3.6 个百分点。其中，上缴国税 4811.6 亿元，同比增长 44.3%；上缴地税 2805.6 亿元，同比下降 26.4%。从主要税种看，上缴增值税同比增长 46.6%；上缴营业税同比下降 98.1%；上缴地税的企业所得税同比增长 10.8%。从主要行业看，制造业缴纳国税占民营经济缴纳国税的 44.2%，纳税额同比增长 37.7%，较上年提高 28.3 个百分点，其中交纳增值税同比增长 27.2%。

二 江苏民营企业创新发展的困境

（一）民营企业中标杆企业少

与广东和浙江等省份相比，江苏缺少具有行业引领性的标杆企业，很多产业声势不小，大型领军企业却较为稀少。作为中国经济最发达的三个省

---

① 《2017 中国民企 500 强榜单：各省企业排名解读》，《中国企业家杂志》，http://www.zhicheng.com/n/20170825/167065.html，2017 年 8 月 25 日。

份，广东、江苏和浙江的经济均具有强劲的实力，但广东和浙江两省有影响力的标杆企业则要比江苏多。尤其是在互联网、电子信息等重要产业领域，广东省拥有华为、中兴和腾讯等具有全球影响力的明星企业，浙江拥有阿里巴巴等家喻户晓的互联网巨头企业。而江苏除了苏宁云商等极少数企业外，大量企业虽然拥有较强的经营能力和市场份额，却仅在省内拥有影响力，全国或全球影响力很小。

江苏民营企业的发展水平较浙江和广东两省相对滞后，且质量不够高。《2016中国独角兽企业发展报告》显示，2016年中国独角兽企业呈现爆发式增加，总数达到了131家，总估值达到了4876亿美元。从数量上看，浙江有12家企业上榜，广东有15家中国独角兽企业，江苏有两家企业入围中国独角兽企业榜；从总估值来看，浙江居首位（1355.4亿美元），广东次之（433.8亿美元），江苏居后（20亿美元）。民营企业通常比国有企业更具有活力和创新的动力，通常更容易涌现好企业，更有可能孕育创新型企业。然而在江苏的重要企业中，民营企业数量偏少，2016年，江苏仅有4家民营企业入围中国企业500强榜单，而广东和浙江分别有21家和9家[1]，在核心民营企业数量和影响力上都落后于广东和浙江。

（二）投资领域受限，准入标准不同

江苏省民营企业主要集中在制造业、交通运输业、批发零售业、住宿餐饮业等行业，民间资本进入垄断行业或关键和重点领域难度极大，即使进入，发展也较为缓慢。目前，民营企业在航空运输业仍是空白，金融业、卫生和社会工作、教育等重要和关键领域的民间资本投资总量小、占比低。2017年上半年，江苏工业民间投资增速回升，并高于全省水平，全省民间投资总额16739.9亿元，同比增长7%，仍低于全部投资增速（7.4%），远低于国有及国有控股投资增速（12.7%）。

---

[1] 石大龙：《江苏标杆性企业缘何不够多》，《群众》2017年第10期。

（三）技术创新不足，转型升级面临挑战

江苏民营企业的发展基本依靠成本驱动，而不是借助其自身价值提高综合竞争力。企业本应作为创新的主体，但目前全省民企技术创新活动在很大程度上仍依赖于政府补贴。

创新意识不强，创新动力不足。导致创新意识不强、创新动力不足的主要原因有以下几个：一是企业有创新升级意愿，但因融资困难、资金不足而不能实现；二是企业虽然有技术创新的意愿，但缺少技术性人才，无法进行核心技术的开发；三是不愿承担转型升级的风险。与浙江民营企业家愿意承担风险将企业做大做强的现状相比，江苏省民营企业所体现出来的冒险精神和拼搏精神明显不足。

制度创新不足。对知识产权保护不足，创新成果容易被复制，从而大大摊薄了创新企业应获得的利润，极大地打击了企业创新的积极性和主动性。

（四）融资成本高，融资渠道不畅

随着国家货币政策的趋紧，民营企业的资金紧张状况进一步加剧，特别是中小民营企业的融资难问题更加突出。银行贷款难度加大，迫使中小民营企业选择利用民间渠道筹资，进一步增加融资成本。江苏民营企业依靠银行融资的比例很低，还不到金融机构贷款总额的7%，在96家被调查的企业中，81家表示实际贷款中遇到的障碍很多，[①] 银行贷款的限制条款较多，很多民营企业达不到贷款要求。

浙江省70%的民营企业通过银行贷款途径进行融资，而江苏省民营企业选择银行贷款的仅为49%，选择债券、股票的为19%，"背靠背"贷款方式已经成为江苏民营企业融资方式的一种重要渠道，16%的企业会选择建立合作关系的兄弟企业进行贷款。同时12%的民营企业也利用

---

① 徐恺睿：《江苏民营企业融资困难的原因及对策分析》，《中国商论》2016年第10期。

"众筹"这种新型的融资方式为企业获取更多的资金。① 可见，浙江的融资环境优于江苏。江苏民营企业缺乏担保，是形成融资难困境的一个重要原因。

同时还存在金融资源配置失衡的问题。金融资源大量投入到经营效率不高、但有政府信用担保的国有企业，对民营经济与个体经济支持不足；大量投入到实力雄厚、有资产抵押的大中型企业，对抵质押不充分的小微企业投入不足；大量投入到利率不敏感的政府融资平台和承受力强的房地产业，对制造业、服务业支持相对有限；大量投入到传统产业和过剩产业，对高科技产业和新兴产业支持相对不足。而中小微企业、制造业、高新技术产业恰恰是民营企业投资较多的领域，金融资源配置上的失衡大大加剧了江苏民营企业生存和发展的难度。

（五）税费高、非税负担重，推高运营成本

民营企业税费负担与企业盈利能力不匹配。民营企业的税费负担不仅包括按国家税法规定的税率征收的正税负担，还包括"五险一金"、行政事业性收费、政府性基金以及用人成本、用地成本等非税负担。根据世界银行和普华永道会计师事务所发布的《2017年全球营商环境报告》显示，2016年中国总税率高达68%，远高于世界平均水平，列世界第12位。② 2017年江苏民营企业税负高达62%，表明江苏民营企业发展面临着很大的税费压力。导致江苏民营企业税负压力大的因素主要有两个方面：一方面，社保缴费几乎全部由企业承担；另一方面，我国增值税收入占税收比重高，增值税影响企业利润，进一步压缩民营企业获利空间。民营企业以盈利为主要目的，在总税率过高、企业获利能力下降的情况下，其生产和投资意愿会明显降低，对科技创新的投入热情也会受到影响。

除了税收负担，江苏民营企业非税负担也相对较重。目前，我国民营企

---

① 章铁勇、李萍：《民营企业创新和转型升级的实证研究》，《时代农机》2017年第2期。
② 民银智库：《中国民营企业发展研究报告》，2017年第57期，http://www.sohu.com/a/136566101_618573，2017年4月26日。

业的非税负担过重，各种明目的收费繁多，制度性交易成本较高。近年来，江苏出台了一系列降税减费措施，民营企业非税负担有所减轻，但对一些中小民营企业来说，因其规模小、承受力弱，对非税负担敏感性强，非税负担仍是其发展的重要制约因素。

三　激发民营企业创新发展的对策

（一）推进产业结构优化升级

传统的微笑曲线中，加工制造环节是价值链的低端，处于两端的研发和销售是价值链的高端。江苏民营企业长期处于价值链的低端，为增加产业附加值、促进民营企业持续稳定发展，必须调整产业结构，由"制造"向"智造"转变，走制造业和服务业协同发展的道路。作为制造业大省，江苏应当开拓创新，进一步推动民营经济的发展转型，优化产业结构，鼓励民营企业加大在高新技术、高端装备和新材料等领域的创新力度和投入力度，提高民营企业在高端产业的竞争力。搭建智能制造服务平台，促进智能制造国际合作。

（二）提高科技创新能力

江苏不仅是经济大省，也是教育大省，拥有141家高校，位居全国前列，拥有190万人的高校在校生资源，仅南京就有80万人。江苏在创新发展上有着极好的人才基础。加强科技企业人才队伍建设。培养引进各类高层次创新创业人才和创新创业团队。发挥人才优势，打通科技成果转化通道。加强高等院校、科研机构与企业之间的有效衔接，使科技创新链前移到基础研究领域，从而实现技术研究与产业创新有效、快速对接，促使科技成果快速转化为生产力。立足对外开放优势，更大力度促进开放合作、配置创新资源，营造具有江苏特色的创新生态，不断提高创新的便利性、宽松性和包容性，形成创新的"场效应"。

（三）减税降费降低要素成本

民营企业的外部成本包括制度性交易成本、税费成本、用能成本、用地成本、物流成本、融资成本以及与人力成本相关的社会保障费用。民营企业税负过高，主要是非税负担过重。企业成本过高，主要是制度性成本高。因此，降低江苏省民营企业运营成本主要从以下几个方面入手：降低各类交易成本特别是制度性交易成本，减少审批环节，降低各类中介评估费用，降低企业用能成本，降低物流成本，提高劳动力市场灵活性，推动企业眼睛向内降本增效。

（四）建立完善的融资和担保体系

1. 完善融资体系，拓宽融资渠道

完善中小企业授信业务制度，提高贷款审批效率，创新金融产品和服务方式，扩大担保物范围。拓宽中小企业直接融资渠道，大力培育中小企业后备上市资源。

必须优化融资结构，提升金融资源配置效率。大量信贷资金流向产能过剩企业甚至是"僵尸企业"，造成对中小企业、创新性企业的资金"挤出"。要化解这种矛盾，一方面要转变经营方式和理念，优化信贷结构，将大量信贷资源从低效领域甚至"僵尸企业"向小微企业倾斜；另一方面要发挥市场配置资源的决定性作用，提高直接融资比重。

2. 加强融资担保体系建设

规范担保业务，搭建对接平台，扩大银企合作，降低企业融资成本。加快省级融资担保体系建设，建立市级政府性担保机构，探索发展新型融资担保行业，推动形成以政府为引导，以银行、担保、再担保、小微企业为主体的融资服务链条。

出台担保、再担保业务风险补偿政策，鼓励银行发放小微企业和科技企业贷款。完善中小企业信用担保体系，进一步健全信用担保风险分担与补偿机制。形成担保机构提供融资担保，再担保机构提供再担保或分保的风险共担机制，由银行、担保机构、再担保机构合理分担风险。

B.18 江苏房地产长效调控机制建立及相关政策建议

苗 国*

摘　要： 住房是关系到千家万户安居乐业的民生工程，也是地方政府宏观调控的重点领域之一。"十三五"时期，随着江苏逐步由上中等收入阶段向高收入阶段迈进，住房供给与需求结构发生重大变化，江苏在全面建设小康社会背景下，居民"住房小康"需求与当前房地产调控政策之间存在许多深层次矛盾：一是居住面积等数量指标小康已不能满足居民日益增长的居住需要，居住质量小康提升的空间巨大，而现有的供给侧体系提升空间更大；二是调控政策的随意性、波动性大，政府采用"紧盯价格指标"的单一调控模式无法保持房地产市场调控政策的连续性和稳定性；三是作为区域市场特征明显的领域，碎片化的调控政策不利于稳定市场预期，使得省级层面的房地产调控体系仍需完善，"分城施策"、"因地制宜"的长效机制需要不断探索。

关键词： 江苏　房地产调控　长效机制

---

* 苗国，江苏省社会科学院区域现代化研究院助理研究员。

一 江苏房地产发展态势与调控现状

（一）房地产市场现状

价格基本平稳，各项指标基本正常。至2017年底，全省商品房销售面积达10458万平方米，同比增长3.6%，其中住宅销售面积9276万平方米，增长0.1%，增速不仅同比下降36.7个百分点，而且是本轮调控以来首次接近零增长。南京前三季度住宅销售面积更是同比下降11.7%，而9月的新房价格环比涨幅为0，已连续10个月止步不前。从房地产投资方面，全省房地产开发投资同比增长9.7%，其中住宅投资增长12.6%，二者均明显高于7.5%的固定资产投资增速。新开工面积下降、商品房销售面积增长，说明自2015年下半年开始的楼市调控效果开始显现。从三个热门城市看，南京的商品房销售面积因为体量大，降幅略小，只有4.7%，而无锡市下降23.9%，苏州市下降34.4%。[1]

去库存完成情况良好，但呈现较大的地区差异。跟2017年一季度相比，全省商品房去库存步伐明显加快。整体来看，全省商品房待售面积同比下降12.9%，降幅较一季度扩大3.1个百分点，比2016年底扩大7.3个百分点。苏南、苏中、苏北商品房待售面积同比分别下降15.9%、8.9%、10.1%。[2]但房地产的主要矛盾仍旧是供需矛盾，南京、苏州等热门城市库存维持极低水平，由于限价等行政调控因素的存在，部分地区商品住宅供不应求矛盾依然明显，其他非热点城市去库存完成情况基本令人满意，但三线四线小县城仍存在一定的去库存困难问题。省内房地产市场的次要矛盾更多地属于供应结构不合理的矛盾，在社会经济环境、人口结构、家庭需求发生巨变的当下，房产需求呈现多样化发展态势，目前的供给体系尚不能满足多样化消费

---

[1] 《房地产调控在江苏持续显效，非理性现象明显扭转》，《新华日报》2017年10月26日。
[2] 同上。

需求。

住房保障不断完善。截至2017年8月，全省城镇棚户区改造新开工27.67万套，基本建成25.26万套，分别完成年度目标任务的107%、135%，总体上已完成年度目标任务。① 全省住房保障水平不断提升，住房困难群体居住条件明显改善，住房保障工作取得显著成绩，苏北一些城市采取停止新建安置房，采用棚改货币化安置手段，这也使得当地的房地产去库存取得明显成效。各地全面落实《江苏省住房保障信息公开实施意见》，一些地区，如泰州市依托社会救助信息比对系统，从源头把好"准入关"，提高了住房保障申请审核的准确率；建立了住房保障诚信管理体系，通过事前、事中、事后信用监管，有效破解了退出难题，确保公租房资源公平善用。一些城市还通过适时减少或扩大棚改货币化安置手段，让棚改也成为稳控楼市的一个"平衡阀"，取得了积极成效。

（二）江苏房地产调控的现状

受各种因素的综合影响，过去两年江苏热点城市楼市出现量价齐升格局，部分城市房价涨幅过大，为抑制房价暴涨，保证房地产市场健康发展，按照国家"因城施策"、"精准调控"的部署，南京、苏州等热点城市，纷纷动用土地、信贷、税收、限制交易等调控措施为楼市降温。自新一轮楼市调控启动以来，"房子是用来住的，不是用来炒的"的调控目标已在全社会达成广泛共识，总体上看楼市调控成效初显，稳预期、去库存稳步推进，因城因地施策更具精准性，热点城市的房价过快上涨势头得到遏制，房地产市场上投机、非理性行为也有所降温（见表1）。

这些短期政策的成效主要包括以下几个方面。

第一，严格限定土地价格和商品房价格，市场过热势头得到有效遏制。2016年南京、苏州等地先后颁布"限涨令"，加强了价格引导，各地加强价格管理，经价格部门严格成本核算确定备案价格后，一次性公开全部准售房

---

① 《我省合租房分配入住率近九成，全省棚改任务提前完成》，《新华日报》2017年9月19日。

表1　全省部分热点城市调控政策一览

时间与区域	户籍(家庭)	拥有住房	允许购房情况	
2017年3月（南京）	本市户籍	1套	主城可购1套,非主城不限购	
		2套及以上	主城不可购房(含二手房),非主城不限购	
	非本市户籍	无房	全城可购1套(提供自购房之日起前3年内累计2年及以上的纳税或社保证明)	取得硕士及以上学位、中级及以上专业技术资格、高级技师资格的,不受此限;其他各类人才仍按相关政策执行
2016年10月（苏州）	本市户籍	3套及以上	暂停向拥有3套及以上的本市户籍居民家庭出售新建商品住房和二手住房	苏州市引进的各类外来人才,凭有关证明文件参照执行本市户籍居民购房政策
	非本市户籍	1套及以上	非本市户籍居民家庭申请购买第1套住房时,提供所得税缴纳证明或社会保险(城镇社会保险)缴纳证明;暂停对已拥有1套及以上的非本市户籍居民家庭出售新建商品住房和二手住房	
2017年10月（无锡）	本市户籍	1套	可购1套,暂停对已拥有1套及以上住房的非本市户籍居民家庭出售二手住房	无锡市引进的各类外来人才,凭有关证明文件参照执行本市户籍居民购房政策
		2套及以上	不可购2套新房,可购二手房	
	非本市户籍	无房	可购1套(提供自购房之日起前2年内累计1年及以上的纳税或社保证明)	非户籍居民家庭成员以房产共有方式购房的,所有购房人都要符合限购政策;非直系亲属间的赠予要符合限购政策;凭法院或仲裁机构生效法律文书以及通过继承取得房产,不受限购政策影响

源及每套房屋价格,实际销售价格不得高于备案价格。同一批次分批销售时,不得提高销售价格。下一批次备案价格不得高于上一批次同类型房屋成交均价。"限价令"在热点城市普遍实行,例如南京规定主城六区以及江

宁、浦口商品住宅项目，申报均价每平方米 2 万元以下的，年化涨幅不宜高于 12%；每平方米 2 万~3 万元的，年化涨幅不宜高于 10%；每平方米 3 万元以上的，年化涨幅不宜高于 8%。一手房限价政策对稳定整体商品住宅价格、遏制房价过快上涨起到积极作用。

第二，差别化的购房资格限定和住房信贷政策，住房市场投机行为明显下降。各地先后出台了相应的限购限贷调控政策。其一，以户籍、税收和社保缴纳年限情况等为界线指标，划定门槛，对多套房人群进行行政性的限购；其二，通过购房资格审核与金融机构差别化的信贷政策，以及提高按揭贷款的首付款比例和贷款利率来提高购房者的进入门槛，增加购房成本，从而起到减少购房需求的作用，限购限贷对抑制投资性需求发挥了一定作用。但从另一方面来看，这些需求侧调控工具的基本思路是通过减少需求的办法来遏制房价过快上涨。居民购房无论是基本居住还是投资保值，都有一定现实的合理性，因此，单方面压制需求端的调控举措容易"伤及无辜"，政策的副作用会在未来逐渐显现。

第三，进一步加强房地产市场监管，房地产市场逐步恢复正常。各地住建、国土公安、工商、税务、金融等相关部门要切实履行职责，加强联合执法，开展房地产市场主体"双随机"检查及专项督查活动，规范市场秩序，防范市场风险。对房地产开发企业及中介机构囤积房源、捂盘惜售、恶意炒作、哄抬房价、虚构价格、变相涨价、价外加价或收取其他费用，以及违反商品住房销售"一价清"和明码标价制度，不按规定执行价格申报及备案制度等违规违法行为，根据不同情节，分别采取停止价格申报和预售证发放、不予网签销售、限制参与土地竞拍等处罚或处理措施，并将其违规违法行为纳入不良信用记录，公开曝光，公安部门依法对违法犯罪行为加大查处力度，使得各种乱象得到全面遏制。

回顾过去 10 多年的房地产市场运行规律，不难发现，江苏的房地产市场走势与政策的短期化态势非常明显。房地产市场本应呈现稳定的长周期特征，但房地产政策往往呈现短周期大幅度波动现象，过去 10 年，江苏与全国一样，共经历了 4 轮房地产调控，分别为 2006 年、2009 年、2012 年和

2015年，大致对应房地产市场每3年左右出现的"小周期"特征。这种3年一周期的市场运行逻辑为：在房价上升过程中，买房者越来越多，直至购买力透支，市场触及天花板。随后，交易量和房价出现下滑，买房者减少，购买力重新积蓄，为下一个周期做准备。而背后政府干预周期机制是房价经历一段时间的快速增长，引致严厉的政策调控措施，调控导致短期内供需关系以及房价上涨预期改变，房地产遇冷拖累经济，影响地方财政收入，房地产政策松动而演变成鼓励，又引领了新一轮房价报复式大幅上涨。中国式的"房价暴涨—政策收紧—遇冷—政策放松—再次上涨"，政策在二三年时间便实现松紧转换，螺旋式调控背后，由于房价周期"上行长、下行短"的特点，"限制性调控"相比"刺激性调控"而言更多地发生，人们对于房地产调控的信心不断下降，政策效力也陷入了"塔西佗陷阱"，政府公信力由于朝令夕改受到严重损坏。

二　江苏房地产调控长效机制面临的挑战

在江苏的房地产市场不断分化的情况下，在分类施策、因城施策的背景下，短期的调控举措取得了明显成效：房地产去库存稳步推进，热点城市的房价过快上涨势头得到有效遏制，房地产市场上投机、非理性行为也有所降温。但与此同时，长效机制尚未建立，短期政策带来不少负面影响，这些风险与挑战主要表现在以下几个方面。

1. 高地价传导效应，地王风险依然很大

由于2015年土地市场火爆，全省热点城市多处"地王"涌现，不仅对整体和局部的商品房价格刺激明显，而且使人们对热点城市热点地区的住房价格的预期也很难在短时间降低。目前的调控政策，还单纯依赖价格指标（地价、房价）来判断市场健康与否，大量的临时性调控政策也只会盯着价格要素，忽略了老百姓住得更好、更体面的需求，频繁地介入本应该由市场机制调控的领域，导致大量改善型住房不能面世，"面包比面粉还便宜"显然不符合市场经济规律，打击开发商的投资热情，对当地长期经济发展与金融体系稳定带来一定冲击。

2. 扭曲价格信号,导致未来有效供应不足

商品价格是调整供需平衡的最重要信号,扭曲价格信号会导致资源配置的错位。一方面,在目前制度框架下,年度的土地供应和商品住房供应本身有限,严格的限价与金融紧缩举措,使得开发商普遍收缩投资规模,拖慢生产进度;另一方面,由于"地王"周边的在售项目都想借势高价上市,但无法得到物价部门的批准,开发商宁愿捂盘惜售,导致不少楼盘无法上市成为有效供应,加剧了有效供应不足。

3. 区域冷热不均衡,房地产风险仍不容小觑

省级层面楼市销售冷热不均,热门地区的热门楼盘一房难求,但仍有不少地方去库存困难。由于政府限价的存在,一刀切式的政府价格管制带来的负面影响将会持续存在,价格风险与库存风险在全省普遍存在。

简而言之,宏观调控作为一种行政手段,使得房地产市场调节机制作用的正常发挥受到了限制,作为一个不断壮大的"发展中的市场",同时又是一个不断改革完善的"转轨市场",政府调控自然是必要的。但是,长效机制,意味着与以往房地产宏观调控中很多政策的临时性和应急性不同,是重视体制机制上的深层次问题,破除屡调屡涨的局面,建立能够长期正常运行并发挥预期功能的制度,更加重视政策的稳定性、连续性和可预期性。因此,长效机制的完善可从制度顶层设计本身进行思考。

(1)土地制度。中国实行的是有别于其他国家的土地管理制度。城乡二元结构下,大量农村与城市郊区土地入市形成有效供给受到严重抑制。土地是建设商品住宅的面粉,但是面粉供应并未能按照市场规律进行调节,即便是集体土地,村集体也只拥有不完全产权——除了兴办乡镇企业、村民建设住宅、乡村公共设施和公益事业建设等特殊事项外,集体土地必须先被国家征收转化为国有土地之后,才能用作建设用地。这就意味着,城市居住用地由政府垄断,房地产企业只能从政府购得土地后,再进行开发销售,这个过程漫长复杂,中心城市的土地供给普遍受到计划约束。中国城市房地产价格多年来的翻番攀升,是现行的城市土地的垄断供

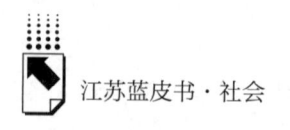

应和土地拍卖制度的直接产物。

（2）金融制度。目前的金融调控机制对住房两大属性优先次序逻辑不明，导致对不同类型商品房基本功能定位的错位：面向低收入群体的住房，保障性的政策支持中，居住属性有待强化；面向中等收入群体的普通商品房，应兼具居住与投资双重属性，但从当前市场状态看，投资属性挤压居住属性，导致后进入职场的新青年几乎买不起商品住房；面向高收入群体的高档商品房，又面临干预过度、金融投资属性不足的问题。房地产金融正常无法区分不同需求群体，而采用一刀切的方式，使得不少投机者利用制度漏洞进行套利，给房地产市场稳定带来负面影响。

（3）人口规律。世界城市的发展规律都是人口向大城市不断集中。一个城市用于房地产建设的土地受到当地政府的土地配额限制。核心城市由于政策和资源的倾斜，产生很大的人才和财富虹吸效应，大量尖端人口和财富集中在这些城市。大城市因为流动人口很多，户籍人口可能只占到当地常住人口的一半不到，而小城市的户籍人口可能甚至多于它的常住人口。然而大城市受制于土地规划限制，出于复杂原因，土地供应量不能反映企业与居民实际需求。而库存较大的三四线城市由于竞争力不断减弱、人口流出比较严重，住房需求不足，消化历史积压库存长期潜力不足。两者的错配是大城市房价高企、中小城市库存严重的根源，而目前的调控政策并不符合人口向大城市集中这一客观规律。

三　相关对策建议

仅从满足基本居住来说，早在2012年，江苏城镇和农村居民人均住房建筑面积分别达到35.2平方米和49.9平方米，该数字已远超"小康"对住房人均30平方米的要求，江苏的房地产调控早应由价格敏感性调控向质量优先性调控转变。江苏热点城市的房价，不论是涨幅还是相对于当地收入水平，都非常高。但对于大多数三四线城市而言，并非如此。泡沫论只能解释一部分地区的高房价现象，而不能解释全省范围内高房价和高库存并存的现象。中央经济工作会议提出,要加快建立多主体供应、多渠道保障、租购并举的住房制度,让全体人民住有所居。江苏的长效调控机制要针对江苏的具体省情有所作为,注重供给与需求相结合、长期调控与短期调控相结合,并处理好房地产市场与经济发展的关系,处理好稳定与发展的关系,为此长效机制的建立需要从以下几个方面着手。

(一)行政干预须有节,市场配置要有底

一般说来,房地产政策应兼顾多重目标,如经济增长、民生保障、财政收入、金融稳定、经济活力、城乡社会治理,等等。但这些目标并非总是激励相容的,在某一特定的时间点上彼此可能存在冲突。推进住房制度改革、发展房地产市场的初衷,是形成"高端有市场、中端有支持、低端有保障"的保障体系,可有效满足人民群众不断升级的物质文化需求。房子贵不贵、房价涨没涨,并不是判断楼市健康与否的唯一标准,当前,有形之手对房地产调控的困境在于,设置的调控目标本身大多着眼于具体的价格波动上,既片面又副作用极大。

市场,天然地会出现失灵;政府,也会天然地出现失效。在宏观调控中,应准确把握市场与政府的边界、分寸与尺度,在弥补市场失灵缺陷的同时又不招致大幅波动,需要政府有形之手的智慧、勇气与魄力。居住是住房的天然属性,也是其首要的使用价值。但是,用来作为商品交易的住房,兼具消费与投资两种主要用途,在江苏全面小康社会建设背景下,满足人民群众一般居住功能需求早已不成问题,只是由于社会阶层分化,使得二套及多套房的"住房小康"需求变得复杂——多居所生活便利需求、财富保值需求、社会身份认同需求等,现有的住房供给侧体系无法完全满足。应该从政策引导、制度建设、保障供应、城市群协同发展等方面入手,从根本上抑制资产价格大幅度波动。对政府来说,应超越调控具体价格目标,回归问题的本源。在楼市调控中,关切的重点应转变为满足不同群体对居住属性与投资属性的差异化需求,核心就是:①"保基本",以满足人民群众的正常正当的居住需求;②"稳预期",以避免行业出现暴涨或滞胀局面,满足普通大

众的居住需求；③"活市场"，让应属于市场定价的地方，充分发挥市场的功能。

（二）尊重城市发展与人口流动规律，优化配置资源

对于全面小康建设征程上的江苏来说，居住小康不仅要住有所居，更要有小康品质。这就需要省级层面上，顺应人口流动与城市发展规律，进一步完善土地出让、使用相关制度，试点区域间土地指标流转，按照产业发展和居住需求调整建设用地规模与结构。在热点城市，加大公租房和共有产权房建设力度，强化对保障房建设的督查。发挥市场作用，重在结构优化，协调好"产城人地房"之间关系，为大城市改善人居环境、中小城市去库存奠定基础。

（三）鼓励房企理性发展与打击炒作楼市

"地王"频现、拿地价格不断刷新纪录、政府附加条件增多，不利于房地产企业理性对待房地产市场。大量高价、改善型住房无法通过价格审批，未来高价"地王"如果还是按照目前的限价政策，将面临"无法上市"的尴尬局面。建议物价审批部门的价格管控应留给开发商合理获利空间，谋求长期合作共赢机制，一是让企业以合理价格"去库存"，二是通过完善土地市场招拍挂机制，抑制不合理土地溢价，开发商保持在合理的盈利区间滚动发展，这对城市建设与发展是长期利好；三是政府依托公共租赁住房保障基本居住，继续依靠房企整合各种资源，扛起精益城市化的大旗，解决城市建设脏乱差、棚户区与老旧厂房规划问题；四是一个健康的房地产市场，必须有铁腕规则维护秩序。部分开发商为牟取暴利，惯于散布假消息，人为制造恐慌，严重损害消费者利益，影响楼市健康发展。对此，针对部分房企不正当经营行为，应加快房地产行业信用体系建设，在全社会形成奖优罚劣的导向，让房企违法违规行为依法受到严肃处置。

B.19 江苏多层次社会保障体系建设进展及对策

张春龙*

摘　要： 十九大报告提出要"全面建成覆盖全民、城乡统筹、权责清晰、保障适度、可持续的多层次社会保障体系"这一全新的论述，为我国下一阶段社会保障制度改革与发展指明了方向。近年来，江苏的社会保障制度改革进一步推进，整个体系建设正在走向完善和统一，总体水平处在全国前列。但是，江苏社会保障体系的碎片化、公平性问题随着保障制度改革的深入推进而逐步凸显。可以预见的是，社会保障体系的公平性和可持续性将是江苏社会保障改革的重点内容。

关键词： 江苏　多层次　碎片化　社会保障体系

党的十八大以来，我国社会保障体系建设的方向，就是以人民为中心，坚持社会保障体系建设全覆盖、保基本、多层次、可持续，也就是要求社会保障建设增强公平性、适应流动性、保证可持续性，同时保障城乡居民全覆盖，保障项目日益完备，制度运行安全有序，保障水平稳步提高，从而为人民群众更多地分享到经济社会发展成果确立制度保障。十九大报告提出的要"全面建成覆盖全民、城乡统筹、权责清晰、保障适度、可持续的多层次社会保障体系"这一全新的论述，为我国下一阶段社会保障制度改革指出了方向和任务。过去我们围绕覆盖全民、城乡统筹、可持续等社会保障目标，

---

* 张春龙，江苏省社会科学院社会学研究所研究员、副所长。

更多强调的是"建设",此次则明确表示要"建成",是确立了新的目标要求。近年来,江苏社会保障体系建设取得了长足发展,成效显著,总体走在全国前列,以养老、医保和低保为重点的社会保障,在制度上已实现全覆盖,在人群上做到了广泛覆盖。同时,城乡社会保障制度建设统筹推进,也取得了长足进步,社保待遇水平稳步提高。但总体而言,江苏社会保障体系的"多层次性"体现得并不充分。

一 准确认识全面建成多层次社会保障体系

(一)新时期、新常态需要多层次社会保障体系

随着经济社会的不断发展,我国的经济进入一种新常态,社会保障制度建设随之在经济社会发展总体布局中的地位和作用也发生了转变。江苏社会保障体系建设面临的新常态特征更为明显,其中最为突出的就是经济增速放缓造成政府财力相对减少,福利刚性使现有的保障水平难以下调,政府已经直接面临社会保障支出压力。另外,目前劳动力总量减少,就业结构发生变动。总人口结构中,劳动年龄人口数量则持续减少。2011年,全省15~64岁劳动适龄人口总量达到峰值5989.66万人,其后逐年下降,到2016年,降至5896.39万人。城镇化的快速推进,使城镇人口激增。2016年江苏城镇化率达67.7%,比上年提高1.2个百分点。社会正在逐步步入深度老龄化状态。截至2016年底,全省60周岁以上老年人口达1719.26万人,占户籍总人口的22.1%,比全国高出5.4个百分点。

(二)建成多层次社会保障体系具有重要社会意义

总体来看,目前我国已经基本建立起了覆盖城乡居民的社会保障体系。在这一体系中,保障项目越来越完备,制度运行总体安全有序,人民的社会保障水平也得到了稳步提高。现在,我国社会的主要矛盾已经转化为人民日益增长的美好生活需要和不平衡不充分的发展之间的矛盾。这一基本矛盾为

我国社会保障体系的建设提出了新的目标，这一目标就是十九大报告提出的"全面建成多层次社会保障体系"。应该说，全面建成多层次社会保障体系既要求社会保障体系自身不断完善，也是与全面建成小康社会的目标一致的。这一目标的确定，是以党中央科学研判世情国情为基础，符合我国发展的阶段性特征，也符合人民群众对美好生活的向往。这一新时期社会保障体系建设的部署，无论是对不断提高保障和改善民生水平，奠定社会治理现代化的基础，还是推动经济社会发展朝着更高质量、更有效率、更加公平、更可持续方向前进，都有着重大的现实意义。

（三）准确把握和认识全面建成多层次社会保障体系

人力资源和社会保障部部长尹蔚民在《人民日报》上从保障项目、组织方式等方面对全面建成多层次社会保障体系进行了权威解读。他认为，在保障项目上，坚持以社会保险为主体，社会救助保底层，积极完善社会福利、慈善事业、优抚安置等制度；在组织方式上，坚持以政府为主体，积极发挥市场作用，促进社会保险与补充保险、商业保险相衔接。除此以外，要构建基本养老保险、职业（企业）年金与个人储蓄性养老保险、商业保险相衔接的养老保险体系，推进基本医疗保险、大病保险、补充医疗保险、商业健康保险发展。只有这样，才能在保基本的基础上满足人们多样化多层次的保障需求。我们必须清楚地认识到，在整个"多层次社会保障体系"中，"兜底线、织密网、建机制"是一种基本要求，"覆盖全民、城乡统筹、权责清晰、保障适度、可持续"才是最终的奋斗目标。

二 江苏多层次社会保障体系建设现状

通过"十一五"、"十二五"的努力，江苏省社会保障体系建设成效显著，总体处在全国前列。江苏社会保障在制度建设、待遇水平等方面，与广东、浙江等经济发达省份大体相当，已经具有建成多层次的社会保障体系的基础。

（一）覆盖城乡各类人群的社会保障制度体系初步建立

这十多年来，江苏一直在推动社会保障体系的建设。早在2006年，江苏就已经在全国率先将城镇企业职工基本养老保险制度参保范围扩大到城乡各类企业及其职工。2005年，江苏在全国率先全面实施新型农村合作医疗制度和城镇居民基本医疗保险制度。2007年江苏构建起"三基本一救助"基本医疗保障制度体系，这一体系以城镇职工医保、城镇居民医保、新农合和城乡医疗救助制度为核心，覆盖城乡各类人群。与此同时，江苏省初步建立了新型社会救助体系及适度普惠型社会福利体系。2010年，江苏在全国率先实现新农保制度和城镇居民养老保险制度全覆盖。2011年，江苏又率先构建起覆盖城乡各类人群的基本养老保障制度体系，这一体系以企业职工基本养老保险、新农保和城镇居民社会养老保险为核心，以被征地农民基本生活保障等制度为补充。

（二）主要的社会保障制度率先基本实现城乡全民覆盖

经过多年改革深化，江苏各项社会保险制度覆盖范围逐步从国有企业向各类所有制企业、从正式职工向灵活就业人员、从职工向居民、从城镇向农村扩展，社会救助、社会福利体系实现了从点到面、从单项到体系的转变和飞跃。截至2017年6月末，全省企业职工养老、城镇职工医保、失业、工伤和生育保险参保人数分别达1845万人、2205万人、1353万人、1440万人和1313万人，城乡居民养老、城镇居民医保、新农合参保人数分别达1457.11万人、1419万人、4200万人，城乡基本养老保险、基本医疗保险和失业保险覆盖率均达到96%以上；全省农民工参加职工养老、医疗、工伤三个主要险种的人数分别达433万人、452万人、540万人，签订劳动合同的农民工基本都已经参加城镇各类社会保险；全省共保障城乡低保对象91.9万户174万人，实现应保尽保。

（三）城乡各项社会保障待遇水平统筹得到提高

基本养老保险方面，连续10多年按10%左右幅度提高企业退休人员基本养老金水平，目前全省企业退休人员月人均养老金水平达到2460元。在提高新农保基础养老金最低标准的基础上，同步提高城乡居民社会养老保险基础养老金最低标准，2016年为125元/月。基本医疗保险方面，建立了与城乡居民收入增长相适应的城乡居民医保筹资机制，统一城乡居民参保（合）财政补助标准。城镇职工、居民医保和新农合政策范围内住院医疗费用报销比例分别达到80%、70%和75%，城乡基本医疗保险待遇水平保持较好衔接。失业保险方面，建立了失业保险金标准随参保人员缴费基数增长而提高的动态增长机制。截至2017年9月，51%的涉农县（市、区）实现城乡低保标准并轨，苏南5市均实现城乡低保标准一体化，一体化率全国第一。

（四）城乡社会保障制度的统筹衔接不断加强

提高社会保险统筹层次方面，全面实施企业职工基本养老保险省级统筹，2016年1月1日起全省企业基本养老保险缴费比例全部统一到20%，基本医疗、失业、工伤、生育保险市级统筹稳步推进，基金统筹调剂和抵御风险能力得到显著提高。跨地区关系转移接续方面，平稳实施企业职工基本养老保险、基本医疗保险转移接续办法，确保参保人员跨地区流动就业时社会保险关系顺畅转移接续。城乡同类制度转换衔接方面，鼓励有条件的地区实现城乡社会保障制度并轨，苏州率先实现城乡非农就业人员养老保障制度的一元化，全省有28个统筹地区实现了城镇居民医保和新农合的并轨。

（五）城乡贯通的社会保障经办服务网络基本形成

在过去的几年中，江苏全面加强基层社会保障公共服务平台建设。目前，江苏所有街道、乡镇和社区、行政村都已经建立起劳动就业社会保障公共服务平台。社会保障经办服务网络也实现了覆盖城乡、直达到村，"15分钟社会保障服务圈"初步形成。大力推进以"社会保障一卡通"为重点的"金保工程"建设，在省、市、县（市、区）、街道（乡镇）四级信息专网全面贯通的同时，社区（村）专网联网率超过90%。目前，全省各统筹地区参保人员在统筹区内的住院医疗费用、个人账户门（急）诊费用全部实

现了联网即时结算，全省异地就医联网结算信息系统搭建完成，省级异地就医信息平台已与13个省辖市市区之间实现双向贯通。

三 江苏社会保障体系建设存在的主要问题

江苏的社会保障体系整体上是与国家的社保体系一致的，虽然江苏在社保体系，特别是一些由地方统筹的社会保障制度整合、统一方面进行了探索、实践并取得了良好的效果，但由于没有进行一个系统性的升级和完善，整个保障体系内容烦冗复杂，涵盖的项目多，管理过于分散，社会保障金的筹集、支付、运营等过程中出现了一些问题。

（一）社会保障发展理念仍未统一

目前，整个社会保障理念尚未完全统一，这直接导致多方面的问题出现。比如，一些政府部门过度关注指标数字的提升，对于社会保障制度建设应当追求的社会公平、分配正义等目标并不在意；一些参与社会保障的个体，他们往往过度关注个人得失，对社会保障制度建设应当坚守的互助共济与公益本色的根本要义根本不知道。这些问题的后果就是，我们的社会保障太过于关注眼前与短期利益，忽视了社会保障制度发展应当重视的长久稳定预期和保持整体社会稳定的特点。可以这样说，一些民众主张政府包办一切的"泛福利化"思潮和一些政府人员主张个人自我负责的"反福利"取向，都会使我们的社会保障制度容易出现过度关注局部与细节问题而忽视社会保障制度应当发挥的完整功能与综合效应。

（二）多部门管理分工，职能分散

长期以来，我们的社会保障实行的是分散式管理，这种管理很容易导致运作过程难以协调。目前，江苏已经按照全国的要求，实现了养老保障、包括新型农村合作医疗在内的医疗保险归人社部门负责，社会福利、社会救助归民政部门负责，住房保障归住房与建设部门负责。虽然相对于以前整合力度较大，但仍然在一定程度上具有分散管理、多头管理的问题。这种分散多头的管理，必然使社会保障管理部门与一些相关部门、机构之间信息系统分割，业务数据分散，一些必要的信息不能共享。这也可能直接导致社保经费征缴不能到位、个人重复参保、不符合条件人员参保、统计数据不准确等问题的出现。

（三）保障水平不平衡，差距较大

江苏经济社会发展存在较大的区域差异，苏北、苏中、苏南地区政府财力的差异直接导致三大区域间保障水平的明显差距。目前，江苏全省性的社会保障制度体系正在建设过程中，区域的差异性使全省性的社会保障统筹级次难以整体性提高。目前，一些市级、县级统筹项目虽然基本能够实现自行运行、自负平衡，但受自身财力影响，由于保障标准低，所以保障能力弱、互济能力不强、抗风险能力有限。另外，苏南地区吸引了苏北等外地大量年轻的农村劳动者，这就使这些地区劳动力年轻化，因而出现缴费相对较低、养老保险基金出现大量结余的现象。与此相反，苏北、苏中有些地区因为发展相对落后，大量的年轻劳动力外出多且在外地缴纳社保，这些地区不仅缴费率高，而且不时出现收不抵支的财务危机。江苏这种在社会保障方面苏南地区负担轻、待遇高，苏北地区负担重、待遇低的状况，无疑与社会保障促进人员公平、地区均衡发展的目标并不一致。

（四）缺乏科学的、整体的、统一的顶层设计

江苏的社会保障体系，整体是按照全国的社会保障制度设计形成的。虽然江苏随着经济发展有一些局部试验和探索实践，但由于缺乏统筹考虑与顶层设计的改革而使其仍然处于固化利益分割格局中，具有制度整合的巨大阻力，相应的保障项目难以深化改革。到目前为止，对于整个社会保障体系发展目标，对于社会保障应有的发展理念，江苏在政策层面仍然不够清晰，这也直接导致对目前社会保障体系主要的制度安排不能明确其应有的结构功能定位。

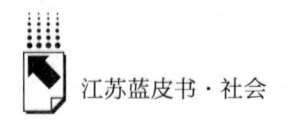

四　推进多层次社会保障体系建设的对策

目前，江苏虽然在社会保障体系建设及创新改革方面取得了显著成绩，已经基本实现全民参保，但按照党的十九大的重要部署，江苏仍然需要围绕全面建成多层次社会保障体系的基本要求和奋斗目标，从以下几个方面推进社会保障体系的建设。

（一）进一步完善基本养老保险制度

基本养老保险制度是在江苏老龄化程度日益提高的情况下必须进一步完善的重要社会保障制度。首先，城镇职工基本养老保险制度是社会统筹与个人账户相结合的，必须进一步完善。而且要建立起正常的调整机制，统筹有序提高退休人员基本养老金和城乡居民基础养老金标准。针对江苏人口老龄化加速的趋势，我们需要研究出台一些应对措施，比如渐进式延迟退休年龄。其次，需要对职工和城乡居民基本养老保险缴费政策进一步规范，要健全现有的参保缴费激励约束机制。江苏应该尽快推进养老保险省级统筹，这样有利于提高基金使用效率，有助于均衡地区间和企业、个人负担。最后，要推进养老保险基金投资运营，努力实现基金保值增值。可以考虑推进划转部分国有资本充实社保基金，为社保制度的可持续运行打下坚实的物质基础。在社会保障的基础上，还应该加快发展职业（企业）年金，鼓励发展个人储蓄性养老保险和商业养老保险，以提高养老保障的水平。

（二）完善统一的城乡医疗保障体系

所谓统一的城乡医疗保障体系主要是指统一城乡的居民基本医疗保险制度和大病保险制度。要实现城乡统一，需要从管理上建立全面统一的城乡居民基本医保制度和管理体制，要从服务上实现经办服务一体化，应该考虑建立适应不同人群、疾病、服务特点的多元复合支付方式。江苏应该完善省内的异地就医管理和费用结算平台。政府要对补充医疗保险、商业健康保险鼓励发展，这有助于满足人民群众多样化的医疗保障需求。对于大病保险制度，现在的重要工作是不断巩固完善，对于贫困人员要有降低起付线、提高报销比例和封顶线等倾斜政策。还要注意基本医保、大病保险和医疗救助的衔接，通过综合保障提高医疗保障水平，缓解困难人群的重特大疾病风险。对于长期失能人员，需要探索建立长期护理保险制度，缓解其家庭经济负担。

（三）进一步统筹城乡社会救助体系

城乡居民最低生活保障制度是社会救助体系中最主要的。在城乡一体化趋势加快的形势下，统一标准也是大势所趋。作为城乡居民最低生活保障制度，未来的重点应该是逐步转向城乡统筹发展，最主要的是推进制度整合和待遇衔接，消除城乡制度上的差异，逐步缩小待遇标准上的差距。在完善最低生活保障制度方面，推进城乡低保统筹发展，主要是为了确保动态管理下的应保尽保。在社会救助方面，也需要进一步健全残疾人基本福利制度，完善扶残助残服务体系。作为政府的相关部门，其主要任务还有激发慈善主体发展活力，规范慈善主体行为，同时要进一步完善监管体系，完善优待、抚恤、安置等基本制度。

（四）建立符合省情的住房保障体系

在高房价的背景下，建立符合江苏省情的住房保障体系非常必要。对江苏来说，必须继续推进住房保障制度改革，这其中很重要的一点就是整合发展以公共租赁住房为主要形式的住房保障模式。在探索保障性住房的建设、分配、管理方式中，要重点考虑针对性、有效性、公平性，比如建立公开规范的住房公积金制度，改进现有的住房公积金提取、使用、监管机制，从而达到提高住房公积金使用效率的目的。要在稳定房价的基础上，从多方面入手，强化政府责任的同时，完善社会保障制度的设计并落实到地方政府。对于保障性住房的管理，建议设立统一的机构，推动保障性住房的统一建设、统一分配、统一管理、统一运行。

（五）积极发展补充社会保险和商业保险

就目前社会保险与商业保险的统筹发展问题，还需要进行顶层设计。这种设计需要发挥商业保险的机制、管理、技术、网络等优势，使商业保险与社会保险能够协调发展、相得益彰。企业年金、职业年金等补充社会保险和各类商业保险，一直被认为是我国社会保障体系中的第三支柱。在企业年金、职业年金、商业保险方面加快发展，是构建多层次社会保障体系的必要内容。对于缴纳企业年金、职业年金，可以考虑实施免税、延期征税等优惠政策。总体来看，统筹运用商业保险和基本社会保险，需要比较合理地确定商业保险和社会保险的业务领域。对于商业保险机构经办社保业务的领域、基本原则、运营方式和监督管理等，政府需要出台专门指导意见。

全面建成多层次社会保障体系是提高保障和改善民生水平的重大举措。各级党委和政府要将其摆在更加突出的位置，加强组织领导，加大财政投入力度，尽力而为、量力而行，让改革发展成果更多更公平地惠及全体人民。各级人力资源和社会保障部门要勇于担当，尽职尽责，加强与相关部门的协同配合。要加强政策解读和宣传引导，让全社会更加熟悉、更好理解和支持社会保障政策，认真履行义务，共同促进社会保障事业健康协调可持续发展。

新型城镇化篇

The New Urbanization

B.20 江苏产城融合发展的主要进展与对策

徐 琴 吕叶晨*

摘 要： 随着新型城镇化进程的不断推进、城市的建设和发展，城市与产业的互依、互促与协调发展开始受到重视。作为城市新兴地带的开发区，其建设理念也逐步从产城分离转变为产城融合。本文回顾了江苏产城融合理念的实践过程，并主要通过讨论常州市产城融合综合改革方案内容，总结了三大产城融合发展主要措施，其中包括调整完善空间格局规划，合理布局产业空间、居住空间与生态空间；完善交通、信息、环境等基础设施，有效衔接园区、城区和社区；强化公共服务打造宜居宜业城市。最后本文提出将促进三生融合统筹重塑空间职能、健全基础设施升级新城建设与管理水平，以及完

---

* 徐琴，江苏省社会科学院区域现代化研究院副院长，研究员；吕叶晨，河海大学公共管理学院社会学系研究生。

善公共服务供给与保障吸引居民迁入作为进一步提升产城融合水平的三个方向。

关键词： 产城融合　产业发展　宜居城市

工业革命以来，产业与城市就演化为高度依存、深度互构的密切关系，产业是城市得以持续发展的根本动力，城市是产业项目得以落地和运营的载体，二者如影随形、相伴而生、共同发展，唯有二者之间建立起真正富有活力和持续发展的良性循环，以产业化驱动城市化，城市才有生机；以城市化集聚产业产业才有活力。但长期以来，主导各类开发区建设的理念是产城分离，高度纯化的产业园区成为大多数开发区的通用样板。而产城融合则要求将部分开发区的功能进行调整与升级，使其从单一的产业园区转型为具有综合城市功能、人居环境适宜的现代化新城区。主要目的是改变以往园区建设和城市开发过程中的产城分离模式，要求产业与城市功能融合，与城市空间整合。这是在转型升级背景下提出的各类产业园区和开发区发展的一种新的发展思路，是开发区发展的升级版。产城融合的本质，代表着某种价值转向，从之前的以追求最快经济增长和最大空间扩张的功能主义为导向，回归为以激活城市产业动能、满足百姓美好生活的人本主义为导向。这不仅是产业与城市之间的依存、互构与协调发展的内在需求，更是当前创新型城市建设的主要内容。

一　江苏开发区的产城融合实践的基本历程

江苏的开发区建设热潮肇始于20世纪90年代初，国家实行浦东开发开放之际，江苏迅速发展为全国首屈一指的开发区大省，数量多、能级高。目前全省共有国家级和省级开发区131家，国家级开发区46家，其中经济技术类26家、高新技术类17家、保税类1家、旅游类2家。省级开发区85

家，其中经济类 81 家、高新类 2 家、其他类 2 家。开发区的建设和发展，是推动工业化、城镇化快速发展和对外开放的重要平台。江苏的开发区建设，不仅为江苏的产业发展、城镇化发展、捕捉全球化机遇做出了重大贡献，而且成为改革探索和制度创新的示范区，为创立良好营商环境、建设服务型政府发挥了无可替代的作用。

然而，多数开发区设立在城市边缘地带，且功能单一，既无"产业生态"又无城市生活的便利条件，模式简单生硬。相当一部分产业园区缺少基本的生活配套，难以形成生机勃勃的生活社区；有的新城高度依赖房地产业，产业基础薄弱，对人口的吸引力不足；而老城区人稠地狭，患上交通拥堵、环境污染等"城市病"，发展新产业步履维艰。凡此种种，与产城隔离的产业规划、城市规划理念密切相关。

因此，自 2012 年以来，江苏各地开发区开始尝试转型升级，以产城融合的理念与目标，逐步将城市功能导入开发区空间。2012 年镇江经济技术开发区提出，要实现从"建园"到"建城"的转型升级，将该开发区建成一座高水准设计的滨江新城；同年，宿城经济开发区提出，要在产城融合中寻求开发区发展的新突破。

2013 年，江苏省委、省政府在贯彻落实十八届三中全会《决定》的意见中，明确常州市承担产城融合改革试点试验的重任。2015 年 3 月，省委、省政府正式批准印发了常州市产城融合综合改革试点方案。2015 年 5 月，围绕产城融合目标，常州市对行政区划实现了调整，并且迅速进入调整实施阶段。2015 年 7 月，常州市委十一届九次全体（扩大）会议全面部署推进产城融合综合改革，确立了"建设空间结构协调、产业活力强劲、城市品质高端、服务功能完备、市民安居乐业、具有时代特征和国内领先水平的产城融合发展示范区"的目标导向，并且明确了"以产兴城、以城促产、宜居宜业、融合发展"的基本路径。

自此，全省各地开发区，特别是国家级开发区和省级开发区，都陆续开始探索以产城融合对开发区进行转型升级的实践探索。

其中，除了某些类型特殊的开发区，例如旅游度假区、保税区等，大多都在不同程度上、以不同方式导入产城融合的新策略。导入产城融合发展新模式，就是治理逆转上述弊端的关键良方，其目标是塑造宜居宜业的高品质现代城市。产城融合，重在统筹地区发展的长期愿景与近期目标，兼顾设计的统一性、一致性、延续性和实施过程的可操作性、可拓展性和兼容性，以确保产业发展和城市发展在一个连续一致的政策架构内推进。

二 推动产城融合发展的主要措施

产城融合，核心是将开发区从单一功能的产业园区，转型为既利于产业发展、又适宜人居的城市新区。围绕这一核心，产城融合着重围绕空间格局的规划调整、基础设施的完善和提升、公共服务功能的导入三大方面。常州是江苏省确定的产城融合改革试点城市，对此进行了较为系统的探索和切实的推进。常州的产城融合，在大方向上具体很强的代表性。

1. 完善空间规划，重构产城融合发展新格局

对城市空间的结构状态、功能分布与组合进行调整，是产城融合的基础性工作。常州依据自身特点，突破既有行政区划框架，通过构建"一纵三横"总体布局，构建城市骨干交通框架与带状发展区片。重点推进"一中心四片区"产城融合，按照老城区改造、核心区提质、工业区布城、新城区强产的思路重点推进城市中心区、常金统筹核心片区、西南门户片区、东部片区、沿江片区"一中心四片区"产城融合发展。优化建设空间、农业空间和生态空间结构，依据生产空间集约高效、生活空间宜居适度、生态空间山清水秀的原则，着眼于科学规划城市空间，统筹布局产业集聚区、居民生活区、综合服务区、生态保护区等主要的功能分区，进一步优化建设空间、农业空间和生态空间格局；明确开发导向，规范开发秩序，提高开发效率。建设空间、生态空间和农业空间等主体功能区的规划和落实充分考虑到不同区域的资源环境承载能力和发展优势，有利于形成人口、经济、资源环境相协调的空间开发格局。基于上述规划，常州未来的产城融合发展，开发

导向将更加明确、开发秩序不断规范、开发效率将切实提高,建设、生态、农业等各类功能区的持续优化具备了基础。

通过规划指导,重构产城融合新格局,是江苏各地产城融合实践的共同做法。镇江提出,将其原来主城区的镇江经济技术开发区打造成一座高水准设计的滨江新城,导入各种生活元素和公共服务,配建商品房、生活服务、学校、运动休闲等多种生活设施,集聚人气,打造新城商贸中心,实现从"园区"到"新城"的华丽转身。

2. 提升基础设施水平,构筑产城融合新支撑

基础设施是对国民经济发展具有全局性、先导性影响的基础产业,对于保证城乡和区域经济发展、改善投资环境、提高人民生活质量具有重要作用。基础设施建设跨越式推进,是中国过去20多年城市化的重要助推器。产城融合的核心是产业和城市的融合发展,无论是以产业为保障,还是以城市为基础,要达到人、产、城的协调发展都少不了强有力的基础设施作为支撑。对照产城融合发展的新要求,以及科技进步不断加速的新特征,基础设施建设还亟待进一步提升。特别是重大基础设施的互联互通,交通、信息、能源、环境等领域若干重大项目的推进与落地,都将为融合发展提供承载力,构筑产城融合发展新支撑。

完善综合交通运输体系。依据《江苏省国民经济和社会发展第十三个五年规划纲要》,江苏在"十三五"期间要构建现代综合交通运输体系,必须坚持适度超前、综合发展、提升效率的原则,完善交通、能源、水利等现代基础设施体系,促进生产要素高效配置,引导产业人口优化布局,为江苏省"两个率先"提供支撑保障。围绕这一目标,常州市出台《常州市综合交通运输"十三五"发展规划》,按照省、市两级交通运输现代化的总体要求和打造区域枢纽城市战略的总体目标,力争到2020年建成具有常州特色、全省领先的现代综合交通体系。进而,围绕四大城市发展战略,常州力图初步实现"综合现代化"的基础网络系统、"零距离换乘"的便捷客运系统、"无缝隙衔接"的高效货运系统、"全覆盖共享"的信息服务系统,使法治交通、安全发展和绿色发展观念深度融合于全过程各领域,交通运输与常州

区位优势及经济社会特征相适应，引导和支撑常州建设经济强、百姓富、环境美、社会文明程度高的现代化建设示范先行区。为此，常州市以轨道交通、公路网、航道、机场等为重点，完善交通基础设施。

多措并举积极打造经济畅达的货运服务体系。江苏的长江沿岸城市构建物流网络和服务体系，大多以立足本地、服务长三角、辐射全国的区域商贸物流中心为目标，通过完善物流体系、发展城乡物流和国际国内物流，实现国际货运便捷化、国内货运快速化、省内货运高效化、城乡货运一体化。

引导轨道产业集聚是城市现代化建设的重要内容。结合产城融合，江苏不少城市的轨道交通进入加速期。南京、苏州、无锡的轨道交通已经投入运营，南京市的轨道交通运营里程已经达到294公里，在全国各个城市中仅次于上海、北京、广州，居第四位。南京、苏州和无锡的地铁建设还在不断扩张之中。常州的地铁一号线已经在建，预计2020年开通；镇江的地铁建设进入规划阶段，目前规划了四条地铁线路，规划线网里程102公里。

可能预见，数年后，苏南各个设区市，将全面进入轨道交通时代。苏南各市的轨道交通和产城融合发展将有机衔接、互相推动。

"智慧城市"建设加速，大力提升信息化基础设施水平。以互联网为代表的新一代信息通信技术，在经济社会各领域的广泛应用、深度应用与跨界融合，已成为全球新一轮科技革命和产业变革的核心内容。由此，"智慧化"、"数据化"成为城市发展的必备基础设施。为加强下一代信息基础设施建设，结合产城融合，江苏各城市的智慧城市建设不断扩容：实施数字城市、"无线城市"等信息化工程，推动多网融合，建设农村综合信息服务平台、城乡社区综合信息平台等公共服务平台，支持互动电视、手机电视、网络电视、广电宽带等融合型业务发展，提高农村信息终端普及率，实现城乡家庭百兆宽带接入网、无线宽带服务全覆盖，无线局域网服务覆盖主要公共场所。近年来，各地不断夯实巩固战略性信息基础设施地位，大力推进宽带提速、光纤到户共建共享、4G网络建设和三网融合发展等新技术的普及应用。

通过发展"智慧城市"，将各地积极推动物联网、云计算、大数据等新一代信息技术与城乡发展深度融合,增强城乡重点信息系统和关键信息资源的安全保障能力,实现社会管理信息化、居民生活智慧化、装备制造智能化、智能技术产业化,这些都为产城融合发展提供了基础性支撑。

加强环境基础设施建设,改善城乡人居环境。遵循减量化、资源化、无害化的原则,江苏各地不断完善城乡生活垃圾收转运系统,加快城乡生活垃圾无害化处理设施建设和改造,经济较为发达的地区,正在推进生活垃圾无害化处理设施全覆盖。常州等地还加强医疗废弃物处置设施建设和规范化改造,进一步完善医疗废弃物收贮网络,医疗废弃物安全处置体系覆盖所有乡镇;改造建设城乡污水处理厂及配套管网,推进尾水再生利用设施建设。大气污染防治工作的要求继续定量化和刚性化,力求空气质量的实质性好转。

3. 强化公共服务配套,建设宜居宜业新城区

宜居宜业,既是新型城镇化的内在要求,又是产城融合的必然选择。各城市在实施产城融合发展时,逐步推进城镇化从数量扩张、速度跃进到质量突破的转型。因此,各城市不断强化公共服务配套,提升城市产业就业支撑能力和综合承载能力,让城市发展充满活力。以产城融合为抓手,打造宜居宜业新城区,城市建设转向以人为核心,构建完善的公共服务网络,建设质量优良的生态环境和绿色城市体系,营造绿色生活生态空间,城市形象和内在品质并举,硬件设施与文化内涵同步协调,力求产业、城市与人三者之间形成良性互动,打造服务完善、均等化供给、生态优美、文化内涵丰富的宜居宜业之城。

着重优化生态环境,营造绿色生活生态空间。随着人民生活水平的不断提高,品质优良的生态环境已经成为城乡居民生活的"必需品",依据生态文明建设的目标要求,努力为人民群众提供"绿色生活空间"这一公共物品,是各地产城融合发展的重要内容。部分有条件的城市,以创建国家生态文明先行示范区和国家森林城市为抓手,大力实施生态文明建设工程,加快建设生态绿城。常州、扬州等城市深入实施碧水工程,开展河道与湖泊水体的整治,提升地表水的等级。各地深入实施蓝天工程,严格执行国家环境空气质量新标准,严格落实城市扬尘控制措施,逐步改善空气质量。深入开展

绿色创建行动，新建民用建筑全面推行绿色建筑标准，提升绿色生态城区创建水平。在土壤污染方面，开始探索土壤污染防治及风险防控的技术和实施机制，推进土壤修复。在农村，覆盖拉网式农村环境整治工作快速推进。大力发展循环经济，推行绿色建筑，大幅提高经济绿色化程度，深化生态绿城和国家森林城市建设，进一步"增核"、"扩绿"、"联网"，打造一批有特色、有影响的生态建设精品工程。全力构建全域生态体系，强化生态红线的刚性约束，严格控制开发强度，给自然留下更多修复空间，为子孙后代留下更多绿水青山。

三 进一步推进产城融合发展水平的主要对策

产城融合，不同于早期的开发区大建设阶段，主要是对已经形成的城市空间结构进行调整，对其功能进行优化，使城市的产业功能、交通网络等各项基础设施支持系统、居民生活、公共服务能够高度一体化、有机化，在适度的空间范围内进行内部整合和外部联结。这与早期在城市边缘地区大手笔地进行园区建设，在理念、技术、困难和策略上，都有完全不同的要求。

1. 实施空间统筹，促进三生融合

三生融合，即生产、生活和生态三者在空间上相互嵌入、高度融合，使城市成为产业发达、生活便利、服务完善、环境优美的优质空间。这也是产业融合发展期望实现的目标。这就需要首先对城市各个片区、特定功能区进行空间统筹，统一规划，并进行必要的空间整理。着眼于产城融合发展的空间统筹，重点需解决几类空间的统筹规划与空间协调问题。

一是解决好三类空间的空间安排和融入问题。过去20多年是跃进式城市化大发展的时期，出于功能分区的理念，也因为对建设速度的追赶，许多城市的三类空间往往相互分离，并且单一功能区的空间尺度过大，实际上形成了"园区"、"城区"、"社区"三者相距遥远，不同功能区之间联系困难、通勤耗时。产城融合，则必须以三生融合的概念，对上述分离又相对孤立的单一功能区，进行相互渗透和功能复合。在部分产业园区、开发区导入生活类基础设施、服务功能、休闲功能和绿色生态空间；在地产项目集中连片的居民区，导入适宜的产业功能和服务功能；将生态在各个片区进行有机融入，绿色空间的分布变成可及、均好，切实提升城市的宜居度，特别是早期的开发区。

二是需要注意协调存量空间的改造提升。与早期的以增量空间的大开发大建设为主的建设模式不同，产城融合过程中统筹空间，很多情况需要对存量土地进行调整和转用。这要在存量空间上进行置换和转用，有些需要进行规划调整；还有一些需要新一轮的"退二进三"、"退园进城"，以进行空间重塑和功能转换。

2. 健全基础设施，做强城市功能

江苏过去20多年是历史上基础设施建设最快最好的时期。但由于当时对城市的空间结构和功能定位，总体上以快速增长、园区开发区为主要目标，开发区的"七通一平"、新城区的骨干道路等基础设施建设速度快，但基础设施的水平和质量要求往往不尽如人意，留下诸多隐患（例如：不少新城区，每年夏天雨季都遭受水淹内涝），亟待改造更新提升。另外，随着城市发展进入数字时代、智慧时代、万物互联时代，基础设施建设被赋予了新的时代要求。

因此，围绕进一步做强城市功能，需要加快健全基础设施。首先，需要加速排查已有基础设施的安全隐患，特别是供水系统、污水采集与处理系统，结合海绵城市建设，制定系统的更新改造规划，同时分区分片推进实施，切实提升城市的防洪防灾能力，改善城市水环境质量。其次，建设智慧城市，尽可能地覆盖城市更大范围，按照智慧城市要求，改造现有的或新建城市通信类基础设施。科学技术的发展成果应更多地应用于城市建设和日常管理中。

3. 提升公共服务，吸引居民导入

江苏城市发展，过去的重点是吸引产业要素导入，拉动产业快速集聚，以形成强大的产业动能，这在过去很长时间内具有很强的必然性和合理性。但在产城融合、建设现代化的高品质城市的当下，城市的公共服务质量成为

城市品质的重要构成要件，影响着城市未来的竞争力。

因此，提升公共服务、吸引居民导入，成为产城融合发展的重要途径。首先，要有计划地提升现有建成区公共服务机构的服务能力，补齐公共服务的短板。其次，现有城市新区的开发，则宜采用公共服务适度先行的原则，合理布局教育、科研、文化、体育、卫生等各项公共服务设施；并且比设施更加重要的，是必须尽快建立并不断完善多元、高效、一体化的公共服务保障体系，面向全体常住人口开放。最后，商业、娱乐、休闲等设施的建设，宜就近便利、尺度和规模适中，避免城市综合体过度配置。总之，江苏各地城市都应建设成人才集聚高地、人民生活福地和百姓乐居之地。

B.21
江苏市场型小镇发展的现状与提升对策

徐 琴*

摘 要： 江苏各地拥有一大批因商品交易市场的繁荣而名声大振的"市场型小镇"，其中不少小镇专业特色鲜明、交易规模大、辐射范围广、影响力大。当前，随着"特色小镇"建设热潮的掀起，此类小镇纷纷尝试向"特色小镇"转型。对照"特色小镇"的要求，"市场型小镇"的特点非常突出：产业兴旺但产业结构较为传统；市场活力旺盛但空间形态较为杂乱；公共服务水平低。因此，应从三方面提升与改善市场型小镇的环境，加快培育一批小镇转型为"特色小镇"。主要对策有：提高规划定位，优化小镇功能；着重补齐环境短板，提升景观质量；强化服务能力，建设宜居小镇。

关键词： 市场型小镇 特色小镇 环境品质 公共服务

专业市场型小镇（下面简称"市场型小镇"）是一种特殊的小城镇类型。这类小镇是交易商高度集聚的一种特殊空间，是依托商品交易市场而迅速扩大、功能提升的小城镇。数量众多的交易商高度集聚、规模扩大，相关服务不断延伸和扩展，以此推动着小镇的经济发展和城镇扩张。改革开放以来近40年的发展，江苏已经形成了一大批因商品交易市场的繁荣而名声大振的市场型小镇，其中不少小镇，专业特色鲜明、交易规模大、辐射范围广、影响

---

* 徐琴，江苏省社会科学院区域现代化研究院副院长，研究员。

力大。但随着特色小镇建设热潮的掀起，此类小镇纷纷尝试向特色小镇转型，有的试图按照特色小镇的规范重新规划建设，有的试图在原有基础上转型升级。极少数小镇凭借多方面的良好基础，已经获批江苏省首批特色小镇；但多数市场型小镇向特色小镇的转型，还存在着不少困难。

一 江苏市场型小镇的主要特征

1. 数量多，分布广泛

江苏各地产业密度高、对市场交易空间需求广，且因为市场型小镇的启动和建设门槛低，商品市场数量非常多。江苏各地都有一大批年交易额过亿元的商品市场。2016年，全省共有500个亿元市场，主要分布于苏南和苏中地区：第一位苏州有82个；第二位南通有80个，常州和扬州并列第三位，各有56个；泰州24个；镇江12个[①]。

因为商品交易市场直接服务当地企业，因此广泛分布于江苏各地城乡，几乎每个地级市范围内都有数个专业性强、知名度极高的交易市场。而这些商品市场，一般都依托于当地城郊或农村地区的小城镇，逐步形成了市场型小镇。例如，苏州吴江的盛泽东方丝绸市场、苏州西郊的婚纱城、常熟招商城、无锡的广益家具城、镇江的丹阳眼镜城，南通地区则因发达的家纺产业，兴起了海门叠石桥国际家纺城、通州的南通家纺城等。即使在经济欠发达的苏北地区，也有淮安综合大市场、东海国际水晶批发市场等市场型小镇。

2. 行业特色鲜明，业内地位高

江苏的商品交易市场，类型丰富，其中由当地制造业延伸出来的各类专业市场是其中的主体。专业市场依托当地雄厚的制造业基础，逐渐发展为具有多重功能的实体商贸业。一是供需连接点功能，连接着生产和消费两端；

---

① 扬州市统计局：《扬州市亿元以上商品交易市场运行情况》，扬州市人民政府网站，2017年5月25日，http://www.yangzhou.gov.cn/yangzhou/jjyx/2017 - 12/27/content_ f41cdca1314c4 ba6b020e46c5be61f7e.shtml。

二是交会点功能,使制造业和服务业得以在此交会,互相带动、互相促进;三是集聚点功能,在一个浓缩的交易空间,人流、物流、资金流和信息流快速流动、高度集聚并充分交换①。

专业市场多数依托江苏各地特色鲜明的优势产业。基于江苏显著的纺织业优势,各类纺织品专业市场是江苏的一大亮点。盛泽的东方丝绸市场、常熟招商城、海门叠石桥国际家纺城等等,虽然具体的品类不同,但各具特色,不少成为"业界小巨人"。吴江盛泽的东方丝绸市场,植根于当地历史悠久的丝织业,交易规模巨大,辐射范围很广。2017年,中国东方丝绸市场交易额达到1173亿元,自2013年首次突破千亿元大关以来,已经连续5年突破千亿元,是国内首屈一指的千亿级纺织市场。该市场已经成为国内重要的纺织品交易中心、价格形成中心和信息发布中心,近年来向专业化、品牌化、规模化方向转型升级,已经形成强大的产业集群和产销一体的产业链。海门的叠石桥国际家纺城,虽然同属纺织行业,但是主营产品是另一个细分领域——床品系列,即使在这个很小的细分领域,2017年叠石桥国际家纺城的市场成交额也已达到706.39亿元,同比增长8.1%。2011年,该家纺城就获得了商务部认定的"叠石桥家纺指数",这是中国首个家纺产品指数,标志着叠石桥市场不仅是一个家纺制造及贸易重镇,而且获得了价格形成和标准制定的话语权。此外,常熟招商城、常州天宁区"时尚织梦小镇"等都是此类专业市场。

产业基础雄厚、行业特色鲜明的专业市场还有很多,例如依托于眼镜制造的丹阳眼镜城、医疗耗材生产的扬州头桥镇、东海国际水晶批发市场等等。

近年来,随着在线购物的异军突起,线下实体商铺交易的模式受到很大冲击,商品贸易市场也开始分化。行业特色不鲜明的综合性商品市场受到很大冲击;但这些行业特色鲜明、细分领域地位高的专业市场依然活跃,发展态势稳健。而这些专业市场所依托的市场型小镇,也相应地不断发展。

---

① 刘畅:《江苏商品交易市场的转型模式》,《群众》2017年第12期。

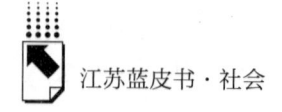

3. 产镇一体、融合发展

由于商品交易市场具有很强的自发性，是市场各主体自主选择、各要素在流动中自然结合的结果。因此，能够占有一席之地的市场，特别是专业市场，都呈现出市场活跃、人流物流密集、产销两旺的态势。对于优势突出的专业市场而言，更是以产镇一体、融合发展见长。

专业市场的发展在空间的主要特征是产镇一体。"产"和"镇"的早期发展，都有很强的自发性，产业发达、交通便利是基本前提，主要依托已有的城市、城镇或交通节点逐步扩大，为当地的产品销售提供交易场所，并借此带动城镇发展。"因产兴市、因市旺镇、建镇促市"，城因产而兴，产因城而旺，制造与贸易一体，产城（镇）融合是其天然属性，工贸结合是其内在机制。

在区域经济方面，融合发展是此类专业市场的最大特色，与地方经济社会高度嵌入、互相拉动。海门叠石桥市场，相关从业人员达到20多万，辐射到周边10多个乡镇，在当地形成了完整的产业链和密集的产业集群。由此，这类自下而上自然生发的专业市场，植根于当地产业、立足于地方社区，与地方经济浑然天成地融合发展。制造环节在当地，但贸易环节已经延展到全国甚至是境外。

二　江苏市场型小镇的主要短板与转型尝试

江苏的市场型小镇，发端于自发建设。从最初的因陋就简，到如今的规模宏大，多数是边建设、边发展、边改造、边升级，提档升级从未停止过，一般而言，都经历了自发建设、规模扩容、规范管理、环境优化几个阶段。但这些持续的提档升级，其核心始终是一致和明确的，就是尽量改善交易市场或商贸城的交易环境，以及周边配套设施，例如商贸城大楼的扩容改造，周边道路设施的提升，宾馆、银行的配套，等等，确实极大地改善了商贸活动的环境和条件。

但放在今天的特色小镇时代，市场型小镇的诸多短板日渐凸显，之前的提档升级策略局限也十分明显。2017年，适逢江苏省培育创建特色小镇①工作迅速推开，省内较有影响的市场型小镇，几乎都积极参与到特色小镇的培育和创建工作中。经过评选，2017年5月江苏省发改委公布了25个首批特色小镇。其中，丹阳眼镜风尚小镇、东海水晶小镇入选，但更多的市场型小镇，尽管产业兴旺、市场美誉度高，仍然未能跻身特色小镇行列。2018年初，江苏省第二批特色小镇进行申报评选，无锡广益家艺小镇、常州市天宁区"时尚织梦小镇"、常熟云裳小镇、海门叠石桥家纺小镇、泰州梦car小镇等诸多市场型小镇再度申报。虽然，这些小镇按照特色小镇的"三生融合"和"四宜协调"要求在调整规划、不断改进，但一些共同的短板依然清晰可见。

第一，产业过于传统。江苏影响力较大的市场型小镇，就贸易规模来看，实力确实不凡，很多都是业界翘楚。就制造能力看，专业化、品牌化水平也在持续提升中，传统产业自身也在持续转型升级，特别是产品的创新非常活跃，极大地满足了广大消费者不断提高的对美好生活的向往和追求。然而，由于其产业门类依然属于传统领域，其附加值和企业利润都较低，属于微利行业，处于产业链低端。相对于特色小镇建设要求的高附加产业，距离较大。

第二，空间形态上较为杂乱。市场型小镇源于当地优势突出的制造业，是周边乡镇工业时代、制造业自然延展的产物。因此，其区位多分布于城市的城乡接合地带和各级各类小城镇。这类小镇，在规划建设方面，自发色彩浓厚；在扩展过程中，前置环节的规划不及时、不全面，后置规划也无法系统化。所以，市场型小镇几乎形成了非常一致的形象特征，即商贸繁荣而环境品质差，活跃而杂乱，与特色小镇的高品质城市空间的形象与品质要求相去甚远。

第三，公共服务水平低。市场型小镇的服务一般有三大类：一是以商户

---

① 参见江苏省人民政府文件《关于培育创建江苏特色小镇的指导意见》（苏政发〔2016〕176号），2016年12月31日。

为服务对象的商贸服务业；二是与市场配套的各类行政服务；三是当地居民所需的各项基本公共服务。第一类服务由市场提供，市场机制自行调适。第二类和第三类都需要当地政府提供。但中国行政体制的特点，等级越低的行政主体，所掌控的资源越少、服务能力就越有限。对普通县乡小城镇而言，政府服务能力与市场规模之间的不匹配问题并不突出；但在市场型小镇，两者之间的背离与不匹配往往形成巨大张力。对市场提供的服务而言，一些专业市场主营业务已经国际化，但当地政府毫无涉外事项审批权。同样由于行政低级别低、权限不足，当地政府能够提供的基本公共服务，依然只能停留在小城镇水准。一般而言，市场型小镇的居民收入和生活质量已远远高于平均水平，他们见多识广、社会网络发达，对公共服务的要求也很高。显然，小城镇水准的公共服务，难以满足市场型小镇居民的要求。

简而言之，市场型小镇产业强、市场旺，但公共服务水平低、环境差、宜居性不足，与特色小镇的生产、生活、生态"三生融合"的要求，与宜居宜业宜商宜游的"四宜协调"的要求相比，短板明显，还需要诸多突破，才能达到特色小镇的要求。

三 促进市场型小镇提升为特色小镇的主要对策

产业先行是市场型小镇的共同基因，是市场型小镇得以繁荣的重要基础，也必然是其转型为特色小镇最为有利的条件。对标特色小镇"三生融合"和"四宜协调"的总原则和总要求，市场型小镇应着力从功能优化、品质提升、改善人居、强化服务等多个方面提升其品质，加速转型为特色小镇。

1. 提高规划定位，优化小镇功能

规划滞后、不系统、初始定位不高是市场型小镇的普遍现象，这就导致这类小城镇功能较为单一，其建设、改造、扩容的一般过程是：贸易快速发展导致市场容量不足，交易场所扩大后，城镇建设匆忙补短板。基本上是对市场贸易活动需求的响应。

对标特色小镇建设要求，需要对市场型小镇进行系统全面的规划引导。一要提高规划定位，在产业兴旺、市场活跃的基础上，将其定位于新型的高效率市场和高品质人居的双优目标，以特色小镇的品质要求为标准。二要划定适度的空间范围。特色小镇是小而精的高品质城市空间，一般范围为3平方公里左右，范围不宜过大。三要在规划上进行必要的功能分区，以改变目前杂乱的形态结构。如果说城市大型工业园区、开发区转型升级的目标要求是产城融合、功能混合的话，那么市场型小镇则需要功能分区。前者是非自然的，最初就是脱离城市其他功能而相对独立的成片产业功能区，空间范围大、功能单一，导致职住分离，进而阻碍了产业和城市的进一步发展。而市场型小镇是自然生成的，从一开始就是高度产城融合的，形态凌乱、功能混杂则是主要问题。因此，依据小镇各区片不同的功能定位和相应的区位要求，以规划引导，形成市场核心区、配套服务区、物流中心区、居民生活区、生态景观区（带）有机结合的特色小镇。

2. 补齐环境短板，提升景观质量

对照特色小镇"三生融合"的要求，生态环境品质欠佳、景观不够优美是市场型小镇最为突出的短板。在市场型小镇转型为特色小镇的过程中，着力补齐生态环境短板，提升景观质量，是重要的着力点。生态环境的投入，一般都需要大规模投入和较长时间的延续性。因此，需要五年规划和年度项目计划相结合、长线短线相结合、地表工程和地下工程相结合、规划建设与日常管理相结合。

市场型小镇的建筑和街景整治也需要进行系统规划，分区分片实施。自然生长的市场型小镇，其建筑和街区风貌往往品质不高，缺乏个性，与地方文化传统契合度不够。在创建特色小镇过程中，要将小镇所在区域的历史文化传统充分发掘，并在街区风貌上通过一定的方式具体呈现，以提升小镇的个性化特色化程度。

为此，需要将存量空间的优化和增量空间的建设相结合。存量空间的调整难度较大，需要立足实际，找到各利益主体都能接受的解决方案，宜缓不宜急。而增量空间则可以进行前瞻性和系统性的规划，但对增量空间的规划

和环境品质提升，同样需要精致而细腻的规划方案，不宜追求过于浩大的工程。

3. 强化服务能力，建设宜居小镇

产业、环境与服务是特色小镇兴旺、优质并且宜居的三大核心要素。市场型小镇的商贸服务能力是其强项，但行政服务和基本公共服务能力稍显不足。服务能力的强化和提升，需要从以下两方面入手。

一是适度下沉行政资源，使其行政服务能力与商贸活跃度和辐射范围相匹配。市场型小镇的行政服务与产业发展之间的关系，好比小马拉大车，关键在于其行政级别低。因此，针对市场型小镇的发展实际，针对市场的服务需求，地方政府需要对行政资源的分配进行调整，人员配置和服务流程设计都应按照产业发展的需要进行改革创新，以提供规范、可及并且高效的服务为宗旨，在不违背行政规制的前提下，创新行政服务。

二是切实提高基本公共服务能力和质量。江苏市场型小镇贸易活跃，年度交易额过亿元的商品市场达500多家；上百亿元的小镇比比皆是，过千亿元的小镇也并不罕见。因此，一般贸易活跃的市场型小镇，往往吸引了来自全国各地的，甚至是境外的客商，外来劳动力也较为集聚。常住人口规模远远大于当地户籍人口。但学校、医院等基本公共服务机构和服务能力的配置，一般是以当地户籍人口为基数的。由此，公共服务能力不足，极大地降低了市场型小镇的宜居度。这样导致小镇难以吸引中高端人才来此创业和定居，使其产业升级缺乏动力和人力支撑。对此，地方政府应大力加强市场型小镇的服务能力建设，一方面扩大政府的基本公共服务供给；另一方面，采取多种措施，充分调动市场和社会等多个主体的积极性，构建多元化的公共服务供给体系，支持民办学校、民营医院的建设和发展，扩大基本公共服务资源的供给，使当地居民和来此创业就业定居的各类人都能就近便利地获得基本公共服务，使定居于此的人生活便利、保障到位且无后顾之忧。

B.22 江苏美丽乡村建设的现状、短板与对策

孙运宏*

摘 要： 美丽乡村建设是建设美丽中国、实施乡村振兴战略的客观要求，也是践行"绿水青山就是金山银山"重要思想的体现。近年来，江苏通过美丽乡村建设，农村地区基础设施建设日趋完善，生态环境治理成效显著，乡村旅游转型升级明显加快，基本公共服务水平逐步提升。但是，美丽乡村建设中也存在传统村落文化资源挖掘不够、村民主体性参与缺失、产业支撑不足、资金投入较为单一等短板。因此，要以城乡一体规划引领美丽乡村建设，彰显传统村落文化特色；以生态富民推进乡村产业发展，发挥村民的主体作用；以多元化的资金投入支撑美丽乡村建设，推进基础设施和公共服务均等覆盖；努力改善农村人居环境；培育人文和谐新风尚。

关键词： 美丽乡村 生态环境 乡村旅游 江苏省

党的十九大报告提出"实施乡村振兴战略"，建设美丽乡村是实现这一战略的重要组成部分。"绿水青山就是金山银山"，良好的生态环境是农村最大优势和最宝贵财富，实施乡村振兴战略，重点是以生态宜居为关键，以产业兴旺为着力点，推进乡村绿色发展，推动基本公共服务均等化，增强农

---

* 孙运宏，江苏省社会科学院社会学研究所助理研究员。

民的政策获得感和幸福感。近年来,江苏着力推进美丽乡村建设,打造农民幸福生活的美丽家园。

一 江苏美丽乡村建设的现状

近年来,江苏在美丽乡村建设中总体上形成了政府主导引领、农民积极参与、社会力量响应的良好局面,各项工作稳步推进,成效显著。

(一)基础设施建设日趋完善

江苏各级政府着力推进农村基础设施建设,为美丽乡村创建打下了坚实的基础。截至2015年底,全省农村公路里程达14.2万公里,占全省公路总里程的91%,农村公路路网密度和高等级公路比重在全国均处于领先位置。同时,全省乡镇、村交通设施状况得到显著提升。江苏省第三次全国农业普查主要数据公报显示①,2016年末,在乡镇地域范围内有火车站的乡镇占全部乡镇的比重达到5.7%,有码头的占比为20.9%,有高速公路出入口的占比为30.3%。全省有99.9%的村通公路,66.1%的行政村内主要街道有路灯。村委会所在地和最远自然村、居民定居点的距离以5公里以内为主,5公里以上的仅为2.9%(见表1)。

表1 江苏省乡镇、村交通设施建设状况

单位:%

指标	全省	苏南地区	苏中地区	苏北地区
有火车站的乡镇	5.7	11.0	4.8	4.3
有码头的乡镇	20.9	25.0	31.9	14.5
有高速公路出入口的乡镇	30.3	50.0	32.9	22.2
通公路的村	99.9	100.0	100.0	99.8

① 第三次全国农业普查对全省837个乡镇和17111个村的基础设施建设和基本社会服务进行了调查,于2018年1月19日发布了主要数据公报。

续表

指标	全省	苏南地区	苏中地区	苏北地区
按通村主要道路路面类型分的村				
水泥路面	81.2	63.3	80.7	88.5
柏油路面	18.5	36.6	19.1	11.0
沙石路面	0.2	0.0	0.1	0.4
按村内主要道路路面类型分的村				
水泥路面	93.7	90.3	96.5	93.8
柏油路面	4.1	9.2	2.9	2.6
沙石路面	1.9	0.4	0.5	3.1
村内主要道路有路灯的村	66.1	88.9	79.7	50.4
村委会到最远自然村或居民定居点距离				
5公里以内	97.0	94.9	97.2	97.8
6~10公里	2.5	4.6	2.4	1.8
11~20公里	0.4	0.5	0.4	0.4
20公里以上	0.0	0.0	0.0	0.0

资料来源：江苏省第三次全国农业普查领导小组办公室、江苏省统计局、国家统计局江苏省调查总队发布的《江苏省第三次全国农业普查主要数据公报》（第三号）。

农民生产生活环境得到持续改善。2016年末，江苏全省100%的村庄通电、通电话，村庄的天然气管道通达率为14.2%，有99.7%的村庄接通了有线电视。随着农村电子商务的迅速发展，有99.3%的村庄连接了宽带互联网，有37.4%的村庄设有电子商务配送点。[1] 同时，农村市场建设也日趋完善。2016年末，在乡镇层面，江苏96.8%的乡镇有商品交易市场，62.8%的乡镇有以粮油、蔬菜、水果为主的专业市场，17.0%的乡镇有以畜禽为主的专业市场，17.6%的乡镇有以水产为主的专业市场；在村级层面，全省村庄有50平方米以上的综合商店或超市的占到73.9%，4.1%的村庄开展了乡村旅游接待服务，45.6%的村庄有持营业执照的饭店（见表2）。

---

[1] 江苏省第三次全国农业普查领导小组办公室、江苏省统计局、国家统计局江苏省调查总队：《江苏省第三次全国农业普查主要数据公报》（第三号）。

表2 江苏省乡镇、村市场建设状况

单位：%

	全省	苏南地区	苏中地区	苏北地区
有商品交易市场的乡镇	96.8	98.8	98.1	95.5
有以粮油、蔬菜、水果为主的专业市场的乡镇	62.8	57.3	61.0	65.7
有以畜禽为主的专业市场的乡镇	17.0	10.4	17.6	19.0
有以水产为主的专业市场的乡镇	17.6	15.9	18.6	17.7
有50平方米以上的综合商店或超市的村	73.9	70.2	74.1	75.2
开展旅游接待服务的村	4.1	9.1	2.8	2.7
有营业执照的餐馆的村	45.6	60.3	41.5	41.5

资料来源：江苏省第三次全国农业普查领导小组办公室、江苏省统计局、国家统计局江苏省调查总队发布的《江苏省第三次全国农业普查主要数据公报》（第三号）。

（二）生态环境治理成效显著

生态环境治理是美丽乡村建设的核心要义。近年来，江苏以乡村绿化、村容整洁为主要特征的农村人居环境改善工作快速推进，着力开展乡村环境基础设施建设，乡村人居环境水平得到显著提升。2015年底，全省共完成18.9万个自然村的环境整治，基本覆盖城镇建成区以外的所有自然村庄，农业生产、农民生活、农村生态得到普遍改善，建成了1300多个三星级康居乡村。"村庄环境整治苏南实践"获2014年度"中国人居环境范例奖"，"江苏省村庄环境改善与复兴项目"被亚洲银行评为"2014年度最佳实践案例"。同时，开展休闲观光农业示范创建工作，先后认定江苏最具魅力休闲乡村101个、江苏省农家乐集聚村示范村20个。

2016年以来，江苏启动村庄生活污水治理试点县建设，先后两批共31个县（市、区）推进村庄生活污水处理设施建设，有效改善了农村人居环境状况，其中，太湖流域的村庄生活污水处理设施覆盖率近60%。2016年末，江苏全省有99.6%的乡镇实现集中或部分集中供水，有98.6%的乡镇生活垃圾实现集中或部分集中处理，有98.9%的村生活垃圾集中或部分集中处理，有36.5%的村生活污水集中或部分集中处理，有94.5%的村完成或部分完成"厕所革命"（见表3）。

表3　江苏省乡镇、村卫生处理设施建设状况

单位：%

	全省	苏南地区	苏中地区	苏北地区
集中或部分集中供水的乡镇	99.6	100.0	99.5	99.6
生活垃圾集中或部分集中处理的乡镇	98.6	98.2	99.5	98.3
生活垃圾集中或部分集中处理的村	98.9	99.2	99.3	98.5
生活污水集中或部分集中处理的村	36.5	73.4	32.4	23.6
完成或部分完成改厕的村	94.5	99.1	99.3	90.3

资料来源：江苏省第三次全国农业普查领导小组办公室、江苏省统计局、国家统计局江苏省调查总队发布的《江苏省第三次全国农业普查主要数据公报》（第三号）。

（三）乡村旅游转型升级明显加快

2015年江苏省政府出台了《江苏省乡村旅游发展三年行动计划（2016~2018）》，2016年实施了乡村旅游升级工程，以创建旅游风情小镇为抓手，全面助推乡村旅游转型升级，乡村旅游发展步伐明显加快。

一是乡村旅游产业规模不断壮大。近年来，江苏积极支持乡村旅游发展，着力优化乡村旅游发展环境，结合农村实际情况，不断深化乡村旅游管理体制改革。截至2016年底，江苏全省拥有中国乡村旅游模范村39个、中国特色景观旅游名镇（村）43个、中国乡村旅游示范基地3家、省乡村旅游创业示范基地3家，江苏省四星级和三星级乡村旅游区（点）分别有306家、324家，全省各类乡村旅游经营户有3.7万家左右。

二是乡村旅游综合效益日益提升。截至2016年底，江苏全年乡村旅游实现营业额745亿元，比上年增长18%；乡村旅游接待游客总量达到2.47亿人次，比上年增长22%，占全省游客总量的36%。全省乡村旅游直接从业人员总数已达42万人左右，既培育了乡村经济的新增长点，又为当地农民脱贫奔小康注入了新动能。

三是乡村旅游产业已逐渐形成集聚化发展态势。在乡村旅游先期经营较好的地区出现了镇村全域发展乡村旅游的趋势，乡村旅游集聚发展的态势明显。如南京市江宁区、高淳区，苏州市吴中区、张家港市、昆山市，无锡市宜兴宜南山区、惠山阳山、滨湖环太湖带，镇江市句容市；苏中苏北地区如南通市的如皋，泰州市的溱湖兴化周边，徐州市贾汪区，盐城市大丰区等区域也逐步呈现出集聚发展的趋势。各地在集聚发展的同时，根据自身的地域特色，深入挖掘历史文化资源，将文脉传承融入乡村旅游，初步形成了各具特色的品牌效应。

（四）乡村基本公共服务水平逐步提升

近年来，江苏着力推动基本公共服务不断向农村地区延伸，初步实现了农民的学有所教、病有所医的目标。

教育文化服务不断完善。2016年末，在乡镇层面，江苏全省99.8%的乡镇有幼儿园，99.5%的乡镇有小学，99.6%的乡镇有图书馆、文化站，44.1%的乡镇有剧场、影剧院，49.8%的乡镇有体育场馆，89.6%的乡镇有公园及健身广场；在村庄层面，36.0%的村有幼儿园，79.3%的村有体育健身场所，47.7%的村有农民业余文化组织。

社会福利和医疗服务逐步提升。2016年末，全省99.9%的乡镇设有医疗卫生机构，99.9%的乡镇有执业（助理）医师，建成医疗卫生机构几乎覆盖全部的乡镇。全省98.2%的乡镇有社会福利收养性单位，93.5%的乡镇有本级政府创办的敬老院。88.9%的村有卫生室，79.3%的村有执业（助理）医师，基层医疗卫生机构建设稳步推进，农民的医疗健康权益逐步得到保障。

二 江苏美丽乡村建设存在的短板

江苏美丽乡村创建工作取得了明显成效，但也面临一些亟须解决的短板问题。

（一）过度偏重村容村貌的建设，忽视传统村落文化资源的挖掘

有的地方基层政府在推进美丽乡村建设的过程中急于求成，对美丽乡村建设的认识仍停留在短期、外在层面，重形式轻内涵，不同程度地存在过度用地、大拆大建、千村一面等问题，对乡村文化资源的深度挖掘不够。有的地方将"生态优、村庄美、产业特、农民富、集体强、乡风好"的美丽乡村建设简化为表面的"涂脂抹粉"，忽略了美丽乡村建设是一项长期的、复杂的和系统的工程，尤其是忽略了村落特色、传统文化、乡镇和村居之间的有机联系。此外，美丽乡村建设中部门之间的沟通协调机制有待完善，缺乏协调统一的建设和管理工作体系。

（二）村民主体性参与的缺失，尚未建立有效的利益联结机制

发挥村民的主体作用是美丽乡村建设的根本立足点。但是，调研中发现，受客观条件和主观因素的制约，村民在美丽乡村建设过程中存在参与度不高的问题。美丽乡村建设是全省推进乡村振兴战略的重要方面，有的基层政府简单将建设目的异化为完成上级下达的任务而开展创建工作，要求镇村大干快上，尽快出成效，导致了基层出现了大包大揽的现象，存在一定的越位行为，做了原本应该由村级组织和农民做的事情，出现了"政府积极，农民慢热"的现象。同时，由于村民共享美丽乡村建设成果的利益联结机制尚未有效建立，导致村民在美丽乡村建设过程中的积极性不高、主动性不强，甚至有的村民为个人私利阻碍美丽乡村建设工作开展。

（三）产业支撑不足，富民产业不明晰

美丽乡村建设的主要目标是农村发展、农民富裕、生态和谐，地区的经济社会发展离不开产业的支撑。目前，大部分地区在美丽乡村建设过程中存在产业结构较为单一、产业带动力不强等问题，大多是较低层次的产业形态，存在着主导产业薄弱、科技含量不高、品牌少等短板，难以推动乡村产业的整体联动发展，产业发展、环境美化、空间优化和村民富裕的相互协同

发展难以实现。以乡村旅游中的民宿业为例，江苏多数的乡村旅游民宿仅有食宿功能，民宿的主题特色不突出，具有多样化休闲服务功能的特色民宿尚未发展起来。此外，虽然很多村庄都将美丽乡村建设的目标定位为发展乡村旅游，但是存在发展思路同质化严重、特色产业不鲜明等突出问题，富民增收渠道有待进一步拓宽，富民产业有待明晰。

（四）资金投入较为单一，基础设施和基本公共服务有待提档升级

美丽乡村建设需要大量的资金投入和全社会的共同参与，而当前除政府投入外，鲜有社会资本参与美丽乡村建设项目，多元化、多形式的资金投入共建机制还未建立，政府财政资金带动社会资本投资的作用未能有效发挥。在调研中发现，有的地方由于美丽乡村建设的资金投入过大，导致原来村集体经济收入较好的村在建设美丽乡村过程中背上了沉重的债务负担。同时，由于单一依靠政府的财政资金投入，乡村基础设施和基本公共服务存在一定的短板，特别是乡村污水处理、垃圾回收、厕所改建等基础设施建设亟待加强，医疗卫生、教育文化、社会保障等基本公共服务有待进一步完善。

三 推进江苏美丽乡村建设的对策建议

美丽乡村建设是美丽中国建设的重要组成部分，是实施乡村振兴战略的重要抓手。深入推进美丽乡村建设应坚持问题导向，重点从以下几个方面补齐短板。

（一）以城乡一体规划引领美丽乡村建设，彰显传统村落文化特色

打造美丽乡村升级版，要立足城乡一体化发展，高质量编制美丽乡村发展规划，加强与土地利用总体规划、基础设施建设规划、产业发展规划等方面的衔接，实现空间布局、生态环境、基础设施、公共服务和产业发展的有机融合，确保美丽乡村建设的科学性、连续性和严肃性。在县域美丽乡村的布局规划中，要以农业适度规模经营、农地整理和复垦、推进农民自然集聚

居住为抓手，进一步优化村庄空间布局。同时，注重打造特色鲜明的美丽乡村，避免千村一面，顺应自然、尊重历史、彰显文化，找准村庄建设的功能定位，深入挖掘传统村落的民居元素，借鉴传统村落建筑智慧，确保新建建筑与村庄环境相适应，保持富有传统意境的田园乡村景观格局，体现地域特色和时代特征。要注重传承乡土文脉，保护非物质文化遗产和传统技艺。

（二）以生态富民推进乡村产业发展，进一步发挥村民的主体作用

产业支撑是美丽乡村持续发展的生命力，没有产业支撑，美丽乡村建设就是昙花一现。各地在资源禀赋、地理区位和经济社会发展水平等方面都不尽相同，要按照立足本地实际、错位创新发展的思路，推进农业供给侧结构性改革，发展壮大有优势、有潜力、有市场的特色产业，形成一批具有地域特色和品牌竞争力的农产品地理标志品牌。着力培育新型农业经营主体，不断完善农业生产的社会化服务体系，借力"生态＋"、"互联网＋"等途径构建"接二连三"的农业全产业链，促进农业产业的提档升级。同时，要坚持以村民为中心，进一步增强农民参与管理的意识，建立健全村庄基础建设、环境保洁等激励和约束机制。尊重村民意愿，从村民拥护的实事入手，通过发展合作社、乡村社区发展股份制等形式真正让农民获益，不断完善利益共享、风险共担的美丽乡村建设联结机制，让村民投身到美丽乡村建设中来，真正成为生态富民的受益者、主力军。

（三）以多元化的资金投入支撑美丽乡村建设，推进基础设施和公共服务均等覆盖

在市场经济体系下，资源要素难以主动配置到偏远的乡村，这就需要政府引导资源要素配置，建议调整优化省级现有相关专项资金特别是涉农资金的使用结构，在符合项目资金用途的前提下向美丽乡村建设倾斜，科学合理地加大资金投入力度。在增加政府财政资金投入的同时，要通过财政补助、贴息、税收返还等方式，进一步动员社会力量参与美丽乡村建设，建立多元化的资金投入机制，引导企事业单位、社会组织和个人投资捐资，增强共建

共享美丽乡村的合力。按照城乡一体化和均等化要求，推动基础教育、健康医疗、就业创业、社会福利等基本公共服务在城乡之间逐步实现布局合理、均衡配置。加大乡村基础设施建设力度，对村庄环境改善提升、美丽乡村建设等专项资金进行整合，着力完善供电、通信、污水垃圾处理、公共服务等配套设施，适当增加旅游、休闲、停车等服务设施，加快农村电子商务服务点建设，着力满足美丽乡村建设的需要。

（四）实施村容整治和绿化美化，努力改善农村人居环境

村容整洁和美化是建设美丽乡村的重要内容。一方面，要大力推进农村环境整治。加快建设与农村发展相适应的污水处理设施和生活垃圾收集处理设施，提高农村污水和垃圾的处理能力，注重污水的循环利用和垃圾的分类处理。进一步实施饮水安全工程、农村沼气工程等惠民项目，着力改善农村家庭的卫生条件，进一步提高农民的生活质量。大力发展现代高效生态农业，挖掘传统农业生产智慧，建设农田生态沟渠，充分发挥农田沟渠系统的湿地涵养功能，推进畜禽粪便、作物秸秆等农业生产废弃物循环利用，有效减少农业面源污染。另一方面，要推进村庄绿化美化。结合农村实际，对道路、水系、晾晒场地等设施周边进行绿化，着力营造优美和谐的农村田园风光，增加乡村美丽度。对公共活动场所进行环境卫生整治，动员村民一起动手、共同参与卫生整治，有条件的村可以安排专人负责公共活动场所的卫生保洁。

（五）推进乡村文化建设，培育人文和谐新风尚

推进农村文化建设，教育引导群众树立热爱祖国、遵纪守法、诚实守信、尊老爱幼、崇尚文明的良好道德风尚。首先，利用重大活动、重要纪念日和传统节庆，广泛深入地开展形式多样的群众性主题教育活动，引导广大农民群众自觉革除不文明行为和陈规陋习，倡导科学健康的生活方式，培养文明卫生的生活习惯。其次，开展形式多样的文体活动。增加农村文化建设投入，加强镇村文化站、村文化室建设。开展各类文化下乡、进村庄活动，

在农村地区大力宣传科学文化知识，抵制封建迷信活动，促进农村社会风气的好转和农村文化的进步。最后，加强农村基层党组织建设。培养基层党组织带头人，提升他们推动农村发展、服务农民群众的能力，切实发挥基层党组织的战斗堡垒作用。

B.23
推进江苏乡村振兴的实践与路径

樊佩佩*

摘　要： 国家将乡村振兴作为一个战略部署，前所未有地放到了重塑城乡关系、城乡融合发展的高度。实施乡村振兴战略，将实现工业现代化和农业现代化同步推进，为了让城镇化发展和村镇化发展更加协调，促进城乡资源要素良性互动，融合城乡一起迈向现代化，江苏乡村振兴面临着诸如土地权益受限无法实现要素流动、小农经济抵御风险能力弱无法实现规模经营、自上而下的财政投入尚未建立良性循环等问题。当前，江苏推动乡村振兴的对策建议包括：①通过产业融合发展促进农民增收；②分类治理，循序渐进推进乡村振兴；③发挥城市群和都市圈的辐射带动作用实现城乡融合发展；④吸引人才返乡创业，塑造新型职业农民；⑤完善土地相关法律，保障农民财产权益；⑥编制乡村振兴规划，建立乡村振兴机构，健全资金流动机制；⑦加大乡村文化建设力度，为乡村振兴提供内生动力。

关键词： 乡村振兴　产业　人才　融合发展

一　乡村振兴的背景与现状

十九大报告首次提出了"乡村振兴"的国家战略和"城乡融合"的决

＊ 樊佩佩，江苏省社会科学院区域现代化研究院副研究员，博士。

策部署，意义重大。江苏省的政府工作报告对 2018 年和未来 5 年的主要任务进行规划时，也大篇幅深入阐述了江苏的乡村振兴战略。对照习近平总书记对乡村振兴战略的具体要求，朝着"产业兴旺、生态宜居、乡风文明、治理有效、生活富裕"方向系统化推进乡村振兴，加快农业农村现代化步伐。

当前，我国最大的不平衡是城乡发展不平衡。长久以来，我们对农村大多采取的是围绕国家城市化和工业化需求的城市导向的策略——只强调农业中的粮食产量，忽视农业的多功能价值。农业的经济功能被不断放大，而政治、文化、社会和生态功能则被忽视，无法实现其自身价值。进而，三大产业之间展开了一场残酷的比拼，将农业与二三产业放在一起竞争各种生产要素。而在此过程中，农业对自然的依赖、缺乏经济弹性的供求以及市场刚性需求等弱质性产业特征，使其作为第一产业的投资风险增加，让大多数农业领域的从业者失去获利甚至谋生的可能。并且，其投资收益回报也不可能高过以工业为代表的第二产业和以服务业为代表的第三产业。

因此，从事农业的收入降低与进城务工的收入提高导致劳动力外流，产生了诸如农村空心化、老龄化和非农化等问题，加剧了农村的衰败。更进一步，形成工业部门和城市处于经济区域发展的核心地位从而主导经济发展，而农业部门和农村则处于经济区域的边缘，形成农业和农村从属于工业部门和城市的不对等关系，最终定型为城乡不平衡发展格局。

从世界各国的发展历程来看，乡村衰落是伴随城市化和现代化发展的一个普遍现象，可以说是现代化无可回避的代价，其主要原因是城市化伴随着人口大量向城市地区集聚，同时伴随着农村地区人口的大幅减少。乡村振兴战略的提出就是基于这样的背景，力图将现代化理念、现代化机制和现代化要素融入农业农村的日常生活、生产、生态、文化孕育和乡村治理中。并且，要在 2025 年、2035 年和 2050 年依次达到初步形成乡村振兴格局，基本实现农业农村现代化和全面实现农业农村现代化的阶段性目标。

国家将乡村振兴作为一个战略部署，前所未有地放到了重塑城乡关系、城乡融合发展的高度,体现的是一个宏观的、系统性和全局性的发展方略。实施乡村振兴战略,将实现工业现代化和农业现代化同步推进,为了让城镇化发展和村镇化发展更加协调,促进城乡资源要素良性互动,融合城乡一起迈向现代化。

江苏农村工业化起步较早,城镇化进程较快,尤其是苏南靠工业化带动城镇化实现乡村振兴。城乡差距不断缩小,贫困人口减少,城乡关系空前紧密。江苏农民收入水平在全国农村的位置比江苏城市居民在全国城市的位置高,收入涨幅也较城镇地区更高。比如,2017年江苏农村常住居民的收入涨幅为8.8%,超过城镇常住居民的8.64%。这表明,江苏农村相对于全国其他地区更加发达。从政策制定的角度看,需要振兴的"最短板"并非是一般意义上的农村和农业,更多是现代化发展格局优化的问题。

"十二五"以来,江苏以乡村物质空间环境改善为出发点,带动社会资源流入乡村,大力推进乡村产业发展、乡土文化传承、生态保护修复、社会治理水平提高,取得超出预期的综合效应,建成1000个以上省级美丽宜居村庄和1万个以上市级美丽宜居村庄,并已基本建立长效管护机制。近年来,从村庄环境整治到实施村庄环境改善提升行动、特色田园乡村建设行动计划,江苏推进乡村建设和发展的目标逐步提升,内容逐步拓展。下一步的工作则是在现有基础上,依据江苏"1+3"功能区域的不同特点,运用系统化思维推进江苏乡村振兴。

二 乡村振兴的战略定位和发展思路

改革开放至今40年,纵观历年三农问题发展的战略(见表1),可以发现党在不同阶段对农村发展问题都有侧重点,不断基于社会发展对解决三农问题提出新思路和新认识。十九大提出的乡村振兴战略是对过去农村发展思想的总结和升华,顺应国情赋予了三农问题以新的内涵,开启了农村现代化发展的新篇章。

表1 历年来三农问题发展战略的演进

时间	时间节点	历次战略目标比较
1978年	十一届三中全会	经济上保障农民的物质利益,政治上尊重农民的民主权利,确立了党和政府处理与农民关系的准则
2005年	十六届五中全会	建设社会主义新农村,统筹城乡经济社会发展
2007年	十七大	把解决好三农问题作为全党工作的重中之重;形成城乡经济社会发展一体化新格局
2012年	十八大	解决好农业农村农民问题是全党工作重中之重;城乡发展一体化是解决三农问题的根本途径
2012~2017年	十八大以后	"中国要强,农业必须强;中国要美,农村必须美;中国要富,农民必须富";"任何时候都不能忽视农业、不能忘记农民、不能淡漠农村";"坚定不移深化农村改革,坚定不移加快农村发展,坚定不移维护农村和谐稳定"等
	十九大	乡村振兴战略

乡村振兴战略不是回归传统三农格局,而是让三农走上现代化道路,即农民少且富,农业比较收益率上升,达到社会平均水平及以上。农村在工业化主导下开始享受城市化的生活方式,享有发达的基础设施,以及教育、医疗、社交、文化等配套设施。将乡村振兴、城镇化、工业化有机整合,实现借力发展,形成劳动力流动的城乡互动模式,力图使农村新产业新业态繁荣兴旺。应采用超越产业分割局限的政策视角,从战略层面推进乡村振兴,同时避免简单重复既有发展模式造成城乡发展失衡的局面。

乡村振兴战略的首要落脚点是产业兴旺,要求参与农村产业发展的各要素都必须围绕基本的农业生产要素进行组合,使得农村在产业发展上既能保证经济发展的效率,又能吸引资源、资本和人才等要素向乡村流动,从而避免重蹈由于非农产业的高利润而导致农业劳动力和农业资本都纷纷弃农而去的覆辙。到2035年,现代化的农村与城市将形成体系上互相融合、功能上各具特色的格局。这其中,劳动力的城乡互动模式将成为城乡融合发展的最大特点。在城乡人才形成交融互动的基础上,以现代信息技术为基础的新产业新业态将在农村蓬勃发展。

在解决乡村衰落难题的过程中,乡村产业振兴战略将会超越第一产业本身，培育一二三产业融合的新业态。首先要通过产业连接，创造新供给，发挥加法效应：通过把握城市对安全食品的新需求，根据本地生产特点，开发出适合新需求的新产品，实现农业和加工业的连接。在此基础上，发展文化创意产业和休闲旅游业，实现加工业与服务业的连接，由此实现价值增值。然后通过产业融合，培育新业态，发挥乘法效应。在产业体系建立之后，政策上要侧重深化产业之间的融合。如此能让乡村产业不仅仅是第一产业的价值生产，而更多地体现农业多功能性的价值生产。

三 江苏乡村振兴面临的主要问题

列斐伏尔在2003年出版的《城市革命》一书中论述城乡关系时指出，资源、资本分配集中作用于回报率高的城市，使得城市在全球化中的角色难以被乡村挑战。乡村地区作为资源价值和人力资本的洼地，长期以来在城镇化进程中被视为土地指标和劳动力的来源，承担着"资源要素供给者"的角色。由于相对较低的投资回报，城镇向乡村的社会资本回流非常微弱，难以改变城市中心地位，而政府的公共财政无论是"面上撒粉"还是"样板导向"的投入，都难以避免广大乡村的持续失血和衰退，这也是乡村振兴面临的首要难题。

1. 土地权益受限，无法实现要素流动

由于涉及全局性、深层次的矛盾和问题，建立城乡统一建设用地市场的政策措施进展缓慢，其假如大幅提高农民在土地增值收益中的分配比例，也就意味着大幅度减少地方政府在土地增值收益中的份额。这就必然涉及在城乡一体化进程中中央政府与地方政府之间财力与事权的划分、土地财政和土地金融等关键性问题。

当前，依附于农村户籍的土地红利日益显现，土地将在一定程度上起到维持"农村人口"数量的作用，但由于权益所限无法作为抵押物进行融资投入产业发展，因而无法获得社会平均水平之上的收益，仅仅发挥着社会保障的作用。农民自身财产和拥有资源相对较少，不熟悉有关投资渠道，投资风险控制能力弱,也制约了农民依靠财产和资源增加收入的能力。在中国未来城镇化继续发展的进程中,那些承载大量双栖兼业人口的农村将长期承担风险"稳定器"和人口"蓄水池"的角色。

2. 小农经济抵御风险能力弱,无法实现规模经营

单家独户的小农依靠传统"劳动密集型"方式耕作经营,至多只能实现其个体保障的功能,只有"资本密集型"农业才能产生利润。并且,小农经济自身难以积累起足够的资本,以利润为导向的资本系统也不倾向于贷款给小农户,帮助小农户进入"资本密集型"农业生产。即使单家独户的小农户能够进入,也难以承担得起"资本密集型"农业的风险。虽然国家可以从第二、第三产业中汲取足够多的资源补贴农业,但是大量的国家涉农资金却找不到一个合适的扶植对象。如果直接发放给农户,每家每户所得有限,只能起到"福利"和象征作用,对于农业投资并无实际意义。进一步而言,农业抵抗自然风险能力弱,而且部分农产品价格波动频繁,制约了农民依靠农业经营实现净收入稳定增长。目前,缺乏相应的风险规避机制和金融支持,使得小农户难以发展多种形式适度规模经营,无法实现小农户和现代农业发展的有机衔接。与此同时,乡村的生产组织功能在弱化,每个村民及家庭就是一个独立面向市场的经济个体,造成乡村产业发展难以形成规模和特色,尤其是当乡村产业发展进入互联网经济、乡村旅游经济、特色农产品加工经济领域,对懂得通过新媒介、新渠道、新方式进行生产组织与市场销售的人才需求旺盛,这就需要引导、扶持具备乡村产业组织能力的人员积极参与到乡村生产中来。

3. 自上而下的财政投入尚未建立良性循环

乡村建设依据户籍人口规模和资源禀赋划分重点村、特色村和保留自然村等几个分类,财政投入也据此定档分级,基本形成了自上而下、层层覆盖的乡村规划和政府投资体系。但仅依靠自上而下、大规模、高强度的基础设施和公共服务投入不一定高效,不计成本的乡村建设也可能造成新一轮财政投资低效、浪费的风险,投入所留下的低效资产也往往转化为新的和沉重的地方债务负担,而不少乡村尚未建立良性资本循环和人口回流机制。从长远

机制看，农村要避免衰落，就需要在传统"自上而下"的体系之外，通过恰当途径培育"自下而上"的乡村发展和规划、投资补充体系以及村民参与机制，从根本上增强资金和资源的回流。

四 江苏乡村振兴的对策建议与实践路径

乡村振兴只有通过要素的流动才能实现资源优化配置，激发乡村发展动能。要加大资源要素配置的整合力度，畅通城市技术、人才、资金、管理等现代生产要素下乡的通道，为乡村振兴提供有力支撑。要对自然资源、财政资源、人才资源、科技资源以及文化资源等进行挖掘、优化、重组，促进集约合理配置，催生整体聚合效应，以促进乡村多种功能的整体提升。加快建立健全城乡融合发展体制机制和政策体系，推动城乡要素平等交换和公共资源均衡配置。基于此，提出以下对策建议。

1. 通过产业融合发展促进农民增收

把农业产业结构调整作为总抓手，围绕"选择优势、壮大主导、提升特色、做强产业"的发展方向，在做强农业的基础上，推进"接二连三"，借助打造全域旅游的东风，促进农村一二三产业融合发展，依托现有的特色农产品，延伸农业产业链，提升价值链，保障供应链，提高综合效益和竞争力。发展农村新产业和新业态，培育发展新动能。以农业为基础，以绿色生态理念推动一二三产融合发展，要坚持做大做强做优工业、服务业等，通过二产、三产"反哺"农业，进一步拓宽农民工资性收入渠道，并拓宽经营性收入、财产性收入和转移性收入渠道，大力发展乡村旅游观光休闲产业、依托互联网的农村电商产业、农产品加工业以及农业生产性服务业等重点产业，全面促进农民增收。

2. 分类治理，循序渐进推进乡村振兴

乡村振兴并不是对每一个村庄面面俱到，而是振兴有条件的部分乡村，让另一部分不宜人居、难以推进的村寨通过人口迁移逐步还林，修复生态。乡村振兴的关键是人口和产业，需要通过乡村生活现代化吸引人口，通过城乡产业融合提升乡村就业的收入。要在一定标准下筛选出值得振兴的乡村，比如，是否有可以持续发展的产业，是否有人口的凝聚力，是否有适宜居住和发展的资源，是否有历史文化积淀，是否有善治的前景等。

然后，要基于乡村的自身特点进行分类治理，让具有工业基础和条件的乡村加快推进工业化水平，对不具备工业化条件的地区，通过土地流转集中发展现代农业，对于大城市周边地理位置较好的乡村，着力推进休闲产业发展路线。个别交通不便的地区，应以规模经营和农业产业化为主。基于合理分工进行乡村分类振兴，前提条件是努力实现这些地区的交通通达、基础设施完善、公共服务供给基本均等化、生活水平与工业发达地区大体相当。

3. 发挥城市群和都市圈的辐射带动作用，实现城乡融合发展

乡村振兴战略下的城乡发展是紧密依存、分工合作、产业对接的关系。通过快捷的交通基础设施和信息高速智能基础设施，缩小乡村与城市圈、工业圈、产业圈的距离，形成新的城市与现代乡村的大都市融合发展圈。进一步做大中心城市规模，依托扬子江城市群、宁镇扬都市圈以及苏锡常都市圈的一体化发展带动辐射特色小镇、新农村建设和美丽乡村建设，形成协同联动的发展格局。推进交通、信息、水利、能源等重大基础设施建设，以及与周边重点城镇、相邻地区之间的互联互通，加强城市群和都市圈与周边乡村的合作。

要进一步加强城乡融合发展，需要确保城市群分工协作合理化，重点是产业协调发展。根据资源条件、比较优势和现有产业基础，加强周边乡村与以上城市圈和都市圈之间的产业政策对接。尤其是在先进制造业和大数据、大健康、大旅游、大生态产业方面，促进城市间产业分工协作，构建产业链紧密、产业融合、集成配套、竞争力强的现代产业集群，增强产业核心竞争力，进而推进城乡融合发展。

4. 吸引人才返乡创业，塑造新型职业农民

2017年1月，农业部出台《"十三五"全国新型职业农民培育发展规划》，提出到2020年通过教育培训和有针对性的扶持政策，打造超过2000万人的新型职业农民队伍，将夯实发展现代农业的人才基础。

除此之外，一方面，应吸引更加多元化的社会主体参与到乡村发展与建设中来，赋予乡村发展活力。大学生村官这一群体创业热情高，但由于缺乏专业支撑，不熟悉市场行情，缺乏融资能力，使其创业成功率整体偏低。江苏可出台关于大学生村官创业的具体实施意见，统筹规划和解决大学生村官在创业中遇到的重点和难点问题，加大扶持力度，提供各项创业政策支持。同时，通过系统化、科学化的培训，提高大学生村官创业知识水平、创业技术水平和组织管理能力，鼓励大学生村官组团创业，实现创业合力的最大化，带领当地村民发家致富。

另一方面，为了带动外出务工青年回乡创业，建议在创业者分布集中度较高的区域成立创业俱乐部或创客集会等类似形式的组织，或定期定点举办创业者面对面分享会、优秀创业者表彰会，通过类似的以点带面的方式建立农民工返乡创业的交流沟通机制，充分满足农民工创业者之间的社会网络的拓展，营造出农村特色的创业氛围。更进一步，需要帮助白手起家的返乡创业者营造创业氛围及有效的创业者之间的沟通机制，促进创业者之间的经验分享、信息交流，从而为返乡创业人才提供商机信息，以及上下游产业链的渠道资源，最大限度地挖掘创业潜能，夯实现代农业的人才基础。

5. 完善土地相关法律，保障农民财产权益

保障农民财产权益，应进一步完善相关法律，把有些政策及时上升为法律。一是修改完善农村土地承包法，在法律条文中明确规定第二轮土地承包到期后再延长 30 年，使农民土地承包经营权展期得到法律确认和保障，将实施乡村振兴战略的重大部署贯彻到法律中。二是以立法完善"三权分置"制度，明确土地承包经营权分为土地承包权和土地经营权，承包土地的经营权流转后，承包方与发包方的承包关系不变，承包方的土地承包权不变。这不仅有利于实现农业规模经营，而且有利于提高农民土地收益。三是进一步明确土地承包经营权的各项法律权能，强化土地承包权的物权属性，赋予农民对承包地占有、使用、收益、流转及承包经营权抵押、担保权能。

6. 编制乡村振兴规划，建立乡村振兴机构，健全资金流动机制

为保障乡村振兴有序推进，提高乡村振兴的行动效率，建议国家和省相

关部门编制带有指导意义的中长期乡村振兴规划，指导乡村振兴有序化推进。与此同时，为确保乡村振兴顺利实施，建议在省相关部门下设立专门负责实施乡村振兴的机构，为协调乡村振兴牵涉的多方面事务提供必要的组织保障。

在此组织基础上，统筹使用政策资金，把资金投入在发展高效农业、要素配置、培育新型经营主体、提供社会化服务和精准扶贫等方面。建立实施乡村振兴战略领导责任制，对乡村振兴的资金投入建立健全有利于各类资金向农业农村流动的机制，特别是对资金要素加强整合，避免多头立项、分散投入，使资金投入到最急需和最紧要的领域，提高资金集聚使用效益，确保涉农资金、扶贫资金专款专用和惠农政策的有效落实。

7.加大乡村文化建设力度，为乡村振兴提供内生动力

乡村文化建设不仅在扶贫开发中具有"扶志"和"扶智"的基础性、引领性重要影响，而且在整个农业农村现代化的进程中同样意义重大，对于乡村振兴可以发挥先导性和示范性的关键作用。文化除了满足人们娱乐需求外，也为经济社会发展提供精神动力和智力支撑。乡村文化建设的宗旨是统筹应用多种文化手段和教育方式，培育和塑造乡村振兴的实施主体，从转变和提升村民的思想观念、精神状态、生存技能等综合素质入手，焕发他们奋发图强的激情，增强他们创业致富、建设家乡的本领，从而阻断贫困的代际传递，为建立健全自治、法治、德治相结合的乡村治理体系提供内生动力。建议在乡村振兴工程中推进文化惠民体系建设，巩固提升有发展潜力的文化中坚力量，引导培育基层的民间文化人才，加强乡村文化遗产的保护利用，从根本上发掘乡村振兴的精神动能。

B.24
推进城乡义务教育一体化与优质均衡发展的现状及对策

韩海浪*

摘　要： 近几年，江苏强力推动"全面改薄"进程，加强对留守儿童的关爱保护以及教师"县管校聘"管理体制改革，有力促进了全省城乡义务教育一体化与优质均衡发展。针对目前还存在的"全面改薄"时间紧任务重、留守儿童关爱保护工作力量弱经费少、教师"县管校聘"改革阻力大难点多等问题，建议今后更加重视软件建设，确保"全面改薄"目标如期实现；强化留守儿童关爱保护工作的人力、物力保障；深化教师"县管校聘"管理体制机制改革。

关键词： "全面改薄"　留守儿童　"县管校聘"

2017年2月，江苏颁布《关于统筹推进城乡义务教育一体化促进优质均衡发展的若干意见》，并作为省政府1号文件正式出台，明确了城乡义务教育一体化与优质均衡发展的"任务书"和"线路图"。其中，"加大力度改善薄弱学校基本办学条件，逐步缩小校际差距"、"切实加强随迁子女和留守儿童义务教育工作"以及深化"县管校聘"管理体制改革，"均衡配置城乡义务教育学校教师，帮助薄弱学校提升教育教学和管理水平"等，都是极为重要的具体任务和奋斗目标。

---

* 韩海浪，江苏省社会科学院社会学研究所副研究员。

推进城乡义务教育一体化与优质均衡发展的现状及对策

依据2017年省政府1号文件内容,本文从"全面改薄"、留守儿童关爱保护、教师"县管校聘"管理改革三方面,论述江苏教育一体化与优质均衡发展的现状、问题与对策建议。

一 推进城乡教育一体化与优质均衡发展的现状

(一)"全面改薄"

我国从2014年起计划用5年时间(2018年完成)全面实施改善义务教育薄弱学校基本办学条件工程,简称"全面改薄"。2015年5月江苏省在全国率先制定义务教育学校办学标准并在全省范围内试行。该标准涵盖学校建设和管理多个方面的软硬件要求,是全省今后一段时间义务教育学校建设和办学的统一标准,也是"全面改薄"工程的依据和标尺。2016年开始,又启动义务教育学校标准化建设监测,其中包括精准研判"全面改薄"的成效和不足,以此促进义务教育优质均衡发展。

三年多来,根据国家统一部署,结合本省实际,江苏以标准化建设为引领,有效改变了部分义务教育薄弱学校的面貌,"全面改薄"工作取得了显著的阶段性成效。截至2017年4月底,全省"改薄"资金总投入406.72亿元,占五年规划总数的79%。全省新增开工项目学校3716所,新增校舍开工建筑面积1603万平方米,新增室外运动场开工面积655万平方米;新增竣工项目学校3181所,新增校舍竣工建筑面积1225万平方米,新增室外运动场竣工面积613万平方米,校园校舍建设累计支出285.16亿元。全省完成生活设施采购67.87万台/件/套,价值6.61亿元(66147万元);图书3919.75万册,价值5.42亿元(54182万元);数字教育资源92.62万GB,价值1.38亿元(13823万元);课桌凳230.47万套,价值4.9亿元(49010万元);计算机、教学仪器设备431.86万台/件/套,价值55.23亿元(552262万元)。设施设备购置累计支出73.54亿元。[①]

[①] 朱卫国:《在全省义务教育"全面改薄"工作现场推进会上的讲话》(2017年),江苏省教育厅材料。

（二）留守儿童关爱保护

加强随迁子女和留守儿童义务教育工作是推进江苏城乡教育一体化和优质均衡发展的重要举措。总体上看，江苏在保障约150万随迁子女就地接受义务教育方面成绩较好，入学率达99%以上，问题相对较小。因此，本文仅论及对农村留守儿童的关爱保护。

根据江苏省民政厅2017年相关调查数据，全省农村留守儿童约22.5万人，以6~13周岁年龄段儿童居多。从区域分布看，农村留守儿童主要集中在苏北地区，占全省的85.4%。从年龄结构看，0~5周岁、6~13周岁、14~16周岁的农村留守儿童分别占27.6%、65.0%、7.4%。

2016年8月，省政府出台《关于加强农村留守儿童关爱保护工作的实施意见》，提出减少儿童留守现象的具体措施。省财政每年拿出省级福彩公益金1000万元支持农村留守儿童关爱保护工作，用于农村留守儿童的动态监测、监护干预、教育矫治和购买服务。一年多来，各项工作都取得了良好进展。

1. 成立关爱组织，制定关爱制度

2016年11月成立了由分管省长、分管副秘书长和省民政厅厅长为召集人的农村留守儿童关爱保护工作联席会议，建立省级联席会议制度。全省13个设区市均建立了联席会议，研究制定具体工作政策措施。同时，省政府将农村留守儿童关爱保护工作列入年度民生十项实事，写入《省政府公共服务清单目录》，明确责任主体和内容。

2. 多方合力、多措并举，构建关爱系统

江苏在全国层面率先开发省级未成年人社会保护系统，指导各地以乡镇（街道）为单位对全部农村留守儿童家庭建档立卡，建立翔实完备、动态更新的农村留守儿童信息库。民政部门牵头组织、督促受委托监护人签订《农村留守儿童委托监护责任确认书》，并落实"1+1+1"帮扶机制；教育行政部门建立学校与留守儿童家庭沟通联系机制，设立"心理咨询室"，专人负责定期开通"亲情视频"；公安机关开展"护校安园"行动；卫生计生、妇联、财政等部门也都根据要求，支持做好农村留守儿童关爱保护工作。①

3. 打造关爱平台，提升关爱能力

全省各地以社区为平台，整合资源，为农村留守儿童学习活动及专业社会组织开展帮扶打造关爱支持平台。各级民政部门强化三级社区综合服务中心建设，在村（居）民委员会建有社区综合服务中心；省妇联依托社区综合服务中心，在城乡社区建设儿童之家；共青团建立"希望来吧"，关工委建立"校外辅导站"。各地还积极引导社会工作专业人才充实基层农村留守儿童关爱保护工作力量。

4. 鼓励支持社会力量参与关爱服务

2016年，全省利用1000万元福彩公益金扶持农村留守儿童关爱保护工作，2017年又增加500万元省福彩公益金首次以公开招标方式购买社会组织服务，重点针对苏中、苏北8个设区市的农村留守儿童。

（三）教师"县管校聘"管理改革

2014年8月，国家出台《关于推进县（区）域内义务教育学校校长教师交流轮岗的意见》，首次提出了"全面推进义务教育教师队伍'县管校聘'管理改革"。此后，国家每年都有相关教育文件出台，且都一再重申要全面推进义务教育教师队伍"县管校聘"管理体制改革。

2015年底，江苏省政府办公厅印发《江苏省乡村教师支持计划实施办法（2015~2020年）》，要求全面推进义务教育学校教师"县管校聘"管理体制改革。2017年省政府1号文件也重申要深化"县管校聘"管理体制改革，全面推进教师交流轮岗常态化、制度化、公开化，完善骨干教师定期到农村学校、薄弱学校任教和公示制度。

2015年4月，淮安市清浦区、南通如皋市入选教育部首批19个义务教育教师队伍"县管校聘"管理改革示范区；2017年7月，南京市秦淮区、

---

① 《江苏省农村留守儿童关爱保护专项行动成效明显》（2017），江苏省民政厅调研材料。

泰州市高港区又入选第二批改革示范区,成为全国入选地区最多的三个省份之一。两年多来,全省各地纷纷出台具体政策措施,有力地推进了这一管理制度的改革。

1. 改革现有体制,提供制度保障

为保障"县管校聘"政策的顺利实行,南京江宁区、常州市武进区等多地教育部门都设立专门机构,统筹教师人事管理。如常州市武进区设立教师管理服务中心,和区编办协同,将全区教师人事关系全部转入教师管理服务中心,让教师从"单位人"转变为"系统人"。然后,教师与管理服务中心签订聘用合同书,学校再与教职工以"双向选择,竞聘上岗"的方式签订岗位工作协议;[①] 淮安市清浦区还取消了学校行政级别,打破了以前学校领导只能纵向提拔、不能横向交流的障碍。同时该区强化校长负责制,规定学校副校长由校长聘任,学校中层由校领导班子决定。[②]

2. 创新工作机制,提高政策成效

各区县编制、人社、财政等部门与教育部门密切配合,协调联动,不断创新工作机制,确保"县管校聘"政策取得成效。编制管理体制方面。早在2011年,南通如皋市就对城区义务教育学校教师进行"人走关系动"式的均衡调配。近两年,宿迁市泗洪县编制、人社、财政等部门也与教育部门密切配合,对辖区内义务教育学校教职工编制统筹管理。岗位管理方式方面。南通如皋市将岗位总量分解到各级各类学校,并通过统筹调控中、高级岗位数量,激励超编学校教师向缺编学校有序流动。交流轮岗模式方面。宿迁市泗洪县建立有序的"双轨"流动机制,既组织优质学校与城区教师校长向薄弱学校、乡镇学校合理流动,同时有计划地从农村学校、薄弱学校或民办学校选派骨干教师到优质学校、公办学校挂职锻炼、顶岗学习,实现教师双向交流良性互动。教师管理机制方面。常州市武进区在师资管理上实行"能进能出"的退出机制、"能上能下"的竞岗机制、"能留能走"的转岗

---

① 《"区管校聘"的武进办法》,《中国教育报》2017年6月15日。
② 《"县管校聘"引发"蝴蝶效应"》,《中国教育报》2016年9月16日。

机制。①

3. 措施灵活多样，激发流动活力

各区县多措并举激发队伍活力。一是运用政策手段推动教师校长交流。如南通如皋市对在同一学校任教满6年、距法定退休年龄在5年以上的教师，在同一所学校任职满两届（一届4年）的校长（含副校长），每学年按不低于15%的比例进行交流，交流期限为3学年。二是运用职称评审进行调控，促进教师流动。《江苏省乡村教师支持计划实施办法（2015～2020年）》要求县域内城区学校距法定退休年龄5年以上的教师，在评聘高级专业技术职务、申报特级教师和县级以上骨干教师时，应有2年以上乡村学校或薄弱学校任教经历。三是实行激励政策，激发教师积极性。淮安市清浦区采取教师与学校"双向选择"的市场化的做法，从而避免了强制交流挫伤教师积极性。同时，为了鼓励教师交流，淮安市清浦区为赴农村交流的教师提供了每月200元的交通补贴，还按照职称分别给予每月600～1500元的补贴。政策实行之初（2015年底），就有大批优秀教师自愿走向农村，走进薄弱学校，交流面达到27%，且所有老师心服口服。②

二 江苏推进城乡教育一体化与优质均衡发展中的主要问题

虽然江苏在推进城乡教育一体化与优质均衡发展中取得了一定的成绩，但毕竟时间短、任务重、难点多，因此，目前也不可避免地存在着一些问题。

（一）"全面改薄"时间紧、任务重

1. 部门协调难度较大

"全面改薄"工作由教育部门牵头，在实施过程中需要与规划、国土、

---

① 《"区管校聘"的武进办法》，《中国教育报》2017年6月15日。
② 《"县管校聘"引发"蝴蝶效应"》，《中国教育报》2016年9月16日。

发改、财政等部门协调，其中仍有不顺畅之处。这两年在政府高度重视下，虽然总体上运行顺畅，但机制、体制上的障碍依然存在。一旦个别部门懈怠，很有可能影响整个改薄进度。

2. 财政压力大

一方面，"全面改薄"任务重、资金需求量大。全省校舍建设任务占全国的近9%，设施设备购置任务占全国的11%，五年规划总投入515亿元，投入资金多。财政压力大。另一方面，由于当前经济发展增长和财政收入增速持续放缓，地方政府投入压力大，资金有较大缺口，出现施工单位垫资或学校借贷现象，从而留下隐患，有的已经影响正常教学工作。

3. 部分地区工作中偏"硬"轻"软"

国家明确提出，实施"全面改薄"是一项软硬件并重的工作，其6项重点任务中，"妥善解决县镇学校大班额问题、推进农村学校教育信息化、提高教师队伍素质"三项都属于软件建设。《江苏省义务教育学校办学标准（试行）》也规定：学校标准班额小学班额不超过45人，初中班额不超过50人；小学、初中教职工与学生比分别达1∶19和1∶13.5；等等。调查表明，"全面改薄"工作中对这些软件建设的关注度还不高。

4. 工作进展不平衡

主要领导重视、推进力度大的地区，项目建设进展就快。领导不够重视、责任落实不够到位的地区，建设进展相对较慢。同样，财政比较困难的地区，工作进展也很缓慢。2016年全省义务教育学校标准化建设监测报告显示，全省只有55.93%的义务教育学校基本达到省定标准，各个地区的义务教育学校标准化建设与省定标准还存在一定的差距。

（二）留守儿童关爱保护工作力量弱、经费少

1. 部门协调仍有难度，工作合力有待加强

农村留守儿童关爱保护工作需要政府各部门及社会密切配合，形成合力。但目前由于各级联席会议刚刚运作，协调能力仍需进一步加强。民政、教育、妇联等成为关爱主力，却又"人穷志短"，缺经费、缺人手。其中，

教育部门在关爱保护工作中的作用举足轻重,但部门协调中往往是事多位低。

2. 基层工作基础薄弱

留守儿童关爱保护工作经费列入各级政府财政预算尚未实现制度化、常态化,基层工作人员尤其是民政、妇联部门人员短缺,迫切需要解决有人办事、有钱办事、专业办事的问题。

3. 社会关爱力量有限

除了政府部门的协调合力,社会力量尤其是专业化的社会组织的力量在农村留守儿童关爱保护工作中亦不可或缺。而目前全省儿童工作类的社会组织还较少且分布不均,专业的儿童工作类社会工作者集中在苏南地区,苏中、苏北地区较少。

(三)教师"县管校聘"改革阻力大、难点多

1. 体制障碍依然存在

一是部门协调有待提高,制度化建设仍需完善。编制、人社、财政等部门与教育部门的协调配合是"县管校聘"政策深入推进的前提和基础。调查发现,目前部分区县各部门之间的协调还不顺畅,导致"没钱的"教育部门"有心无力",十分尴尬。部分财政困难区县对交流教师的补贴不到位或不能及时到位。二是"县管"的色彩很浓,"校聘"相对而言分量较轻。区县教育部门掌管教师的职称评定、各类学校的岗位设置与分配,相应地,所有教师的工资、补贴等也由教育部门发放。教师虽与学校签订聘用合同,但工资、福利、补贴等都与学校无关,也导致校长在教师管理上困难重重。

2. 配套制度仍需完善

"县管校聘"的目的是均衡学校之间的师资资源,特别是城乡学校之间的师资资源,促进城乡教育一体化。如果达不到这一目的,政策就需要完善。如"城区学校教师,在评聘高级专业技术职务、申报特级教师和县级以上骨干教师时,应有2年以上乡村学校或薄弱学校任教经历"。调查发现,部分交流到乡村学校或薄弱学校任教的老师,完全是冲着评职称这一硬

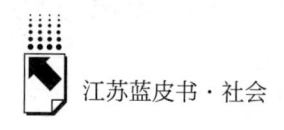

性规定去的，缺乏积极性，甚至抱着"混日子"的态度，对所在学校教学质量的提高几无益处。

3. 应试教育的观念阻力依然很大

现阶段，均衡教育资源不可避免地会稀释那些名校的优质资源，特别是名师的力量。在成绩至上观念依然根深蒂固的今天，名校领导及老师、名校孩子的家长甚至区县政府部分领导（政府工作人员子女大多在这些名校就读）都极不情愿。这是一股极为强大的阻力，对"县管校聘"政策的消极影响不容小觑。即使是那些非名校里的"富余"好老师，本学校校长也大多不愿他们被交流出去。

4. 激励措施力度不大，后劲乏力

调查发现，各地对交流到乡村学校或薄弱学校任教的老师，都有多少不一的补贴，以资激励。但这些补贴不仅是临时性的，缺少制度化，而且不能保证按时发放，其激励的力度总体不大，对老师的吸引力较弱。即使是这些力度不大也不及时的补贴，也很可能因为区县财政的变化而随时停发。

三 推进城乡教育一体化与优质均衡发展的对策建议

2018年是实现"十三五"目标和实现全面小康目标的关键之年。在推进全省城乡教育一体化与优质均衡发展方面，迫切需要政府相关部门进一步给予高度重视，在体制机制改革方面继续深化，为全省城乡教育的优质均衡发展提供制度化的人力、财力等保障。

（一）更加重视软件建设，确保"全面改薄"目标如期实现

1. 进一步加强组织领导和制度建设

进一步发挥省级统筹职能，提高改薄工作效力。加强部门协调合力，把"全面改薄"工作纳入推进省、市、县级政府义务教育发展和保障教育公平的重要内容，列入每年的主要工作安排。

2.健全经费保障机制

各地要切实落实县级政府主体责任,积极设立专项经费,不断加大财政支持力度。经费投入重点向农村倾斜、向小规模教学点倾斜。突出精准扶贫,完善市县转移支付制度,强化对经济薄弱地区的支持。适当提高小规模学校、寄宿制学校、淮河以北等地区学校的公用经费补助水平。

3.更加重视软件建设,促进义务教育优质均衡发展

重视大班额、大校额问题的解决。将班级人数严格控制在《江苏省义务教育学校办学标准(试行)》范围内,并采取定岗、定员等措施,均衡义务教育公办学校优质资源;进一步落实教师交流轮岗等制度,帮助薄弱学校提升教育质量和管理水平。鼓励区域内开展学校结对帮扶、托管、集团化办学等措施,促进教育的优质均衡发展;重视对农村学校、薄弱学校的倾斜政策,采取高于标准化水平的政策进行学校的软硬件建设。

(二)强化留守儿童关爱保护工作的人力、物力保障

一是进一步提升部门联动力和基层工作力。充分发挥省和各级联席会议制度的组织领导作用,推动部门协作,加强信息沟通、工作协调、资源统筹和优势互补。增加基层工作人员,确保留守儿童关爱保护工作有人干且力量够。

二是进一步完善各项保障措施。建立稳定的工作经费保障机制,依托基层学校和民政等部门设立留守儿童关爱保护中心。加大对基层工作人员的培训力度,提升专业服务能力,并给予一定的经费保障。继续通过政府购买服务的方式,鼓励支持社会志愿者、社会组织等社会力量参与农村留守儿童关爱保护工作。同时,也要强化留守儿童监护人的责任意识和家庭自觉履行监护责任的法律意识。

三是加强社会力量的培育。大力培育发展儿童工作类志愿者和社会组织。尤其要重视从农村留守老人、留守妇女以及学校教师中选拔、培训志愿者,培育社会组织。同时,加大对儿童工作类专业社工的培育与引进力度,不断提升留守儿童工作成效。

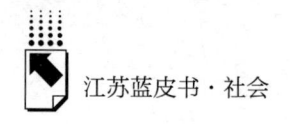

（三）深化教师"县管校聘"管理体制机制改革

1. 持续理顺"县管校聘"的运行体制

一是加强部门协调的制度化建设。以政策文件或地方立法的形式，将相关部门与教育部门在"县管校聘"中的协调配合制度化，将各自的职责从临时性的措施转变为必须执行的制度，确保"县管校聘"政策的持续、顺利实施。二是进一步明晰"县管校聘"中的权力与义务。需要强化学校的用人权，实行"区县管理权"和"学校用人权"的分离，即区县教育部门负责教师职称评定和学校岗位分配，学校负责以岗聘人，并对教师进行管理、考核。

2. 加快完善相关配套政策

尽快出台、完善相关配套政策，制定切实有效的教师流动激励和保障制度。首先，在推进城乡义务教育学校硬件建设一体化的同时，还要推行城乡教师薪资、福利等的一体化，并在职称以及编制等方面向乡村学校和薄弱学校倾斜，尤其是要设立具有一定吸引力的农村学校岗位补贴，力争制度化。同时建立必要的考核和激励机制。其次，要尽快采取措施，改变目前部分地区教师"被动交流"现象，变"要我去"为"我要去"。只有这样，才能真正调动教师积极性，真正实现城乡义务教育一体化和优质均衡发展。

3. 控制名校过度扩张

采取定编、定岗、定轨等措施控制义务教育学校规模，特别是名校的规模，以此促进教师流动，推进城乡教育均衡发展。

B.25
江苏金融精准扶贫现状、问题与对策

唐文浩*

摘　要： 金融精准扶贫是后扶贫开发时代的必然要求。扶贫信贷、扶贫保险和金融设施建设为贫困农户搭建了金融安全网，缓解了其发展资本短缺的问题。本文总结了近年来江苏省金融精准扶贫采取的具体手段以及取得的成绩，分别分析了扶贫信贷、扶贫保险以及金融设施建设的现状以及存在的问题，并提出了相应的对策建议。

关键词： 金融　精准扶贫　江苏省

金融精准扶贫的本质是解决贫困群体因金融资源获取不充分而导致发展能力不足的问题。十九大报告明确提出了"坚决打赢脱贫攻坚战"的重大历史任务，强调"要动员全党全国全社会力量，坚持精准扶贫、精准脱贫"的战略部署。江苏作为沿海经济发达省份，在扶贫开发领域解放思想、先行先试，于2011年底率先消灭绝对贫困后，转型攻坚农村相对贫困居民，进而完成全面建成小康社会的目标。在此背景下，江苏金融精准扶贫实践着手优化信贷、保险和金融基础设施三大工作重点，有效缓解了农村贫困家庭金融资本不足的问题。在取得显著成绩的同时，江苏金融精准扶贫工作也面临发展的瓶颈。

---

* 唐文浩，江苏省社会科学院社会学研究所助理研究员。

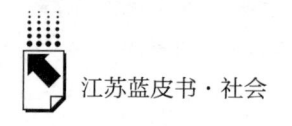

一 江苏金融精准扶贫的现状

（一）扶贫信贷有序推进

2016年，江苏政府扶贫部门为规范扶贫小额信贷发放，出台了《江苏省"十三五"扶贫小额贷款实施意见》，调整了原有扶贫小额信贷部分过时的政策规定，进一步厘清了政府与金融机构在扶贫领域所承担的职责范围，促进了政府公共资源与金融市场的良性循环互动，调动了各类金融机构参与精准扶贫实践的积极性，加快经济薄弱地区低收入农户脱贫致富的步伐。

根据实施办法，江苏在全国率先实行扶贫型金融供给主体改革，即所有辖区内银行类金融机构都可以发放扶贫小额信贷，发放对象为纳入数据库的低收入农户，单户贷款额度最高两万元。此外，在泗阳县试点"单户扶贫贷款最高五万、贷款期限最长两年"的新型扶贫小额信贷产品，进而实现扶贫小额信贷运转与现实需要相适应。在政策覆盖范围方面，在原有的经济薄弱地区基础上，增加了苏北地区所有县（市、区）的低收入农户，确保扶贫信贷的普惠性。为优化配套机制，江苏政府财政部门在经济薄弱地区进一步充实了扶贫贷款风险补偿基金，完善了扶贫小额贷款贴息奖励政策。另外，为了充分调动民间参与扶贫的积极性，对带动低收入农户脱贫致富的各类经济合作组织、农村种养殖大户与家庭农场等农村经济主体，实行在规定的贷款额度内享受贴息政策，纳入省级专项农业风险补偿基金管理。

此外，江苏运用国家扶贫再贷款政策，鼓励民间与金融机构在经济薄弱地区设立村镇银行、小额贷款公司等机构，进一步规范农民资金互助组织，支持集中连片贫困区设立政府出资的融资担保机构，开展扶贫担保业务，构建扶贫创业贷款、助学贷款、妇女小额贷款等益贫性贷款实施体系，以此支持重点片区、经济薄弱村发展特色产业和扶持低收入人口就业、创业。

（二）扶贫保险创新试点

扶贫保险方面，江苏基本实现了农业保险全覆盖，并为经济薄弱地区发展提供特色农产品保险，实现了普惠式扶贫开发保险目标。在专项扶贫保险方面，江苏针对低收入群体设计了以泗洪县为试点的专项保险，主要运转模式有以下四个方面。

一是参保对象全覆盖。扶贫保险对象包括泗洪县"十三五"建档立卡低收入人口中所有扶贫开发人口和低保人口，参保金额每人每年100元（当地扶贫部门代缴）。

二是保险范围广。险种针对低收入农户子女上学、生病、发生意外伤害以及家庭财产等主要致贫风险。例如，在低收入家庭子女入学方面，当年考取高中的一次性定额支付每人2000元，考取大专、本科（不含专升本）的一次性定额支付每人3000元；在疾病方面，凡是新确诊身患40种重大疾病的，预先支付1万元，解决无钱看病的问题，同时住院期间医疗费用享受正常医疗报销后，扣除预先支付的1万元，余下的医疗费用继续享受补充医疗保险报销。

三是资金筹集渠道多元。该县与网商合作，借助互联网在支付平台单独设置了"扶贫100"公益在行动爱心捐赠栏目，接受线上全国社会各界爱心人士的捐助，同时大力倡导该县所有机关企事业单位开展线下募捐活动，原则上副科级领导每人200元，其他人员每人100元。募集资金不足部分由省、县安排的扶贫资金解决。

四是设立赔付预警机制。商业保险机构开展本项业务，为确保做到公益运营，设立了赔付风险预警机制，除去商业保险机构必要的保费税率和一些必要的人员开支，将筹集总保费的91%作为风险警戒线，赔付率低于91%的，结余的部分滚动到下一个年度继续使用或退回该县财政；赔付率高于91%的，资金缺口由地方政府通过追加保费形式补足，确保该专项保险业务长效运作。

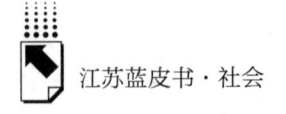

（三）金融设施建设显著

江苏为完善经济薄弱地区金融服务，强化金融基础设施建设，要求在每个乡镇有银行、保险等金融机构，每个村及交通不便地区有金融服务站。金融基础设施的建设促进了低收入农户的金融认知，提升了其家庭人力资本，有助于市场意识再造。

当前江苏农村金融精准扶贫主体机构为省农信金融机构。全省农信金融机构实施金融基础设施便利化措施，在全国率先实现金融服务点行政村全覆盖。该机构62家法人单位的3257个网点在全省各县域乡镇都有设立，26029个金融村服务点延伸至各行政村，安装金融自助设备144146台。此外，江苏农信整合助农取款服务点功能，建设一批集支付结算、现金、国库、征信、金融消费者权益保护等功能于一体的综合金融服务站。截至2016年末，全省农信机构主导建立的农村综合金融服务站11321个。系统便捷的综合金融服务站成为解决江苏农村金融服务"最后一公里"的有效平台，满足了农户多元化的金融需求，降低了农村居民获取金融服务的成本，提高了"三农"金融服务的覆盖面，扩大了金融精准扶贫的载体规模。

二 制约江苏金融精准扶贫发展的问题

金融精准扶贫要求所有市场主体和金融机构共同参与，为经济薄弱地区的贫困农户提供合理而全面的金融服务，也要求利用市场化手段，提高扶贫工作的匹配性和精准性，从而激发被扶贫对象的主观能动性，这也是江苏未来集中连片贫困地区扶贫的重要工作方式。当前，江苏金融精准扶贫大体呈现出社会主体对精准扶贫的重视程度高、市场主体多元、投入规模大等特点，但其机制性、制度性等基础性问题仍有待进一步完善。从精准扶贫视角审视，江苏金融扶贫过程中的问题主要表现在以下五个方面。

（一）参与主体沟通机制不健全

江苏农村金融扶贫有三大参与主体：政府是金融扶贫的规划者和引导员，负责制定统一的金融精准扶贫行动大纲，调配和引导金融资源向经济薄弱地区流动；金融机构是金融精准扶贫的放大器和预警机，利用金融工具和金融杠杆将精准扶贫政策落地实施和推向深入；被帮扶农户是金融精准扶贫的受益者和展现者，是健全金融精准扶贫体系、激活农村经济发展最为重要的基本单元。

当前，江苏的政府、金融机构、低收入农户之间尚未形成完善的沟通机制，这也是导致当前金融扶贫受阻的主要因素。一方面，政府和金融机构存在错位、缺位以及权力寻租等现象。政府与金融机构互动性不强，部分地区政府部门过度强调投放的总量，而金融机构为了收益最大化，往往选择服从政府目标。最终，部分扶贫信贷资金作为政策红利被基层精英所房获，导致资金边际收益递减，扶贫功能弱化，精准化实施目标难以实现。另一方面，部分低收入农户对扶贫型金融产品认识不够。这主要是以往"外源式"扶贫方式导致一部分低收入农户靠"等、拿、要"方式寻求家庭生活来源，缺乏自我发展的内生动力，甚至有的将用来发展的扶贫小额信贷作为"免费午餐"转移用途，进行民间金融投机或用于为其亲朋好友承贷做"人情"，严重背离了扶贫小额信贷产品设计的初衷。上述两方面原因是扶贫金融参与主体之间存在沟通障碍的主要原因，制约了扶贫金融的发展。

（二）扶贫信贷资金循环路径不通畅

扶贫信贷设计理念是：政府部分利用政策支持，鼓励引导金融机构对贫困群体发放扶贫信贷资金；金融机构加大对弱势群体的信贷投放力度，一方面实现利息收入，另一方面培育潜在优质客户，扩大收益；贫困群体在获取低息扶贫资金后，积极开展生产经营活动，获取更多的收益，改变当前生活窘境，实现良性发展。具体实践中，扶贫信贷资金运转距离理想的设计目标还有较大的差距。

首先，在政府公共建设层面，江苏为实现快速赶超发达国家的目标，偏重于城市化建设，致使农村社会经济发展相对滞后，形成了城乡二元经济机构，导致金融资源反流，即农村资金被吸进了城市，造成了部分农村地区金融空心化，农业资金被其他行业挤占，最显著特点就是江苏涉农贷款的总额占比较低。

其次，在金融机构资本运作层面，金融扶贫资金成本高、收益低。"三农"具有天然的弱质性，农业、农村、农民的相关金融产品设计复杂，投入、产出严重不匹配。基于市场规则，高风险应具有高收益，而当前的信贷利率限制政策人为使两者之间不相匹配，压制了金融机构的信贷投放动力。此外，由政府牵头的产业扶贫一般带有基础公益性以及收益具有较长周期性的特征，从而导致与其配套的信贷资金投入收益相对于其他信贷资金偏低，时间成本较高。

最后，在经济薄弱地区低收入农户发展层面，江苏面临帮扶对象地理分布分散、需求不一致的现实难题。江苏虽然统计出相对集中连片的贫困地区，但仍然较为散落。这样就会使金融机构的服务网点设置比较困难，服务能力也会打折扣。另外，低收入农户的信贷需求往往具有"小、频、急、多"的特征，而农村金融机构科技化设施使用依然比较落后，进而在业务快速反应以及规模化、标准化操作方面相对于城市金融依然滞后。

（三）扶贫保险补偿机制缺位

保险兜底机制的缺位是制约江苏金融精准扶贫绩效的重要因素。外部风险兜底机制对于提高低收入农户自我发展能力与内在动力具有重要意义。目前，扶贫保险风险补偿机制主要包括农业保险、专项保障保险等形式，在这些保险措施的推动下，低收入农户更为积极主动与市场对接。然而，江苏扶贫型保险在总量和种类上与现实需求仍有较大差距。

当前，江苏经济薄弱地区对于扶贫保险的迫切需求表现在产业保险机制的完善，即江苏农村地区的产业保险政策严重缺位，影响金融精准扶贫效率。例如，江苏某地由政府牵头实施的优势产业项目，由于自然气候影响及缺乏保险兜底，部分参与低收入农户未能实现收益，严重影响了其参与产业扶贫项目的积极性。显然，补贴型扶贫保险并未有效发挥利用公共财政撬动扶贫产业的市场化发展。具体而言，就是相关财政出资的扶贫型保险尚未完全成熟，且实施细则及方案需要进一步优化。此外，江苏经济薄弱地区的发展缓慢，其财政收入相对较少，导致配套保险补贴资金不能完全覆盖低收入农户的系统性风险控制需求。

（四）金融基础设施建设缓慢

近年来，江苏经济薄弱地区金融机构逐步投放 POS 机、ATM 机等便捷式金融设施，并开始推广互联网金融业务。然而，由于低收入家庭普遍人力资本不足，很难立即掌握和使用先进的结算支付工具，加上农村金融机构为降低经营成本，机具更新相对城市滞后，导致当期江苏农村经济薄弱地区金融储蓄支付环境依然较为落后。

据调查，大部分帮扶对象对"网上银行、手机银行和电话银行等非现金支付工具"表示不清楚、不感兴趣，而银行卡的使用也仅限于简单的存取款业务。少数帮扶对象愿意"使用快捷的非现金支付工具"。此外，电信、自助设备等诈骗案件频发，也导致低收入农户对使用这些非现金结算工具保持谨慎性。

（五）金融扶贫配套机制滞后

江苏金融精准扶贫的配套制度的滞后性，进一步致使市场主导机制难以发挥。究其原因在于江苏农村地区特别是经济薄弱区域，金融领域改革发展相对滞后，部分传统金融方案已经不适应当前实际要求，严重阻碍了社会经济发展，进而影响市场在金融扶贫工程中的有效性。具体表现在以下几个方面。

首先，农村地区居民信用体系建设不完善。历史上，金融扶贫往往是"大水漫灌"，而不是"点对点"。部分低收入农户违约成本较低，进而形成区域性大规模违约，最终由公共财政化解，导致当前农村信用体系建设依然困难重重，违约惩处机制得不到有效施行。

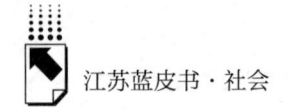

其次，农村资源市场交易流转机制尚未形成。目前，江苏农村地区资产依然没有完全盘活，市场交易依然受限。部分金融机构在农村"五权"抵押融资试点中也出现了担保物"价值评估难、处置时间长、变现能力差、法律障碍多、执行起来困难"等诸多问题。

最后，土地产权制度严重制约着农村地区的发展活力。土地产权改革一直是影响农村社会发展的核心问题。伴随江苏城镇化建设的加快，土地产权成为发展的瓶颈，固有的产权制度严重阻碍了社会发展，而作为多方利益交叉点的土地产权交易，更是人为干预因素复杂，导致市场化价格决定机制难以成型。

三 完善江苏金融精准扶贫的对策建议

（一）明确界定政府部门在金融精准扶贫中的定位

江苏金融精准扶贫应成立专门的实施工作推进机构，明确权责分工，保障工作进度和效果。金融精准扶贫机构可根据政策要求，制定相关政府部门的协调机制以及分工，科学制定金融扶贫工程年度工作实施方案和目标。另外，为切实提升金融精准扶贫工程实施效果，各级政府应将金融业转型升级和扶贫开发工作共同推进，将金融扶贫开发工作纳入地区经济发展指标考核范围，同时作为各金融机构地区经济社会发展贡献度的重要考核依据，对积极支持地方金融精准扶贫的金融机构在央行再贷款、财政存款支持等相关方面给予支持。

（二）构建金融精准扶贫、财政扶贫、产业扶贫联动机制

金融精准扶贫应以引导金融机构支持地方具有潜在优势的产业入手，创新金融产品和服务模式，提升江苏辖区内经济薄弱村、扶贫企业与低收入农户的发展能力。例如，政府牵头建立"贷款+保险+保证金"制度的"定联保"融资机制，利用财政补贴杠杆，引导金融机构开展农村土地产权抵押贷款、退田还湖水面抵押贷款、农民住房财产权抵押贷款等具有江苏地区特点的担保方式，提升经济薄弱村与低收入存量资产收益水平，实现精准扶贫。

（三）建立金融精准扶贫风险补偿、预警机制

江苏各级政府与金融机构应定向支持经济薄弱地区发展比较优势产业，引导鼓励各类市场化资本与政府公共财政合作成立担保基金，分担金融机构的部分贷款风险，配套引入保险代偿机制，提高承保金额，降低低收入农户生产经营风险，从而加大金融机构对当地主导产业和农业产业化等产业扶贫支持的力度。专项贷款有助于提升地方经济组织的风险管理能力与整体效益，实现扶贫开发的可持续性与科学性。专项融资担保基金服务于经济薄弱地区特色产业，引导信贷资金流向在扶贫开发中具有重要作用的企业、专业经济合作组织、家庭农场和种养殖个体大户等。

（四）完善金融精准扶贫激励机制

江苏金融精准扶贫激励机制应以市场化为导向，利用货币化手段为积极参与扶贫开发的金融机构提供相对稳定且成本较低的资金来源，进而促进全省各类金融机构参与的积极性，使其在市场目标与社会责任中找到平衡点。人民银行可对省内银行类金融机构实行差别化的再贷款政策，根据扶贫类信贷实际投放规模，给予定向性规模或利率优惠等方面支持，引导金融机构加大对经济薄弱地区小微企业、"三农"重点领域的信贷投入力度，降低金融扶贫的交易成本，使其实施操作更合理、高效。

（五）增加金融精准扶贫供给的宽度和深度

江苏可鼓励县域金融机构扩大便捷式支付服务，在省定贫困区域，特别是其农村地区的服务半径，推广风险可控的互联网金融产品，提升金融直接到户与金融空白行政村的服务能力，具体措施有：建设村居金融便利店，确保农村居民基本金融需求可以在村民集中居住点得以满足；引导鼓励辖区内金融机构研发推行特色助农金融服务产品；开展农村地区手机银行等无现金结算支付推广；推进金融IC卡在公共服务领域的应用等。

基层社会治理篇

The Grassroots Social Governance

B.26
江苏基层群众自治的现状、问题与对策

束 锦*

摘 要： 坚持和完善基层群众自治制度是新时代中国特色社会主义民主政治建设的重要内容。近年来，江苏各地基层群众自治实践有序发展，一些地区的探索创新，为全省提供了可资借鉴的经验。目前，以下问题仍亟待解决：部分基层党组织对基层群众自治的引领作用弱化；各类基层组织之间存在相互掣肘；群众利益在自治活动中的有效实现还不到位；各地自治活动的规范化和法治化水平参差不齐，存在非制度参与问题。为此，提出如下建议：坚持党的领导，充分发挥基层党组织在基层群众自治中的引领作用；坚持系统治理，形成多元主体协同治理的正向合力；坚持人民主体地位，提升自治活动

---

* 束锦，江苏省社会科学院马克思主义研究所副研究员。

在维护群众权益方面的效用；坚持依法治理，将各类自治活动纳入法治化轨道，净化基层政治生态。

关键词： 基层群众自治　江苏省　地方治理

习近平总书记在党的十九大报告中强调，人民当家作主是社会主义民主政治的本质特征。在城乡社区治理、基层公共事务和公益事业中实行群众自我管理、自我服务、自我教育、自我监督是人民当家作主的重要方式。目前，江苏已进入高水平全面建成小康社会的决胜阶段，健全和完善基层党组织领导的基层群众自治机制，对于扩大基层民主，维护居（村）民政治、经济权利，增强基层群众的获得感和幸福感，充分调动广大基层群众积极参与到"强富美高"新江苏建设中来，具有重大的现实意义。

一　江苏基层群众自治的现状和主要经验

近年来，江苏扎实推进居（村）民自治，范围和途径持续拓宽，内容和形式持续丰富，全省范围内形成了覆盖城乡社区90%以上的"一委一居一站一办"治理新模式，网格化社会治理机制进一步健全，"大走访"活动与基层社会治理创新紧密结合。在此基础上，全省各地根据中央和省委省政府部署要求，突出目标引领，注重载体推进，坚持重点突破，强化基础保障，因时制宜、因地制宜，对基层群众自治展开了先行先试和大胆探索，形成了一系列具有创造活力的生动实践，为全省进一步完善这一领域的工作提供了可资借鉴的成功经验。

1. 南京市鼓楼区的社区议事协商机制

鼓楼模式由来已久，该区在世纪之交的社区体制改革中率先形成了以社区党组织为核心、社区居委会为主体、社区公共服务站和社区民间组织为基础的新型社区组织体系，建立了以议事园为载体的社区议事协商机制。以此为依托，该区在新近的实践中又形成了社区协商"六化"新模式。该模式的主要做法和经验：一是制定议事清单，推进协商内容丰富化。二是创新载体，推进协商形式多样化。三是拓宽参与范围，推进协商主体多元化。四是制定规则流程，推进协商程序规范化。五是注重评估问效，推进协商成果效能化。六是完善制度供给，推进协商工作经常化。

2. 苏州市太仓的政社互动模式

"政社互动"是苏州太仓的一项社会治理创新实践，该市通过简政放权等举措，使得政府治理的主导作用得到充分发挥，扶持助推社会成长、社会自我调节的功效得到充分显现，基层群众自治的能量得到充分释放。2017年5月，该市举办"三社联动"主题研讨、现场参观、专场招聘、社区邻里节等活动，进一步激活社会主体活力，增强社会自治功能，进一步深化了政府行政管理与基层群众自治的有效衔接和良性互动。该模式的主要做法和经验：一是变领导为指导，明确政府部门行政职责范围的工作任务，不得将任务随意下达到居（村）委会。二是变单向为双向，通过双向履约评估监督机制，实现村民、自治组织与政府之间的互动。三是变直接为间接，通过签订协助管理协议，使自治组织摆脱对政府的直接依赖，强化自身的自治能力。

3. 徐州市云龙区的共建共治共享新模式

近年来，云龙区融合以社区居民为主体的多方力量共同参与社区建设，增加群众的获得感，形成了具有云龙特色的"共建共治共享"社区治理新模式。当前，协商对话已经成为云龙区社区治理的重要方式，直接参与群众多达数千人，道路维修、监控设备更换、农村休闲广场建设等一大批群众关心的难事和实事得以通过协商的方式解决。该模式的主要做法和经验：一是社区协商＋党组织，全面推行"1＋x＋y"模式（"1"指社区党委，"x"指社区党委下属党组织，"y"指驻区单位党组织），以社区"大党委"为领导核心，引导多元主体参与的民主协商具有正确方向。二是社区协商＋居民需求，以关涉社区居民切身利益的协商议题为主，提高群众参与的积极性。三是社区协商＋居民监督，及时公示协商意见并接受群众监督，保证协商成果的有效落实。

4.南通市的村民小组自治试点探索

2015年起,南通以村民小组为基本单元,坚持"党的领导、服务优先、依法办事"三大原则,按照管理网络全面覆盖、社会资源全面整合、服务效能全面提高的总体要求,建立健全村民小组服务管理工作体系,大力推进村民小组自治试点工作。截至2017年8月,该市已经有79个镇(街道)、181个村、11304个村民小组参与试点。"村民小组微自治"模式的主要做法和经验:一是选好村民小组长,村民通过会议推选有威望、有经验、有群众工作基础的人担任。二是明确村民小组长"五大员"(政策法规宣传员、社情民意信息员、矛盾纠纷调解员、群众事务代理员、组民权益监督员)的基本职责。三是完善村民小组决策制度,通过村民小组会议集体讨论组内重要事务。四是建立村民小组走访调查、下情上报、上情下达三项自我服务制度。五是围绕"微"这个主题,推进基层"微单元"、"微力量"、"微平台"、"微服务"、"微机制"有机融合,从而实现小组(邻里)有形覆盖、自治有序实施、作用有效发挥。

二 江苏基层群众自治实践中存在的问题

江苏基层群众自治实践起步较早、发展较快,总体水平在全国处于领先地位,不少地方的创新实践得到了中央有关部门的认可和推广。但是,作为改革发展的先行区,面临的新情况和新挑战也较多,以下问题仍然在一定范围内存在并亟待解决。

(一)部分基层党组织软弱涣散,对基层群众自治的引领作用弱化

部分基层党组织结构不合理,有的成员年龄偏大、文化层次偏低、政治素质和业务素质偏弱,领导班子缺乏主动作为的勇气与探索创新的担当精神。这一问题在农村表现得尤为突出,新形势下,农村难以留住学历高、能力强的年轻人才,村"两委"换届选举经常面临"矮子里拔大个"的困境。

一些基层党组织主动深入群众不够,对群众的切身利益缺乏必要的关

心，导致基层党组织对党员和群众的凝聚力和吸引力减弱。还有一些基层党组织纪律松弛、管理松懈，导致部分党员干部理想信念滑坡、宗旨意识淡薄，党员的先锋模范作用发挥不够。在一些领域，尤其是新经济组织和新社会组织中，党建工作还存在空白点。同时，农村地区党建工作的载体和服务设施相对匮乏。以上种种造成部分基层党组织的战斗堡垒作用不强，领导核心地位被虚化，客观上难以发挥党组织对群众自治的引领作用。

调研表明，还有一些基层党组织虽然"兵强马壮"，但是主观上片面强调群众自治和各类基层组织的自主性，导致了基层党组织在引领群众自治过程中的缺位。

（二）各类基层组织之间存在职能交叉、内耗严重的问题

当前，基层党组织、基层政府及派出机关、居（村）委会、城市物业组织、业主委员会、各类新经济组织和新社会组织之间关系错综复杂，存在职能交叉、相互掣肘、严重内耗的问题。在实践中，一些地方的基层政府部门将基层自治组织当作自己的附属机构，将行政事务下派给后者，增加了后者的负担，并存在越俎代庖的现象，过多干预自治组织的各项事务，严重影响了基层群众自治的推进。

调研表明，在城市，社区的物业管理组织与业主委员会之间的矛盾普遍存在，个别居民住宅小区两者之间还时有冲突发生。在农村，"两委"矛盾仍较为突出，两委会之间缺乏沟通，相互抵触、争权夺利、互相拆台的不良现象还时有发生。"两委"关系的不协调直接影响了村民自治的正常开展。

此外，各类自治组织之间由于利益主体的多元、运行模式的差异，互相之间也存在一定的内耗和矛盾，对基层优秀人才和公共资源的争夺上还时有冲突。

（三）一些地方还存在基层民主流于形式、群众利益的有效实现还不到位的问题

基层群众自治制度的关键在于落实。然而，在实践中还存在着人民形式

上有权、实际上无权的现象。一些地方在民主选举、民主决策、民主管理、民主监督等各个环节，群众的民主权利都没有得到充分发挥。

调研表明，一些地方在居（村）务公开上徒有形式，经常公开公示的是无关痛痒的信息，而对于居（村）民关注的内容尤其是财务收支情况却回避或者模糊化处理，这样就使得居（村）民的知情权和监督权落空。一些地方设置的意见箱也形同虚设，居（村）民反映的问题和提出的意见建议得不到及时的回应。还有一些地方在开展基层民主协商的时候，重形式、轻内容，重过程、轻结果，对于居（村）民关注的问题往往议而不决、决而不行。

以上种种情况，一方面，使群众的知情权、参与权、表达权和监督权被虚置；另一方面，由于无法在参与自治的过程中维护和保障自身的利益，群众参与的积极性降低。

（四）各地基层群众自治的规范化和法治化水平参差不齐，一些地区尤其是农村地区还存在非制度政治参与问题

随着"法治江苏"建设的持续推进，江苏基层治理的法治化水平普遍较高。各类自治组织普遍建立了自治章程，基本上解决了有法可依的问题。然而，调研表明，在实践中仍然存在有法不依、有章不循、有令不行等问题，不同区域之间、城乡之间群众自治的规范化和法治化水平参差不齐，城市社区的群众自治规范化程度普遍高于农村。

究其原因，一方面，部分基层干部的人治思维和官本位思想仍很严重，习惯于用行政命令等强制手段做工作，凭个人经验和想法进行决策。另一方面，部分基层群众文化程度不高，法治意识不强，学法、守法、用法的氛围不浓，"法不责众"的心理和"法外维权"的现象还较为普遍。

调研表明，一些地区尤其是农村地区还存在贿选等非制度政治参与问题，个别地区甚至存在农村宗族势力、社会黑恶势力、非法宗教组织进行迷信、暴力、欺诈等危害社会秩序良俗的不当行为和违法活动，严重干扰了基层政权正常运转和群众自治顺畅运行。

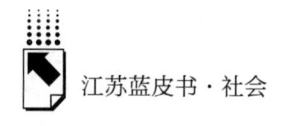

三 江苏完善基层群众自治机制的对策建议

应对新问题,适应新要求,江苏要在"四个坚持"上下功夫,以"党的领导"为引领,以"系统治理"为手段,以"维护群众权益"为主线,以"依法治理"为保障,充分调动广大人民群众和各方面的积极性、主动性、创造性,共建共治共享充满活力又安定有序的基层群众自治生态。

(一)坚持党的领导,深入实施江苏党建工作创新工程,巩固基层党组织的领导核心地位,充分发挥基层党组织在基层群众自治中的引领作用

充分发挥基层党组织在基层群众自治中的引领作用,既是全面从严治党的必然要求,也是确保群众自治健康发展的政治保证。发挥江苏基层党建工作基础较好的政治优势,深入实施党建工作创新工程。

首先,强化党在基层社会治理格局中的领导核心地位,发挥好居(村)党组织在政治引领、组织动员、凝聚人才、统筹协调、服务基层五个方面的功能。基层党组织既要团结带领基层群众牢牢把握中国特色社会主义这个大方向,推动党的路线方针政策在群众自治中落地生根,又要以服务群众、服务民生为导向,深化服务型党组织的创建工作。

其次,把农村基层党建摆在更加突出的位置。配齐配强农村基层党组织带头人,注重选拔年轻、优秀的大学生村官进班子,对党组织软弱涣散村和贫困村,继续从机关选派优秀干部任"第一书记"。妥善处理"两委"关系,列出职责清单,明确界定农村党支部与村委会的工作职责。采用建立在村民意愿基础上的"两票制"、建立在沟通协调基础上的"两委联席会议制"和建立在"公推直选"基础上的"一肩挑"等机制,从制度层面消除两委之间的矛盾。

最后,强化各类自治组织中的党建工作。针对新经济组织和新社会组织中的"空白点",要在全面覆盖、有效覆盖上下功夫,通过创新组织设置、

强化保障机制等方式加大在上述自治组织中的党建工作力度，全方位筑牢基层党建工作基础。

（二）坚持系统治理，理顺基层各类组织的关系，形成多元主体协同治理的正向合力

现代社会治理是多元主体的共同行为，要把基层群众自治有效纳入基层社会治理的大格局中来统筹谋划，在系统治理的框架下推进基层群众自治，实现政府行政管理与基层群众自治的有效衔接和良性互动。

首先，完善党委领导、政府主导、社会协同、公众参与、法治保障的社会治理体制。在党委的领导下，充分发挥政府的主导作用和社会的参与作用，推动基层多元治理主体的协作共治，形成"一核多元"的协同治理形态。

其次，在转变政府职能的基础上发挥政府在基层社会治理中的主导作用，加快推进江苏政社分开和政社互动的各项工作部署，重点是进一步厘清行政事务、政府委托事务和社区自治事务的边界，废止乡镇政府和街道与居（村）委会之间的"行政责任书"，签订《基层群众自治组织协助政府管理协议书》，明确双方的职责，推进城乡社区的"去行政化"，推动城乡社区减负增效。

最后，培育和引导社会组织健康有序发展，发挥社会组织服务社会和协调关系的作用，增强基层社会的自我调节功能。优先发展行业协会商会类、科技类、公益慈善类、城乡社会服务类社会组织，注重建立面向城乡基层的社会组织培育（孵化）基地。通过政府向社会组织购买服务的常态机制，加大对公益类社会组织的培育和扶持力度。

（三）坚持人民主体地位，保障人民民主权利，维护群众切身利益，提升群众自治的效用

坚持居（村）民在社会治理中的主体地位是基层群众自治制度的题中应有之义。实践表明，群众参与基层自治活动的积极性，很大程度上取决于

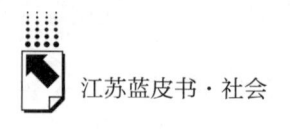

自治活动与自身权益的相关程度。

首先，提升群众参与自治事务的积极性和创造性。注重加大对自治事务的公开力度和宣传力度，对财务收支、公共设施建设以及集体经济发展状况等重大事项进行公开公示，主动吸引群众关注自治事务。通过传媒特别是微博、微信等新媒体平台广泛宣传基层群众自治的政策措施和鲜活实践，激发群众的参与热情。鼓励各地基层群众发挥首创精神，在现有的制度框架内结合实际大胆探索基层群众自治的新形式和新途径。

其次，切实保障基层群众民主选举、民主决策、民主管理、民主监督的民主权利。深入开展以居（村）民会议、议事协商、民主听证为主要形式的民主决策实践，以自我管理、自我教育、自我服务为主要目的的民主治理实践，以村务公开、居务公开、民主评议为主要内容的民主监督实践。

最后，在城市业主委员会、农村专业经济协会、农民专业合作社等各类新兴社会组织和经济组织的自治活动中维护好、实现好、发展好居（村）民的根本利益。大力支持城市业主委员会在维护业主权益、化解矛盾纠纷、稳定社区秩序中发挥作用。加大培训家庭农场主、农民合作社带头人、农业社会化服务组织负责人及其从业人员的力度，发挥各类农村新经济组织在壮大农业经济、增加农民收入方面的作用，助力江苏扶贫脱贫工作。

（四）坚持依法治理，推进"法治江苏"建设向基层延伸，将各类基层自治活动纳入规范化、法治化轨道

依法治国是党领导人民治理国家的基本方略，制度化、规范化、程序化是基层群众自治的根本保障，也是提高社会治理能力现代化水平的坚实基础。

首先，深化落实依法治省各项重大举措，全面提升基层群众自治的法治化水平。深入开展"七五"普法工作，注重针对城乡居（村）民宣传各类居（村）民自治的法律法规，切实增强基层自治各类主体的民主意识和法治观念。培育发展公共法律服务组织，健全"一社区（村）一法律顾问"制度，推动建成覆盖城乡的公共法律服务体系，确保基层群众在处理自治事

务中及时获得有效法律援助。

其次,构建诉求表达、前置干预和利益协调机制。畅通基层群众及其自治组织的诉求表达渠道,在土地征用、房屋拆迁、环境保护、食品药品安全、城市管理等方面的政策出台前,尤其要注重倾听群众的呼声。加强面向基层群众的专业社工队伍和志愿者队伍建设,对各类弱势群体和特殊群体要有针对性地开展心理疏导、行为矫治、困难救助等工作,防范和降低社会风险。完善基层"大调解"格局,发挥人民调解、行政调解、司法调解联动工作体系的作用,及时有效地把矛盾化解在基层。

最后,坚决遏制基层群众自治活动中的非制度政治参与,严厉打击各类违法活动,净化基层政治生态。要推进城乡基层居(村)委会选举中候选人提名、委托投票、填票、监票、唱票等环节的规范化,堵住制度性的漏洞,严厉查处贿选行为。加大对农村宗族势力、社会黑恶势力、非法宗教组织进行迷信、暴力、欺诈等活动的打击力度,维护基层群众自治的有序化。

B.27
江苏"村改居"社区治理：现状、问题与对策

费 钧*

摘 要： 江苏省"村改居"社区建设起步较早，在具体实践中形成了三类主要形态：整村改居型、乡村重组型和村居合并型。社区治理是"村改居"社区建设的关键环节，江苏省"村改居"社区治理突出党建引领的核心作用，充分发挥三社联动机制，并且探索了"中心＋社区"的社区治理新模式。当然，目前江苏省的"村改居"社区治理还存在诸多问题，需要在下一阶段中完善相关政策措施，从而提升江苏省地方治理现代化的水平。

关键词： "村改居" 社区治理 江苏省

"村改居"社区是介于农村与城市间的转型社区，从积极意义来看，"村改居"社区的建设有助于提升城镇化发展水平，加快城乡一体化进程。根据江苏省人民政府公布的《江苏省城镇体系规划（2015～2030年）》，至2030年江苏省城镇化水平将达80%左右，城镇人口约7200万人。在这一背景下，江苏省"村改居"社区的总量还将会进一步增长。而要实现"村改居"社区建设的顺利推进，需要完善与之相联系的社区治理方式。作为全

---

* 费钧，江苏省社会科学院马克思主义研究所助理研究员。

国经济发达省份,江苏省的"村改居"社区建设起步比较早,积累了一些有效的社区治理经验,但在实际推进过程中,江苏省的"村改居"社区治理也存在诸多问题,需要逐步完善。

一 江苏"村改居"社区的发展概况

在"村改居"社区建设之前,由于各个村落的地理位置、文化传统和经济状况等方面的差异,各"村改居"社区建设也存在较大差异。从目前江苏省各地区的实践来看,"村改居"社区主要包括三类形态:整村改居型、多村重组型和村居合并型。

第一,整村改居型。整村改居型是指将整个行政村直接转变为社区。早在21世纪初,江苏省的苏南地区以"三集中"为政策背景,推动了农村土地的整治,以此契机推进了"村改居"社区建设。例如,江苏省江阴市华宏村进行了村庄重构,全村集体土地被划分为工业用地、生活用地和农业用地三个区域。在"三集中"之后,原华宏村的村民统一集中安置到新建的"华宏世纪苑"之内。类似的,在一些城中村区域,整个村庄都随着城市化进程演变为社区。近年来,江苏省南京市对主城区所有城中村进行了"村改居",主城的村委会全部变成居委会,原来的村民也转变为城市居民。

第二,多村重组型。多村重组型是指将若干个行政村合并为一个新社区。位于江苏省江阴市城东街道的南苑社区就是一个多村重组而成的社区,该社区包括了原来分属洪流、朝阳、心经等行政村的村民,在近年来的拆迁中通过合并组建为现南苑社区。在拆迁安置进入南苑社区后,村民已经逐步脱离了与原村集体的联系,面临着对新环境的适应问题。而现在的南苑社区由新成立的寿山居委会进行管理。

第三,村居合并型。村居合并型是指以某一社区居委会为主合并周边村民小组。例如,无锡市扬名社区共有9个自然村,是所属南长区自然村最多的一个社区,与众多的城市社区不同,扬名社区既有自然村,也接手了红星苑等安置小区。扬名社区一方面将对暂时没有拆迁计划的自然村进行升级改

造，如重新铺设村道，对村巷下水道、化粪池进行疏通等；另一方面，对社区接管的安置房公共空间进行打造，提升小区的环境质量。

二 江苏"村改居"社区治理的现状

在江苏"村改居"社区建设的推进过程中，各地区因地制宜地进行了治理方式的探索，积累了较为丰富的经验。这些实践经验的积累也为后续"村改居"社区治理的完善打下了良好的基础。

（一）党建引领社区治理现代化

社区是实现国家治理现代化的重要落脚点，是加强基层党建的重要空间。实践已证明，中国共产党是中国特色社会主义建设事业的领导核心；在"村改居"社区，社区党组织同样扮演着核心角色。在江苏省各地区的"村改居"社区治理实践中，着重突出了党建引领作用，牢固树立基层党组织在其中的核心角色，党的领导始终是主线。在具体的"村改居"社区治理中，各社区抓牢理顺党员组织关系、完善组织管理架构、深化社区网格化管理等工作。针对"村改居"社区发生了空间重组，很多党员分散到不同的社区这一特征，将原党员的组织关系全部转入社区党组织，能够解决原村党组织"管不到"、社区党组织"不好管"的问题。此外，以党组织为核心，优化"一委一居一站一办"（党总支部委员会、居民委员会、社区管理服务站、社区综治办）的管理架构，形成"人、岗、事"之间的合理配置，解决了社区工作人员单打独斗、影响带动力不强的问题。

（二）"三社联动"机制促进社区善治

"三社联动"是指依托社区建设、社会组织的培育和专业社工的参与，实现三社之间的互动、沟通与协作，从而实现资源共享、相互促进、共同进步。2016年，江苏省民政厅出台了《关于深化"三社联动"创新城乡社区治理的意见》。《意见》明确了指导思想、基本原则、总体目标、主要任务和保障措施,为加快推进全省城乡地区的社区治理创新,积极培育以社区为组织平台、社会组织为有效载体、社会工作专业人才为支撑的高效联动机制,促进基层社会和谐善治,提供了全省层面上的政策性执行依据。针对社会组织参与社区治理的相关问题,江苏省泰兴市还出台了《城乡社区工作事项准入办法》,其目的是进一步理顺政府职能部门与社区组织之间的关系,减轻社区工作负担,推动社区回归自治本位。

(三)构建"中心+社区"社区治理模式

在"村改居"社区治理中,如何优化社区与上级政府间关系、协调处理行政性事务和社会性事务的关联,是当前社区治理面临的关键问题。在具体实践中,我们调研发现苏州市枫桥街道按照"行政职能上收中心、服务资源下沉社区"的思路,构建了"中心+社区"社区事务治理新模式。具体操作是根据原来社区居委会事务梳理出任务清单,一份是政府延伸职能清单,上收到社区服务中心;一份是社区居委会职能清单,下沉到社区居委会。调整后,原来7个社区居委会"一站式"服务大厅108名工作人员压缩到现在的20人。从社区服务中心空余出来的88名工作人员则全部下沉到社区,为枫桥街道实行的"社区四级网格化"治理增添力量。其中,社区主任担任一级网格长,负责整个社区管理;社区其他工作人员划片包干到居住小区,担任二级网格长;小区按单元划分为若干个小组,小组长为三级网格长;小区单元按楼道推荐楼道长,担任四级网格长。

三 江苏"村改居"社区治理存在的主要问题

在实际发展中,尽管江苏省"村改居"社区建设起步较早,也积累了一定的经验,但是依然存在一些问题,制约着社区治理的有效性。

(一)经费保障不平衡不充分

在进行"村改居"改造之后,相较于原行政村时期,各社区承担了更多的社会性事务以及行政性事务。然而，缺少"权随责走、费随事转"的相关政策落实，加上经费保障的不平衡不充分，成为制约社区治理成效的瓶颈。主要存在的困境：一方面，"村改居"改造之后，新成立的社区在机构设置、组织人员编制、社区干部待遇等方面没有统一规定。各地的"村改居"社区往往根据自身的财政状况分配收入，这样就在客观上影响了"村改居"社区干部的工作积极性。另一方面，随着村集体所掌握的土地资源及相关经营性资源越来越少，而失地居民以及新建小区中大量外来人口的入住，势必造成用"少数人的钱为大多数人办事"的结果，进而在一定程度上产生利益矛盾，甚至影响社会稳定。

（二）职能定位不明确

在调研中，我们发现很多"村改居"社区通常实行"两块牌子、一套班子"，但在实际管理中仍然沿用行政村时期的传统管理模式，社区居委会的基本职能和自治功能尚未完全形成，相反这些社区行政化色彩偏重。"村改居"社区被纳入城市居委会之后，管理体制呈现行政科层化的特征，居委会工作人员的任职条件通常是由街道办事处来决定。此外，社区工作方式呈"行政化"、"命令化"。在实践中，社区扮演着为上级服务的角色，上级政府职能部门在一定程度上把社区作为自己的派出机构，社区往往成了上级部门的"一条腿"，把原本相互之间的引导关系变成了指导关系。社区工作人员则疲于应付上级委派的任务，无法有效履行为社区服务的功能。职能定位不准确对推进"村改居"社区建设有非常消极的影响。

（三）社区居民参与意识不强

有效的"村改居"社区治理离不开农村居民的积极参与，而我们的调研发现，"村改居"社区中基层群众的自治能力普遍不强。这主要是由于在日常社区治理中，社区居民的自我管理和自我服务意识较为淡薄，社区的动员能力也不足，这就弱化了社区的自治能力。我们的调研还发现，居民参与社区建设的意愿并不强。大部分居民在思想上存在被动性，普遍认为"村改居"社区的建设仅仅是政府的事,跟自己的直接关联并不大。但是,当社区治理中涉及自身利益时,又存在"爆发式"的参与激情。

(四)社区自治组织发展相对缓慢

社区治理应当是相关利益主体进行协商、沟通与选择的过程,在其中,需要多方利益主体的相互协调。相比于行政村时期的治理基础,进行村改居建设之后,社区之中开始出现功能各异的现代社会组织。不同社会组织的出现本身能够满足居民的多元需求,也是社区治理走向有效性的必备条件,但是目前"村改居"社区内的社会组织主要以"广场舞"或"合唱团"等文娱类组织为主,这些社会组织在参与社区公共事务上的能力相对不足,而且文娱类组织主要依靠共同爱好来维系,一旦关键的组织人员流失,可能组织面临解体。因此,需要在社区治理之中培育更多以公共事务为核心的社会组织,吸引社区居民参与到社区治理之中,凝心聚力共同建设社区。

四 江苏"村改居"社区治理的完善对策

上述在江苏省"村改居"社区治理中存在的问题,需要从相关领域着手,逐步完善社区治理体制与机制,实现城乡社区的有效治理。

(一)坚持党建引领,理顺社区治理体制

在完善社区治理的过程中,最核心的要求还是坚持"党建引领"。要在"村改居"社区治理中,努力建立、健全社区党建责任制。必须将社区党建工作作为一项长期性和全局性的重要任务来推进,建立相关"一把手"责任制。在党建工作的推广中,各社区应当因地制宜完成上级党委下达的工作任务,并且努力创建社区党建工作特色。此外,还需要完善社区管理体制,建立适应"村改居"社区情况的"两委"工作机制,明确社区"两委"的职责。应该按照"政事分开、政社分开"和"小政府、大社会、大服务"的原则与要求,理顺上级政府与"村改居"社区的关系。上级政府对社区

事务应该给予指导、协调、动员、监督,探索在财力和物力上给予相应支持的路径,而不是直接参与甚至干涉社区事务。社区居委一方面应当按照上级指示完成各项工作,另一方面需要秉承为社区居民谋福利的理念,有效地协调上下级关系。

(二)建立社区居民参与的长效机制

随着我国基层民主的加快推进,党和政府更加重视基层居民参与的一系列问题,分别在参与方式、参与对象以及参与途径等方面进行了创新。而在"村改居"社区中实行居民自治,制度建设是根本。因此,各地区应当积极探索社区居民参与的长效机制。只有用制度来明确社区治理中不同参与主体的权利与义务,才能为居民提供便捷的参与渠道。在社区治理中,居民应当可以直接或间接进行居委会选举,通过"民主议事会"进行决策议事,将以居民集体讨论为主的自治章程作为民主管理制度。我们调研也发现,"村改居"的居民对经过民主选举产生的居委会班子信任度更高,也比较认可"民主议事会"所产生的决议结果。

(三)发挥社会组织的协同作用

十九大报告提出要加强社会治理制度建设,完善党委领导、政府负责、社会协同、公众参与、法治保障的社会治理体制。这充分说明社会组织的协同作用对于社会治理具有重要影响。从理论上来说,社区内的社会组织是国家和市场的补充,在各领域发挥着不容小觑的作用。社会组织的培育充分利用了社区居民相互之间的生活关联度,以及对社区事务的熟悉程度,让居民实现"自组织",降低社区治理的成本。当然,这一过程也需要社区外部力量的支持,需要对社区内部事务的整合配置,提供一些政府与市场无法提供的公共物品,从而实现社区的"善治"。社区社会组织和社区治理的目标应当是一致的,都是为了实现社区治理的有效性。总而言之,发展社区社会组织不仅能为社区治理目标的实现提供支撑,也是衡量社区治理状况的一个重要指标。

（四）提供社区保障经费，加强社区干部队伍建设

在"村改居"社区治理的完善中，还需要从经费与干部队伍建设着手，提供社区治理的财政资源与人力资源基础。一方面，提供社区管理经费保障。上级政府部门应该出台相关政策，制定政府对"村改居"财政投入的长期规划，特别是在"村改居"之后，逐步加大对社区的投入力度，达到"财政为主，村（居）财补充"的目标。此外，"村改居"社区内部的党组织、居委会及其他组织的人员配备、成员生活补贴待遇等，也应该逐步与城市社区的标准相统一。另一方面，加强社区干部队伍建设。通过加强"村改居"社区工作人员业务培训，提高"村改居"社区工作人员的能力，确保"村改居"后的社区工作者能与时俱进，妥善开展各项工作。

（五）依托信息技术，加快智慧社区建设

"村改居"社区的建设同时也处于一个信息化时代，如何利用好各种网络信息也成为影响社区治理的关键。依托信息技术建设智慧社区有其积极意义。一方面，互联网的方式有利于社区居民反应自身的问题，也有利于社区进行宣传和组织。例如，可以利用网络平台打造亲情社区、楼栋自治和居政分离等治理模式。另一方面，通过网络渠道，让"村改居"社区成员之间能够相识，进而让相识的人们愿意走出家门加入到社区的大家庭中去，培育社区居民的归属感。通过开发相关的社区 APP 软件，使社区居民通过手机软件享受网上预约家政、网上预约办事等便民服务。在可以预见的未来，社区治理将涉及智能医院、智能化家庭照料护理和数字生活等诸多领域的工作，而这些领域的进步，能够为居民提供一个更加安全、舒适和现代化的生活环境，达到社区宜居的目标。

B.28
江苏新的社会阶层的社会心态分析

后梦婷*

摘　要： 改革开放以来，新的社会阶层群体在非公经济领域和社会领域日益壮大，成为中国特色社会主义事业的重要建设者。这一群体构成日益年轻化、知识化、专业化，他们来源复杂，职业流动性强，是与社会稳定息息相关的中等收入群体。目前，他们的社会心态表现出以下几个方面的特征：一是工作生活危机意识强，但对发展前景充满信心。二是阶层定位自我矮化，认为知识分子和专业技术人员并没有在改革开放发展中获利，无法共享发展成果。三是社交圈不断分化，形成了一些认同度较高的小圈子，亚文化认同日益增强。四是思想比较活跃，具有一定的社会责任感。五是将网络视为表达诉求的主要渠道，社会影响力不断放大。六是认可国家的发展理念，对社会现状具有一定批判性。

关键词： 新的社会阶层　社会心态　统一战线

改革开放以来，新的社会阶层群体在非公经济领域和社会领域日益壮大，成为中国特色社会主义事业的重要建设者。2017年2月，全国新的社会阶层人士统战工作会议明确要求推动新的社会阶层人士统战工作全面深入开展，提出各级党委要从全局和战略的高度，切实增强责任感和使命感，将

---

* 后梦婷，江苏省社会科学院社会学研究所助理研究员。

他们纳入工作视野,不断扩大团结面①。目前,根据《中国共产党统一战线工作条例(试行)》的规定,新的社会阶层主要包括了以下四个群体:私营企业和外资企业的管理技术人员②、中介组织和社会组织从业人员③、自由职业人员④、新媒体从业人员⑤。这一群体思维活跃,价值多元,并且始终处于不断变化成长的过程中。随着群体规模的不断扩大,他们的经济和社会动员能力不断增强,逐渐参与到整个社会治理的全部过程,成为影响经济发展、政治稳定、社会和谐的关键少数。

社会心态是指一段时间内弥散在整个社会或社会群体中的社会共识、社会情绪和感受,以及社会价值取向⑥。在转型社会背景下,社会心态研究能够有效地反映某一特定群体在一段时间内较为普遍的心理特点和行为方式。它不但反映着社会转型在个体层面的影响,也预示着未来影响社会转型的力量。新的社会阶层正是在社会快速变化、阶层新老更替的过程中成长起来的,他们的行为方式正左右着主流舆论的走向。在这一意义上,只有充分认识和研判新的社会阶层的心理行为特征,才能更好地团结引导这部分群体,从而巩固党的执政根基。

---

① 《全国新的社会阶层人士统战工作会议在京召开》,《人民日报》2017年2月25日,第1版。
② 私营企业和外资企业的管理技术人员,指受聘于私营企业和外资企业,掌握企业核心技术和经营管理专门知识的人员,参见《再解"新的社会阶层人士"》,中央统战部"统战新语"微信公众号,2015年10月9日。
③ 中介组织和社会组织从业人员,包括律师、会计师、评估师、税务师、专利代理人等提供知识性产品服务的专业机构从业人员,以及社会团体、基金会、民办非企业单位从业人员,参见《再解"新的社会阶层人士"》。
④ 自由职业人员,指不供职于任何经济组织、事业单位或政府部门,在国家法律、法规、政策允许的范围内,凭借自己的知识、技能与专长,为社会提供某种服务并获取报酬的人员,参见《再解"新的社会阶层人士"》。
⑤ 新媒体从业人员,指以新媒体为平台或对象,从事或代表特定机构从事投融资、技术研发、内容生产发布以及经营管理活动的人员,包括新媒体企业出资人、经营管理人员、采编人员和技术人员等,参见《再解"新的社会阶层人士"》。
⑥ 杨宜音:《个体与宏观社会的心理关系:社会心态概念的界定》,《社会学研究》2006年第4期。

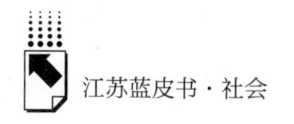

一 江苏新的社会阶层的群体构成

新的社会阶层是从原有的阶层结构中分化出来的新兴群体，他们大多处于体制外，与新兴产业发展密切相关。例如，社会组织从业人员的增多就与社会治理结构调整、公共服务需求增大相关，而新媒体从业人员则与现代互联网迅速发展密切相连。从目前的情况看，江苏新的社会阶层在群体构成上主要表现出以下几个特点。

1. 群体构成日益年轻化、知识化、专业化

经济新常态下，政府的简政放权，市场要素的合理配置，以及互联网众创、众筹等创业、创新服务平台的搭建，共同催生了"大众创业潮"。新的社会阶层中青年群体占了较大比例，例如，白手起家的青年创业者、子承父业的"创二代"、青年专业技术人员、海归留学人员以及新媒体从业人员等。调查显示，在新社会阶层人士众多的昆山市有近87.3%的新社会阶层人士年龄在45周岁以下，其中35周岁以下的群体更是超过半数（占比约54.1%）。他们大都受过良好的教育，具有独立的技术专长和专业的知识储备，他们主要就业于新兴产业或高科技领域，从事着复杂的脑力劳动和科学管理工作。他们重视自我的再学习、再深造，重视知识技术的不断革新。他们试图通过文化技能的提升，来提高自身的社会财富和社会地位。因此，新社会阶层群体在追求经济价值的同时，也在不断提升自我价值，在为社会创造财富的同时，也提升了自身的社会经济地位。

2. 群体来源复杂，有一定海外背景

江苏新的社会阶层人士的构成较为复杂。随着产业结构转型升级，政治体制，尤其是事业单位体制的改革促使大批文化产业机构、科研机构、医疗机构、教育机构从国家体制中脱离出来，成为新的经济组织或社会组织。这些单位中具有专业技能的知识分子开始自谋出路、自主创业，在非公经济领域迅速成长起来，实现了"单位人"到"社会人"的转变。此外，高等教育日益普及，高校毕业生数量急剧增加，大量应届毕业生到非公经济领域就

业，大大增加了新社会阶层的群体规模。除此之外，海外留学归国人员也是新社会阶层群体的重要来源，他们归国创业或择业，将国外先进的知识、技术注入各个领域，成为市场经济的强力推动者。

3. 职业流动性强，属于中等收入群体

受市场利益导向和竞争机制的影响，新社会阶层的流动性和选择性更为强烈，他们在选择职业时有着更强的独立性和自主性。在江苏昆山有76%的新社会阶层都曾经更换过工作，而那些没有更换过工作的少数人基本上以高校毕业生为主，究其原因也是因为他们仍然处于学习成长期，还不具备流动的资本和资源。从收入水平来看，新的社会阶层是"中等收入群体"的主要成员，他们中大多数人都拥有自有住房和车辆。但是也要看到，在这一群体内部，同样存在因行业、部门、职务、资历、年龄等方面的不同而呈现"二八分化"现象，收入差距明显。

二 江苏新的社会阶层的社会心态

如前所述，社会心态是一定历史阶段下，群体心理、行为特征的集体反映，它与成长的社会背景密切相关。目前，新生代的新社会阶层人士已经与他们的父辈表现出显著的差异，尤其是"70后"、"80后"乃至部分"90后"群体的快速成长，改变了新社会阶层的集体思维方式。相对于原生代的新的社会阶层大多由体制内分流出来的情形，他们大多通过完成学业进入社会，依靠知识技能进入各类新经济组织、新社会组织中自由择业、自主创业，他们的价值观和行为方式与其父辈存在着显著的差异，更具有鲜明的时代特征。因此，我们在分析时更偏向于分析这部分年轻群体的社会心态。

1. 工作生活危机意识强，但对发展前景充满信心

一方面，新的社会阶层大多服务于知识技术密集型的新兴产业，知识技术更新速度不断加快，工作节奏迅速，竞争压力大，而且他们生活在体制外，无法寻求组织依赖，很多时候只能依靠自己解决大部分工作生活中的问题，因此，他们普遍具有较强的危机意识，在工作中不断自我施压，寻求发

展的机会。另一方面，他们对自身和行业的发展前景又充满信心。他们大多数认可"知识改变命运"的准则，相信能够通过自己的努力寻求自我实现，也认为自己目前从事的行业、专业在未来会有较大的发展。正如廉思教授所说，"他们笃信知识的价值，在他们的成长经历中，大多是通过高考进入高等学府，运用知识获得向上流动的机会，并且大多通过专业知识在所处的领域得到自我实现和社会尊重"①。

2. 阶层定位自我矮化，认为成果难以共享

江苏新的社会阶层对自身的经济地位、政治地位和社会地位存在自我矮化的现象，他们认为自身地位基本属于中等偏下水平，其中又以政治地位评价为最低，认为自身价值并没有得到社会的认可。横向来看，在这四类人中，新媒体从业人员的自我阶层定位最低。新的社会阶层自我认同矮化出现的最主要原因在于：他们既没有拿现在的生活与过去的生活相比，也没有拿自己的生活与低收入群体相比，而是以拥有大部分社会财富的豪富阶层作为参照物。这种相对弱势和剥夺感使得他们更容易将自己归入社会"中下层"。面对改革开放的发展成果，他们认为体制内群体是改革开放的主要受益者，而知识分子和专业技术人员并没有能够在改革开放发展中获利，无法共享发展成果。

3. 社交圈不断分化，亚文化认同日益增强

随着网络与日常生活联系的紧密度不断增加，不同群体的社交圈借助网络不断分化，以专业性较强的"内循环"形成了一些认同度较高的小圈子。对于新生代的非公经济人士、党外知识分子或是新的社会阶层，他们更注重自身个性与专业性的表达，网络交往也倾向于相似审美旨趣、相似专业背景、相似价值观念的对象，"小圈子"、"亚文化"更加突出，圈层之间的文化壁垒更加明显，社会经历、价值观念的差异可能带来无法融入的问题。而网络对于地缘、业缘、血缘等传统交往基础的消解可能导致这些亚文化群体

---

① 廉思等：《当前我国新社会阶层的特征分析、杠杆作用以及工作思考——关于新社会阶层的调研报告》，《中国青年研究》2016年第11期。

的边界模糊,甚至很难在实体社会中找到真实个体。这些特征客观上给统战工作带来了很大的难度,不了解统战对象的网络话语体系可能连对话都无法实现,更加不能将其从虚拟社会纳入现实的统战范畴。

4. 价值观多元,具有社会责任感

在当下多元文化共生的时代,以青年新生代为主体的新社会阶层人士价值观日趋多元化,呈现出明显的竞争意识强、思想比较活跃、乐于接受新事物等特征。一方面,该群体注重个体价值的自我实现。他们并不满足于现有的经济收入和社会地位,而是力图通过不断学习和创新来实现更大的超越。同时,他们也希望能够对社会有所贡献,乐于投身于社会公益事业,具有一定的社会责任感。多数人曾经有过"直接向特定个人或群体捐款"(53.4%)、"向政府主办的公益组织捐款或合作"(45.5%)、"参与企业自行独立组织的慈善公益活动"(37.6%)以及"向民间慈善组织捐款或合作"(37.6%)等公益行为。

5. 网络政治参与形成,社会影响力不断放大

新媒体时代,网络群体认为自身具有更大的政治权利来参与公共事件的讨论,从事件的发生到意见的表达,再到舆论的形成以及影响社会决策,新媒体平台都是自主性政治参与的有力支撑。有接近一半的新阶层人士将网络视为表达诉求的主要渠道,这种渠道成为新阶层人士关注国家政策、社会民生、专业发展的主要平台。他们常常通过互联网以相对专业的知识发声,能够迅速在网络舆论中引发共鸣。与此同时,网络传播的匿名性给他们提供了普遍的安全感,放大了他们在原有现实社会的影响力,同时也"制造"了更多的网络意见领袖。

6. 关注国家发展,对社会现状具有一定批判性

新的社会阶层人士对于国家的发展状况十分关心,其中排在前几位的分别是社会安全(81.4%)、社会保障(80.9%)、环境问题(80.5%)、经济发展(73.7%)、政府效能(63.2%)。尽管不同群体在关注问题上有所区别,但环境问题和社会保障都是他们关心的主要议题,而对党与政府本身的治理议题则保持了距离(比如法制建设、惩治腐败)。这与他们体制外的身

份密不可分，他们对政治表现出天然的疏离。但总体来说，新的社会阶层是认同国家的发展理念、支持国家的发展规划的，他们珍惜改革开放所创造的机遇，也支持改革的进一步深化。但是他们对社会出现的各种问题表现出明显的批判性，他们呼吁更为公平公正的发展环境，关注与自身发展相关的制度设计和政策修订，希望能够共享改革发展的成果。

三 开展江苏新的社会阶层统战工作的建议

针对新的社会阶层组织形式的分散性、职业岗位的流动性、成员结构的广泛性、利益主体价值追求的多样性、思想意识的自主性和政治参与的公平性等特点，强化他们的思想引导需要针对不同群体分类施策，积极利用网络等新媒体，建设自尊自信、理性平和、积极向上的社会心态。

1. 构建教育引导体系，增强政治共识

利用江苏全省高校、科研院所等社会教育资源丰富的优势，采用联合办学、委托培养、聘请创业导师等方式，将政策理论宣传、统战知识学习、参政议政技能提升等政治培训内容融入社会培训过程之中，以项目化形式打造各具特色的服务品牌。注重政治、经济、科技、文化等多层知识体系的建构，在满足个人发展需求的同时，提升他们的政治理论素养，使他们牢固树立政治意识、大局意识和社会责任感，培养他们高贵的人格和廉洁自律的品质，在错综复杂的社会关系网络中坚持公平与正义。

2. 深耕网络统战，提升线上线下工作融合度

统战部门要主动适应新媒体时代形势的变化，加强与新媒体联络联系，寻找开展工作的切入点，注重利用新媒体构建"大统战"宣传工作格局。一方面，着力强化现有微博、微信、客户端等网络统战平台的内容建设，形成传统媒体和新媒体融合传播的新态势；另一方面，积极畅通政治诉求的网络表达渠道，加强与新社会阶层的网络互动，实现两者之间的"微距离"沟通，鼓励优秀的统战工作者充分展示自身的理论素养和个人才华，以非正式的方式传播统一战线工作理念，淡化传统单一性统战工作的政治色彩，增

加统一战线的亲和力和感染力。

3. 搭建社会治理参与平台，鼓励参政议政

统战部门要与其他部门一起努力搭建公共服务的参与平台，支持他们以平等身份，就社会普遍关心的公共事务和重大决策，与相关党政部门进行面对面的有效沟通、协商和对话，既为党委、政府的决策和实施在更宽广的层次上听取社会各界的心声，也为新阶层代表性人士提供围绕中心、议政建言、知情出力的有效载体和正常渠道，要不断畅通他们对时事政策的认知渠道、党政领导的联系渠道、利益诉求的表达渠道、社情民意的反映渠道、参政监督的知情渠道、履行职责的参与渠道，把他们的政治参与愿望纳入制度化、规范化轨道。

4. 优化人才环境，激发创新创业活力

能否获得足够的发展空间以实现个人价值是该群体所关心的普遍性问题。这就需要敢于破除论资排辈、按职排序等陈旧观念，通过政策松绑、简政放权来最大限度地释放他们的创新创造创业活力，让财富创造者真正成为财富拥有者。尊重和维护新的社会阶层的合法权益，着眼于在把民众创业致富的内在动力引向对社会有利方向的同时，防止利益格局的失衡、利益诉求渠道的堵塞和利益分配的不公。统战部门可以挑选政治素质好、有代表性、有参政议政能力的新社会阶层中的专业人士、社团活动家，向各政府部门推荐为专业顾问。

B.29
江苏新的社会阶层人士网络统战工作方式研究

张卫 后梦婷 孙运宏*

摘　要： 江苏各地统战部门积极探索网络统战工作的新方式，探索构筑"大网络、大媒体、大统战"的工作格局，搭建新的社会阶层网络统战工作平台，探索具有区域特色的网络统战新模式。但是，网络统战工作依然存在以下几个问题：网络统战工作平台缺乏多元交互特性；网络平台内容缺乏吸引力和感染力；统战干部网络驾驭能力还不能适应互联网发展的新要求；缺乏针对新社会阶层人士四类群体的靶向传播和分类引导。未来开展网络统战工作必须将党的宣传工作和统战工作结合起来，将线上问政和线下交流结合起来，将平台建设和内容建设结合起来，将心态研究和价值引导结合起来，改变以往单纯依托统战干部的单一模式，积极发挥新的社会阶层人士的群体特征和职业优势，引导他们实现从网络统战对象到网络统战主体的转变，形成多元发声的工作合力。

关键词： 江苏　新的社会阶层　网络统战

党的十八大以来，以习近平同志为核心的党中央高度重视新的社会阶层

---

* 张卫，江苏省社会科学院社会学研究所所长、研究员；后梦婷，江苏省社会科学院社会学研究所助理研究员；孙运宏，江苏省社会科学院社会学研究所助理研究员。

人士统战工作,将其摆在党和国家工作的重要位置,提出了一系列新理念、新思想、新要求。习近平总书记在中央统战工作会议上强调,"要加强和改善对新媒体中的代表性人士的工作,建立经常性联系渠道,加强线上互动、线下沟通,让他们在净化网络空间、弘扬主旋律等方面展现正能量"。2017年2月,中央召开全国新的社会阶层人士统战工作会议,制定下发了《关于加强新的社会阶层人士统战工作的意见》(中办发〔2017〕15号)文件,对做好新的社会阶层人士统战工作做出了全面的部署,文件中提出,要"善用网络加强政治引领"、"加强对新的社会阶层人士统战工作网络阵地建设"、"善用网言网语引导新的社会阶层党外人士正确认识党的理论和路线方针政策"。这充分体现了党中央对互联网在统战工作中地位的高度重视。当前,我们已经进入一个以"互联网+"为特征的信息社会,面对越来越复杂的网络社会,如何在网络领域有效开展针对新的社会阶层人士,尤其是新媒体代表性人士的统战工作,最大限度地团结他们,加强政治引导,弘扬社会正能量,营造良好的网络舆论环境,是新形势下统战工作的一项重要任务。江苏经济社会发展水平较高,新的社会阶层人士数量多、层次高、代表性强,他们社会交往的网络化特点突出,形成了认同度较高的"小圈子"、"自组织"。在这种背景下,网络统战必将成为做好新的社会阶层人士统战工作的重要方式。

一 新的社会阶层人士网络统战工作的实践探索

江苏各地统战部门积极探索网络统战工作的新方式,将统一战线的理论、方针、政策嵌入到新媒体中,协调统一战线各方面的关系,获取了更多的舆论资源,成为新时期加强对外联络与展示统一战线良好精神面貌的重要形式。

1. 构筑"大网络、大媒体、大统战"的工作格局

全省各级统战部门积极发挥新媒体在宣传统战政策、联系统战对象、服务统战成员等方面的作用,全面构筑"大网络、大媒体、大统战"的工作

格局。一是强化运用新媒体开展统战工作的思维。昆山市、锡山区、东台市等地通过微信公众号开展网络统战，通过定期推送微信公众号信息，不断强化运用新媒体开展统战工作的思维。二是建立健全网络统战协作协调机制。锡山区成立了由区委直接领导，公安、网信、宣传、统战、新闻出版等相关部门共同参与的统战工作领导小组，打破了过去统战部门和其他部门之间存在的"界限"，形成了"大统战"格局。三是增强网络统战中运用新媒体的技术支撑。昆山市建立了"一库四平台"的统一战线数据共享信息平台，实现了"互联网＋统战"工作新模式，从而达到网络与统战工作深度融合。四是完善新时期网络政治参与机制建设。溧水区委统战部完善新媒体参政议政机制与渠道，发挥新媒体从业人员在政协提案、论坛、监督批评等方面的作用，使来自社会各界的建议和要求通过网络渠道反映到有关部门。

2. 搭建新的社会阶层网络统战工作平台

全省各级统战部门积极搭建网络统战平台，探索"互联网＋"背景下的统战工作，讲好统战故事，传播统战声音，不断拓展工作思路，创新工作方法。一是完善统战部门工作网站。各级统战部门积极借助新媒体手段，搭建新媒体平台，"倒逼"统战工作方式方法"转型升级"，推动统战工作创新发展。二是创建微信公众号。各级统战部门在微信公众号的运用上，建立与传统媒体的良性互通渠道，深度整合主要媒体报道，让统战对象的阅读体验更加充实。南京市玄武区委统战部运营的"玄武统战·同心汇"微信公众号，致力于构建"五微一体"新时期统战工作模式。三是建立新的社会阶层人士网络数据库。昆山市委统战部借助大数据重点探索、打造"昆山市统一战线数据共享信息平台"，该平台专设新社会阶层人士数据库，可以对整个统战大数据平台进行数据管理和分析。

3. 探索具有区域特色的网络统战新模式

一是无锡律兜学院模式。无锡市委统战部联合无锡中凯信息咨询服务公司成立律兜学院，律兜学院以"嚓啪论坛"为延伸，针对律师开展全面系统的培训和统战思想工作，统战方式超出了传统意义上的属地统战。二是南京玄武"新领空间"模式。玄武区委统战部针对本地区新社会阶层的特点，围绕白领"吃、喝、娱、乐、动、衣、食、住、行、医"等不同的生活需求和"情感疏导和家庭文化辅导"等精神需求，打造城市白领群体统战工作品牌"新领空间"，注重思想引领，以"线上"+"线下"的形式团结凝聚白领人士，给他们带来归属感。三是镇江网络社会组织模式。镇江市成立了"镇江市网络社会组织"，一方面使社会组织常年致力于参政问政，网上发声音、亮观点，参与网络空间治理，另一方面又注意组织网民开展各类公益志愿服务，引导网民践行社会主义核心价值观，传播正能量。

二 新的社会阶层人士网络统战工作存在的短板

从调研的情况来看，目前新的社会阶层网络统战工作存在以下短板与不足。

1. 网络统战工作平台以单向传播为主，缺乏多元交互特性

近年来"两微一端"等移动平台逐渐成熟，"统战新语"、"江苏统一战线"等微信公众号成为统一战线发声的主要阵地，但是目前此类平台多以单向传播为主，新社会阶层基本处于被动信息接收的位置，整体网络统战工作没有很好地利用互联网多元交互的特性，对移动互联网的多元化、交互性、开放性挖掘不足。表现在统战部门与统战对象之间、不同新社会阶层群体之间缺乏双向沟通，缺乏针对不同新社会阶层群体的靶向传播推送，部分地区基层宣传平台在信息发布时仍无法保证信息的及时性、常态化和可持续性。

2. 网络平台内容趋于同质化，缺乏吸引力和感染力

互联网时代，网络域名和文字名称是统战平台的重要身份标识，是增强统战信息公信力的重要保证。目前，不同统战部门网站、公众号、微博名称各异、标志不一，模糊了统战平台的权威身份，不能使新的社会阶层在网络中快速识别统战网络平台。目前，已有网络平台的内容明显缺乏一些契合本地区新社会阶层构成的针对性内容，也不能很好地体现不同地区的风情特色。尤其是在图文编辑、文字表达方面不能很好地满足移动互联网符号化、

娱乐化、图像化的阅读方式，信息内容的表现形式相对单一。同时，统战网络平台的内容范围相对较窄，缺乏对于社会热点的及时反馈和统战解读，尤其对年轻化、高学历、技术型的统战对象缺乏吸引力和感染力，无法令这一类的代表人士积极参与到网络平台的讨论当中。

3. 缺乏针对新社会阶层人士四类群体的靶向传播和分类引导

新社会阶层的四类人在网络行为方式上各不相同，例如律师群体更关注社会热点，而管理技术人员相对更关心专业技术信息，新媒体从业人员对网络各方面知识相对熟悉，社会组织从业人员关心民生热点和公益信息。这就要求统战部门在网络统战工作中要针对不同群体进行分类研究和分类引导。目前的统战平台大多采用统一化的发布方式，没有针对不同群体的精准化推送，在信息靶向传播上严重不足，缺乏吸引力。此外，新媒体从业人员由于其工作的特殊性，对信息更具有敏锐性，他们与统战部门之间的"数字鸿沟"也愈加明显。

4. 统战干部网络驾驭能力还不能适应互联网发展的新要求

进入"互联网+"时代，技术革命超越了时空的界限和障碍，拓展了统战工作的广度和深度，倒逼统战工作方式必须适应新的形势需要。这种转变首先应当体现在统战干部身上。目前，统战干部队伍中仍有小部分人的工作思维、工作方式还停留在传统媒体时代。对于新媒体的特性、互联网的价值、统战形势的变化缺乏清晰的认识。不能熟练运用新技术平台与统战对象沟通，不会使用网络化语言教育引导，无法在"线上"和"线下"自如转化身份，这些都是制约网络统战深入推进的障碍。

三 推进新的社会阶层人士网络统战工作的对策建议

习近平总书记反复强调，互联网是我们面临的"最大变量"，过不了互联网这一关，就过不了长期执政这一关。"互联网是当前宣传思想工作的主阵地。这个阵地我们不去占领，人家就会去占领；这部分人我们不去团结，人家就会去拉拢"。网络统战是做人的工作，进一步推进新社会阶层人士的网络统战工作，要在网络领域把他们"组织起来"，引导他们求同存异，形成价值共识。在网络领域"把自己的朋友搞得多多的，把敌人搞得少少的"。为此，对新的社会阶层人士开展网络统战工作必须坚持党的领导，各级统战部门要主动和相关部门联系沟通，明确职责，健全机制，形成分工负责、协调配合的工作格局，将党的宣传工作和统战工作结合起来，将线上问政和线下交流结合起来，将平台建设和内容建设结合起来，将心态研究和价值引导结合起来，改变以往单纯依托统战干部的单一模式，积极发挥新阶层人士的群体特征和职业优势，引导他们实现从网络统战对象到网络统战主体的转变，形成多元发声的工作合力。

1. 注重社会心态建设，增强对新社会阶层的主流价值引导

与社会心态建设结合起来，在系统研究、精准把握四类群体价值诉求基础上，培育良好的社会心态，增强新社会阶层对主流意识的认同，实现新社会阶层的政治引领。一要凸显统战身份，增强和完善统战部门网站功能，微博、微信等平台要使用统一的名称和标识，增加辨识度和唯一性。二要精准把握不同新社会阶层人士的特点。要利用网络为以律师为代表的部分专业人士提供通畅的发声渠道，要注意帮助私营企业和外资企业管理技术人员、自由职业人员解决工作和生活上的实际困难，建立日常沟通联系渠道，要教育引导新媒体人士严守"网络发声"的法治底线和道德底线。三是注重舆论的正向引领，释放网络正能量。积极关注新社会阶层参与讨论的社会热点，防止小部分群体以讹传讹，传播谣言，或是将社会热点泛政治化、泛意识形态化。

2. 强化网络平台内容建设，提高"两微一端"的吸引力和影响力

应着力强化现有微博、微信、客户端等网络统战平台的内容建设，形成传统媒体和新媒体融合传播的新态势，提高统战对象的关注率和阅读率。要善用网络语言来丰富传播内容，多使用新社会阶层群体使用的术语、俚语，多使用漫画、视频、音频、动图等具有吸引力的信息传播方式，增强视觉冲击力和语言感染力。要努力构建具有区域特点的网络平台。要在传统板块设置的基础上，强化区域信息的传播，以贴近新社会阶层日常工作生活的内容

为主体,主动发布本地民生信息和经济发展信息。要与现有的统战刊物融合,取长补短,发挥各自优势,体现传统媒体和新兴媒体并重,以期对不同阅读习惯的新阶层群体起到信息辐射作用,达到"1+1>2"的效果。可以将统战刊物的稿件放在网络平台上发表,也可以根据某个阶段网络关注的热点,组织新阶层人士撰写文章在统战刊物上刊登。

3. 利用交互式网络技术,推进线上线下积极交流良好互动

要适应互联网发展新趋势,掌握主动权,积极畅通政治诉求的网络表达渠道,加强与新社会阶层的网络互动,实现两者之间的"微距离"沟通。要设置并公开网络沟通渠道,为广大基层统战工作者和新的社会阶层人士提供相互学习和交流的平台。要充分利用"在线论坛"、"网上沙龙"等网络平台,围绕"新媒体人的社会责任"、"社会组织的公益身份"、"自由职业人员网络政治参与"、"民营企业的代际更替"等热点问题定期组织开展专题讨论,在讨论中引导他们从不同视角发布有利于巩固统一战线的帖子,使之成为新社会阶层表达自我诉求的舞台。要利用"博客"、"微信朋友圈"等网络工具,鼓励优秀的统战工作者充分展示自身的理论素养和个人才华,以非正式的方式传播统一战线工作理念,打破常规方式,淡化传统单一性统战工作的政治色彩,增强统一战线的亲和力和感染力。

4. 以购买服务推动创新,强化大数据在网络统战工作中的应用

在确保信息资料安全的前提下,通过购买服务等"外包"形式将技术层面工作交给高校、科研机构或专业网络信息公司来做,建成相关数据库,实现资源共享。可以借鉴昆山市委统战部"一库四平台"工作新模式,用购买服务的方式,通过和相关网络机构的技术合作,强强联合,将统战部门收集的代表人士信息整合到数据库中,使其成为统战部门和新社会阶层人士能够共同查询、编辑、阅读、交流的平台,以此提高统战工作效率。要利用大数据平台建立的新社会阶层信息数据库,保证信息数据及时更新,并在此基础上做好网络信息的定期归纳、整理、分析,对他们的网络心态和网络价值观做好跟踪归纳,便于统战部门及时了解不同代表人士的思想状况、社会心态和阅读习惯,定期分析总结,形成有针对性的价值引导思路对策建议,

探索符合新媒体舆情传播的新方式。

5. 建立舆情联动应急机制，提高舆情研判能力

要建立网络舆情预警监测机制，对新社会阶层代表人士（尤其是新媒体代表人士中的网络大V）关注或参与的网络热点事件和焦点问题保持足够的警惕，及时进行监测和研判。要密切关注网络舆情的内容、反映出来的价值观，通过对内容进行判断和归纳，将网络舆情及时反馈到决策和执行部门。要同网信办、公安等部门建立网络舆情联动应急机制。通过建立网络舆情共享信息系统，及时将网络舆情监测情况反馈到联动部门，寻找解决问题的最佳时间和最优途径。充分利用统战部门的网络公共平台及时发布信息，及时回应新社会阶层关切的热点问题，消除信息传播和事件处理中信息不对称的问题，维护社会和谐稳定。

6. 加强网络统战主体队伍建设，发挥多重主体的能力优势

要充分利用自身联系面广、人才荟萃的优势，建立一支包含统战干部、新社会阶层人士尤其是新媒体代表人士的网络统战队伍。要打造一支具有网络统战意识、自觉开展网络统战工作的干部队伍，促使他们懂网、用网，尽快转换角色融入"互联网+"的时代中，积极在互联网平台上传播共识价值。要发挥新社会阶层人士学历高、见识广、影响力强的优势，通过政治引导，发挥他们在网络舆情引领和网络价值共识建构的独特功能，形成以新阶层人士为主体的网络宣传队伍。要强化对新媒体从业人员的定期培训和思想跟踪研究，引导他们树立正确的价值观，使其成为社会心态建设的主力军。要主动找出并联系新媒体中的代表性人士，他们的意见和言行往往能够影响网络的舆论生态，在网络中他们具有"程序员"和"交换机"[①]的双重功能，起到引领网络舆论的作用。

[①] "程序员"是指他们具有"在分配给网络的目标方面，对网络进行编程/改变的能力"，"交换机"是指他们具有"通过共享公共目标和增加资源的方式将不同的网络连接在一起以保证协作的能力"，参见卡斯特《网络社会：跨文化的视角》，社会科学文献出版社，2009。

B.30
推进江苏农村产权改革与法律保护的对策与建议

徐 静*

摘 要： 全国农村集体产权改革正如火如荼地推进，江苏省是全国经济发达省份之一，农村集体经济比较发达，集体产权改革起步较早。针对深化农村集体产权改革中相关法律法规的缺位与冲突、"政经分离"不彻底、集体经济组织治理结构不健全、农村产权交易市场不发达等问题提出对策与建议。

关键词： 农村集体经济组织　产权改革　法律保护

有恒产者有恒心，经济主体财产权的有效保障和实现是经济社会持续健康发展的基础。产权作为协调各方利益关系的边界，明晰的产权可以增强保护各方利益的有效性。① 伴随全国农村改革建设工作如火如荼地开展，农民财产权的法律保护成为焦点话题。农村集体产权改革的核心是赋权、赋能、盘活资产，让农村集体资产保值增值，让农民平等地享受集体经济的福利，同时确保集体财产管理的规范化、透明化，保障农民利益免受侵害。保护农民利益以及农民产权免受侵害，关键在于进一步明确产权主体，规范各方的权、责、利关系。2015～2017年的中央一号文件对推进农村集体经济组织

---

* 徐静，江苏省社会科学院法学研究所副研究员，江苏高校区域法治发展协同创新中心研究员。
① 郭金云：《乡村治理转型的微观基础与制度创新——以成都市农村土地产权制度改革为个案的研究》，《中国行政管理》2015年第5期。

产权制度改革进一步明确了方向和重点。2016年12月26日，中共中央国务院出台了稳步推进农村集体产权制度改革的意见，这是一项决定农村改革"四梁八柱"的重大制度。

江苏省是全国经济发达省份之一，农村集体经济比较发达，集体产权改革起步较早。根据中央精神，2014年1月25日，江苏省委发布《关于全面深化农村改革深入实施农业现代化工程的意见》，指出深化农村产权制度改革必须竭尽所能激发农村活力，建立产权清晰、产权权能圆满、资源流转顺畅、有完善的法律作为保障的农村集体产权制度。农民以土地为核心的各项权利都应得到法律的有效保障。"推进农村土地确权登记颁证、保障农户宅基地用益物权、引导和规范农村集体经营性建设用地流转、推进农村集体产权股份合作制改革、推进农村产权交易市场建设"是江苏全面深化农村改革的五项任务和目标。

一 江苏省农村集体产权改革的现状

江苏省农村集体产权改革全面铺开已有四年之久。四年中，集体土地承包权的确权工作在江苏省全面铺开，全省所有的行政村基本都启动了土地确权工作，大部分的行政村完成了合同的签订，总体进度在全国第二批试点省份中位居前列。经营性资产、江苏集体公益性资产基本完成清理整合，优化资产利用，竭尽所能提高资产的利用效率，比如，将闲置或者废弃的公益性资产活化之后再利用，或者转变为经营性资产，所得收益量化到集体个人或者作为集体公共支出。农村集体产权改革的焦点是集体经营性资产，早在21世纪初，苏州就积极探索开展农村集体产权改革路径，苏州市吴中区木渎镇金星村组建了江苏首家社区股份合作社，发展合作经济和股份经济。截至2016年底，江苏省已经有7000多个行政村进行了农村社区股份合作制改革，成为江苏农村集体产权改革中的亮点和优势。2018年江苏省委办公厅、省政府办公厅发布了《关于深化农村集体产权制度改革的实施意见》，明确提出了深化集体产权改革的总体思路是"确权、赋能、搞活"，进一步确定农村产权归属的明晰性，保障农村集体组织成员的合法权利，全面深化推进农村社区股份合作制改革，探索创新农村集体经济新的运行机制，从而实现农村的发展和繁荣。2018年4月，江苏省委一号文发布《中共江苏省委江苏省人民政府关于贯彻落实乡村振兴战略的意见》，再次强调必须创新体制机制，强化乡村振兴制度性供给。江苏省乡村振兴战略创新体制机制的目标是在2019年基本完成农村集体资产清产核资任务，2021年基本完成农村社区股份合作制改革任务。深化农村集体产权改革成为江苏乡村振兴的关键一环。

二 江苏省农村集体产权改革存在的问题

江苏省农村集体产权改革全面有序地开展，并且取得了相当的成效。当前，江苏农村集体产权改革已经步入"深水区"，在此过程中逐渐浮现出诸多需要改进的问题。总体上看，江苏省农村集体产权制度改革区域之间仍不平衡，部分地方集体资产家底不清、产权归属不明、管理不够规范、收益分配不够公开，部分社区股份合作社运行状态不理想，亟须通过深化改革来完善制度、增强活力。

（一）改革成效受限于相关法律法规的缺位与冲突

农村集体产权变革的过程是对农村集体经济利益进行明确和再分配的过程，同时也是完善各项权能、激活农村各项生产要素、促进农村集体经济发展的过程。[1] 农村土地产权制度改革的"确权颁证"是实现农村土地流转的制度基础；但是在当前集体经济制度框架内，农民即使拥有较为明晰的财产权利，也没有因此而获得将手中资产低成本、高效率、有秩序地转变为资本的发展能力。[2] 造成这种现象的原因很大程度上是相关法律政策支撑的缺

---

[1] 陈荣卓、刘亚楠：《农村集体产权改革与农村社区腐败治理机制建构》，《华中农业大学学报》（社会科学版）2017年第3期。
[2] 郭炜、丁延武：《深化农村土地产权制度改革的困境突破与路径选择》，《经济体制改革》2015年第4期。

失,比如,我国《民法总则》第 99 条规定:"农村集体经济组织依法取得法人资格。"《民法总则》赋予了农村集体经济组织法人资格,但目前并未出台具体的制度设计,农村集体经济组织"空戴一顶帽子",并不能真正如同"法人"般运作。另外,农村房屋和宅基地可能是农民最有价值的财产,但法律限制其如同城市资源一样在市场正常流转,农民宅基地和住房限制在本集体组织成员之间流转。而现实情况是农村人口加快向城镇流动转移,农村内部住房空置率日渐攀升,集体经济组织内部的流转需求十分有限,城市与农村之间的流转需求日益增多,然而流通壁垒却未打破,现行法律的限制性规定成了城乡资源要素统一流转市场的障碍。另外,法律规范之间的冲突加大了深化改革的难度。例如《中华人民共和国土地承包法》规定"土地承包经营权可以依法转让、出租、入股、抵押或者其他方式流转",《中华人民共和国物权法》规定"土地承包经营权可以转包、互换、转让等方式流转",但《中华人民共和国担保法》规定"土地所有权以及耕地、宅基地等集体所有的土地使用权不得抵押",《担保法》的规定与《土地承包法》和《物权法》的规定相冲突,诸如此类的法律冲突给推进利用农村土地使用权融资增加了难度与困扰。《中华人民共和国物权法》第 184 条规定"耕地、宅基地、自留地、自留山等集体所有的土地使用权不得抵押",土地被视为农民生活的保障,因而由土地衍生出的土地承包权和农村集体建设用地使用权被视为农民生活的保障,法律因而禁止进行融资抵押,该规定违背了市场在资源配置中的基础作用,限制了农村产权要素在市场上的融资功能,阻碍了农村产权要素的全面激活。因此,相关法律的缺位与冲突成了江苏农村集体产权改革进程中的制约因素。

(二)"政经不分"现象依然存在,"政经分离"模式需进一步深化

农村集体经济组织是以产生经济价值,以营利为目的的经济实体,主要职责在于经营和运作与土地相关的农村集体财产。村民委员会是农村村民的群众性自治组织,其主要任务是处理农村的日常事务,并且为集体经济组织

成员提供必要的服务。我国《村民委员会组织法》第 2 条规定了村民委员会的法律性质和地位。二者在性质上完全不同，职能上各有分工，本无互相取代的可能。集体经济组织和村民委员会的混同很可能导致财产权利的边界不够清晰，权利、义务与责任无法分清，导致保障财产权利沦为纸上谈兵。因此，在赋予集体经济组织法人资格的同时，实行"政经分离"尤为重要，集体经济组织和村民委员会职权切割，使集体经济组织回归其经济实体的职能，发展集体经济。村民委员会回归管理公共事务和村民自我管理的管理职能，二者应成为民法上彼此独立的主体，在农村集体事务中各司其职。江苏省各乡镇的城镇化水平、财政收入、集体经济发展状况、农民教育程度、农村社情民意存在明显差异，在"政经分离"实施上的难点各不相同，因此各地推进"政经分离"的进程差异很大。目前，江苏农村很多地方的村民自治组织——村民委员会与农村合作经济组织的组成人员存在重叠交叉的情形，虽然职能和账目分开，但人员多重身份的重叠，可能导致多重利益的重合，且目前农村监管制度存在疏失，难以防范村干部参与集体资产经营管理过程中腐败情况的发生。

（三）农村集体经济组织的法人治理结构亟待构建与完善

德国学者卡尔·拉伦茨（Karl Larenz）认为，法人"是通过私法行为设立的长期存在的人的联合体或组织体，它本身是与其全体组成人员和管理人员互相分开的实体，它本身享有权利并承担义务，通过其机关的行为（在法律上是法人的行为）取得权利并履行债务，由此而发挥自己的作用并参与法律交往"[①]。法人的显著特征之一是所有权与经营权分离，财产的所有者将财产交给专门的经营者经营管理，以实现财产增值保值、利润的最大化。如此的经营模式不可避免地埋下了安全隐患。如果没有相应的控制机制，隐患就会发展为明患。法人治理结构是因这种潜在的风险应势而生

---

① 卡尔·拉伦茨：《德国民法通论》，王晓晔等译，法律出版社，2003，第 184 页。

的。① 2016年12月26日，中共中央国务院出台的《关于稳步推进农村集体产权制度改革的意见》指出，农村集体经济组织中应确保成员的知情权、参与权、表达权、监督权。依据《民法总则》规定，农村集体经济组织具有法人资格。但现行法律并未明确规定农村集体经济组织的法人治理结构以及村民如何行使知情权、参与权、表达权和监督权。江苏省实践中的做法是将农村集体资产通过股份化、股权化的制度设计，使集体资产股权量化到人、固化到户，股权可在本村（居）继承、转让，但其实并未严格参照《公司法》中的股份公司建立内部治理结构，并未真正形成股东大会、董事会、监事会"三足鼎立"的运作机制，亦就难以有力地保障股东（农民）的合法权益。

（四）农村产权交易市场亟待加强和规范

建立完善的农村产权流转交易市场才能让资源要素"活"起来，使集体资产保值增值。规范农村产权交易市场的运行才能保障集体经济规范运行，农民的合法权益在资源要素的流动中才能获得保障。江苏省农村产权交易市场处于加快发展阶段，但存在诸多制约市场发展的因素。主要表现为平台建设较为滞后、制度建设较为滞后、农村产权交易市场多数在乡镇、平台层次低、利益分配机制不健全、缺乏相关配套的社会服务等问题。

三 深化农村集体产权改革和法律保护的对策与建议

江苏省进入乡村振兴新的发展阶段，进一步深化农村集体产权制度改革是完善农村基本经营制度的重要举措，是全面深化农村改革的重大任务，具有重大而深远的意义。

（一）完善与农村集体产权相关的法律法规，强化法规政策支持

全国人大及其常委会应针对现行基本法律制度与农村集体产权改革制度

---

① 杨震：《论我国公司法人治理结构制度的完善》，《中国法学》2003年第1期。

的冲突问题开展调查研究并进行梳理讨论,通过修法来消除、疏通各法律规范之间的冲突。《土地管理法》、《担保法》、《物权法》等对农村集体土地抵押权进行了限制性设置,使得改革过程中产权的创新途径和运行机制受到一定限制。《公司法》、《劳动法》、《税法》等对其正常运作发展设置了较重的义务。完善《物权法》、《农村土地承包经营法》、《公司法》、《税法》等法律法规,明确农村产权的流转方式和途径、农民权益的分配机制等,对部分具有地方特色的操作规则进行明确授权,规定农村集体个人股权可以在集体内部成员之间流转,并逐步实现市场自由流转。《民法总则》确立了集体经济组织的法人地位,应尽早出台有关特别法人的具体制度,农村集体经济组织的权利与义务以及运行机制才能清晰确立,才能促进农村集体经济组织参与市场竞争,才能全面激发农村集体经济组织的活力。江苏省获得地方立法权的各县市,应积极筹备农村集体产权改革的相关立法规划和立法调研,结合各县市农村的实际情况,在不违背国家相关法律法规的前提下,在国家法律的授权范围之内,进行地方立法。比如,研究出台适度放活宅基地和农民房屋使用权的制度;制定农村社区股份合作制的地方法规,明确成员界定、股权量化、收益分配等实施细则;地方立法机构根据各县市农村产权要素性质、流转范围和交易需要,制定市场管理制度和交易规则,对市场运行、服务规范、中介行为、纠纷调处、收费标准等做出具体规定。

(二)继续推进"政经分离",彻底解除村"两委"对集体资产的控制

厘清村党支部、村民委员会与集体经济股份合作社之间的关系,建立良好的法人治理结构的外部环境,确保农民作为集体经济组织的"主人"地位。通过制定规范章程和完善运行机制来保障"政经分离"的有效实施。制定严密的议事规则,通过制度来"分权"和"限权"。对各项细节如社区和集体经济组织的机构设置、人员组成、选举方式、分红机制等做出详细规定。制定社区公共服务的费用分摊机制。探索村民社会服务从无偿福利型向有偿分担城市管理型转变。引导农村从集体包揽的社会公共服务转向由享受

服务的居民共同承担公共服务费用,充分体现农村自治功能。加快全面推进村(社区)自治组织与村级集体经济组织财务分开核算,设立村(社区)自治组织行政专户和村集体经济组织(村经济合作社或社区股份合作社)专户。

(三)完善农村集体经济组织法人治理结构、保障集体成员合法权利和利益

科学合理的法人治理结构是集体经济组织协调运行、有效制衡的前提与基础。集体经济组织被法律赋予了特别法人的地位,就应该建立健全的法人治理结构,参照《公司法》相关规定,集体经济组织应实行股东代表大会领导下的董事长负责制。农村社区股份合作经营应该建立合理的董事会、股东大会、监事会"三会"结构与职业经理人制度。农村集体经济组织根据其现实样态,必须制定完备的合作社(公司)章程,根据合作社(公司)章程,建立股份合作社(公司)的成员(股东)会、董事会和监事会等法人治理结构,充分保障集体经济组织成员的知情权、参与权、表达权和监督权;建立经济合作社成员(股东)会议或者代表会议和董事会、监事会的会议规则,并规范运作;为保障村民财产权利的安全性,应规定合作社或公司的董事长在具有集体经济组织成员资格的人选中选举产生。

股东会议或者成员代表会议是集体经济组织的权力机构和决策机构,与全体成员的集体资产和成员个人切身利益相关的重大事项,必须提请股东大会或者交成员代表会议讨论,经绝大多数代表同意方可交由董事会执行,并且将绝大多数的股东或成员代表的同意意见和少数股东或者成员代表的不同意意见书面记录在案。董事会是集体经济组织的执行机构,代表全体股东或全体成员对内和对外执行集体经济组织运营事务,并且负责集体经济组织的日常事务管理工作。监事会是集体经济组织的监督机构,监督集体经济组织的董事、经理人员等有无违反成员章程、国家法律规范以及股东大会或者成员大会的决议的行为;并对集体经济组织的会计报告、营运报告以及农村集体资产收益分配方案具有监督职责,必要时可以集体经济组织名义委托会计师或审计师进行审核。集体经济组织董事会候选人首先必须具备成员资格，应无违法等不良记录，具备一定程度的经营管理能力、组织协调能力，在集体经济组织中具有较高威望。董事会成员和董事长由股东（成员）会议或股东（成员）代表会议一并选举产生。董事会可以聘用职业经理人来经营管理经济合作社。监事会监事由股东（成员）会议或股东（成员）代表会议选举产生。唯有"三权"相互制衡的法人治理结构才能有效保障集体经济组织成员的切身利益。鼓励各县市探索运用"互联网＋"的路径，更好地落实农村集体经济组织成员对集体经济的知情权、决策权和民主监督权。

（四）全面推进农村产权交易市场的建立，实现县域农村产权交易市场全覆盖

农村产权流转交易市场和服务平台是盘活农村资产的重要渠道，健全完善省、市、县、乡四级联网联动的农村产权交易市场体系，加强交易市场标准化建设，有利于提高农村集体资源要素的配置和利用效率。江苏应在2014年20家农村产权交易市场建设试点的基础上，尽快推进县域农村产权交易市场全覆盖，推进农村产权市场化交易，盘活集体资产，增加集体经营收入。进一步整合农村产权流转服务平台，构建由市、市（区）、镇（街道）三级统一管理、协作联动、并网运行的农村集体产权交易体系。明确农村产权交易范围，加强产权交易监管，规范交易机构的行为，全面配套建立规范有效可操作的交易流程，保障交易公开、公正、规范和有序，依法对农村产权交易的违规行为进行处罚。积极引进社会资源，培育产权交易社会中介服务体系，按照市场化规则，引入财会、法律和资产评估等专业服务组织，以及银行、保险、担保公司等金融机构，为农村集体产权流转交易提供全方位的专业服务，实现农村产权交易市场的良好交易秩序。

B.31
江苏打造共建共治共享社会治理格局的进展及政策建议

岳少华*

摘　要： 共建共治共享的社会治理新格局将逐步引领社会治理和国家治理走向现代化。党的十八大以来，江苏通过开展"大走访"、"网格化管理"等创新实践，丰富了社会治理的内涵。但仍然存在着民生短板突出、社会组织功能不足等问题。当前，加强和创新社会治理是建设"强富美高"新江苏、开启社会主义现代化建设新征程的关键和新动力。需要着重从夯实民生建设基础、培育多元治理主体、加快建设公共安全体系等方面予以改进。

关键词： 共建共治共享　社会治理　江苏

党的十九大提出，打造共建共治共享的社会治理格局。这是立足发展新形势、贯彻发展新理念、满足社会治理新需求，实现国家治理现代化的新安排，为新时代社会治理体系的创新与完善提供了科学指引。社会治理是一个动态发展的持续性过程，共建共治意味着社会治理有赖于其成员的广泛参与，体现了多元治理主体的参与和协同推进，共享则使获得感、幸福感、安全感更加充实、更可持续、更有保障，体现了社会治理的公共属性。共建共

---

* 岳少华，江苏省社会科学院区域现代化研究院助理研究员。

治共享"三位一体"的社会治理格局,丰富了社会治理的内涵,将逐步引领社会治理和国家治理走向现代化。党的十八大以来,江苏直面改革发展过程中出现的社会治理新课题,在化解社会矛盾、增强社会活力方面取得了重要的理论和实践成果,彰显了中国特色社会主义制度自信的活力。

一 江苏打造共建共治共享社会治理的实践经验

江苏作为经济社会发达地区,多年来不断探索社会治理体制的创新实践,通过系统设计、统筹推进,明确了政府、市场和社会在多元治理格局中的定位,形成了南通"大调解"、太仓"政社互动"、南京"一委一办一居一站"等多种社会治理模式。

(一)开展"大走访",搭建社会治理的瞭望台

2017年初,着眼于服务群众、改进作风、加强党的建设,江苏广泛深入扎实开展"大走访"活动,突出问题导向,聚焦群众以及企业广泛关注的问题,注重问题的解决落实,增强人民群众的获得感。一是针对民生"痛点",补齐小康建设短板;二是围绕企业难点,破解转型升级"瓶颈";三是锁定信访重点,主动下访排解风险;四是疏通政策"堵点",确保发展措施落地见效。"大走访"活动通过市县乡干部的广泛参与,对走访企业和城乡居民家庭实现了全覆盖,有效化解了基层矛盾。确保高水平全面建成小康社会的路上一个不少、一户不落。目前,"大走访"已经固化为全省"两学一做"的常态化工作。借助民情绿色通道、书记(省长、市长、县长)信箱、政风热线及"江苏12345在线"等平台,"大走访"活动形成了互通互补、覆盖全域的民情民意反映机制,搭建了社会治理中侦察民情的"瞭望台"。

(二)构建社会治理全要素网格化

社区身处与群众打交道的第一线,通常也是采集信息、发现风险的第一感知触角。江苏省委政法委、综治办大力推进社会治理全要素网格化建设。

通过集中攻坚、试点城市先行、全省上下联动等方式，建立了省级社会治理大数据中心，通过数据的规范化采集和联动共享，有效提升了社会治理信息化、科学化水平，初步形成了全省统一的基层社会治理模式。南京市委政法委通过确立一张网建设、三同步实施、五项机制创新的总体思路，在全市各社区开展分类试点工作，初步形成了江宁区全要素网格建设、玄武区信息化实战应用、栖霞区党建引领网格化社会治理、浦口区网格工作联动处置等创新品牌。苏州市通过社会治理大数据中心建设，夯实了网格化联动和共享机制，有效提升了社会治理社会化、法治化、智能化、专业化水平。

（三）精准实施社区"微治理"

社区是社会的细胞，社区组织关系基层社会治理，社区组织实现科学治理和人性化服务，成为社会治理成功的关键。目前，江苏省有2.1万多个城乡社区，是社会治理的重要主体。随着我国社会主要矛盾已经转化为人民日益增长的美好生活需要和不平衡不充分的发展之间的矛盾，精准化社区"微治理"功能日益体现。过去5年，全省改造提升5386个社区综合服务中心。省级财政每年投入亿元专项资金，撬动地方财政累计投入44亿元，新增社区服务用房达161.5万平方米。目前，全省城乡社区90%以上都建有400平方米的综合服务中心。在提升社区服务水平的基础上，江苏鼓励更多市场主体开展社区便民利民服务，推动社会力量提供社区非基本公共服务；繁荣社区商业服务，推进社区服务产业化。例如，南京市民政部门引进的爱普雷德电子科技有限公司，通过智慧养老云平台，评估全市130多万老人的体检数据：哪些老人需要入住养老院，需要家庭医生，需要助餐……，这些健康大数据为政府部门科学管理助餐点、失能失智老人护理补贴发放、养老机构等级评定、决策改进等提供了数据支撑。

（四）以民生建设夯实社会治理共建基础

人民群众最关心、最直接、最期盼解决的利益问题，往往成为各社会主体参与社会治理的内在动力。十八大以来，江苏加快了教育、就业创业、收

入分配、社会保障、医疗卫生服务等领域的民生建设，一方面优化民生财政结构，全面推进公共服务均等化。切实加大社保和教育的财政支出比例，建立以人为本的民生型财政支出结构和适度普惠的社会福利体系。初步形成了城乡一体的公共服务均等化体系，按照符合省情、覆盖城乡、可持续的原则，改进政府提供公共服务方式；另一方面在转变政府职能的同时激发社会活力，通过政府的服务能力建设与社会的自我服务能力建设来共同满足民生需求和弥补基本公共服务的短板。逐步创新公共服务供给方式，通过适度引进市场化和社会化的多元主体，打破政府对公共服务领域的垄断，最终形成多元主体协同发展互动的公共服务治理格局。

二 江苏共建共治共享社会治理格局面临的主要问题

当前，江苏社会治理格局体现了制度的人民主体性、制度运行的有效性、制度规范的法治性。与党的十九大提出的打造共建共治共享的社会治理新格局的要求相比，还存在以下问题。

（一）共享的民生短板突出

作为东部沿海省份，江苏千方百计地加快补齐民生短板的进程。然而，从民生的人均可支配收入指标来看，2016年全省居民人均可支配收入为32070元，当前江苏居民收入与经济发展水平还不相称，有些地方老百姓收入还不高，而且从纵向比较来看，区域、城乡之间的差距较大。按照人均年收入6000元的脱贫标准，全省还有近200万人没脱贫。此外，从更宽泛的包含公共服务、生态环境等内涵的民生指标来看，江苏省是全国最早进入人口老龄化的省份，也是老龄比例最高的省份之一，养老等公共服务压力巨大；空气和地表水等环境质量指标依然较低。

（二）"刚性维稳"固化代价高昂

维护社会稳定的关键是协调好不同利益群体的关系，本质上是维护好群众的合法权益。在目前的维稳模式下,绝大多数是通过压制利益诉求实现的,而不是基于政府和利益群体的良性互动。这就使得在压制矛盾的同时产生新的矛盾和新的不和谐因素。更为重要的是,"刚性维稳"增加了维稳的成本,容易导致民众对政府的不信任。

(三)公共安全体系有待完善健全

公共安全状况直接影响社会公众的生活,关系着国家发展和社会稳定,是政府治理与群众关心的热点问题。一段时间以来,省内部分地区先后发生群体性事件,涉众型经济犯罪、环境污染、教育领域、征地拆迁的社会风险日益加大。在处置一些突发事件时,应急预案不足,联动协同机制不完善,信息得不到有效整合和共享。

(四)社会组织功能不足

以社会团体、基金会和社会服务机构为主体组成的社会组织,是我国社会主义现代化建设的重要力量。近年来,江苏各类社会组织发展迅猛,在创新社会治理方面发挥了积极作用。但仍然存在着法规制度建设滞后、管理体制不健全、支持引导力度不够、社会组织自身建设不足等问题,从总体上看,社会组织发挥作用还不够充分,限制了社会组织参与社会治理的作用。

三 着力打造江苏共建共治共享的社会治理新格局

当前,加强和创新社会治理是建设"强富美高"新江苏、开启社会主义现代化建设新征程的关键和新动力。打造江苏共建共治共享的社会治理新格局,关键要回答好谁来治、治什么、怎么治的问题。社会治理新格局要立足主动作为,强化管理服务,最终实现开放共治。

(一)以人民为中心,提升民生服务

一是要坚持以人民为中心的协同共建。在中国特色社会主义新时代,需

要推进以人民为主体的社会治理创新。社会治理涉及广大人民群众的切身利益，更有赖于他们的积极参与和共建。共建过程必须充分尊重企业、社会组织、广大群众等多元主体的知情权和参与权，调动他们的积极性，打造利益共同体。

二是要以民生建设作为社会治理共建的突破口和切入点。要把民生问题中的合理诉求的表达作为各治理主体寻求平等生存和发展权利与追求人民当家做主的政治权利之间的衔接点，使多元社会治理主体在社会治理中既"够得上"、"挨得着"，也"参与得上"。只有把立足点和着力点放在民生上，坚持民生至上，社会治理共建才能更加具体，才能充满生命力。

三是改善民生服务质量，提高精准度。着力推进公共服务均等化，建设以公共服务均等化为导向的民生财政体制。突出普惠型公共服务。稳步推进城镇基本公共服务常住人口全覆盖。强化输入地政府属地管理责任，重点推进子女教育、医疗、技能培训和职业教育等基本公共服务由户籍人口向常住人口全覆盖。坚持把教育改革发展放在转变经济发展方式、建设创新型省份的大局中来谋划。突出解决"入园难、入园贵"问题，扩大教育资源总量，支持农村优质幼儿园建设。高度关注并着力解决"高考减招"等热点问题，对群众反映突出的问题，既做出长远安排又抓紧付诸行动，让广大人民群众尽快看到实实在在的变化。

（二）依法治理，增强社会治理的权威性和公信力

一是要解决维稳依赖，从维稳转型为治理。衡量社会治理制度的优劣，在于制度本身能否容纳矛盾并用制度化的方式化解矛盾。在新形势下，政府应直面矛盾，并用制度化渠道解决民众的"怨恨"，而不应用维稳概念来压制民众的利益诉求。

二是以法治思维做好新常态下信访工作，不以信访作为行政越位错位的总兜底。当前正式救济路径的不畅和行政信访自身角色定位不当引发的信访越位、错位，引发了诸多社会问题。必须明确信访工作的定位，做到"有所为有所不为"，职责范围内的工作，守土有责。对于信访问题的堆积沉

淀，要贯彻落实好中央关于诉访分离的要求，坚决把大量涉法涉诉信访事项从普通信访分离出去；对诉求已经解决到位，但信访人仍不息访息诉的，积极推动信访事项依法终结工作，使之从信访工作程序中有序退出。对少数缠访闹访、赴京非访，谋求个人利益最大化的，要依法处置，切实树立正确的法治舆论导向，维护正常信访秩序。

（三）协同共治，培育多元治理主体

一是以党建引领社会治理的多元共治。打造共治共同体，需要在党的领导下，引导和培育政府、社会组织和居民等多元主体协同善治，夯实党的执政基础。党的十九大报告指出："要以提升组织力为重点，突出政治功能，把企业、农村、机关、学校、科研院所、街道社区、社会组织等基层党组织建设成为宣传党的主张、贯彻党的决定、领导基层治理、团结动员群众、推动改革发展的坚强战斗堡垒。"不断拓展党建在社会治理中的引领作用，必须在政治上保证、思想上引领、组织上保障，真正发挥基层党组织的领导核心作用。通过党建推动不同治理主体之间的协作，使党组织成为社会治理中链接体制内外和不同治理主体的新平台。

二是坚持社会组织广泛参与。推行政社分开、政社互动，改革创新社会组织管理制度，降低服务型社会组织设立门槛，扶持和培育一批体制外服务组织和社会工作专业人才，使其在社会服务中逐步担当重任。大力培育"枢纽型"社会组织，特别是结合基层实际，支持生活服务、文体活动、矛盾调处、公益慈善等类别社会组织的发展壮大，使这些运作于基层、各富特色的功能性社会组织在相关领域做好服务承接，发挥积极作用。

三是推广"一委一居一站一办"的综合治理新体制。树立社区党组织的核心作用，发挥社区居委会推进居民自治、自我管理的功能，维护社区的稳定。在此基础上，推行网格化管理服务，把社区划分为若干网格，实行分片包干、责任到人、设岗定责、服务到户，推动社区服务走向专业化、社会化、多元化，矛盾调解、治安联防、民主自治、公共服务等职能在社区层面得到有效落实。

（四）转变政府职能，提高政府社会治理能力

一是政府需要转变职能，深化行政体制改革。在厘清政府和市场关系的基础上实现政府管理重心的转移，淡化其经济功能，强化其经济调节、市场监管、社会管理和公共服务职能。简而言之，全能主义的政府要向市场和社会还权。

二是政府从"强管控"向"强服务"的社会治理模式转型。创新公共服务供给方式，真正发挥市场的主体作用，通过有效的政策工具，加大政府购买公共服务的力度，通过委托服务、承包、采购等方式提高公共服务供给的效率和质量。此外，要科学界定政府各部门在社会治理和公共服务中的职责，建立与此相应的责任机制、考核机制和奖惩机制，实现部门间的合理分工与整体协作。通过"激发活力"、"补缺短板"、"完善职能"提高政府社会治理能力。

（五）重建网络信任，提升社会治理的智能化水平

一是完善虚拟网络社会治理。网络虚拟社会是现实社会空间的扩展，要把社会治理延伸到虚拟社会，构建互联网治理体系。在充分理解互联网的内在规律和规则的基础上，规范互联网活动，依法保证互联网健康有序发展。对于新媒体等新生网络事物，要积极回应诉求，坚持用社会主义核心价值观正确引导。

二是提高政府对社会风险网络传播的引导能力。当前，微信、微博等网络媒体在社会风险源逐步外显化形成社会风险事件的过程中发挥着重要作用。这其中产生的信息有风险预警，也有谣言。无数事实已证明，在危机应对中，信息的公开透明化和政府的坦诚至关重要。政府部门要着力强化自身应对舆情的素质，完善引导舆论能力，切实满足公众知情权，以挤压谣言产生和传播的空间。

三是着力提升社会治理的智能化和信息化水平。建立全面覆盖、动态跟踪的大数据社会治理基础信息平台。充分运用大数据系统，提升社会治理的

精准度。突破"信息孤岛"限制，在海量碎片化的数据中挖掘、加工社会治理的有效信息，并运用到实践中，提高信息采集和重大决策的科学化水平。

（六）加快建设和完善公共安全体系

一是加强公共安全规划。将公共安全纳入经济社会发展的总体规划，提升公共安全的战略地位。确立安全规划在区域整体发展规划中的刚性地位，克服只考虑经济因素而忽视公共安全战略的倾向。

二是完善公共安全问题的问责机制。将公共安全管理纳入干部绩效考核体系，建立完善责任追究机制。明确相关责任主体的权利和义务，有效防止推诿扯皮。落实问责制，真正做到"谁主管、谁负责"。充分利用新媒体、新闻舆论等，强化社会监督。

三是强化公共安全文化教育。从学校、社区入手，通过广泛宣传和有针对性的课程设置，强化公共安全知识的公民普及程度，提高公民的公共安全素养和意识。

B.32
江苏社会治理现状及发展策略

孟 静*

摘 要： 党的十九大报告将"提高保障和改善民生水平，加强和创新社会治理"作为新时代中国特色社会主义思想的重要内容，并专门做了"打造共建共治共享的社会治理格局"的战略部署。江苏打造共建共治共享的社会治理格局，需要着重在共同、全面、高水平、体系化四个方面着手：加强理论体系和制度体系建设，落实民主、法治、专业三大治理原则；形成党委领导、政府主导、人民主体、社会组织共同参与的治理合力；实现社会治理全覆盖，保证每个江苏居民享有同等权利；加强社会心理服务体系建设、社会治安防控体系建设和安全生产建设三大重点领域的社会治理。

关键词： 江苏 社会治理 治理策略

一 社会治理取得的成绩与经验

江苏顺应社会转型的新变化，坚持依法治理、系统治理、综合治理、源头治理，不仅经济建设走在全国前列，在创新社会治理、建设和谐社会等方面也发挥了先行者、示范区的作用，率先实现了经济社会的协调发展。

---

* 孟静，江苏省社会科学院区域现代化研究院助理研究员。

（一）坚持以人民为本的社会治理

江苏始终坚持发展与稳定并重、富民与安民共进，突出创新和为民两大主题，把保障和改善民生作为创新社会治理的出发点和落脚点。抓住涉及群众利益的难点、热点问题，把就业、增收、社会保障作为公共服务工作的基础和重点，全力推进各项民生工程，让发展成果更多惠及广大群众。社会保障水平稳步提升，2017年城乡居民基本养老保险最低标准由每人每月115元提高到125元，城乡居民医保人均财政补助最低标准提高到每人每年470元；就业创业工作不断推进，城镇登记失业率2.98%，"去产能"企业职工得到妥善分流安置；不断促进流动人口的社会融入，把流动人口作为城市居民的一部分，积极推动人口管理从以户籍人口为对象向以实有人口为对象转变。人民群众的幸福感和满意度不断提升，形成了民生福祉优势。

（二）推广社区多元共治，完善基层治理

江苏在社会治理中充分贯彻"以人民为中心"的发展理念，不断完善党委领导、政府负责、社会协同、公众参与、法治保障的社会治理体制，政府、社会、公众在社会治理中发挥着不同的作用。第一，江苏切实加强党的领导，不断探索以党建推动多元治理主体之间的协作，党建在社会治理创新中的引领作用得到不断拓展，党的组织网络成为社会治理中链接不同治理主体的新平台。第二，在社会治理中，江苏省政府负责制定规则、创设发展环境、提供服务和福利、协调社会利益、规范社区自治、监管社会组织、提供社会安全及应对社会风险。第三，在公众参与社会治理方面，江苏充分发挥居委会等基层组织在实现居民自治中的作用，积极推进基层民主政治建设，使公众有权参与公共权力的行使，获得为自身利益说话的机会。在此基础上，强化社区服务功能，把问题解决在基层，把矛盾化解在萌芽状态，形成了富有特色的社区治理模式。但是，江苏的社会组织建设还不完备，发达国家人口与社会组织数的比例一般为140:1，江苏这一比例是1163:1，社会组织数量不足、规模过小，在社会事务中显示的作用较弱。

（三）健全社会矛盾纠纷防范化解机制

在社会转型大背景下，江苏的社会结构发生了深刻变化，组织形式、就业方式、利益格局、分配方式日益多样化，使得传统的社会管理面临重大挑战。一方面，江苏的产业链从国际分工最高端延伸到低端，收入分配差距较大，加上传统的城乡差距、行业差距等，使得利益主体日益多元化，利益关系更加复杂。另一方面，从"单位人"到"社会人"，作为传统社会管理基础的"单位"解决社会问题的能力弱化。江苏作为东部沿海发达省份，不断加强社会治理创新，以法律作为化解社会矛盾纠纷的准绳，保证治理行为的合法性，力求在法治的框架内妥善处理各种矛盾，寻求法治之下的最大社会共识；坚持源头治理，建立了重大事项社会风险分析和评估机制、矛盾纠纷排查调处机制、重大事件应急处置机制、社会治安防控机制、网络舆情发现引导机制；充分利用信息化手段，加强网络治理，打造了"社会管理综合信息平台"，在平台上可以集中完成工作部署、信息查询、指挥调度等业务，各个部门之间可以实现多层面信息共享、多部门工作联动。以上措施合理协调了各方面利益关系，全面激发了个体和社会承担抵抗风险的能力，成为江苏发展的新优势。

二 江苏打造共建共治共享的社会治理格局的对策研究

（一）加强社会治理的规范建设

江苏社会治理的当务之急是探索一套切实可行的原则和方法，构建系统完备、科学规范、运行有效的规则体系，为社会治理实践提供理论支撑，这套体系既要相对稳定，又要保持开放性，要保持不断吸收社会治理实践经验、吸收人类文明有益成果的能力。

第一，江苏的社会治理，必须坚持以人民为中心的原则，推进社会治理民主化，不断促进人的全面发展。一是坚持发展为了人民，把满足"人民日益增长的美好生活需要"作为创新社会治理的出发点和落脚点，促进经济发展，增加居民收入，强化政府对公共产品和公共服务的供给，营造良好的社会环境、人际关系和精神生活氛围。二是坚持发展依靠人民，形成上下互动的治理模式，健全民主制度，丰富民主形式，拓宽民主渠道，保证人民当家作主权利的落实。三是确保人民利益的公平实现，从权利平等、机会平等、规则平等三方面着手促进社会公平正义，实现基本公共服务均等化，使有劳动能力的人能够实现就业，优先发展教育，实现教育公平，设定多元化的社会保障目标，扩大保障范围和覆盖面。

第二，建立完备的规范体系，推动社会治理法治化。社会治理要运用适度的权力去引导、控制和规范社会行为，最大限度地增进公共利益。一要保证治理行为的合法性，做到依法治理，在法治的框架内妥善处理各种矛盾和改革，寻求法治之下的最大社会共识。及时把社会治理创新的成功经验上升为制度和地方性法规，制定完善与社会治安综合治理、人口服务和管理、突发事件应急管理、社会稳定风险评估、社会组织管理、社区居民自治等配套的规章制度，以法律为社会利益调节的最高权威，提高政府依法决策、依法行政的能力。二要形成合理的道德规范和行为规范，以自律、互律、他律等方式，指导和规范人的行为，维护社会秩序。社会行为规范很少具有统一或明确的制度文本，其落实过程往往缺乏刚性的组织支持，而更多地依靠教育、观念灌输等形式及社会关系压力。三要将制度内化到每一个社会成员的道德观念和意识之中，形成广泛的法治共识，把法治精神、法治观念内化到人们的思想意识、落实于日常行为中，最终形成遵法守法的社会氛围。

第三，引入专业团队，推进社会治理专业化。现代社会的利益关系更为错综复杂，有效协调各方面关系需要更为专业的团队。这类队伍要以专业的社会学、心理学人才为基础，在工作中善于利用社会治理的各项理论，有效协调各利益群体的关系，确保沟通的即时性和反馈的可行性。同时，必须积极引入现代化的技术手段，构建大数据分析框架。大数据涉及人们经济社会生活的方方面面，面对数据的大量化、多样化、快速化，要形成对大数据进

行分析的能力，从而把大数据形成的社会治理需求转化为有效的社会治理和公共服务。

（二）促使社会治理主体的多元化

第一，坚持党对社会治理工作的领导。提高党把方向、谋大局、定政策、促改革的能力和定力，确保党始终总览全局、协调各方。"坚决维护党中央权威、保证全党令行禁止，是党和国家前途命运所系，是全国各族人民根本利益所在，也是加强和规范党内政治生活的重要目的。"全党必须牢固树立政治意识、大局意识、核心意识、看齐意识，自觉在思想上、政治上、行动上同党中央保持高度一致。

第二，坚持政府负责，加强政府的社会治理能力建设。包括制定规则、创设发展环境、监督其他主体的行为，如规范社区自治、监管社会组织、提供社会安全、应对突发事件等；解决市场出于盈利考量不愿承担责任的问题，为全体居民提供基本生活保障，解决就业、医疗、社保等民生问题；解决无法从市场中取得足够收入、获得足够服务的人群的救济问题；解决起点平等问题，提供义务教育，向社会弱势群体的政策倾斜等。

第三，社会协同，公众参与。完善重大事项调查研究和集体决策制度，健全人民权益的反映机制、沟通机制、协调机制和响应机制。重大政策和法规出台前，通过公示、听证会或网络征求意见等方式多渠道征询意见。积极推进基层民主政治建设，使公众有权参与公共权力的行使，获得为自身利益说话的机会。

（三）确保社会治理全覆盖

第一，现实空间和虚拟空间的全覆盖。一方面，要加强虚拟社会治理。拓宽社会治理领域，有效防止和依法打击虚假、有害信息传播，加大正面宣传力度，培育健康向上的信息网络文化。①网络虚拟社会是现实社会空间的扩展，要把社会治理延伸到虚拟社会，构建网上网下结合的治理体系。不断提高对互联网的认识，注重研究互联网的内在规律和规则，充分运用法律、行政、经济等手段规范互联网上的经济、社会和文化活动，依法保证互联网健康有序发展。②完善网上舆情引导机制，加强网络舆情的收集、分析和研究，第一时间回应社会关切，健全政府信息网络发布机制，及时化解网上的负面情绪，维护健康文明的网络环境。③对于居民在新媒体上反映的问题、提出的建议，及时回应。在遵循网络传播规律、把握社会群体心理的基础上，抓紧建立网络议题应对制度，促使领导干部对各自工作领域内网民所关心的议题进行积极回应和正确引导，及时解疑释惑、化解矛盾。另一方面，要加强社会治理中信息化手段的运用。①建立全面覆盖、动态跟踪、指标齐全的社会治理基础信息平台，以人口基础信息为核心，借助居住信息系统、就业登记信息系统和房屋出租管理系统，整合违法犯罪信息、网络舆情信息、公共卫生信息、环境状况信息、劳资关系信息、突发事件信息等多种信息源和社会统计资源，提高新形势下社会治理的信息化水平。②利用技术手段设计大数据分析框架，对社会信息资源进行全面的整合。如可以借助热力图直观显示不同区域居民需求的分布情况，便于掌握居民诉求的变化；也可以以单位时间内的出现频率为依据，通过主动搜索、受理提炼等方式追踪热词，进而确定社会热点问题。实现将大数据分析、追踪、预测的成果转化为党委、政府决策的重要通道、途径和参考，及时发现、预防和控制社会重大事件的发生。

第二，实现立足社区、覆盖全域的网格化治理。全面推广"一委一居一站一办"的社区组织新架构，以社区党组织为核心，以社区居委会推进居民自治、自我管理，以社区管理服务站承接公共服务，以社区综治办负责维护稳定。在此基础上，推行网格化管理服务，把社区划分为若干网格，实行分片包干、责任到人、设岗定责、服务到户，推动社区服务走向专业化、社会化、多元化，矛盾调解、治安联防、民主自治、公共服务等职能在社区层面得到有效落实。

第三，社会治理覆盖全体居民。江苏拥有大量的流动人口，创新社会治理必须增强流动人口的归属感和本地居民的认同感。一要将流动人口的社会保障纳入到城乡居民社会保障体系中来，将流动人口服务工作提升到战略高度，纳入江苏社会发展规划，实现流动人口子女受教育机会的均等化。二要推动流动人口积极参与城市社会组织，促使流动人口享受与户籍居民相同的参政议政权利，促进流动人口的社会融入。

第四，实现社会治理过程全覆盖，促进治理重心从运动式治标向系统化治本、从事后救急向事前防范、从被动应对向主动掌控转变。要建立社会稳定风险评估工作和矛盾排查预警机制，健全突发事件应急处置机制。对容易引发社会矛盾的重点领域、重大政策制定和重大工程项目建设，全面实施社会稳定风险评估，做到"应评尽评"，形成较为完善的"稳评"长效机制。要编制应对突发事件总体预案和暴恐袭击、重大事故等专项预案，成立应急管理专家组，建立公共安全监测系统，为应对处置各类突发事件提供有力保障。

（四）加强重点领域的社会治理实践

第一，加强社会心理服务体系建设，培育自尊自信、理性平和、积极向上的社会心态。①确立社会道德规范和行为规范，为促进社会文明发展提供精神动力、思想保证和规范支持，弘扬和创建先进文化，确立精神文明支柱，促使居民通过良好的社会交往行为，达到或实现社会关系上的平等、和睦、民主和协调。②增强社会归属感。居民关系的流动性增强，使得社会道德规制力日趋下降，表现在社会公德领域即是人情冷漠、社会关系松弛、社会凝聚力下降、社会安全感和归属感缺失等问题。多元化的社会文化和文化产品的创造和传播，在增强制度建设、公众参与和提高政策透明度的过程中，有利于减少社会心理中的"不公平感"和"被剥夺感"，并使政府部门的权威性和公信力得到更多认同，能够促进当地居民更加认同政府所倡导的主流意识形态和文化，避免出现"信仰流失"等社会问题。由政府部门积极引导并提供精神文化相关的公共服务，能在充实居民精神生活、提高公民道德水平的同时，提升居民对公共事务的参与意识和参与能力，反过来促进制度建设的完善。③提高应对文化冲突的能力，识别文化差异，发展文化认同；建立文化调停和危机应对机制；将文化冲突和社会冲突造成的损失降低到最小。对本地文化进行积累、创新,并吸收外来文化中的精华,对本地文化进行有益的补充,形成有特色的文化氛围,进而促进经济健康、全面发展。

第二,加强社会治安防控体系建设,依法打击和惩治黄赌毒黑拐骗等违法犯罪活动,保护人民人身权、财产权、人格权。一是进行技防城建设,发挥视频监控等现代化技术手段在保护市民安全中的作用。二是建成群防群治网络。对物管小区实施治安服务考核,将考核结果列入公司信用档案,倒逼物业公司提升治安防控能力。发动社区民警、网格员、平安志愿者等组成宣传队伍,以进家庭、进学校、进社区、进场所、进企业的"五进"模式,开展以防诈骗、防盗抢、防火、防涉众型经济犯罪、防毒品犯罪为主题的宣传。三是加强对信息诈骗进行专项治理。通过在公安、金融、通信、法院之间建立联动的工作机制,打通"即时查询、紧急止付、快速冻结"的绿色通道,形成了"专班运作、快速处置、合成联动、立体防范"的运作模式,全面构筑反电信网络诈骗的防火墙。

第三,树立安全发展理念,弘扬生命至上、安全第一的思想,健全公共安全体系,完善安全生产责任制,坚决遏制重特大安全事故。首先,把安全作为管理生产的第一原则。一切从事生产、经营活动的企业和部门都必须依照国务院"安全生产是一切经济部门和生产企业的头等大事"的精神,贯彻国家安全生产的法规、政策和标准,制定本企业或本部门的安全生产规章制度,包括各种安全生产责任制、安全生产技术规范、岗位安全操作规则等,健全安全生产组织管理机构。其次,将安全工作作为衡量企业管理工作好坏的一项基本内容,确保安全具有一票否决的作用。

B.33
江苏城乡基层社区治理的问题与对策研究

张卫 唐文浩[*]

摘 要: 完善城乡社区治理体系是保障群众民生福祉与基层和谐稳定的必要前提,是国家深化政治体制改革的重要举措。江苏作为全国经济社会发达省份,在城乡基层社区治理创新方面先行先试,体系建设成效显著。但是当前江苏基层社区治理在群众参与度、服务资源整合、信息化建设、社工能力等方面存在问题,对此本文提出了相应的政策建议。

关键词: 城乡 基层社区治理 江苏省

城乡社区是社会的基本单元,是与人民群众日常生活密切相关的社会活动基本主体,是国家为大众提供公共服务的平台。党的十九大报告中阐述的我国社会主要矛盾已经转化为人民日益增长的美好生活需要和不平衡不充分的发展之间的矛盾的新判断,要求社会治理建设方面打造共建共治共享的新格局。十八大以来,江苏城乡基层社区治理围绕"把城乡社区建设成为和谐有序、绿色文明、创新包容、共建共享的幸福家园"的总目标,坚持改革创新、大胆探索,先后出台了《关于加强城市社区治理与服务的意见》、《关于印发江苏省城乡社区服务体系建设规划(2017~2020年)的通知》等文件,初步形成了从省到县的社区治理政策体系,在治理水平与体系建设方面取得了显著的进步。

---

[*] 张卫,江苏省社会科学院社会学研究所所长、研究员;唐文浩,江苏省社会科学院社会学研究所助理研究员。

一 江苏提升城乡基层社区治理能力的形势要求

（一）提升社区治理能力是江苏社会治理体系建设的必然要求

党的十八大以来，国家围绕加强和创新社会治理推出一系列重大战略举措和方针政策。在核心要义上，适应从"管理"向"治理"转变趋势，更加注重联动融合、开放共治，更加注重民主法治、科技创新。在顶层设计上，党的十八大，十八届三中、四中、五中、六中全会和党的十九大，先后针对乡镇行政体制改革、统筹城乡社区建设、基层治理法治化、推动全面从严治党向基层延伸、加强社区治理体系建设等重大问题作出总体部署。在具体措施上，中央层面先后出台了推进农村社区建设试点、加强城乡社区协商、开展以村民小组或自然村为单位的村民自治试点、加强乡镇政府服务能力建设、加强和完善城乡社区治理以及加强村务监督委员会建设等一系列重要文件。江苏各级政府在此基础上，出台了多项关于加强城市社区治理与服务、创新网格化社会治理机制等政策，并为推进城乡社区治理明确了"时间表"和"路线图"。

（二）提升社区治理能力是促进江苏城乡融合发展的必然要求

当前，江苏与发达国家最大的差距不在城市，而在乡村，乡村还是发展中的最大短板，部分地区存在着基础设施供给不足、生活条件落后等现象。十九大报告乡村振兴战略中特别提到，要建立健全城乡融合发展体制机制和政策体系。这就指出了江苏今后的发展目标是要促进城乡融合发展，敢于打破一切阻碍城乡融合发展的体制机制和政策障碍。按照这一目标定位，江苏要按照城乡发展一体化和基本公共服务均等化的要求，着力促进公共资源在城乡社区间的均衡配置，尽快缩小城乡之间、发达地区与欠发达地区之间的公共资源配置差距。在全省大力推进社区治理工作向纵深发展的情况下，尤其要注重以城带乡、以乡促城、优势互补、共同提高，推进城乡社区协调发展，在进一步完善城市社区基础设施的同时，着力改善农村社区基础设施和公用设施，不断提升农村公共服务供给水平，促进城乡社区服务项目、标准相衔接，逐步实现均等化。总之，江苏城乡社区治理创新为推进城乡要素平等交换和公共资源均衡配置，促进城乡融合发展，搭建了公共平台。

（三）提升社区治理能力是建设"强富美高"新江苏的必然要求

建设经济强、百姓富、环境美、社会文明程度高的新江苏，是习近平总书记对江苏发展提出的新要求，不仅体现了国家意志，也明确了江苏承载的历史使命和政治责任。江苏以"两聚一高"战略构架，全面落实"强富美高"，凸显了新江苏发展的民生旨归。发展的最终目的是改善民生、造福群众，让人民群众有更强的获得感和幸福感。而增进民生福祉的关键点和着力点在基层，基层治理服务水平的高低与居民群众的生活质量休戚相关，直接关系到居民群众对全面建成小康社会战略进程的感受和认同。城乡社区是服务群众的前沿窗口，推进社区治理创新，打通服务群众的"最后一公里"，让惠民政策在基层社区真正落地，让关爱服务真正到位，人民群众才能从更多元、更高效的社区服务中提升获得感和幸福感，江苏高水平全面建成小康社会的战略目标才有基础。总之，城乡社区治理创新实现了基层社会的和谐稳定，让人民群众共享发展成果，确保把"强富美高"新江苏的美好蓝图变成现实。

二 现阶段江苏城乡基层社区治理存在的问题

（一）社区治理的群众参与度不高

社区自治是实现共建共治共享的社区治理格局的前提保证，而依靠社区居民开展工作则是精细化治理的必要条件。当前，在江苏城乡基层社区治理中，群众遇到事情向社区求助或者社区需要依靠居民开展工作的社会氛围不够浓厚。这主要是以下两个方面原因导致。

一方面，在江苏城乡基层社区治理中，政府一直是比较强势的一方，不仅是各种政策、方针的制定者，也是具体执行者，导致政府成为人民群众心目中的指挥或者保姆角色，从而使基层社区自治受到一定的影响，最终导致社区居民参与本社区自治的积极性不高。

另一方面，在政策执行过程中，个别政府工作人员工作方式简单，甚至违规，导致人民群众有时候难以完全具有知情权。长此以往，社区居民对地方基层政府的一些政策理解产生偏差，甚至与政府形成对立面，使其与基层社区治理形成良性互动大打折扣。

（二）社区服务资源整合力度不足

当前，江苏社区服务资源在既有政策安排下，获取途径多元，初步具备了一定规模。但是，社区服务资源整合力度不足，形成的资源效应难以最大化，成为当下基层社区治理中存在的严重问题。这主要是以下四个方面原因所导致的。

一是社区服务资源需求多元化。江苏是经济大省，也是人口流动大省。在经济社会快速发展的同时，同一社区内的居民之间联系日趋淡化，以往的固定社会转化为流动社会，以往具有同质性的社会服务需求更加趋向多元，因此对社会服务的供给提出了更高的要求。

二是社区服务的执行者专业化程度不高。目前，江苏基层社区专业化服务队伍尚未形成。基层社区服务人员主要来源于政府安置或者劳务市场聘请，没有经过专业化的社区专业服务培训，更未有过高端的社区服务学习经历。因而，江苏基层社区服务只能提供一些最为基本的公共服务，尚未有专业专项服务的提供能力。

三是政府与居民互动机制不够完善。社区服务本质上是政府为社区居民提供针对性的社会服务。而在现实的江苏城乡社区治理过程中，某些地方政府将工作浮于表面，过多干预治理过程中，原本应由居民承担的部分工作。最终，社区居民日益淡化与基层社区之间的互动关系，变成社区政策的被动接受者，严重影响了治理的社会成效。

四是居民社区凝聚力下降。江苏的社会经济发展程度高，外来人口流入规模大，呈现出社区资源多元化需求旺的特点。这样就会形成高流动性的社区居民难以在社区治理参与过程中统一思想、形成合力，而会形成散点状的不同利益诉求，最终导致参与社区治理凝聚力下降。

（三）社区信息化建设系统化尚未形成

随着社会经济的快速发展，社区居民对社区信息资源的需求更为系统化、全面化。而当前，江苏社区信息化建设尚未满足人民群众日益增长的系统化信息需求，社区信息呈现出碎片化与条线化痕迹，主要体现在以下几个方面。

一是区域与城乡社区信息化发展不一致。江苏社区信息化发展存在着地区以及城乡差异。苏南、苏中、苏北的社区信息化发展水平不尽一致。苏南的社区信息化发展水平较高，而苏中、苏北发展水平相对而言比较滞后。在城乡之间，城市社区信息化发展水平较高，而农村社区信息化发展程度仍较为落后。社区信息化的发展不平衡主要表现在信息传播方式以及具体应用上。江苏城乡基层社区治理过程中的社区信息化不平衡已经影响了苏南、苏中、苏北的区域社会现代化发展平衡程度，造成了城乡社会发展的数字鸿沟。

二是基层社区信息存在碎片化现象。在固有体制影响下，江苏城乡基层社区信息共享机制尚未完善。如社区养老、社区医疗、文化教育、便民服务、物业服务等基层社区信息由于原有的条线机制，尚未完全整合。不同部门信息整合意识尚未形成。如民政、医疗等不同类型机构的社区信息，尚未有统一部门牵线搭桥，进行信息整合。江苏城乡基层社区信息的碎片化，导致了社会服务难以完全覆盖全体居民，影响了社区服务的有效性与针对性，阻碍了江苏社区治理体系的健康发展。

三是社区信息化建设队伍科技化程度低。江苏城乡基层社区信息化建设在人才建设方面严重匮乏。首先，随着社会经济发展，社区信息需要越来越趋向于日益繁杂，而江苏社区信息化队伍科技能力不强，导致难以满足社区治理要求。其次，江苏基层社区服务人员年龄、教育等结构不合理，导致社区信息化建设与社会发展不匹配，难以满足社区信息发展要求。最后，社区信息化需要专业性科技人才，而基层社区难以满足其待遇要求，短期内难以完全配备到位。

三 完善江苏城乡基层社区治理的对策

当前和今后一个时期，江苏要在习近平新时代中国特色社会主义思想和党的十九大精神的指引下，进一步厘清工作思路，把握工作重点，推动省级层面出台乡镇服务能力建设、农村社区治理与服务意见，推进城乡社区治理和服务创新开展，积极构建具有江苏特色的社区治理体系。

（一）强化党建引领，打造多元共治良好格局

推进江苏城乡社区治理，必须要将党的领导贯穿于城乡社区治理全过程，各领域要切实发挥基层党组织的领导核心和战斗堡垒作用，确保党的各项路线方针政策在城乡社区全面贯彻落实。进一步巩固社区党组织的领导核心地位，理顺社区各类组织的关系，发挥社区居委会的自治主体作用，支持社区社会组织开展活动，加强对政府公共服务机构、业主委员会、物业等服务企业的指导和监督，激发社区单位参与社区建设的积极性，推动形成多元主体共同参与、共治共享的良好局面。强化基层党组织政治功能，推动管理和服务力量下沉，促进街道（乡镇）党（工）委聚焦主业主责，把工作重心转向基层党组织建设，转向公共服务、公共安全和公共管理，转向为经济社会发展提供良好公共环境。健全社区党组织领导下充满活力的基层群众自治机制，以党内民主带动基层群众自治。常态化开展大走访，办好民生实事，积极回应人民群众的合理诉求，突出重点解决好老人、儿童、残疾人、特困人群的服务难题，配合做好"救急难"工作。配合开展城乡社区党风廉政建设，深化村（居）务公开和民主管理，做实村（居）务监督，切实防范人民群众身边的不正之风和腐败行为。践行社会主义核心价值观，发掘

新乡贤文化、地名文化、民俗文化等特色文化资源，不断形成社区文化认同。

（二）坚持以人为本，提升社区为民服务水平

坚持以人民群众为中心的发展思想，把服务居民、造福居民作为城乡社区的出发点和落脚点。按照每百户居民不低于 30 平方米的新标准，提升综合服务设施建设水平。进一步推进社区"减负增效"，通过政府转变职能，严格控制各事项准入机制，强化社区服务职能。建立分级保障、相互衔接的供给机制，做好与居民利益密切相关的就业创业、社会保障、教育医疗、住房保障、文化体育等公共服务事项，构建功能互补、全面覆盖的社区服务体系。整合民政资源，放大公益慈善、志愿服务与社区平台的共振效应，不断创新社区服务能力的形式、内容和路径载体。深化中心城区街道管理职能体制改革，逐步取消其招商引资等经济发展责任及相应考核指标，将更多的服务资源放到基层，使得基层有职有钱有精力，更好地满足人民群众服务需求。鼓励各类市场主体开展社区便民利民服务，推动社会力量提供社区非基本公共服务。重点做好城乡接合部、新建住宅区、拆迁安置小区以及流动人口聚居地的社区服务工作。推行网格化服务管理办法，实行"一门受理、一站式服务、全科社工"的服务，助推社区服务精细化。

（三）树立法治思维，健全社区治理法治体系

依法治理城乡社区是依法治国的重要体现和组成部分。运用法治思维和法治方式推动社区治理，努力营造遇事找法、办事依法、化解矛盾靠法、解决问题用法的社区法治环境。按照转变职能、规范权责、有效衔接、促进自治的要求，进一步提升"政社互动"水平。完善街道（乡镇）和基层群众性自治组织履职履约的双向评价机制，推动基层政府与基层群众性自治组织的分工协作和良性互动，不断提升城乡社区依法治理水平。加快完善城市居民委员会换届选举规程，修订《江苏省村民委员会选举办法》，以便加强村务监督实施办法，不断健全社区治理的法律法规体系，建立惩恶扬善的长效

治理机制，依法打击和防范"村霸"和宗族恶势力，多举措并举引导农村社区居民崇德向善。深入推进法治宣传教育进社区，指导并完善自治组织章程、居民公约和村规民约等制度规范，引导居民群众依法实行民主选举、民主协商、民主决策、民主管理和民主监督，进一步培养居民的法治认同、程序思维和规则思维，使广大群众成为社会主义法治的自觉遵守者、忠实崇尚者和坚定捍卫者，引导人民群众通过法律途径解决涉法矛盾纠纷。努力提升社区工作人员的法治素养，提高其在法治框架内解决各种矛盾和问题的能力。

（四）注重培育引导，增强社区居民参与能力

人民群众是推进社区治理创新的主体，也是社区治理创新成果的主要受益者。只有不断扩大人民群众的参与程度，尊重人民群众的主体地位，发挥人民群众的主人翁作用，才能在更高的程度上和更广的范围内提升社区治理水平。广泛开展社区协商，推进"村民自治"、"院落自治"、"楼栋自治"等"微自治"形式，有效搭建"微平台"，发现"微需求"，开展"微服务"。大力培育和发展公益慈善、专业社工服务、志愿服务等各类社会组织，依据人民群众的不同需求创设项目，按照民主投票方式选择项目，精心培育人民群众的参与愿望与能力，开展多种参与方式，改善人民群众的生活品质，为人民群众提供更有针对性的服务。探索将人民群众参与社区治理与维护公共利益等活动纳入社会信用体系，推动人民群众之间以诚相待、以信为本的优良风气，形成和谐友爱的人际关系。充分发挥社区的社会融合功能，组织动员社区各方面力量为流动人口提供帮助和服务，鼓励流动人口积极参与基层群众自治，促进流动人口与居住地社区居民友好相处，把社区建设成为开放包容、文明和谐的新型社区。

（五）依托信息技术，加快智慧社区建设步伐

社区信息化建设是改进社区治理方式、提升社区服务能力的重要途径之一。依托江苏省"政务一张网"，并且积极配合各个相关部门逐步推动政务

服务事项"一张网"进入社区。全面公开城乡社区政务服务和便民服务事项的办事指南，推动各服务事项实现网上申报、网上办理；推进"互联网+社区服务"的智慧社区建设，鼓励各地各级根据自身的条件和需求，开发具有本地区特色的社区信息化服务功能。对城市社区来说，则应充分利用手机APP、微信公众号等移动互联网技术，开发社区服务交互信息平台，使居民能够及时了解和掌握社区情况，畅通居民诉求表达渠道，以便更加及时地提供有效的服务；引导居民运用网络等新媒体手段建立更加紧密的人际关系网络，与小区内其他居民开展互助服务并与其共同参与社区事务；发展社区电子商务，开发智慧社区移动客户端，完善各类信息服务载体。对农村社区来说，则要不断实现村务公开，利用网络平台在规定的时间范围内主动公示村务、财务等各项服务信息；同时推进农村电子商务发展，支持农产品电商平台和乡村电商服务站点建设。

B.34 江苏农村协商民主自治的现实困境与路径选择＊

成洁＊＊

摘　要： 习近平总书记在党的十九大报告中提出要充分推进基层协商民主发展并加强协商民主制度建设。经济快速发展下的江苏农村基层民主政治有了显著发展，然而部分农村仍然存在"乡村关系"、"两委关系"不顺的体制滞障，农民参与代表分布不均，代表能力差别较大且部分农村"精英"话语权倾向较重的平等困境突显，协商民主在技术设计上或可操作性不强或陷入民主技术工具化困境，协商文化与自组织发展的社会基础薄弱等问题。因此要明确"乡村"与"两委"间权责定位，给予村民委员会足够的自治权；推动农民参与协商民主自治从技术民主到实质民主的本土转换；建构良好的农村公民文化，将传统道德教化与现代市场经济公共理性文化相结合，培养农民参与理性；进一步推进体制内创新，推动村民委员会成员入选乡镇人大代表，实现其身份的合法性，促进农村协商民主自治制度化发展。

关键词： 江苏农村　协商民主　有效参与

＊ 本文受到江苏省普通高校研究生科研创新计划项目"乡村协商民主自治机制创新研究"（项目编号：KYLX16_1214）基金的资助。
＊＊ 成洁，江苏省社会科学院《江海学刊》杂志社助理研究员、南京师范大学公共管理学院博士研究生。

乡村治理是推进国家治理体系和治理能力现代化的前提与基础，也是其中最难的部分。协商民主为乡村治理注入了现代活力，为乡村公共事务管理提供了先进的民主理念与技术指导。习近平总书记在党的十九大报告中提出："发展社会主义民主政治须发挥社会主义协商民主重要作用。……协商民主是我国社会主义民主政治的特有形式和独特优势，要推动协商民主广泛、多层制度化发展，要不断推进基层协商民主发展。……加强协商民主制度建设，形成完整的制度程序和参与实践，保证人民在日常政治生活中有广泛持续深入参与的权力。"[1] 这为江苏农村基层协商民主自治发展提供了有力的理论指导。

一　农村基层协商民主自治的时代意义

农村基层协商民主自治是实现农民对农村诸多事务自我管理的制度，在推动中国基层民主政治发展中起着举足轻重的作用。

（一）推动农村选举公平公正

首先，农村协商民主契合了农村民主选举。农民积极有效地参与民主选举是农村民主政治生活得以有序开展的基本前提，将协商民主引入农村基层自治使得农村民主选举中既有竞争因素又有协商因素，这为基层民主政治的创新有序发展提供了理论与技术指导。其次，农村选举民主与农村协商民主相辅相成。协商民主的引入实现了二者在治理理念与实践方法上的有力互补，为农民不同层次的利益诉求提供了制度化渠道，培育了农民公共精神及独立人格，提升了农民参与选举的能力，充分保障了农民参与选举的权利；同时，为农村基层自治实践的创新提供了理论指导，构成了农村基层民主政治发展的创新模式。

---

[1] 习近平：《决胜全面建成小康社会夺取新时代中国特色社会主义伟大胜利》，《新华日报》2017年10月18日。

（二）推动农村决策科学化、民主化

首先，提升农村决策主体（即农民）的政治参与能力。农村基层协商民主使农民参与并掌握协商民主的运行机制及技术操作流程，有利于提高农民参与公共事务的协商与决策能力。其次，完善民主决策的实践形式。农民代表会议[①]和农民会议[②]是农村基层协商民主的主要形式，这两个会议对农村民主决策起重要作用。通过农民会议和农民代表会议，农民可以亲身参与到公共政策的协商与决策过程中，能够受到协商理念潜移默化的影响，逐渐养成公共精神及独立人格，有利于提高参与能力，推动决策经过农民平等有效协商。最后，实现农村决策科学民主。"群众的利益延伸到哪里，民主就应该延伸到哪里；公共决策的过程延伸到哪里，民主就应该延伸到哪里。"[③]农村基层协商民主使农村决策在最大限度上得到农民的理解和认同，推动了农村民主决策的科学化、制度化。

（三）实现农村治理创新优化

首先，农村基层协商民主强调不同协商主体在自觉、自愿的基础上，开展自由平等的对话和协商，达到农村社会利益的整合与公正分配，有利于建构以保障农民公共利益为目标的农村治理结构。其次，农村基层协商民主为农民、村民委员会及村党支部提供了充分交流和协商对话的平台，从而完善了农村治理形式。最后，农村基层民主协商具有协商与治理功能，并形成农民人人参与农村事务治理的长效机制，践行以农村治理法规为引领的农村治理保障。

---

① 农民代表会议是由农民推选农民代表组成的会议，农民代表会议讨论和决定有关本村公共事务的政策，农民代表会议对农民会议负责。
② 农民会议民主决策的范围主要包括制定农村发展规划，听取并审议村民委员会的工作报告，制定村规民约，研究本村征地、承包、对外签订合同等农村重大事项，罢免和补选村民委员会成员等村庄重要事宜，村民委员会对农民会议负责。
③ 赵树凯：《中国基层民主发展中的参与问题》，《中国发展观察》（北京）2007年第1期。

二 江苏农村协商民主自治的现实困境

自1987年《村民委员会组织法》颁布以来，改革开放、城乡一体化政策不断深入推进，农村经济快速发展，农村基层民主政治有序推进。近年来，基层的多个协商民主自治成功案例在党和国家的政策指导下实现了协商民主理论的实践应用与本土转化，推动了农村基层社会主义民主政治的健康有序发展，也为农村民主自治提供了有效的技术指导与实践启示。然而，通过比较分析发现，江苏部分农村目前还存在"乡村关系"及"两委关系"权责不明、协商民主技术设计可操作性不强、农民政治参与冷漠、农民公共理性有待养成等阻滞农村协商民主自治有序发展的关键问题。

（一）乡（镇）政府、村民委员会、村党支部三者权责关系不清晰

20世纪80年代以来，我国乡村基层治理方式发生了深刻变化，其中最显著的便是实行了农村基层的村民自治，并确定乡（镇）与村民委员会之间的"指导关系"[1]。然而，事实上目前江苏部分农村的"乡村关系"呈现得更多的是乡（镇）政府对村民委员会进行行政意义上领导甚至是行政指令，主要存在三种情况：一是村民委员会对村党支部的依附而失去了独立自治的地位；二是村民委员会不接受村党支部的思想指导而导致村党支部失去了其在农村民主自治中的核心领导地位；三是两者之间相互牵制，甚至相互扯皮而阻碍协商民主的有效推进（现实中江苏部分农村政治中存在此种情况的偏多）。"乡村关系"、"两委关系"权责不明体制阻滞下的江苏部分农村协商民主决策过程往往陷入重协商形式而轻民主过程的尴尬境地，进而影响农民平等参与协商民主自治进程。

---

[1] 按照《村民委员会组织法》的制度安排，乡镇作为国家基层政权，依法行政，指导村民委员会在农村开展国家政策方针活动；村民委员会作为村民自治组织，依法自治根据上级指导独立组织村务公共治理活动；村党支部在村民自治活动中处于核心思想领导地位，不干预具体的村务活动。可见，乡（镇）村之间在法律上不是行政上的上下级关系或直接的"领导关系"，而是"指导关系"；村党支部对村民委员会进行思想理论指导，不介入具体的村务实践活动。

（二）农村协商民主实践往往注重程序技术设计而忽视民主价值本质目标达成

一方面，目前现有的江苏部分农村基层协商民主实践在程序技术设计上有较大创新，诸如部分农村开创了开放空间会议的民主协商形式，设计了技术分组、搜集议题、议题分类、小组讨论、与会者分享、行动方案设计、执行监督规程确立等一系列环节，来归纳分散的建议以达成共识，这些细致的程序一定程度上推动了协商民主的有效开展，然而面对诸多复杂的程序设计，作为参与主体的农民往往不具备掌握、运用该程序的能力，致使民主陷入形式民主的尴尬境遇，进而影响民主价值目标的真正达成，不利于农村公共利益的正义性分配。另一方面，目前，江苏部分农村协商民主实践程序设计可操作性不强。目前，江苏部分农村协商民主实践在程序设计上缺乏相应的适应农村基层本土的支撑制度"落地"的具体程序、方法和技术，使得协商民主变成了"空中楼阁"。

（三）农民政治参与热情缺乏，政治冷漠凸显

农村基层协商民主自治要求农民能够客观理性地参与到农村公共事务中，并能积极有效地承担相应的协商责任。在目前的江苏部分农村协商中，存在三种情况：一是部分农民搭便车，对协商信息有意遮蔽或故意夸大，造成协商信息不真实；二是部分农民往往会因为此次事件与自己关联不大而不参加，或因关键人员的不参与导致协商无效；三是农民意见往往很难真正影响到最终的协商结果，农民政治参与的积极性日渐式微，致使农民政治冷漠，这不仅会弱化农民对协商共识的责任感，也会侵蚀对协商结果的认同感。

（四）农民民主参与的平等性有待加强，农民的公共理性素养有待提高

一方面，农村协商民主参与主体的平等性与代表性不足。强势的利益群

体往往容易掌控话语权,并确保"更好观点的力量"主导决策过程与结果,个体农民难以阻止能力较强的参与者(如见多识广、善于沟通交流并偏好转换话题的非理性倾向参与者)通过公共手段达到个人目的。同时,经济快速发展下的江苏部分农村空心化严重,青壮年外出务工较多,留守农村的大多为孤寡妇孺,无法满足参与协商民主的能力条件,这严重影响了农村协商民主参与的广度及代表性。另一方面,农村协商民主的共同价值基础遭遇解构。滕尼斯认为农村是一个"社区",一个"由自然意志占支配地位的联合体"[①],相互间熟悉并充分信任,拥有共同的风俗信仰与历史传统。[②]经济快速发展下消费文化的入侵、农村青壮年人口流失使得传统的乡土价值文化日渐式微,"利己主义"越发成为支配人与人之间关系的重要因素,农村农民关系也不能幸免。"美好的理想遭遇复杂的现实时,农村'理性'往往会失去'公共'的意蕴而趋于碎片化。"[③]

三 推进江苏农村协商民主自治的路径选择

农村基层协商民主是中国民主政治在农村的具体落实和生动表现,不仅为最广大农民提供了利益诉求的制度化渠道,更为新时代中国特色社会主义民主政治建设与健康发展提供了群众基础。因此,完善相关法律法规,重视协商民主价值理念的宣传,培育农民公共理性与独立人格,提高农民政治参与能力与热情,推动新时代江苏农村农民平等有效参与农村公共事务并获得利益分配共识是现阶段江苏农村民主自治建设的题中要义。

(一)完善农村法律制度,明确"乡村"及"两委"的权责关系

随着深化改革的不断推进,传统自上而下的行政指令式的"乡村"及

[①] 斐迪南·腾尼斯:《共同体与社会》,林远荣译,商务印书馆,1999,第52页。
[②] 不少学者将"认同感"(identity)、"安全感"(security)、"凝聚力"(solidarity)这三个因素作为共同体的基本内涵。(参见黄平《导论》,载黄平、王晓毅主编《公共性的重建:社区建设的实践与思考》(上),社会科学文献出版社,2011,第2~3页。)
[③] 张国献、李玉华:《农村协商民主的现实困境与化解路径》,《中州学刊》2014年第3期。

"两委"关系已不能适应农村民主自治的要求,新形势下江苏农村农民参与公共事务的协商与决策需要良好宽松的体制环境基础。这需要完善农村相关法律和制度,规范乡(镇)村组织的行为,明确划分村民自治组织、乡镇政府、农村基层党组织的责权范围,规定"政务"、"村务"、"党务"的具体内容,明确相应的权力范围并规范各自的权力关系。在村民委员会与乡(镇)村政府的关系问题上,可以借鉴国外地方自治条例以及中央与地方权力划分的做法,明确划分乡村两级之间的财权和事权,坚持"乡事乡办,乡财乡理,事权跟着财权走"的原则,以约束乡镇政府不合理的行政行为,减轻村民委员会的行政与财政负担,维护村民委员会的自治权,为农民平等有效参与农村协商民主自治提供体制保障。

(二)重视协商民主价值本质,实现程序(抑或技术)民主到实质民主的本土转化

将协商民主引入农民民主自治,根本上是为了通过设计合适的民主协商程序与环节,让民主参与主体——农民平等有效地参与到村务中来,听取农民意见与主张,并进行意见的民主综合,达成民主决策共识,最大限度地满足农民的最大利益,实现"帕累托最优"①。而其中的协商民主程序技术及环节的设计不是让协商民主走过场,是为"四大民主"的"落地"并为农民的根本利益服务,更是为了打破传统"官本位"下行政指令的强势局面,为农民开通一个利益表达的合法合理渠道,并在此过程中实现真正的制度性平等参与,因此逐渐养成公民素质,这必然会导致协商民主的本质彰显。同时,进一步推进体制内制度创新,推动村民委员会成员入选乡镇人大代表实现其身份的合法性,从法律层面提高并保障村民委员会的自主权利。

---

① 帕累托改进原则提出:"如果社会状态 I 对某人来说优于社会状态 II,与此同时对所有其他的人来说状态 I 至少与状态 II 同样好,那么,一个社会排序将认为状态 I 优于社会状态 II。"(参见:丹尼尔·W. 布罗姆利:《经济利益与经济制度——公共政策的理论基研》,上海三联出版社,2006,第2页。)其含义是:在不使一部分人的处境变坏的同时至少可以使另一部分人的处境变得更好。

（三）加强农民民主参与代表性以提高农民参与热情

将协商民主引入农村民主自治的重要环节便是协商参与者的代表性及其是否能真正意义上实现平等交流协商的问题。在传统农村"乡政村治"自治模式影响下，乡（镇）村政府一般是乡（镇）村协商民主的制定者和实施者，这是中国"强政府—弱社会"的产物，也是政府主导型的制度变迁的产物。政府主导是农村协商民主迅速发展的最重要动力，也是农村协商民主自治无法本土化、制度化的重要因素，一如诺思所认为的那样："国家的存在是经济增长的关键，又是人为经济衰退的根源。"[①] 因此，需要改变协商民主会议由乡镇政府操办的传统，让第三方或者农村社会组织独立主办，按照比例挑选利益相关农民代表，邀请农村干部、专家学者参加，最大限度地保障农民参与者的代表性。同时，精心设计协商民主技术环节，就协商程序和技术说明做针对性的培训，坚持理性协商，鼓励参会农民代表积极发言，并推动农民代表所表达的意见在最后的村务决策中有所体现，真正保障农民群体的最大利益，从而增强农民对协商民主会议的信任度。

（四）农村农民公共理性的养成是江苏农村协商民主自治得以制度化规范化的关键

"农民公共理性是指农民个人超越自身利益，追求社区的公共利益，并由这种公共意识生发出对公共事务的关怀，以及积极参与公共事务的行为。"[②] 市场经济快速发展使得奠基在自给自足小农经济基础上的传统农村社会关系及其伦理观念，即以血缘、亲缘和地缘关系为中心的"人情往来"、"守望互助"的农村伦理受到了冲击，这一伦理被冲击、冲淡的进程中并未生长新的农村伦理，以消费文化为特征的资本主义价值观便乘虚而

---

① 道格拉斯·C.诺思：《经济史中的结构与变迁》，陈郁、罗华平等译，上海人民出版社，1994，第20页。
② 赵泉民、井世洁：《"后乡土"时代人际关系理性化与农民合作的困境与出路》，《江西社会科学》2013年第8期。

入,这种价值观是狭隘的"个人利益观"与"自我主义",因此导致农民从一个乡土社会下的"愚忠"特质极端转化到市场经济下的"经济人理性"极端。基于此,加强农村公民教育显得尤为急迫,公民意识教育不同于一般的技术教育,其更强调政策性。将道德教化与政治教育相结合,一方面加强民主政治意识和参与能力的培养,另一方面推动教育方式的创新转化,转一味向农民灌输抽象的伦理道德为注重农民个体道德良知的启蒙以及团体意识的培育。因此,可推进"公共精神"或"农民公民意识"教育工程,构建"乡风文明建设体系"及农民"思想道德教育体系"等,以提升农民的公民意识,从而提高协商民主的参与质量与决策成效。

四 简单的结语

"协商民主具有较强的民本性和平民性,天然具有广阔的下行空间和强烈的基层渴求。"[1] 因此,协商民主引入农村村民自治的历程是农村基层社会主义民主政治进步发展的必然历程。"民主是一个陀螺:它只有像陀螺那样运转起来才有意义。"[2] 协商民主程序和环节设计的嵌入为农村农民平等参与农村公共事务提供了重要平台和民主技术空间,也为农民利益需求的正义表达提供了制度性渠道。目前,部分农村协商民主自治更多地还停留在程序与技术设计的层面,这是国家发展相对滞后必须从发达国家引进先进治理技术的必要经历,然而协商民主作为外生性制度潜入中国农村自治土壤的尝试,需要结合中国农村的具体实际及风俗民情实现基层协商民主自治的本土转换,不可照搬西方协商民主的规则条例,江苏农村基层民主自治的推进过程尤其要注重引进治理理念与创新技术的本土化转换。因此"如何酌采西方的新潮流,如何拿自己以前的旧经验,来替自己打开一条路,来创新法,运新才"[3] 是关键。同时,程序设计的本意是为了推动协商议题共识的达

---

[1] 郎友兴:《村落共同体、农民道义与中国农村协商民主》,《浙江社会科学》2016年第9期。
[2] 俞可平:《民主与陀螺》,北京大学出版社,2005,第1页。
[3] 钱穆:《中国历代政治得失》,九州出版社,2012,第173页。

成，使得农民参与者通过民主、平等的意愿表达实现农村公共利益的正义分配。这是一个民主素养养成的过程，也是农民平等有效参与农村协商民主自治机制得以制度化的保障。另外，"凡治国之道，必先富民"。（《管子·治国第四十八》）经济快速发展的地方，更可能产生民主。因此要进一步推动农村经济发展，让农民的"口袋鼓起来"，为农村基层协商民主自治提供有力的经济基础。如果农村公共事务能够实现"四大民主"式的自治，农村公共利益能实现分配的"帕累托最优"，那么这样的民主分配便是正义的，这样的农村协商民主自治机制便是规范的、可持续的，因而建设江苏和美农村便是顺其自然的过程。

B.35
江苏法治社会建设的进展、问题和对策

张春莉*

摘　要： 法治社会建设是法治中国建设的重要一环，也是法治江苏建设的重要组成部分。目前，江苏在法治社会建设方面取得了丰硕成果，率先建立了法治社会建设的指标体系，充分调动了社会力量的广泛参与，进一步加强了法治社会的理论研究，在全国处于领先地位。但仍存在一些亟待解决的问题，为此，江苏要深化法治教育，进一步树立公众内心的法治权威；要加强基层自治组织和社会组织建设，完善法治社会的组织保障；要发挥各类规范的作用，加强法治社会的软法之治，进而推进江苏法治社会建设再上新台阶。

关键词： 法治社会　江苏法治建设　普法宣传

党的十八届三中全会提出要"建设法治中国，必须坚持依法治国、依法执政、依法行政共同推进，坚持法治国家、法治政府、法治社会一体建设"；十八届四中全会进一步要求，"增强全民法治观念，推进法治社会建设"；党的十九大则把坚持全面依法治国纳入十四条基本方略，明确法治国家、法治政府、法治社会"三位一体"的奋斗目标。可见，法治社会建设是法治中国建设的重要一环，也是法治江苏建设的重要组成部分。目前，江苏在法治社会建设方面取得了很大成绩，在全国处于领先地位，但也存在一

---

* 张春莉，江苏省社会科学院《江海学刊》杂志社研究员。

些建设中的重点和难点问题,需要我们在不断发扬成绩的基础上,解决建设中的重点难点问题,推进江苏法治社会建设再上新台阶。

一 循序渐进,江苏法治社会建设的历程回顾

2012年末以来,习近平总书记曾在多个重要场合[①]提出"法治国家、法治政府、法治社会一体建设"命题,作为相对独立的建设内容,法治社会被首次鲜明表述。之后,江苏省认真学习,并开始了江苏省法治社会建立的历程。

2013年,在法治社会建设方面,江苏注重全面营造法治文化氛围,体现在:一是创新法治教育形式,利用"百名法学家百场报告会"的形式,在全省各地各部门举行多次法治宣讲活动。二是出台《组织开展"社会主义法治文化建设提升年"活动的意见》,以知识普及、观念引领、能力培养"三位一体"的社会主义法治文化体系建设为目的,深化法治文化建设。三是定期发布年度法治江苏建设发展报告,发布《关于深入推进法治建设工作,提升人民群众对法治建设满意度的通知》,营造法治江苏舆论氛围,不断提高广大群众对法治江苏建设的知晓率等。[②]

2014年,在法治社会建设方面,一是着力构建全民学法的"大普法"格局,编制和实施"六五"普法规划,修订出台了《江苏省"六五"普法考评办法》,有效地推动了全民知法守法。二是积极推进社会治理法治化,先后制定了《江苏省社区矫正工作条例》、《江苏省企事业单位内部治安保卫条例》、《关于加强肇事肇祸等严重精神障碍患者救治救助工作实施意见》、《关于创新发展社会矛盾纠纷大调解机制的指导意见》、《关于加强社会治安防控体系建设的实施意见》、《关于加强县(市、区)社会管理服务中心规范化建设的指导意见》、《关于全面推进城乡社区网格化服务管理的

---

① 例如,习总书记在纪念现行宪法公布施行30周年大会上,以及新一届中共中央政治局第四次集体学习会上等。
② 详见《法治江苏建设2013年发展报告》,《新华日报》2014年5月23日。

指导意见》、《关于完善社会治安形势分析研判机制的意见》、《全省影响社会稳定重大问题专报及督办制度》等规范性文件，形成了具有江苏本地特色的平安建设规范体系。三是健全社会稳定风险评估机制，有效减少了因决策不当引发的不稳定事端；进一步拓展访调、诉调、检调、公调等对接工作的深度和广度，有效提升了调解工作的专业化水平。[①]

2015年，在法治社会建设方面，一是先后制定了《关于创新社会普法教育机制的意见》、《关于加强领导干部法治教育的意见》、《全省法治文化作品创作繁荣行动计划》、《江苏省国家机关"谁执法谁普法"责任制实施办法》、《全省法治专业人员以案释法制度》等全民法治教育指导文件，深入开展全民法治教育。二是探索建设平安法治建设统筹推进、联创共建、平台共享、综合考评等工作机制，首次实施社会治理创新工程法治因素项目省级以奖代补政策。三是加强法治江苏理论研究，与有关单位联合开展课题研究，大力丰富了法治社会建设的研究成果。[②]

2016年，在法治社会建设方面，一是以实施全省"七五"普法规划为契机，开展新一轮全民学法，尤其是创新普法机制、提高普法质效、精准普法，初步形成"七五"普法的制度框架。二是提升社会治理法治化水平，以民主法治示范村（社区）创建活动为抓手，推进城乡基层群众依法开展自治活动。三是强化人民调解与司法调解、行政调解的对接，多元化解矛盾纠纷。四是出台《江苏省企业社会责任评价基本标准指南》、《江苏省推进企业社会责任建设指导意见（2016～2020年）》等文件，引导企业依法管理、诚信经营，积极履行社会责任。[③]

2017年，在法治社会建设方面，不仅在原有内容的基础上进一步深化，而且在全国首创《江苏法治社会建设指标体系》，使江苏的法治社会建设迈上了新台阶。

[①] 《法治江苏建设2014年发展报告》，《新华日报》2015年5月15日。
[②] 《法治江苏建设2015年发展报告》，《新华日报》2016年5月18日。
[③] 《法治江苏建设2016年发展报告》，《江苏法制报》2017年5月4日。

二 开拓进取，江苏法治社会建设取得了丰硕成果

江苏在法治社会建设方面，一年一个新台阶，可谓硕果累累。其中，具有标志性的成果体现在以下几个方面。

1. 率先建立了法治社会建设的指标体系

根据习总书记关于法治国家、法治政府、法治社会一体建设的指示和十八大以来的历次会议精神，江苏省制定了与法治政府建设指标体系互为依托、互为补充的《江苏法治社会建设指标体系（试行）》，确定最终指标体系和权重，建立定量评估模型，这也是国内首个省级层面的法治社会评估评价体系，标志着江苏在探索"建立科学的法治建设指标体系和考核标准"工作中居于全国领先行列。之后，江苏省又在宜兴、如皋、沭阳县（市）三地进行测试，并于2017年上半年在全省推广《江苏法治社会建设指标体系（试行）》测试工作，采用官方数据折算法，通过查阅台账资料、登录工作平台等方式，取得指标体系所涉及的客观评价数据，统一组织"区域法治社会建设的社会感受和评价"，并适时组织专家抽查，进行第三方评估。该指标体系体现了江苏法治建设系统推进的体系规律，体现了法治建设的总体成效和人民群众的总体感受，同时，又注重统一性、系统性、人民性、科学性、可操作性，通过创新设置建制性、完善性、落实性三类指标，形成了法治江苏的创新特色。《江苏法治社会建设指标体系（试行）》的制定与运行，可以有效地监测法治社会发展实际进程，客观测评各地各部门法治社会建设成效，让法治社会进程真正有尺可量，从而引导和督促各级、各部门认真落实法治建设目标要求，扎实推进法治社会建设各项工作落地见效，是江苏法治社会建设成果的标志，也为进一步推进江苏省法治社会建设奠定了良好的基础。

2. 充分调动了社会力量的广泛参与

法治社会不只是政府的责任，法治社会建设需要"众人拾柴"，需要全体公民的积极参与。江苏在这方面采取多种途径，调动各方的参与积极性和主动性。首先,实施社会司法"五大工程",激发基层群众积极参与各项法治活动。其次,出台全国第一个法治类社会组织培育发展指导意见,并通过推行"派驻制"调解模式,充分调动基层群众参与法治的积极性。再次,在共建共治共享的理念下重点推进"三个深化":一是深化社会组织参与法治建设,畅通参与渠道,推进政社互动,发挥社会组织在基层自治、法治、德治"三治结合"中的积极作用;二是深化矛盾多元化解机制建设,进一步完善人民调解、行政调解、司法调解联动机制,及时预防与化解社会矛盾;三是深化恢复性司法实践,建立包括犯罪人、被害人、社区的交流协商机制,[①] 动员多方参与活动,修复被损害关系,实现法律效果和社会效果的最大化。

3.进一步加强了法治社会的理论研究

长期以来,有关法治国家和法治政府建设活动开展得可谓轰轰烈烈,理论研究成果也非常丰富,而法治社会建设则呈现出缺牵头部门、缺发展规划、缺细化落实的"三缺"现象,理论研究也相对滞后,影响了法治社会建设实践活动的推进。因此,为进一步推进法治社会建设,江苏省不断加强理论研究,省司法厅与南京师范大学的中国法治现代化研究院签订了推进江苏法治社会建设全面合作协议,以全面推进江苏法治社会建设为中心内容,深入开展法治社会的理论探索,为江苏省法治社会的建设提供理论支撑。作为江苏省首批新型高端智库,中国法治现代化研究院会集了一批国内省内知名法学教授,借助于专家的优势,积极开展包括法治社会等领域在内的理论研究,形成了一批高质量的理论和实务研究成果;通过系列专题咨询报告、综合评估报告、专项评估报告等智库产品,积极建言献策,进一步推进了江苏法治社会建设的实践。

三 抓住重点与难点,促进江苏法治社会建设再上新台阶

江苏在法治社会建设方面,虽然取得了很大成就,但仍存在一些需要继

---

① 参见任松筠等《共建共治共享 江苏动员社会力量参与法治建设》,http://difang.gmw.cn/js/2017-11/02/content_ 26683280.htm。

续提高和完善的空间：有的是需要继续加强的，例如，法治教育问题、基层自治组织建设和社会组织建设问题；有的是需要补上短板的，例如，利用软法规范，加强法治社会建设等。

1. 深化法治教育，进一步树立公众内心的法治权威

公民法治意识和法治信仰不仅是法治社会建设的核心要件，也是法治社会是否实现的重要标志。① 法律的权威源自内心信仰，法律只有为广大群众所知晓，才能化为他们实践的指南，成为普遍遵守的行为规则，进而形成法律得到公认和遵从的社会形态，即法治社会。

江苏在法治教育方面做了不少工作，公民的法律意识也得到了普遍提高，但法治教育是没有止境的，尤其是随着社会的发展，新的法律不断出现，法律的废改立成为常态，法治教育的工作就需要不断做下去，不断采取公民易于接受的方式来深化。

今后，江苏省要通过以下方式进一步增强法治在民众内心的权威。一是深化普法宣传活动，将普法宣传、公民学法作为法治社会建设的基础工作抓好、抓实。二是深化干部带头学法、模范守法，发挥关键少数人在法治教育中的示范引领作用。三是实施国民法治素质教育工程，将法治教育纳入国民教育体系，将学法、用法以及法治宣传列入党政领导干部的必修课。四是完善相关制度，努力使法治方式成为公民解决各类纠纷的主要方式，以增强民众对法治的信任感。

2. 加强基层自治组织和社会组织建设，完善法治社会的组织保障

法治社会的根基在基层、在社会，加强法治社会建设，重点是加强基层组织和社会组织建设。特别是在社会管理向社会治理观念的转变与模式转换的过程中，基层组织和社会组织在社会治理体系中将发挥越来越重要的作用。

江苏在基层组织和社会组织建设方面做了不少工作，例如，在社会组织

---

① 参见陈荣文、黄晓辉、沈跃东《推进法治社会建设应当重视的几个问题》，《福建理论学习》2015年第1期。

建设方面，为贯彻落实党和国家有关文件精神，加快形成政社分开、权责明确、依法自治的现代社会组织体制，江苏省出台了《关于加强社会组织自身建设的意见》（苏民规〔2015〕1号），积极引导各类社会组织提升自律自治能力。然而，加强基层组织和社会组织建设是一项长期、基础性工程，不可能一蹴而就，必须坚持不懈地做下去。

今后，江苏要深化基层组织和社会组织的依法治理，进一步开展多层次多形式的法治创建活动；建立健全基层组织和社会组织参与各项社会事务的机制和渠道；支持社会组织发挥自律和专业服务功能以及对其成员行为的导引、约束作用；要改革社会组织管理制度，科学定位政社关系，真正做到"政社分开"；厘清各自职责边界，真正实现"权责明确"；坚持培育和监管并重，真正实现"依法自治"。

3. 发挥各类规范的作用，加强法治社会的软法之治

软法是指一定社会共同体通过其成员共同认可或协商制定的，不依靠国家强制力保障实施，但却能对共同体成员产生实际效力的规范。[1] 一般包括自治章程、村规民约、行业标准等。"法治社会建设当然离不开国家硬法，但更多的还是要依赖软法。软法在制定和实施过程中体现了对社会多元主体的充分尊重，强调平等协商、自律互律，推动社会自我管理、自我规制，已经成为法治社会建设的主要规范，正在发挥越来独特、越来越大的作用。"[2]

江苏在法治社会建设中，在落实国家法律方面做了不少工作，为法治社会建设提供了具有约束力的规范，但在其他规范特别是一些非正式规范作用的发挥上，仍有进一步挖掘的空间。

今后，在依据国家法律规范的同时，要加强对其他非正式规范作用的发挥。例如，发挥基层群众自治组织所制定的用于规范本组织活动及其成员行为的村规民约、市民公约的作用；发挥企事业单位所制定的用于规范本单位活动及其成员行为的公司章程、学校章程的作用；发挥社会团体所制定的用

---

[1] 石佑启、黄喆：《论法治社会建设中的软法之治》，《法治社会》2016年第1期。
[2] 罗豪才：《关于法治的混合治理模式》，《北京日报》2015年1月19日。

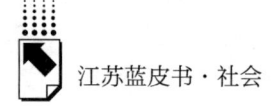

于规范本团体活动及其成员行为规程的作用；发挥特定行业内部成员所共同制定或认可的行业行规行约、行业标准等的作用。发挥这些规范的自我约束作用、协商与协调作用、引导与激励作用、舆论与谴责作用等。当然，在充分发挥这些软法规范作用的同时，必须保证这些软法的制定与实施在宪法、法律、法规和规章的框架内进行，不得与它们相冲突或抵触，否则将会被视为无效。

四 结语

法治社会建设只有起点，没有终点。江苏在法治社会建设中领先了一步，成为法治中国建设的领头羊，但并不意味着我们就可以停步不前了。因为形势是不断发展的，特别是十九大之后，新时代的社会主要矛盾已经发生转化，对法治社会建设也提出了新的更高的要求。为此，江苏必须不断进行新的探索，不断借鉴其他省份的先进经验，将江苏法治社会建设提高到一个崭新的水平，以适应新时代法治建设的要求。

B.36
法治社会视域下江苏社会组织发展现状、问题与对策

张卫 王晔*

摘　要： 2017年，江苏各级党委、政府高度重视社会组织发展和管理工作，进一步深化社会组织管理制度改革，社会组织培育发展的环境得到进一步完善，社会组织综合监管体系得到进一步健全。总体发展态势在全国处于领先地位，形成了具有鲜明江苏特色的发展重点。调查表明，全省社会组织发展水平还不高，不同地区、不同类型社会组织发展不平衡，对经济社会文化发展的贡献度还不够大。为此，课题组提出依法引导和规范江苏社会组织健康发展的对策建议，即凸显社会组织章程的地位，促进社会组织健康发展；推动成立全省社会组织工作协调机制；进一步完善社会组织培育扶持政策；加强社会组织评估，引入竞争机制，强化退出机制。

关键词： 法治社会　社会组织　发展　对策建议

党的十九大报告提出，"加强社会治理制度建设，完善党委领导、政府负责、社会协同、公众参与、法治保障的社会治理体制，提高社会治理社会化、法治化、智能化、专业化水平"、"发挥社会组织作用，实现政府治理

---

* 张卫，江苏省社会科学院社会学研究所所长、研究员；王晔，江苏省民政厅社会组织管理局主任科员。

和社会调节、居民自治良性互动"。2017年，江苏各级党委政府高度重视社会组织发展和管理工作。省委办公厅、省政府办公厅出台《关于改革社会组织管理制度促进社会组织健康有序发展的实施意见》（苏办发〔2017〕51号），紧紧围绕党的十九大精神和中办发〔2016〕46号文件精神，明确当前和今后一个时期推进全省社会组织改革发展工作的指导思想、基本原则、总体目标和主要任务，以推进社会组织管理制度改革、优化社会组织培育发展环境、加强社会组织事中事后监管、强化社会组织自身建设、加强社会组织党的建设等为重点内容，统筹确定了一系列政策措施，为全省社会组织健康有序发展提供了政策支撑和制度保障。

一 2017年江苏社会组织的发展现状

社会组织作为推动社会治理制度建设主体之一，是自我管理、自我服务和利益表达重要的组织化形式。当前依法规范和引导社会组织健康有序发展、发挥其社会服务职能，有助于政府职能的转变和社会治理体制的改革创新，以弥补政府在提供公共产品和处理社会事务中的局限性。截至2017年底，全省各级民政部门注册登记的社会组织达87555个，总量居全国第一位，其中社会团体35361个、社会服务机构51532个、基金会662个。社会组织业务范围涉及经济社会发展各个领域，在协同社会治理，加强行业自律以及提供养老、助残、助困、救灾等各类公共服务方面作用日益显著。全省社会组织登记总量约占全国的12%，吸纳各类社会就业人员约90万人。全省基金会数量约占全国基金会总数的10.8%，13个设区市和所有县（市、区）均成立了慈善会（慈善基金会），志愿服务协会在县级以上全覆盖。全省城乡社区社会组织超过11万家，为丰富社区文化、改善社区服务、增进基层和谐贡献了积极力量。

（一）进一步深化社会组织管理制度改革

1. 稳妥推进政社分开改革

根据中央办公厅、国务院办公厅《行业协会商会与行政机关脱钩总体方案》精神，江苏省委办公厅、省政府办公厅于2016年印发了《江苏省行业协会商会与行政机关脱钩实施方案》，建立了省脱钩领导小组，有序推进全省行业协会商会与行政机关脱钩改革工作。2017年，根据省脱钩改革工作部署，省民政厅牵头开展第二批159家全省性行业协会商会脱钩试点工作，组织参加第二批试点的行业协会商会及其业务主管单位进行专题培训，指导各部门制定"一对一"脱钩试点实施方案并逐一核准批复，做好政策解读、部门协调、总结报送等各项工作。截至2017年10月底，159家试点行业协会商会中，已有158家基本完成了"五分离"工作并报送了脱钩总结材料，脱钩率为99.4%。目前，省本级第一批60家、第二批158家行业协会商会脱钩试点工作已基本完成。省民政厅会同省发改委等部门联合转发《行业协会商会综合监管办法》，推动落实脱钩后部门监管职责。无锡、苏州、淮安、扬州在已完成脱钩工作的基础上，有序实施深化改革。

2. 做好《中华人民共和国慈善法》贯彻实施工作

2016年正式颁布实施的《中华人民共和国慈善法》，就慈善组织开展公开募捐、慈善信托、慈善服务等活动作出规范。全省各级民政部门根据《中华人民共和国慈善法》、《慈善组织认定办法》和民政部工作要求，依托全省社会组织管理信息系统有序开展慈善组织认定、公开募捐资格认定、公开募捐方案备案、慈善信托、慈善活动管理等相关工作。截至2017年底，全省各级登记、认定的慈善组织共301个，其中省本级认定慈善组织51个。省民政厅发布《关于使用全国慈善信息公开平台的通知》（苏社管〔2017〕26号），及时部署各级民政部门和全省慈善组织、各级红十字会使用全国慈善信息公开平台，做好培训、指导工作。依托统一平台及时录入、发布慈善组织信息，开展公开募捐方案备案审查工作，指导慈善组织严格履行慈善信息公开义务。

（二）社会组织培育发展的环境得到进一步完善

1. 进一步加大资金扶持力度

2017年，省民政厅安排4500万元省级福彩公益金，重点向社会组织等社会力量购买农村留守儿童关爱保护、困难老年人生活照料、残疾人服务、专业社会工作等公益项目，支持社会组织参与社会服务。南京、无锡、常州、苏州、淮安、盐城、扬州、镇江、泰州、宿迁等地均安排专项资金，通过采取公益创投、购买服务、项目奖励、机构补贴、培训、评估等多种方式，支持社会组织开展社会服务项目，支持孵化培育基地运行，引导社会组织加强能力建设，各市投入资金共计8376.4万元。

2. 促进社会组织发挥积极作用

根据国家有关文件精神，省民政厅会同省委宣传部等9部门制定出台了《关于江苏社会智库健康发展的实施意见》（苏社管〔2018〕5号），提出了成立社会智库必须具备的若干条件，并明确了相关管理服务措施，引导社会智库强化责任意识、加强党建工作、完善内部治理、加强社会智库队伍建设和能力建设，充分发挥社会组织人才的智力优势，服务党委政府科学决策。会同省司法厅、省综治办、省农委、省国税局等部门制定出台扶持发展政策，支持社会组织在参与司法行政服务、涉农行业发展、税收服务等方面发挥积极作用。会同省委网信办下发《关于实施网络社会组织"同心圆"工程的通知》，合力引导网络社会组织发挥正能量，协同参与网络社会治理。

3. 积极动员社会组织参与脱贫攻坚

根据江苏省委省政府《关于深入推进东西部扶贫协作的实施意见》精神，省民政厅与陕西省民政厅共同签署了《江苏省民政厅、陕西省民政厅组织引导社会组织参与脱贫攻坚协议》，明确了苏陕两省社会组织帮扶合作的总体目标、合作内容以及工作机制，确定两省民政厅共同引导江苏省社会组织围绕民生、产业、技术、文化、人才等重点领域对陕西省开展合作帮扶。省民政厅向全省各设区市民政局、各全省性社会组织下发通知，号召全省社会组织发挥自身优势，强化责任担当，积极参与苏陕扶贫协作。2017年12月，江苏瑞华慈善基金会、同泰慈善基金会、金螳螂公益慈善基金会、扶贫基金会、残疾人福利基金会等7家社会组织积极响应号召，通过项目帮扶、实物捐赠等形式资助陕西延川县、山阳县、紫阳县、白河县等四个深度贫困县 1370 万元，充分显示了江苏社会组织参与扶贫攻坚的觉悟和能力，得到了党委政府的高度重视和主流媒体的好评。

（三）社会组织综合监管体系得到进一步健全

1. 加大行政执法力度

各级民政部门切实加强社会组织事中事后监管，逐步加强执法机制和机构队伍建设，结合日常管理和检查情况，依法开展行政执法工作。连云港、盐城、扬州、镇江等地建立了社会组织联合执法机制。常州推动建立市、辖区社会组织执法联动机制。徐州市成立民政综合执法支队，南通、泰州、扬州等地挂牌建立社会组织执法机构，加强了执法人员队伍建设。各地加强对违法违规社会组织依法实施行政处罚，重点加大对长期不活动、名存实亡社会组织的清理规范力度，其中省厅对 18 家全省性社会组织实施撤销登记行政处罚，对日常管理中发现的内部治理不健全、财务管理不规范等问题，采取"柔性执法"手段，通过约谈负责人、出具整改通知书等方式，及时予以纠正。南京、无锡、徐州、南通、盐城、泰州等地 2017 年共实施行政处罚 146 例。苏州、淮安、盐城、扬州、宿迁等地结合日常管理中发现的问题，开展了"双随机"抽查、行业协会商会涉企收费清查、民办教育机构专项联合检查、非法集资广告资讯信息排查、红顶中介清理等事中事后监管工作。

2. 健全社会组织党建管理体制

2017 年，省委组织部出台《关于加强和改进社会组织党的建设工作的实施意见（试行）》。根据《意见》精神，经省委组织部、省编办批准，省民政厅成立"江苏省社会组织综合党委"，对不适合属地管理以及业务主管单位、行业主管部门不能归口管理的社会组织党建工作实行托底管理。苏州、连云港、淮安、盐城、镇江、泰州、宿迁等地均依托民政部门成立市社会组织联合（综合）党委。苏州市发挥孵化基地区域党建作用，有 8 个孵化基地建立了区域党建工作站。无锡市会同组织部门开展了社会组织党组织工作培训。徐州市推动社会组织党建指导员工作。扬州市建立市非公有制企业和社会组织党建工作联席会议制度。宿迁市将"提升社会组织党建工作水平"列入市委基层党建"书记项目"。在日常管理过程中，各地结合社会组织在登记、检查、评估、日常监管等环节，督促社会组织建立党组织、开展党建工作，社会组织党建工作基础不断夯实。

总体而言，江苏省在创新登记与结构优化、积极引导与长效发展、推动交流合作等方面都有不少建树。总体发展态势在全国处于领先地位，形成了具有鲜明江苏特色的发展重点。具体体现在以下四个方面：①率先推广基层社会组织登记备案"双轨制"，鼓励基层大力发展农村专业经济协会和各类社区社会组织；②率先试行直接登记，建立培育扶持（孵化）基地，实现社会组织数量迅速增长，为社会组织发展提供多元化扶持；③公益慈善类社会组织广泛覆盖，慈善组织服务网络基本形成，通过开展公益创投，逐步施行政府购买社会组织服务；④制定各项法律规范，加快传统行业协会创新转型步伐，不断拓展新型行业协会服务功能。应该说，江苏省不同类型、不同层次的社会组织发展较为平衡，数量迅速增长，在促进经济发展、繁荣社会事业、创新社会治理、增强社会自治、发展公益慈善事业、扩大对外交往等方面发挥了重要作用。

二 江苏社会组织发展面临的困难和问题

虽然江苏省社会组织发展迅速，培育管理工作取得了一定成效，但总体上看，社会组织发展水平还不高，不同地区、不同类型社会组织发展不平衡，省以下社会组织普遍小而弱，大中规模社会组织数量偏少，对经济社会文化发展的贡献度还不够大。

（一）引导规范社会组织发展的总体法律法规滞后，顶层设计亟待完善

目前，直接涉及社会组织的法律规范都成文较早，这一现状导致社会组织的指导规范严重滞后于经济社会发展，尤其是滞后于江苏省经济发达和改

革开放先行地区的实际状况，这就促使江苏省各类社会组织在实际运行中"无法可依"，缺乏具有指导性和规范性的顶层发展框架。现行国务院《社会团体登记管理条例》、《民办非企业单位登记管理条例》和《基金会管理条例》与社会发展需求和工作实践存在一定程度的脱节，一些内容已经相对滞后，而新的条例尚未修订出台，社会组织的内部治理、培育扶持、党建管理、社会监督、行政执法和境外非政府组织在华活动管理等诸多方面缺乏必要的制度支撑，一系列改革措施也缺乏刚性法律依据。这在客观上就带来了社会组织运行的混乱，政府监管的困难。除了引导与规范法规的不足，江苏省也缺乏系统激发社会组织活力的总体政策思路，社会组织的发展基本上没有实质性的政策性优惠，导致一些新兴社会组织得不到长期发展的政策性鼓励。

这些问题的存在，反映出社会组织管理的许多法律条文与现有状况不衔接、不对应，成为基层实际工作的主要障碍，也成为社会组织发展的不利因素。只有在法律制度稳固、政策法规翔实的前提下，才能形成自上而下的统一登记管理体制，实现社会组织的分类分层管理。这一制度环境的营造，是未来江苏规范社会组织发展的重中之重，也是社会组织之间良性竞争、相互合作的基本保障与强效支撑。

（二）扶持推动发展社会组织的力度不足

1. 职能部门观念转变不到位

各级政府向社会组织职能转移和购买服务工作尚处于起步阶段，很多职能部门观念转变不到位，对社会组织具有的功能及作用认识不足，推进政府向社会组织购买服务积极主动性不够。

2. 专业性人才缺乏，保障措施不完善

社会组织人才工作缺乏总体指导和制度支撑，有关职能部门重视程度不高，尚未形成协同推进社会组织人才队伍建设的合力。社会组织从业资格认定、岗位开发政策尚未出台，社会组织从业人员的职业规范、职称评定、薪酬标准、福利待遇、培训晋升等一系列保障政策尚未建立。社会组织普遍存在专职人员少、兼职人员多、平均年龄偏高、知识结构老化等特点。从业人员工资福利待遇普遍偏低，职业晋升机制不健全，难以吸引人才、留住人才。

3. 税收优惠政策不配套

财税部门对民办医院、民办学校以外的社会服务机构的公益性质认可度不高，大量社会服务机构无法领取财政非税票据，有很多公益性较强的社会服务机构无法申请公益性捐赠税前扣除资格，影响了社会力量举办公益事业的积极性。《慈善法》实施至今，和慈善组织发展直接挂钩的税收优惠政策也尚未出台，慈善组织吸引社会捐赠的动力不足。

（三）社会组织发挥的作用还不充分

一是自身专业能力不强。受长期以来双重管理体制的影响，一些社会组织行政化色彩浓厚，习惯用行政思维开展工作，缺乏社会化、市场化运作能力。不少社会组织专业运作水平较低，在资源动员、项目管理、协调互动、危机应对、提供公共服务、参与市场竞争方面的能力还有待提高。

二是发声渠道不畅。社会组织参政议政不够充分，各级人大代表、政协委员的比例不高。社会组织参与行业法律法规制定、参与社会公共政策制定还未形成常态化机制。

三 依法引导和规范江苏社会组织健康发展的对策建议

当前江苏社会组织改革已经进入深水区，情况复杂，要实现既定的改革发展目标，迫切需要用法治的方式加以推动，用法律的形式加以规范。因此，在未来江苏社会组织的发展过程中，如何依法规范、有序引导、充分竞争、创新形式是十分重要的议题。

（一）凸显章程在社会组织中的地位，促进社会组织健康发展

一是政府职能部门、社会组织应共同认可，突出章程在社会组织中的地

位，使其成为社会组织自我监督与外部监督的尺度和绳墨。社会组织章程作为社会组织内部的最高制度应当始终在运行过程中发挥作用。

二是应当保证社会组织内部制度与有关法律法规的一致性和协调性，使执行制度成为社会组织领导者的使命，成为其参与社会事务、实现社会治理过程中的一项核心内容。

三是各级政府应当建立一个系统化的整体监督体系，保证法律法规的有效性和执行力。并在实际工作中将社会组织内部执行章程情况作为对社会组织考核与评估的一项重要指标，强化章程在社会组织发展中所起的规范作用。

（二）推动成立全省社会组织工作协调机制

省一级层面近期尽快建立健全社会组织工作协调机制，推动各职能部门根据中央和省委有关文件精神，完善和落实社会组织发展管理的各项政策要求，为基层同步建立相应工作机制提供参考，自上而下形成社会组织改革发展合力。

（三）进一步完善社会组织培育扶持政策

研究完善社会组织税收优惠、人才保障等政策，充分发挥社会组织参与基层社会治理、服务城乡社区群众的作用，为社会组织健康有序发展创造良好环境。建议参照中央财政模式，设立省、市、县三级财政负责的促进社会组织发展的专项资金，用于社会组织服务社会项目补助、社会组织等级评估、信息化平台载体建设、有关从业人员培训以及对社会贡献突出的社会组织奖励等，完善公共财政对社会组织发展的扶持机制。

（四）加强社会组织评估，引入竞争机制，强化退出机制

第一，完善社会组织年度检查制度，逐步推行网上年检，通过年检等日常监督手段，对不正常开展活动、组织能力弱、社会评价度低的社会组织实行有序退出机制，引导其合并或注销。逐步将对社会组织的年度性检查与常

态化监督、组织化评估、信用度建设、执法查处有机结合,不断完善登记管理机关与有关责任部门间协同监管机制,增强监督管理合力。

第二,进一步开展等级评估,建立健全第三方社会评估机制,完善评估配套制度,推动全省社会组织标准化、规范化建设,重点对3A级以上社会组织加大政策扶持力度。形成组织健全、程序完备、操作规范、运转协调的评估工作机制,发挥评估的导向、激励和约束作用。

区域法治篇

The Rule of Law in Jiangsu

B.37
新时代法治江苏建设的新思路

钱宁峰*

摘　要： 新时代法治江苏建设的基本指导思想是以习近平新时代中国特色社会主义思想为指导深入推进法治江苏建设。结合党的十九大以来法治建设决策部署和法治江苏建设经验，有必要从以下四个方面展开：一是完善法治江苏建设组织领导体制，实现党委依法治理工作领导小组和政府依法行政工作领导小组有机衔接。二是要树立系统建设思维，实现整体法治框架。三是要突出"互联网+"模式，通过现代信息技术推动法治江苏建设。四是实现融法治于地方治理之中。

关键词： 新时代　法治　江苏

---

* 钱宁峰，江苏省社会科学院法学研究所所长、研究员，江苏高校区域法治发展协同创新中心研究员。

十八大以来，特别是十八届四中全会提出全面依法治国以后，法治江苏建设进入了新的发展阶段，在地方立法、依法行政、公正司法、全民守法建设方面取得了突出的成绩。江苏第十三次党代会提出，要全面推进依法治省、建设"法治江苏"，让法治成为江苏发展核心竞争力的重要标志。党的十九大的召开意味着法治江苏建设也进入了新时代。2018年初，江苏省委书记娄勤俭对江苏全省政法工作会议批示指出，希望全省各级政法机关以习近平新时代中国特色社会主义思想为指导，深入学习贯彻党的十九大精神，始终坚持党的绝对领导，坚持以人民为中心的发展思想，坚持系统思维、全局站位，深入推进平安江苏、法治江苏、过硬队伍、智能化建设和司法体制改革，切实履行好维护政治安全、确保社会稳定、促进公平正义、保障人民安居乐业的责任，为建设"强富美高"新江苏提供坚强保障。新时代法治江苏建设的基本指导思想是以习近平新时代中国特色社会主义思想为指导深入推进法治江苏建设。这就要求从战略层面深入研究新时代法治江苏建设的新思路。结合党的十九大以来法治建设决策部署和法治江苏建设经验，新时代法治江苏建设有必要从以下四个方面展开。

一 新时代法治江苏建设要完善组织领导体制

党的十九大报告指出，成立中央全面依法治国领导小组，加强对法治中国建设的统一领导。成立中央全面依法治国领导小组意味着全国将出现统一的法治建设组织领导体制。为了落实十九大精神，《深化党和国家机构改革方案》进一步提出组建中央全面依法治国委员会，作为党中央领导全面依法治国工作的议事协调机构，其办公室设在司法部。同时，重新组建司法部，不再保留国务院法制办公室。法治建设领导机构的重大变化必然进一步影响现有地方法治建设领导体制。江苏历来重视组织领导体制在地方法治建设中的纲领性作用。1998年10月9日，江苏省委下发《关于成立江苏省依法治省领导小组的通知》，决定成立由省委书记任组长的依法治省领导小组，下设办公室，省司法厅厅长兼任办公室主任。2004年，江苏省委出台

《法治江苏建设纲要》，提出发挥省依法治省领导小组的职能作用，并要求各级党委要建立相应的组织机构，并提供必要的保障。2005年5月底，江苏省委将依法治省领导小组办公室由省司法厅调整到省委政法委，具体承担依法治省领导小组任务。从2006年起，相继成立了依法行政、公正司法、法治宣传教育、依法经营、基层民主法治建设、新闻宣传、省级机关法治建设等协调指导办公室。在此基础上，江苏建立了省、市、县（市、区）各级推动地方法治建设的领导体系机制。与此相适应，江苏还建立了全面推进依法行政工作领导小组。通过多年的实践探索，具有江苏特色的法治建设组织领导体制和工作推进机制已经形成。然而，由于法治江苏建设涉及机构多，涉及领域广，其组织领导体制难以适应全面依法治国的需要，法治江苏建设常常被片面地理解为政法工作，因此，新时代法治江苏建设要完善组织领导体制，根据中央要求适时调整法治江苏建设体制，为法治江苏建设提供科学有力的组织保障。

第一，及时调整并充分考虑各级党委领导法治建设的组织领导体制，从机构上充实依法治理领导小组及其办公机构，使之成为各级党委领导法治建设的议事协调专门机构。十九大报告指出，必须把党的领导贯彻落实到依法治国的全过程和各方面。在十八届四中全会决定提出"把党的领导贯彻到全面推进依法治国全过程"要求的基础上增加了"各方面"的新要求。要实现党对依法治国"全过程"和"各方面"的领导，必须建立和完善党领导依法治国的组织体制和工作机制，构建各级党委领导法治建设新的组织领导体制。尽管各级依法治理领导小组的成立体现了江苏各级党委对地方法治建设的重视，但是由于依法治理领导小组作为一个议事协调机构，其所承担的职责有限，而且办公室设在党的政法机构之下，显然难以适应依法治国"全过程"和"各方面"的要求。因此，江苏要根据党和国家机构改革方案进一步完善法治江苏建设体制。从省级层面来看，有必要将依法治省领导小组调整为依法治省委员会，作为省委推动法治江苏建设的议事协调机构，与此相适应，将省依法治省领导小组办公室按照中央模式调整至重新组建的江苏省司法厅。与此同时，省以下各级党委要相应调整依法治理领导小组的隶属关系,将依法治理领导小组办公室调整至司法行政机关。在组织机构建立健全整齐划一基础上,要按照中办、国办印发的《党政主要负责人履行推进法治建设第一责任人职责规定》,明确各级党政负责人法治建设第一责任。各级党委要定期研究法治建设重大事项,及时部署落实法治建设任务。各级党委要定期听取人大、政府、司法机关等机构和团体开展法治建设工作情况。开展法治建设定期督查工作,将法治建设重大任务落实情况纳入各级党委政府督查工作范围,并根据督查结果进行监督。

第二,及时调整依法行政领导组织体制,实现党委依法治理工作领导小组和政府依法行政工作领导小组合署办公。江苏已经建立了各级依法行政工作领导小组,并将办公机构设在政府法制机构。这种领导体制充分发挥政府法制机构的专业性,成为各级党委政府的法治帮手。但是,由于政府法制机构往往只是各级政府的办事机构,在组织上并不具有权威性,因此事实上难以适应法治政府建设的需要,存在着"小马拉大车"现象。随着2018年国务院新一轮机构改革的展开,政府法制机构将调整至司法行政系统之中,这就意味着地方法治政府建设领导体制将出现新的变化。对此,江苏要及时调整全面依法行政工作领导体制。从省级层面来看,有必要在成立依法治省委员会的同时赋予该委员会以省全面依法行政工作领导小组名义行文的资格,实现省全面依法行政工作领导小组和省依法治省领导小组的合署办公。其办公室也相应设在省司法厅。由于政府法制机构调整至司法行政系统之中,加上政府法制工作日益繁重,因此,可以考虑由省政府办公机构领导人员兼任司法行政部门负责人,以此充分协调政府法制工作,进一步发挥全面依法行政工作领导小组对各级政府及其部门依法行政工作的领导作用。与此相适应,各级政府依法行政领导小组应该根据省级层面的调整进行相应处理。

二 新时代法治江苏建设要树立系统建设思维

党的十九大报告在十四条基本方略中指出了坚持全面依法治国的系统建设思路,即坚持依法治国、依法执政、依法行政共同推进,坚持法治国家、法治政府、法治社会一体建设,坚持依法治国和以德治国相结合,依法治国和依规治党有机统一。"共同推进"、"一体建设"、"相结合"、"有机统一"均反映了全面依法治国的系统性。这种系统性思维要求地方法治建设充分认识到法治不仅自身具有统一性,而且法治系统和其他系统乃至整个系统之间均具有统一性。法治江苏建设自2004年制定《法治江苏建设实施纲要》以来始终强化法治建设的全面性。随着"四个全面"的提出,特别是深改组领导体系的建立,使地方法治建设面临着系统性不足问题。这种系统性不足集中反映在法治改革任务和法治建设任务之间的割裂。由于法治改革任务涉及经济、政治、文化、社会、生态文明体制和党的建设制度等方面,因此,其必然影响到地方法治建设工作部署。全面深化改革领导小组和依法治理领导小组虽然均是以各级党委名义出现的,但是在具体承担工作机构上却有很大的差别:一个是党委领导下的办公室,一个是政法委领导下的依法治省处。从职能上看,一个广泛涉及经济、政治、文化、社会、生态文明和党的建设等全方位领域,一个仅涉及依法治省工作。由于十九大报告将全面依法治国系统性范围不仅体现在法治系统内部,而且体现在法治系统外部,因此,新时代法治江苏建设要树立系统建设思维,实现整体法治框架。

第一,做到法治改革和法治建设一体部署。全面深化改革本身蕴含着法治内容,法治改革任务蕴含在全面深化改革任务之中。法治改革必然影响到法治建设,法治建设也必须适应法治改革的需要。所以,江苏法治建设和法治改革不能形成两张皮,而应该实现一体两面的整体框架。一方面,法治改革要充分认识到法治建设的长期性和稳定性,在改革过程中充分考虑法治建设的需要。另一方面,法治建设也不能因循守旧,而要充分认识到法治本身是一个发展过程,必须以发展的眼光认识法治建设。只有将法治改革和法治建设有机结合起来,才能在建设中实现法治改革,在改革中实现法治建设。要实现这一目标,江苏要在调整法治建设体制基础上建立法治改革和法治建设协调机制,既要确保改革在法治轨道上运行,又要使法治建设能够保障改革目标实现。

第二,将立法、执法、司法和守法纳入同一体系之中。立法、执法、司法和守法是法治的基本要素。在某种意义上，国家机构的分工必然决定法治要素的割裂，进一步影响了法治建设的实施力度。法治江苏建设要充分认识到法治的统一性，不能将法治江苏建设仅仅视为政法领域的法治建设，也不能忽略了法治建设环节的连续性，人为地将某一个法治环节作为法治建设项目来展开。要结合法治实践开展法治建设，在每一个法治环节中充分考虑其他法治环节。只有真正以法治要素为法治建设的立足点，才能避免法治建设的"虚火"，防止法治建设浮在面上，与真正的法治实践相分离。要实现这一目标，必须以法律实施为抓手，综合考量立法、执法、司法和守法的效果，保证法律落到实地。

第三，实现法律、道德和纪律的有机统一。从表面上看，依法治国强调法律，以德治国强调道德，全面从严治党强调纪律，法律、道德和纪律似乎并不相关。然而，缺乏伦理基础的法律必然难以具有正当性。而缺乏纪律基础的法律也必然难以真正实施。法治江苏建设要充分认识到依法治国、以德治国和依规治党之间的内在联系，既不能狭隘地理解依法治国的内涵，也不能割裂法律与道德之间的联系，更不能排斥党章党规在我国全面依法治国过程中的重要作用。这就需要实现法律、道德和纪律的有机统一，既要注意不同规范形式的社会实现方式，也充分认识到道德水平和纪律约束对法治江苏建设的积极作用。法治江苏建设既要有硬约束，也要有软约束。只有这样，法治的社会效果才能获得多重条件的支撑。要实现这一目标，必须加强社会主义核心价值观融于法治建设工作，深入推进国家监察体制改革，为法治江苏建设创造良好的外部条件。

三 新时代法治江苏建设要突出"互联网＋"模式

众所周知，互联网技术的发展已经对法治建设产生了深远的影响。"互联网＋"战略的提出使法治建设日益和智慧建设相结合。江苏在法治建设过程中高度重视信息化建设。特别是提出智慧江苏建设以来，"互联网＋"政法工作已经成为政法领域的一大亮点，如智慧法院、智慧检务、智慧法务和智慧警务。尤其是，在社会治理过程中提出了智能化建设要求。江苏在全国率先构建了在大数据、人工智能高度融合运用下的"全要素"网格化社会治理模式。智慧建设和法治建设的结合在江苏已经形成一种新的趋势。"互联网+"模式虽然在江苏各领域顺利实施，但是总体来说，除了政务服务领域之外，"互联网+"法治建设的力度和深度还远远不能适应法治江苏建设的需要。新时代法治江苏建设要突出"互联网+"模式，通过现代信息技术推动法治江苏建设。

第一，提高政法领域"互联网+"水平。江苏政法领域"互联网+"水平走在全国前列。要进一步深化智慧审判、智慧检务、智慧警务、智慧法务建设，提高智能化建设水平。特别是完善社会治理大数据平台，优化政法系统大数据共享应用服务平台，推动技术融合、业务融合和数据融合。一是加强智慧法院建设。江苏智慧法院建设既要立足于审判职责，也要进一步考虑法院在法治江苏建设中的特殊性，加强法院信息研判，为地方法治建设服务。二是加强智慧检务建设。江苏智慧检务建设既要推动检务信息化建设，也要重视行政执法与刑事司法衔接工作信息化建设，形成执法信息的互联互通。三是加强智慧警务建设。江苏智慧警务建设既要重视公安执法信息化建设，也要重视公安服务信息化建设。四是加强智慧法务建设。江苏智慧法务建设要结合机构改革精神，立足于公共法律服务功能，进一步拓展政府法制信息化建设功能，真正扮演好政府法制代言人的角色。

第二，加强政府领域"互联网+"法治政府建设水平。尽管"互联网+"法治政府建设在《法治政府实施纲要》中已经有所体现，但是其主要集中在服务型政府和廉洁型政府领域之中，从而使"互联网+"法治政府建设难以取得"互联网+"政法工作那样有效的效果。2018年国务院机构改革的展开，特别是政府法制机构和司法行政机构的调整，将有可能改变"互联网+"法治政府建设框架。由于江苏司法行政领域已经初步具备了智慧法务的基础，因此，一旦在机构上调整到位，就有必要进一步加强"互联网+"法治政府建设，并使之成为法治江苏建设的重要抓手。这就有必要深入考虑更大范围的智慧法务问题，以司法行政机关为原点向政府及其部门延伸,在内容上以地方立法、行政决策、行政执法、行政救济为基础运用互联网、大数据等技术手段改造政府及其部门的立法流程、决策流程、执法流程以及复议流程,从而使智慧法务能够在政府及其部门领域予以贯通。只有这样,才能真正实现"互联网+"法治政府建设。

第三,加大党委机构和国家机构领域"互联网+"法治建设力度。随着党委对法治建设领导力度的加大,有必要从党委角度构建法治建设领域的互联网建设平台,这一平台应该以法治建设为中心任务贯穿党委和国家机构,其重心可以考虑落脚在人大、政协、政府、法院、检察院、监察委员会等与法治建设紧密相关的部门。要充分考虑立法、执法、司法以及守法等工作的需要,提高法治建设的互联网发展水平。因此,法治江苏建设必须充分认识到除了"互联网+"政法工作或者政务服务之外,还要建设智慧人大、智慧政协等更高水平的信息化。只有这样,才能打破机构与机构之间、部门与部门之间、地域与地域之间在法治建设上的条块分割局面,真正实现法治要素的进一步整合。

四 新时代法治江苏建设要实现融法治于地方治理之中

十九大报告对社会治理提出了更高的要求,提出打造共建共治共享的社会治理格局,并进一步要求加强社会治理制度建设,完善党委领导、政府负责、社会协同、公众参与、法治保障的社会治理体制,提高社会治理社会化、法治化、智能化、专业化水平。此外,在实施乡村振兴战略中,提出加强农村基层基础工作,健全自治、法治、德治相结合的乡村治理体系。这就意味着法治化是社会治理的重要目标之一。江苏历来重视社会治理与法治建设的结合。法治政府建设示范点、公正司法示范点、法治文化示范点、民主法治示范村等创建活动始终将法治和治理有机结合,通过推动法治建设实现社会治理任务。到2018年初,江苏共建成省级法治政府示范点249个、公正司法示范点159个、法治文化示范点472个、全国民主法治示范村(社区)100个,省级民主法治示范村(社区)创建率达42%。然而,法治建设和社会治理之间仍然存在着不平衡现象。由于社会治理偏重于基层社会稳定，因此，社会治理运行相对来说更为具体。法治建设虽然也体现在社会治理之中，但是由于法治建设和社会治理在社会实现方式上存在彼此制约关系，因此法治建设虽然从形式上看得以高度重视，但是在实践中仍然面临着扎根基层和内心认同的难题，反映出法治建设和社会治理之间的紧密程度并不高。要解决这一问题，一方面要从地方治理角度认识社会治理问题，另一方面也要充分认识法治与治理的关系，最终实现法治建设和地方治理的协调。新时代法治江苏建设要突出法治建设和地方治理之间的联系，在地方治理中实现法治建设，在法治建设中推动地方治理。

第一，推动地方立法工作，发挥立法对地方治理的导向作用。随着2015年《立法法》的实施，江苏13个地级市均已获得地方立法权。江苏地方立法权的扩张必然给法治江苏建设带来新的地方治理课题。江苏要进一步推进科学立法、民主立法、依法立法工作，提高立法在地方治理中的地位。一是加强科学立法。江苏要科学把握地方立法规律，在以往立法经验基础上认真研究法律调整对象，科学评估法律实施效果。二是加强民主立法。江苏要进一步加大开门立法力度，推动公众有序参与地方立法，实现地方立法机关与社会公众之间的有效沟通。三是加强依法立法。江苏要进一步明确地方立法权限和程序，维护中国特色社会主义法律体系的统一性和权威性，有效克服立法部门化、地方化倾向。

第二，加快地方执法工作，发挥执法对地方治理的执行作用。地方治理要实现与法治建设的有机结合，其联结层面就是执法。要按照十九大要求，进一步建设法治政府，推进依法行政，严格规范公正文明执法。江苏要进一步深入推进依法行政，将政府工作纳入法制轨道，确保基本建成法治政府。其关键在于执法规范化。一是要在纵向上，进一步推动执法重心下移，减少行政执法层级，合理配置执法人员，保证重点领域执法。二是要在横向上，进一步加强行政执法体制改革，相对集中行政执法权，深入推进综合行政执法，减少执法机构。三是要推进行政执法规范化建设。要进一步完善执法程序，改进执法方式，规范执法行为。特别是推动行政执法公示、执法全过程

记录以及重大执法决定法制审核"三项制度"。

第三,深化地方司法体制改革,发挥司法对地方治理的保障作用。随着司法体制改革的深入推进,司法在地方治理中的地位日益凸显。江苏要在司法体制改革主体框架确定基础上深化司法体制综合配套改革,全面落实司法责任制,提高司法改革效能。特别是要科学把握司法改革和地方治理之间的关系。一方面要充分认识到司法改革对地方治理具有积极作用,有助于形成现代化的司法体制。另一方面要充分把握司法改革对地方治理的影响。只有实现司法改革和地方治理的有机协调,才能为法治江苏建设提供健康的司法环境。

第四,加大地方普法力度,发挥守法对地方治理的基础作用。普法的目标是尊法、信法和守法。从某种意义上说,守法是法治建设环节中最难实现的,因为其不仅涉及对法律文本的了解程度,更涉及对法治精神的理解深度。江苏要在以往普法工作基础上加大全民普法力度,进一步创新普法方式方法,加强新媒体新技术在普法工作中的运用。进一步落实好"谁执法谁普法"的普法责任制,推动普法工作和地方治理有机结合。要加强社会主义法治文化建设,树立宪法法律至上、法律面前人人平等的法治理念,推动社会主义核心价值观融入法治建设中,让法治成为人们的思维模式和行为方式。

B.38
全面修改《江苏省经济技术开发区管理条例》研究

方 明[*]

摘 要： 1986年通过施行的《江苏省经济技术开发区管理条例》已完全不能适应江苏经济发展新阶段、新形势的要求，立法滞后严重制约了江苏开发区的建设发展和转型升级。建议全面修改开发区管理条例，围绕进一步推动开发区明确发展定位，转变发展方式；创新管理体制，改革运行机制；聚集高端创新资源，推动产业转型升级；拓展对外开放新空间，全方位提升开放型经济水平；注重绿色集约利用，发展低碳循环经济；优化园区营商环境，创新金融服务体系；完善考核评价制度，加大监督检查力度等方面制度创新，以夯实开发区全面提升质效、转型升级的法制基础。

关键词： 《江苏省经济技术开发区管理条例》 立法滞后 制度创新

经过多年的建设发展，江苏开发区在全省经济社会全局中具有重要地位，已经成为江苏经济发展的强大引擎、对外开放的重要载体、体制机制创新的先行区、深入实施经济国际化战略的主阵地。截至2017年6月，江苏共有国家级开发区46家、省级开发区85家，其中国家级经济技术开发区占

---

[*] 方明，江苏省社会科学院法学研究所研究员，江苏高校区域法治发展协同创新中心研究员。

有量居全国之首,占比近12%。为了规范园区建设,1986年江苏省六届人大常委会第二十三次会议通过《江苏省经济技术开发区管理条例》(下称《开发区条例》)。为适应社会发展需要,分别于1993年、1997年、2004年进行了局部修订。十八大以来,国家的经济政策、上位法律法规、市场经济环境、社会发展理念等都发生了重大变化,《开发区条例》中的很多内容已不能适应经济社会发展要求,亟须进行修改完善。

一 全面修改《开发区条例》的必要性

由于缺乏有效的制度支撑和法治保障,开发区发展面临着合法性困境和一系列体制机制障碍,致使开发区的制度优势和聚集效应难以得到有效发挥。为全面贯彻落实中央决策部署,增强开发区功能优势,深化开发区体制机制改革,完善开发区的地方立法,创新开发区管理制度,推动开发区全面转型升级和质效提升,江苏省《开发区条例》亟须全面修订。

(一)开发区在江苏经济社会发展中的作用日益增强

首先,开发区已成为全省重要的经济增长极。全省各类开发区因独特灵活的政策优势、高效便捷的管理机制、规划良好的基础设施已经成为江苏省最重要的经济增长极。2016年全省开发区共实现规模以上工业增加值28462亿元,地方公共预算收入4482亿元,同比分别增长7.2%和8.7%,地方公共预算收入占全省比重高达55.2%;实际使用外资194亿美元,同比增长0.6%,全省占比79.1%;进出口总额共完成4225亿美元,同比下降3.9%,全省占比由80.6%提升至82.9%;完成全社会固定资产投资29442亿元,同比增长6.8%,占全省的59.6%。其次,开发区已成为江苏吸引外资的核心区域。全省发展开放型经济和对外经济技术合作的重要定位决定了开发区以兴办外商投资、出口创汇等项目为主,具有吸引外资的区域优势。最后,开发区已成为江苏科技创新型产业集聚高地。全省各类开发区鼓励投资者开发新技术、新工艺、新产品、新材料,扶持高新技术项目。经过多年培育和发展，产业群聚效应产生，形成了特色鲜明的高新技术产业链，如昆山经济技术开发区形成了完整的 IT 产业集群，江宁经济技术开发区的智能电网产业发展尤显突出。

（二）江苏开发区建设亟须全面转型升级

首先，经济背景和产业格局发生了深刻变化。面对新形势、新挑战、新任务，江苏必须统筹开放型经济顶层设计，加快构建开放型经济新体制，进一步破除体制机制障碍，发挥开发区作为改革开放排头兵的作用，形成新的集聚效应和增长动力，引领经济结构的优化调整和发展方式的根本转变。其次，开发区亟须加强核心区建设。江苏开发区应从"数量引领期"向"质量提升期"转变，通过科技创新、制度创新，吸引集聚创新资源；从科研强基、人才引领、文化营造、技术转移、全球拓展等方面着手，以科技创新为引领，以开发区核心区建设为抓手，增强发展动力。最后，开发区需要规划和建设多功能综合区。开发区需要重新科学规划功能布局，在突出生产功能的同时，统筹生活区、商务区、办公区等城市功能建设，促进新型城镇化发展，着力为投资、创业、创新者提供优质高效的服务、配套完备的设施、共享便捷的资源。

（三）立法滞后制约着开发区的进一步发展

在全国统一立法缺位的情况下，为解决开发区实际运行和管理中的问题，江苏省人大常委会于 1986 年制定了《开发区条例》，对开发区的机构设置、职责范围、履职规程、优惠政策等进行了规定。为适应经济发展新形势，落实中央政策部署曾局部修订三次，最后一次修订距今已有 13 年，立法滞后于现实，已经严重影响了开发区的建设和发展。

（四）江苏可以为全国开发区制度建构提供地方立法样本

江苏、浙江、山东三省的国家级经济技术开发区数量在全国位居前三，全新的《山东省经济开发区条例》已于 2016 年 10 月 1 日施行；2015 年以来，浙江也积极推动开发区的统一立法工作。鉴于江苏在全国开发区建设中具有举足轻重的地位，江苏理应为全国开发区管理制度建构承担更多责任。通过对江苏开发区体制机制创新架构，产生制度辐射效应，引领全国各地开发区构建科学的管理制度，进而为国家层面开发区法律法规的出台提供借鉴和参考。

二 现行《开发区条例》存在的主要问题

1986年制定的省《开发区条例》在实施过程中，因为立法滞后，开发区管委会的行政主体资格、开发区行政职责职权范围、政府对开发区授权的规范性有效性等问题都没有得到切实解决，开发区的管理运行依然面临合法性困境，亟待通过全面修订《开发区条例》予以解决。

（一）进一步完善立法架构

通过调研和分析，《开发区条例》立法结构的完整性有所欠缺，原条例中的"优惠待遇"等随着上位法及中央政策的变化已无实际意义，需要重建条例的立法架构。第一，总则部分应明确开发区发展的创新、协调、绿色、开放、共享的新发展理念。第二，应有"设立变更"专章，条例应对开发区的主体资格变动情况，特别是进入和退出机制等予以规范，对开发区的申请审批程序、主管机关及其职权等基本事项予以明确。第三，应设"管理体制机制"专章，对开发区的管理体制机制进行集中规定。第四，应充实建设发展内容。现有的"注册与经营"已无法涵盖开发区的设立、培育、促进、投资、经营、发展等一系列重要活动，立法中应有专门条款。第五，可增设"服务保障"一章。优化营商环境，提高服务水平是开发区的首要任务。开发区条例一方面应从服务主体角度，明确规定各级人民政府及其有关职能部门对开发区的服务保障职责；另一方面应从服务内容角度，具体规定服务规范和服务方式等。第六，应增加"监督管理"一章。新的《开发区条例》应从科技创新、生态环保、产业基础、区域带动、行政效能等方面，落实完善考核体系，综合评价各开发区的优势、特点与不足，加强分类指导和动态管理。

（二）进一步明确发展理念

党的十八届五中全会提出了"创新发展、协调发展、绿色发展、开放发展、共享发展"的五大发展理念，省十三次党代会对未来一段时间江苏发展提出了聚力创新、聚焦富民、高水平全面建成小康社会，即"两聚一高"的最新战略要求。《江苏省政府关于加快全省经济技术开发区转型升级创新发展的若干意见》（苏政发〔2014〕133号）集中阐明了开发区新时期的发展定位。这些发展理念和发展定位应成为开发区立法的指导思想和根本原则，《开发区条例》的全面修改应遵循以上理念与原则进行调整。

（三）进一步创新管理体制

当前开发区管理实行的是管委会统一管理制，而管委会不是经法定授权的行政主体，不具有组织法意义上的法律地位。现行《开发区条例》明确规定管委会是地方政府派出机构，并对其具体职权做出列举。这些职权有的内涵模糊，有的可操作性不强，有的缺乏法律依据，存在与现行的《行政许可法》、《土地管理法》、《环境保护法》、《城乡规划法》等上位法冲突之处。管委会的履职行为因为缺乏法律依据，更多受到司法机关、相关行政机关以及行政相对人的制约。全面修改开发区条例时应对开发区的管理体制机制有更加清晰的界定，改变目前的管理困境。

（四）进一步加大保障力度

新条例应进一步加大对开发区建设的保障力度：一是完善开发区营商服务体系。以打造"公平、公开、透明、便捷"的综合商务环境为目标，完善"一站式"政务服务，构建更加合理高效的开发区公共服务体系。二是充分利用中介服务组织的力量。建立健全中介服务相关规章制度，理顺政府与中介组织之间的关系。三是提升招商引资的能力和水平，引导招商引资走

向专业化、市场化。四是营造优质的综合投资环境。构建政企沟通机制，着力提升投资者的综合满意度，打造并完善现代化、法治化、国际化的营商环境。

（五）进一步加强评估考核

《开发区条例》修订时应认真落实国办发〔2014〕54号、国办发〔2016〕14号，以及苏政发〔2014〕133号等开发区建设的指示，构建开发区的动态管理机制，完善开发区综合考核评价体系。把入园企业的创新能力、品牌建设、知识产权保护、生态环境、安全生产、规划实施、节约集约用地、新增债务、投资环境、行政效能等作为评价的重要内容，评估考核结果应与奖惩措施挂钩，对考核结果好的开发区优先考虑扩区、升级，加大政策支持力度；对考核结果不合格的开发区，限制其新增土地指标，提出警告，限期整改；对整改不力，特别是长期圈占土地、开发程度低的开发区，要核减面积或予以降级、撤销。

三 《开发区条例》的修改建议

《开发区条例》的修改应贯彻落实党的十八大和十八届三中、四中、五中、六中全会精神，以改革创新、规划引领、集聚集约等为基本原则，致力于优化开发区形态和布局，加快开发区转型升级，深化开发区体制改革，完善开发区的各项管理制度。

（一）明确发展定位，转变发展方式

为加快全省经济技术开发区的转型升级和创新发展，应明确开发区的发展定位：经济技术开发区是全省引领区域经济发展和实施区域共同发展战略的重要载体，是实施科技创新驱动和绿色集约发展的示范区，是构建开放型经济新体制和培育吸引外资新优势的排头兵，是全省新型工业化、信息化、城镇化、城乡发展一体化建设的先行区。因此，开发区建设应及时转变发展

方式，坚持以提高经济发展质量和效益为中心，在发展理念、管理方式、办区模式等方面转型升级，加快实现由政府主导向市场主导转变，由同质竞争向差异化发展转变，由追求规模速度向追求质量效益转变，由硬环境见长向软环境制胜转变。坚持市场经济和开放型经济的发展方向，减少行政干预，简化审批流程，打破制约开发区发展的深层次制度障碍，进一步推进市场化改革，增强开发区发展的内生动力。

（二）创新管理体制，改革运行机制

通过调研，进一步创新开发区管理体制机制的举措包括：一是在延续管委会模式的同时，留下探索创新管理模式的空间。新条例修订时关于开发区管委会的性质必须和上位法保持一致，在立法模式上可以规定设立管委会，作为所在地县级以上人民政府的派出机关，同时保留公司化管理模式的创新空间。二是在不违反上位法的前提下，明确开发区管委会的行政管理职权，赋予必要的公共服务、行政执法等社会事务管理权。三是建构开发区与行政区的多元协同管理模式。建议将开发区必要的医疗、卫生、教育、民政和社会保障等社会管理权尽可能地授权给开发区，使开发区能够拥有管理社会事务的决断权和处置权。四是构建由政府、企业、社会组织及中介机构共同参与、协同管理的公共服务体系，积极推进政府购买公共服务制度和社会治理的协同化。

（三）聚集高端创新资源，推动产业转型升级

新条例应坚持创新发展理念，加快创新创业服务体系建设，推动创新集群和产业集群的融合发展。首先，通过自主创新和人才培养打造高端产业。开发区在高度重视区内企业先进技术改造和创新能力建设的同时，通过吸引、整合高校和科研机构的人才和智慧资源，集聚科技研发力量，积极孵化培养本地成长的高端产业，为产业转型升级打下基础。其次，推动传统产业集群与创新产业集群的融合发展。开发区在引导和扶持一些基础较好的传统产业集群、加强区域品牌建设、提高知名度和美誉度的同时，应加强数字

化、信息化在生产、经营、管理、营销中的应用，积极借助电子商务，改变传统营销模式，推动传统专业市场向现代商贸物流、现金现货交易向网上交易转变。最后，提升开发区产城融合承载能力。通过采取政府和社会资本合作模式，支持开发区公共服务平台和基础设施建设，积极引入社会资本，实现市场化运作，降低入园项目和企业投资运营成本。积极推进城市功能建设，高标准、高规格进行产城一体的规划设计，着力打造以绿色生态、便捷交通、智慧智能、产城融合为特色的区域环境。

（四）拓展对外开放新空间，全方位提升开放型经济水平

开放型经济是江苏经济的最大特色和第一推动力，新条例应全面提升江苏开放型经济的国际化水平。江苏经济开发区应着力依托制造业开放优势，把发展软件产业和国际服务外包作为发展重点的同时，加快开放金融、商务、现代物流和科技服务等生产服务业，全面开拓发展新空间。鼓励发展自主创新型、效益良好型、资源节约型和环境友好型的高端加工贸易，提高准入机制，促进加工贸易的转型升级。开发区应重点提高利用外资的质量和水平，将吸收国际先进技术和符合产业引领方向作为选择利用外资的主要标准，将产业结构调整和招商选资充分结合。加快对外商投资结构进行调整，实现由追求总量向质量更高转变，由招商引资向招商选资转变。创造良好的环境，提升开发区企业国际化、人才国际化和城市国际化水平。

（五）注重绿色集约利用，发展低碳循环经济

实施绿色集约利用、发展低碳循环经济对于开发区加快转型升级，转变发展方式，促进可持续发展具有重要意义。因此，新条例应进一步提高土地开发利用率，创新土地供给方式。开发区应从建设用地开发强度、土地投资强度、人均用地指标的管控和综合效益等方面加强开发区土地集约利用评价，通过对单位土地的开发利用率和地区生产总值产出强度的综合考核，科学划分开发区产业用地与配套设施用地的比例，对区内企业的土地利用情况实行动态监管。为有效精准地供给土地，开发区应定期评估企业用地效率，

合理调整土地供应计划。同时，积极构建生态经济、生态环境、生态人居和生态保障"四位一体"的新型开发区，推进绿色低碳循环经济发展。通过完善法律法规、经济财税、公共服务等方面的配套支持和激励政策，为园区和企业实施循环改造创造条件；通过对单位地区生产总值能耗和水耗、污染物排放、ISO 14000 认证等数据的考核，增强环境监测监控能力，提高资源能源利用效率，构建绿色、低碳、循环发展的产业体系。

（六）优化园区营商环境，创新金融服务体系

开发区管委会应切实转变政府管理方式，深化"放管服"改革，建立透明的政务公开体系，深化行政审批制度改革，对企业投资项目探索实行由先批后建向先建后验转变、由事前审批向事中事后服务监管转变、由部门审批把关向企业信用约束转变的投资管理新模式。放宽外资准入限制，启动实施负面清单管理模式改革。引导并支持在开发区内设立金融服务、资产评估、信用评级、投资咨询、法律服务、知识产权交易、人力资源服务等中介服务机构，为开发区的生产经营和创新创业活动提供全方位人性化的服务。

开发区转型升级的重要支撑是创新完善金融服务体系。开发区在积极构建投资主体多元化、资本管理市场化、融资渠道多样化的投融资机制的同时，应按照市场化原则设立创业投资基金、产业引导资金和政策性扶持资金，逐步建立市场化的长效运行机制以支持创新创业；并根据产业发展和基础设施配套情况，为争取更多金融支持，充分利用政策性金融、开放性金融中的长期融资优势，通过投资、债券、证券、贷款、租赁等综合金融服务优势；鼓励引入并利用社会资本，采取特许经营、公建民营、民办公助等方式，积极参与开发区的公共产品和公共服务。

（七）加大监督检查力度，完善考核评价体系

新条例在充分体现创新、协调、绿色、开放、共享的新发展理念的同时，应进一步调整完善开发区的考核评价体系，不再单一地以 GDP 等经济指标为评价核心，同时应该把能够体现开发区综合发展水平的指标纳入考核

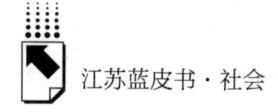

内容，如企业成长性、人才培养机制、知识产权保护、生态环境、营商服务环境等。为选择科学的评估指标，应建立定性分析与定量分析相结合的标准化评估指标体系。通过开发区的自我评估、第三方专家评估、上级主管部门评估、社会公众评估等形式，构建专业化、多元化的评估主体，以确保开发区考核评价主体的代表性、客观性和全面性。为加大监督检查力度，应成立专门的执法检查机构，建立评估公示和告知制度，通过进一步完善立法和政策法规，使江苏开发区考核评估走上制度化、规范化轨道。每年应根据考核结果对开发区进行综合评价，对发展好、排名前的开发区在土地、人才、金融等方面给予激励和优惠政策，对土地资源利用效率低、发展水平低、环保不达标的开发区实行警告、通报、降级或淘汰。

B.39
江苏推进行政执法与刑事司法衔接工作的现状、问题与对策研究

刘 伟*

摘 要： 2014年《江苏省行政执法与刑事司法衔接工作实施办法》（以下简称《实施办法》）正式出台，全省各地区和各部门结合文件要求及时部署"两法衔接"工作，取得了一定的成效。"两法衔接"工作组织领导体制明确有力、"两法衔接"系统化的工作机制全面推进、"两法衔接"工作信息平台建成运行。"两法衔接"工作配套保障机制积极跟进。在推进过程中，依然存在一些尚需解决的问题。"两法衔接"工作的领导与执行机制需要进一步优化，行政执法与刑事司法执法标准需要进一步完善，"两法衔接"信息共享平台运行实效未能充分发挥，"两法衔接"工作的配套保障机制有待进一步优化。为了更好地发挥《实施办法》的作用，积极推进江苏"两法衔接"工作的开展，积极贯彻习近平总书记在党的十九大报告中提出的"深化依法治国实践"的要求，需要从以下几个方面进一步推进"两法衔接"工作：进一步完善"两法衔接"领导体制，考虑明确地方党委为领导主体；进一步完善案件的移送标准和证据标准；结合《监察法》的出台，完善"两法衔接"的工作监督机制，细化"两法衔接"的工作机制与保障机制。

关键词： 行政执法 刑事司法 衔接机制

---

* 刘伟，江苏省社会科学院法学研究所副所长、副研究员，江苏高校区域法治发展协同创新中心研究员。

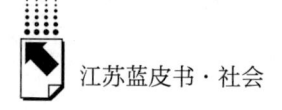

2011年2月9日，中共中央办公厅、国务院办公厅以"两办"文件形式转发了国务院法制办等部门的《关于加强行政执法与刑事司法衔接工作的意见》。为了落实中央意见，中共江苏省委、江苏省人民政府于2014年5月出台《江苏省行政执法与刑事司法衔接工作实施办法》（以下简称"《实施办法》"），为全省推进行政执法与刑事司法衔接（以下简称"两法衔接"）工作提供了政策性指导。十八届三中全会提出："要完善行政执法与刑事司法衔接机制。"十八届四中全会进一步提出："健全行政执法和刑事司法衔接机制，完善案件移送标准和程序，建立行政执法机关、公安机关、检察机关、审判机关信息共享、案情通报、案件移送制度，坚决克服有案不移、有案难移、以罚代刑现象，实现行政处罚和刑事处罚无缝对接。"为了落实中央部署，江苏稳步推进行政执法与刑事司法衔接工作，取得了一定的成效。

一 江苏推进行政执法与刑事司法衔接工作的现状

（一）"两法衔接"工作组织领导体制明确有力

首先，党委政府重视。协调机构的设置主要有两种模式：一是政法委牵头模式。该模式主要出现在徐州市，该市的"两法衔接"工作领导小组多由市委政法委牵头，市政法委书记任组长，成员单位涵盖行政执法及政法、法制、监察等部门，领导小组办公室设在市检察院。二是政府法制机构牵头模式。该模式较为普遍，省内南京、苏州、无锡、常州、南通、镇江、扬州、泰州、淮安、盐城、连云港、宿迁等市均建立了以市政府分管领导、市检察院主要领导为召集人、副召集人，由政府法制机构牵头，人民检察院、人民法院、公安机关、国家安全机关、司法行政机关、人力资源和社会保障部门为成员单位的"两法衔接"联席会议制度。联席会议的日常办事机构设在市政府法制办。

其次，加强统筹协调。一是检察机关成立领导小组，负责"两法衔接"

工作的宏观指导与决策部署。二是行政机关部门组成的依法行政工作领导小组，统筹协调"两法衔接"具体工作。

（二）全面推进"两法衔接"工作机制的系统化

首先，夯实"两法衔接"工作基础。2015年，省"两法衔接"工作联席会议办公室共分四批，在全国第一家公布了省级行政执法部门《移送涉嫌刑事犯罪案件标准（试行）》（下称《移送标准》），为行政执法机关移送、公安机关查办、检察机关监督涉嫌刑事犯罪案件提供了明确、统一、规范的指引，有利于及时移送、立案、侦查行政执法中涉嫌刑事犯罪的案件。文本总计近130万字，共计990项行政执法事项，基本覆盖了江苏省主要行政执法领域。

其次，建立重点领域联动执法机制。各地各部门围绕环境资源、食品药品安全、产品质量、知识产权、安全生产、劳动保障、医疗卫生等重点领域，规范、创新"两法衔接"工作协作程序，逐步理顺了公安、检察、行政执法机关的协调配合关系，逐步建立了三者之间执法联动衔接机制，合理配置了执法资源，整合了办案力量，形成了打击犯罪工作的整体推动合力。例如，在食品药品监管领域，南京市检察院与市食药监局等部门联合印发了《南京市打击危害食品药品安全行政执法与刑事司法衔接工作制度》。

再次，建立主要机关执法联动机制。江苏省食药监局在全国率先建立由省药品监管部门牵头，省公安厅、省法院和省检察院三方共同参与的四方联席会议制度，并建立联络人制度，强化食品药品安全信息互通共享；建立案件线索评估移送制度，强化公安提前介入侦查；建立联动执法机制，强化行政执法与刑事侦查优势互补；建立定期上报制度，实行案件移送情况月报制度，加强案件移送工作监督管理等。

最后，建立行政检察与行政执法监督相衔接工作机制。2014年11月，常州市法制办与市检察院联合出台工作意见，创建行政检察与行政执法监督相衔接的工进作机制，进一步加强工作联系和协调，推动行政检察与行政执法监督联动配合，形成工作合力。

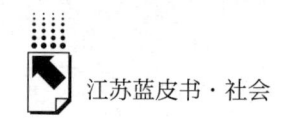

（三）"两法衔接"工作信息平台建成运行

首先，"两法衔接"信息共享平台内容全面。"两法衔接"信息共享平台内容主要包括四个方面：行政执法机关与公安机关移送涉嫌犯罪案件的衔接；刑事司法机关向行政执法机关移送需要进行行政处罚案件的衔接；检察机关对公安机关受理行政执法机关移送涉嫌犯罪案件的立案监督；绩效考核与责任追究机制。同时，"两法衔接"信息共享平台包括法律法规、工作动态和统计分析等辅助功能。平台建设第一次明确规定了"两法衔接"工作开展的具体形式，最大化地实现"无缝衔接"，要求开展绩效考核，进行工作评价，明确职责，落实责任追究。

其次，"两法衔接"信息共享平台的覆盖面逐步扩大。一是全部覆盖、联通。以无锡市、徐州市、苏州市、镇江市和宿迁市为例，2014年无锡市所有检察机关全部进入无锡市行政权力网上公开透明运行系统，实现全市检察机关全覆盖。二是部分覆盖、联通。南京市行政权力阳光运行系统端口向市、区检察院和公安局授权开放；市、区两级行政执法机关接入该政务平台157家，其中市级40家，基本实现全覆盖；区级117家，分布极其不平衡，少的仅有2家。

最后，"两法衔接"信息共享平台得到应用并初见成效。各市县检察院通过"两法衔接"信息共享平台，有效监督应立不立、久拖不决的案件，发掘案件线索，接受案件咨询，纠正案件处理漏洞。例如，徐州市检察院结合信息平台案件录入情况，全面梳理排查2014年1~10月行政执法机关移送公安机关立案的犯罪线索后续处理情况，开展对公安机关应立不立、久拖不决等问题的专项立案监督活动，发现监督线索79件，作出监督决定19件。

（四）"两法衔接"工作配套保障机制积极跟进

首先，开展专题培训。一是在政府法制机构组织的业务培训中，把"两法衔接"业务纳入培训内容。二是司法机关与行政执法机关联动开展

"两法衔接"专项学习研讨。三是行政执法部门系统内部组织"两法衔接"专项业务培训。

其次,积极开展专题调研。一方面,行政执法机关针对"两法衔接"工作中出现的难点、热点问题,执法实际工作中出现的新型案件和疑难案件,积极开展调研。另一方面,组织开展"两法衔接"工作专题研究,如省交通厅将"交通行政执法与刑事司法衔接机制研究"列入2015年交通运输行政执法7项研究工作之一。

二 江苏推进行政执法与刑事司法衔接工作中存在的问题

(一)"两法衔接"工作的领导、执行机制有待优化

首先,"两法衔接"工作的推动力需要进一步加强。在实际运行过程中,地方政府法制部门囿于自身职能和地位,对各个行政执法机关的召集和带动作用非常有限。就全省范围来看,少数地区基于地方党委(政法委)的大力推动,形成了党委政府统一领导、牵头单位合力推进、职能部门齐抓共管的良性工作格局。部分地区的"两法衔接"推进工作尤其是基础工作的开展缺乏强有力的推动力量。

其次,"两法衔接"工作的执行力需要进一步均衡。公安机关总体上能扎实推进"两法衔接"工作,但当前"两法衔接"工作中,行政执法机关作为移送涉嫌犯罪案件的机关,是"两法衔接"工作源头,缺乏外部监督,存在地方保护主义和部门保护主义,存在以罚代刑、降格处罚的现象。

(二)行政执法与刑事司法执法标准需要进一步完善

首先,行政执法与刑事司法对证据的形式要求有别导致移送难。行政机

关基于行政执法要求，出于行政处罚目的而调查取得的证据，往往严格遵守行政调查程序的要求，其取得的证据符合行政处罚证据标准，但不符合刑事证据标准，导致很多行政机关查办的行政处罚案件在移送公安机关以后，因证据不符合要求而被公安机关退回。

其次，行政执法与刑事司法各自所需要调查的事实基础不同导致移送难。行政执法调查认定的事实与刑事司法要求的事实往往出于各自不同的法律后果需要而存在明显差异。构成行政处罚与构成刑事处罚的要件要求不同，也正因为如此，行政执法机关在调查结束移送的情况下，相较于刑事立案存在明显差距。

最后，行政执法与刑事司法调查手段差异所导致的取证能力上的先天差异加剧了衔接上的不畅。行政机关依法将涉罪案件移送公安机关，从行政机关的角度而言，实际移送的是案件线索，公安机关在接到移送的案件后，应按照刑事案件查办的标准来开展调查，决定是否立案。而公安机关则会认为，行政执法机关移送的案件，应当达到刑事立案标准，要达到刑事立案标准，则往往需要采取一定的调查手段、调查措施、强制手段等，但是行政执法机关往往没有这样的调查取证资格，由此形成了案件无法推进的怪圈。

（三）"两法衔接"信息共享平台运行实效未能充分发挥

首先，部分行政执法机关未参与"两法衔接"信息共享平台建设。部分行政执法机关未参与到"两法衔接"工作中，违法行为的行政处罚信息未被录入共享平台，导致平台对同一地区的行政执法机关不具有普遍适用性。其次，"两法衔接"信息共享平台运用的实效不足。信息共享平台建设缺乏全省统一标准。平台建设主体、建设标准、内容设置、技术参数等各方面不统一，因而无法在全省形成有效合力。最后，"两法衔接"信息共享平台的信息输入不规范不及时。即便建立了全覆盖的"两法衔接"信息共享平台，行政处罚案件的录入量与实际被处罚量存在较大差异，且录入时间延后、录入信息缺失等问题依然存在。

（四）"两法衔接"工作的配套保障机制有待进一步优化

第一，保障"两法衔接"工作的制度依据刚性不足。目前，"两法衔接"的规范性文件存在的主要问题是政策层级高、法治层级较低，制度刚性不足，权威性也还不够。许多制度规范，执行、不执行和执行不到位，在工作考评和责任承担上无区别，监督问责工作也无据可依。

第二，联席会议制度不能长期有效推进。联席会议制度在实际运行过程中有时流于形式，表现在：首先，有的县级单位的"两法衔接"联席会议，名义上安排在政府法制部门，由法制部门牵头，但实际上会议常设地点、办公室办公地点均设在人民检察院。其次，有的行政执法机关参加"两法衔接"工作会议，会上表态很好，会后置之不理，既不传达会议精神，也不落实负责部门和人员。最后，有的行政执法机关存在部门重组、机构调整、职能与人员变动频繁等情况，导致人员对情况不熟或相互推诿的现象。

第三，"两法衔接"工作监督机制不完善，监督机关难以发现问题。检察机关作为法律监督机关，在工作中没有被赋予备案审查、提前介入、调卷审查、移送通知、违法纠正和专项检查等职能，这导致检察机关对行政机关是否存在有案不移、以罚代刑、行政不作为等情况无法知晓，无法有效发挥法律监督作用。

第四，绩效考核机制的不合理导致了"两法衔接"工作的不协调。行政执法机关与公安机关、检察机关的考核差异，挫伤行政执法机关移送案件的积极性。协同办案的行政执法人员往往得不到奖励，甚至会出现负面效应，即在案件查处后被追责，甚至相关人员被追究刑事责任。这客观上降低了行政机关移送案件、配合刑事案件调查的积极性。

第五，"两法衔接"工作队伍不稳定，且行政执法与刑事司法工作的执法人员执法能力不足、知识欠缺。"两法衔接"工作中，除领导干部更替导致工作制度不连贯外，具体负责各项"两法衔接"工作的工作人员因部门重组、机构调整、岗位调动等，增加了各项工作制度的推进难度。

三 江苏进一步推进行政执法与刑事司法衔接工作的思路与对策

（一）完善"两法衔接"的领导体制

首先，明确地方党委为领导主体，构建政法委牵头协调的模式。党的十八届四中全会决定指出"政法委员会是党委领导政法工作的组织形式，必须长期坚持"。"两法衔接"工作的领导和工作格局可构建为：县级以上地方党委领导"两法衔接"工作，党委政法委承担"两法衔接"工作的组织、协调职责，地方各级行政执法机关、司法机关依法履职，协作配合。

其次，突出法律监督机关地位，领导协调办事机构设在检察机关。因为与政府法律部门相比较，一方面检察机关作为宪法规定的法律监督机关，对于"两法衔接"工作比行政监督的位阶高、力度大、涵盖面广；另一方面检察机关作为司法机关，其专业化水平更高，业务更对口。

（二）完善案件移送标准和证据标准

首先，明确规定刑事案件的移送条件，即"发现违法事实涉嫌构成犯罪，依法需要追究刑事责任，有证据证实该违法事实系嫌疑人所为"。对于是否应当移送的违法案件把握不准的，可以借助联席会议，推进行政执法机关和公、检、法三部门就案件移送标准达成共识，制定统一的案件移送标准。

其次，要重视行政执法获取的证据向刑事证据的转化问题。行政执法机关收集的证据由于其主体、程序、证明标准、办案手段的不同而有别于刑事证据，因此需要通过立法、司法解释等方式明确行政执法部门依法获取的证据材料的刑事诉讼法地位。应当说，及时更新、完善系统化的涉罪案件的移送程序和证据标准显得十分必要和迫切。

（三）完善"两法衔接"工作监督机制

首先，强化检察机关对涉嫌犯罪案件移送的监督。要完善检察机关对移送刑事案件监督的程序。例如：对行政执法机关必须移交而拒不移交的；对行政执法机关移交的刑事犯罪线索，公安机关不予立案或者立案以后予以拖延，不履行侦查职责的；行政执法机关对公安机关不接受所移送的案件的，或对公安机关不予立案的决定有异议的等问题，要进一步在立案监督环节作出明确规定。对于司法机关立案侦查后又决定撤销的，要进一步明确司法机关与行政执法机关的衔接程序，便于行政执法机关进行后续处理。

其次，构建监察监督机制。结合国家监察体制改革和《中华人民共和国监察法》的出台，推进监察委员会解决行政执法机关不移送涉嫌犯罪案件、以罚代刑、不配合人民检察院监督和公安机关对移送案件不依法办理等问题，切实发挥监督作用，依法实施监察。

最后，完善监督问责机制，构建合理的"两法衔接"工作考核机制。要从顶层设计层面，省市要细化考核办法，纳入年度依法行政考核和法治政府建设考核。要严格落实绩效考核和行政处分乃至刑事责任追究的各项规定，深入查处移送案件过程中的渎职等职务犯罪。同时，对刑事司法机关要构建合理的考核机制，防止考核机制不合理所带来的对行政违法行为拔高处理的"越线"行为。

（四）细化"两法衔接"的工作机制和保障机制

首先，分类细化"两法衔接"的工作机制，突出制度的可操作性。继续深化、完善联席会议定期会商、案情通报、案件咨询、信息共享、异议处理、信息反馈、联合办案、责任追究等工作机制。考虑建立执法联动分类推动机制，针对重点领域、主要机关可以强化联动，但对"两法衔接"工作量较小的行政执法机关则实行常态化联动，提高"两法衔接"工作效率。探索并完善公安机关提前介入机制。逐步探索行政机关在查办重大案件、有重大影响的案件过程中商请公安机关提前介入指导。积极构建跨区域、跨部

门协作的"两法衔接"工作新模式。从加强区域合作、部门协作、查处方式和手段配合以及运用新技术手段提升查处水平和取证能力等方面应对"两法衔接"工作中的新情况。

其次，运用大数据思维与手段，统筹规划"两法衔接"的信息共享平台建设。按照"统一标准、统一规划、统一建设、统一运行"的思路，整合现有的"两法衔接"信息共享平台资源，明确平台建设的时间表、路线图，构建省、市、县三级联网的"两法衔接"信息共享平台。进一步明确信息录入单位和信息范围，全面实现行政处罚案件的资源共享和结果监控。

推进网上巡查与网下实地检查、正向移送与反向移送相衔接的信息共享，全面实现各行政执法机关、公安机关、检察机关、审判机关信息共享。

最后，建立公平全面的考核制度，促进各主体积极履职。将"两法衔接"工作的推动情况纳入对各级人民政府法治政府建设工作的考核指标中，并与领导责任直接挂钩。将考核结果通报人民检察院，平衡"两法衔接"考核中对不同"两法衔接"工作主体的考核利益，做到奖惩分明、科学合理。进一步加大对行政执法人员的和司法人员的业务培训力度。推动"两法衔接"工作信息公开，建立公众参与机制。

B.40
江苏行政诉讼的现状及对法治政府的促进

李小红*

摘　要：《行政诉讼法》的修改对各地行政诉讼工作产生了较大影响。近年来，江苏省行政诉讼案件数量虽还在增加，但总体趋于稳定，案件种类渐趋多元，案件管辖渐趋集中。检察机关依法监督行政诉讼活动，推动依法行政的方式不断优化。律师的行政诉讼法律服务不断走向专业化。通过行政诉讼促进法治政府的建设，一是应提升审判理念，强化对行政的司法监督；二是应坚持管辖创新，优化对行政的监督条件，放大集中管辖的隔离优势，发挥集中管辖的统一优势；三是应创新互动方式，加大对行政的促进力度，应基于法官、检察官、律师各自不同的职业定位与行政机关进行互动。

关键词：　江苏　行政诉讼　依法行政　法治政府

《中共中央关于全面推进依法治国若干重大问题的决定》指出要"完善行政诉讼体制机制，合理调整行政诉讼案件管辖制度，切实解决行政诉讼立案难、审理难、执行难等突出问题"。依此，1990年起实施的《中华人民共和国行政诉讼法》（下称《行政诉讼法》），2013年底启动修改，2014年底通过修正案，修订后的《行政诉讼法》于2015年5月1日正式实施。《行政诉讼法》实施24年来的大修，改变之处包括但不限于扩大受案范围、实

---

* 李小红，江苏省社会科学院法学研究所副研究员，江苏高校区域法治发展协同创新中心研究员。

施登记立案制、延长起诉期限、明确行政首长出庭要求、确立可跨区域管辖机制、规定解决行政争议的基本立法目的等。该法修改以后对行政诉讼产生了较大的影响，2015年全国各级法院受理一审行政案件24.1万件，同比上升59.2%；① 江苏省全省法院受理一审行政案件共16651件，同比增长65.5%。

本文旨在通过梳理近年来江苏行政诉讼工作的整体情况，分析问题，进而思考如何通过优化行政诉讼工作，提高依法行政水平，加强法治政府建设。

一 江苏行政诉讼的基本概况

从法院的角度看，行政诉讼的基本概况表现为以下几个方面。

1. 案件增量渐趋稳定

《行政诉讼法》修订后，全省各地行政案件数量一度出现"井喷"，经过近三年的消化，目前全省的案件总量趋于稳定。2015年全省受理一审行政案件16651件，2016年为13617件，2017年为15025件。徐州市2015年全市法院受理一审行政诉讼案件1434件，2016年为2303件，2017年为2006件。省会南京的案件量继续呈增长态势，2015年受理行政诉讼案件2980件，2016年为3344件，2017年为11195件。

2. 案件种类渐趋多元

2014年江苏省行政案件主要类型有劳动和社会保障类、城建类、环保类、公安类、资源类、工商类等。2015年之后行政案件的种类更加多元化，且有的增长比例较高，如乡政府类同比增长134.39%，环保类同比增长120%，资源类同比增长81.15%，卫生类同比增长115.63%，农业类同比增长100%，财政类同比增长261.54%。2016年、2017年文化

---

① 无特别说明本文各级各类法院案件数据均来自各级各类人民法院向各级人大所作的年度工作报告。

类及食品、药品类案件增加较多。2016年文化类同比增长560.00%，食品、药品类同比增长300.00%；2017年食品、药品类同比增长33.33%（见表1）。①

3. 案件管辖渐趋集中

《行政诉讼法》修订后，为了更加公正、高效地处理行政案件，江苏省对行政案件的管辖不断探索。经最高人民法院批准，江苏省高级人民法院于2015年作出《关于南京市中级人民法院、徐州市中级人民法院开展行政案件集中管辖试点工作的批复》，确定自2016年4月1日起，徐州市的资源类一审行政诉讼案件由该市鼓楼区、新沂市、沛县人民法院集中管辖，其他一审行政诉讼案件均由徐州铁路运输法院集中管辖；南京市原应由各基层人民法院受理的一审行政诉讼案件，统一由南京铁路运输法院集中管辖。江苏的行政诉讼管辖格局发生了较大变化，行政诉讼工作效率整体有了较大提升。据徐州铁路运输法院介绍，集中管辖一年以来，"当事人对司法裁判的认同度高，一审服判息诉率为60.8%，较改革试点前同期上升了23个百分点。在审结的案件中，原告撤回起诉案件244件，占结案总数34.56%，相当比例的行政争议得到有效化解"②。南京铁路运输法院集中管辖后一年"二审改判发回及撤销裁定率为2.97%，服判息诉率为67.8%，同比集中管辖前高出了9.1个百分点"③。

从检察院角度来看，作为行政诉讼活动的重要参与主体，2017年全省检察机关依法监督行政诉讼活动，共向政府提交风险研判报告1084份，提出工作改进建议2848份，受理公民、法人、社会组织提出的行政生效裁判监督申请565件，均依法作出审查决定。淮安市人民检察院以生态环境、资

---

① 此处及表1的数据均来源于"江苏法院网"的"司法统计"栏，http://www.jsfy.gov.cn/index.html。
② 张扬：《徐州铁路运输法院集中管辖行政案件成效显著》，http://jsnews.jschina.com.cn/xz/a/201704/t20170410_335147.shtml。
③ 《行政案件集中管辖，成效不仅是案件质效的提升，更让民众听到法治进步的声音》，https://www.toutiao.com/i6483988912602612238/。

表1 江苏全省法院2015~2017各类行政案件统计

单位：%

类型年份	劳动和社会保障类		乡政府类		城建类		环保类		公安类		资源类	
	案件数	同比增减	案件数	同比增减	案件数	同比增减	案件数	同比增减	案件数	同比增减	案件数	同比增减
2015	1948	+38.06	518	+134.39	2507	+14.74	121	+120	1608	+52.56	1288	+81.15
2016	1793	-7.96	467	-9.85	2970	+18.47	109	-9.92	1503	-6.53	1355	+5.20
2017	1898	+5.86	472	+1.07	3462	+16.57	118	8.26	1687	+12.24	1864	+37.56

类型年份	工商类		教育类		卫生类		税务类		交通类		计划生育类	
	案件数	同比增减	案件数	同比增减	案件数	同比增减	案件数	同比增减	案件数	同比增减	案件数	同比增减
2015	312	+20.46	58	+75.76	69	+115.63	68	+61.90	102	+17.24	22	-4.35
2016	327	+4.81	66	+13.79	50	-27.54	92	+35.29	88	-13.73	22	持平
2017	469	+43.43	111	+68.18	49	-2.00	65	-29.35	83	-5.68	17	-22.73

类型年份	民政类		农业类		财政类		文化类		食品、药品类			
	案件数	同比增减	案件数	同比增减	案件数	同比增减	案件数	同比增减	案件数	同比增减		
2015	102	+27.50	54	+100	47	+261.54	33	+560.00	84	+300.00		
2016	142	+39.22	30	-44.44	33	-29.79	2	-93.94	112	+33.33		
2017	123	-13.38	37	+23.33	57	+72.73						

源保护和食品药品监督等领域为重点开展公益诉讼工作,完成诉前督促程序35件,淮安区、涟水县检察院通过诉前督促程序促使追缴人防异地建设费2800余万元;常州市人民检察院提交的《常州市违法行政行为检察监督工作实施办法》获该市全面深化改革领导小组审议通过。[①]

从律师角度看,不少省内律师事务所已经有了行政案件法律服务专门团队,行政类案件办理量逐年提升。如北京大成(南京)律师事务所设有"政府法律顾问与行政争议解决部",当前部门律师有20余人,2017年该部办理以行政复议、行政诉讼案件为主的各类案件400余件,与2016年相比增长近百件,案件类型涵盖房地产建设工程、土地使用权纠纷、专项法律服务等。江苏三法律师事务所行政法业务中心现有律师11名,业务范围涉及房屋征收(拆迁)、建设用地出让与批准、土地收回、不动产行政登记、政府信息公开纠纷等,该所2015年所收案件中,行政案件占比8.93%,2016年占比9.88%,2017年占比10.05%。

二 提升审判理念:强化对行政的司法监督

修订后的《行政诉讼法》将立法目的由过去的"维护和监督行政机关依法行使行政职权"变更为"解决行政争议,保护公民、法人和其他组织的合法权益,监督行政机关依法行使职权",这使行政诉讼的司法监督行政价值更加明确。立法目的的变更使人民法院审理行政案件的理念得以更新和提升:2013年法院在发挥行政审判职能作用中,既注意"切实维护行政相对人合法权益",也注意"支持和监督行政机关依法行政"、"促进司法与行政良性互动",在审结案件中判决行政机关败诉262件,占结案总数的4.53%,判决行政机关胜诉案件1653件,占结案总数的28.58%;2015年则注意"强化诉权保护和依法监督,妥善化解行政争议","着力强化司

[①] 此部分数据均来自"江苏检察网"的"江苏各级人民检察院工作报告"栏,http://www.jsjc.gov.cn/gzbg_1/。

监督职能",严格司法审查标准,审结案中判决行政机关败诉案件951件,占结案总数的7.15%;2016年后注意"发挥司法引领、保障和推动作用",监督权力与保障权利并重,法院的法治建设定位更全面,将"法治政府、法治社会"的建设均纳入视野,"严格审查行政行为合法性,依法附带审查行政规范性文件,一审判决行政机关败诉1145件,行政机关一审败诉率为8.35%,同比上升1.2个百分点"。

为进一步提升审判理念,精准定位审判机关职能,发挥行政审判作用,服务地方法治建设事业,行政审判过程中应重点关注以下几方面。

一是行政诉讼协调的目的是公正裁判。转型时期社会矛盾面相多元,行政审判定分止争的功能殊为重要,通过行政诉讼化解社会矛盾不能仅靠终局裁判,化解行政争议的目的应在整个诉讼过程中予以关怀,因此案件处理过程中,协调、沟通在所难免。但行政诉讼协调的方式不应偏离诉讼的基本框架和轨道,行政审判应妥善处理好案件能动协调和案件公正裁判的关系。协调案件应当遵循合法、公正、公开原则,对确实无必要协调或难以协调成功的,应当依法及时作出裁判,确定当事人权利义务。尤其不应抱有配合行政机关处理行政事务的心态处理诉讼事务,行政协调与民事调解并无本质区别,应当体现各方当事人的真实意思,任何隐含欺诈、胁迫等的协调都是不妥的。

二是应以依法裁判的方式支持政府改革。行政权是国家权力体系中体量最大的一种权力,其本身就是一个庞大复杂的权力体系,承担的社会职责广泛,支配的社会事务繁多,权力本身极易异化,权力行使的合宜性较难把握,加之转型社会,行政机关面临着各种新的管理问题和社会现象,所以加强对行政权的监督制约,与赋予行政权宜之支配力相互依存、不可偏废。司法权通过行政诉讼机制监督行政权,是对行政权实施监督的最重要的外部机制,该机制一方面使行政权的行使不突破边界,另一方面基于对合理性审查的克制,给予了行政权能动实施的空间。法院作为重要的国家机关之一,对国家治理体制改革、政府职能转变等担负有机构性职责,但作为审判机关,承担机构性职责的正确方式只能是以法律为准绳、以事实为依据推进审判。

对行政机关为推进行政管理体制改革而采取的各种措施、方式,法院应本着"法无授权不可为"的基本原则,稳妥、审慎地考量各种改革举措是否违反国家法律的基本原则,是否具备明确的法律法规依据。对行政机关合理合法的改革举措,应不畏舆论明确判决支持,助力法治政府建设;对行政机关过于冒进、突破法律底线的改革举措则应加大司法审查力度,严格履行司法监督职责,通过裁判予以矫正。如果在审判过程中发现制度本身不合时宜,不利于法治政府的转型,作为审判机关,特别是省一级审判机关,应通过合法的途径推进法律完善,而不应通过司法解释、会议纪要等方式变相改变法律。

三是以优秀裁判实现行政诉讼法律效果和社会效果的双赢。优秀的行政裁判是最好的教科书,优秀的行政裁判一般是法律效果良好的裁判,这类裁判在解决行政争议个案的基础上,还应注意扩大社会影响,以实现其宣传行政法与行政诉讼法知识,引导其他社会主体合法、理性维权的作用。

三 坚持管辖创新:优化对行政的监督条件

管辖作为重要的诉讼程序,对提升司法实效有重要意义。行政诉讼的管辖程序设计科学与否直接影响司法能否真正独立,能否对行政起到制度期望的监督价值。江苏省对行政诉讼管辖多年来保持着制度创新的主动性,早在2005年,行政诉讼异地管辖就在省内开始试行,异地管辖可使审理案件的法院"在人、财、物等方面与被诉行政机关之间脱离从属关系,地位相对中立,通过司法回避,解决了法院的后顾之忧,在一定程度上起到了防止和排除地方非法干预的作用"。[①] 2015年江苏法院又启动了集中管辖改革试点,扩大了与行政区划相分离的行政诉讼案件集中管辖改革的试点范围,这种改革使行政审判的质效、水平显著提升,当年全省5个试点地区法院受理一审行政案件同比增长69.56%。2015年初,苏州法院试点由姑苏法院管辖以吴

---

① 王春业主编《行政法与行政诉讼法》,中国政法大学出版社,2014,第307页。

中、相城、虎丘、吴江四区及工业园区的行政机关为被告的一审行政诉讼案件，消除了当事人的顾虑，有原告表示"异地审理，败诉也心服"，同时"法院的案件数量、受案范围和案件类型逐渐增多，群众对行政审判的信心进一步增强，司法权威得到进一步彰显"。①

2016年以来，随着南京铁路运输法院和徐州铁路运输法院集中管辖一审行政诉讼案件，江苏行政诉讼管辖格局更趋合理，行政诉讼工作整体效能大幅提升。行政诉讼立案、审理、执行等各个环节的工作都有所改进。南京铁路运输法院在2016年4月1日起实施跨行政区划集中管辖行政案件后的一年内，"共受理案件2273件，其中立案1872件，裁定不予立案401件，没有一件因立案受理而引发投诉"；"共判决行政机关败诉案件109件，占以判决方式结案案件数的26%，行政案件一审服判息诉率比集中管辖前高出9.1%，仅有2件案件被上级法院改判"。②

管辖制度的改革，事实上优化了司法对行政的监督条件，基于这一条件，司法机关应从以下两个方面发挥制度优势，提升对行政的司法监督能力。

一是应放大集中管辖的隔离优势，自觉与行政主体保持裁判者应有的距离。行政案件集中管辖，使审判区与行政区分离，有利于司法权与行政权关系格局的改变，可以较好地阻截行政机关利用行政权对审判活动进行干预，去除其诉讼的"主场"优势。但考虑到诉讼当事人的诉讼成本以及法律关于诉讼管辖制度的基本原则，集中管辖、异地管辖都只能是相对的，抗拒干预的根本还在于审判机关，特别是审判人员的行业与职业自律。因为集中管辖虽然分离了行政区与审判区，却集中了审判者，使诉讼参与者"找关系"的成本更为集中。事实上，长期代理行政诉讼的代理律师，维系与长期在一个法院从事行政审判工作的法官之间的关系成本，远低于维系与分散在各个法院中的法官的关系成本，同样的成本推理也适用于作为诉讼一方当事人的行

---

① 《姑苏法院行政诉讼案件集中管辖》，《人民日报》2015年6月25日，第17版。
② 赵兴武等：《打破诉讼"主客场"——江苏南京行政案件集中管辖一周年工作纪实》，《人民法院报》2017年5月18日，第1.4版。

政机关。基于此,实施集中管辖后,审判机关应尽可能与政府保持距离,减少可能影响行政诉讼公正裁判的接触,以维系和放大集中管辖的隔离优势。

二是致力于发挥集中管辖的统一优势,通过多个案件同一裁判的持续推动力,间接推动依法行政。集中管辖可以在很大程度上解决同案同判问题,但集中管辖不会自然带来同案同判,法院要在统一裁判标准上下功夫,发挥集中管辖的统一优势。南京铁路运输法院通过改革内部管理模式,按行政机关管理的领域和性质,对4个行政庭进行专业分工,每个庭负责审理几类行政机关的案件,如一庭负责涉公安、不动产登记、环境行政诉讼案件,其他案件则在4个庭随机分配。"这样的组织模式,从机制上保证了法官审判的专业化和裁判尺度的统一。"[①] 司法裁判尺度的统一,自然会推动行政执法尺度的统一。

四 创新互动方式:加大对行政的促进力度

在江苏省的行政案件处理过程中,无论是作为审判机关的法院,还是作为法律监督机关的检察院,甚至作为代理人的律师群体,都注意从不同角度与行政机关进行互动,多元互动使行政工作法治化水平不断提升。

法院通过政府、法院行政审判联席会议定期通报行政审判工作情况,向地方党委、政府报送行政审判年度报告,对行政执法工作提出意见建议,同时也积极利用法院网站、微博、微信等自媒体平台发布法院审判信息,影响行政机关的工作理念。检察院通过发送行政非诉执行监督检察建议等多种途径将行政诉讼中发现的问题告知行政机关,推动依法行政。2017年淮安市人民检察院坚持传统诉讼监督与新增行政行为监督、公益诉讼职能两手抓,深入开展了行政检察监督等专项活动;连云港市人民检察院则会同该市法制办等单位联合制定行政执法检察监督衔接工作意见,以完善监督机制,提升

[①] 赵兴武等:《打破诉讼"主客场"——江苏南京行政案件集中管辖一周年工作纪实》,《人民法院报》2017年5月18日,第1.4版。

监督效果，促进依法行政等。律师群体则不断创新服务方式，引领行政机关需求，基于长期的代理关系或法律顾问身份等，更加深入地参与到行政工作中。2017年北京大成（南京）律师事务所派驻律师到行政机关等处驻点服务，主动介入决策执法程序中，参与了玄武区老旧住宅加装电梯、秦淮区编办权力清单梳理等工作，为国土资源机关的行政执法问题、风险及应对提供了专业支撑。江苏三法律师事务所则坚持以"法律服务、法学研究、法治宣传"为理念，在代理行政诉讼之余还参与到行政立法、行政案例汇编等各种行政法业务特色专项工作中。

应该说基于行政诉讼的业务联系，各法律职业群体与行政机关建立了良好的互动格局，为了更好地通过行政诉讼实现对行政工作的促进，助力法治政府建设，未来应不断优化不同法律职业群体与行政机关的互动机制。

一是要注意审判机关与法律监督机关的合理分工，应基于各自不同的职能定位与行政机关进行互动。对审判机关来说，最为恰当的方式是以裁判结果间接推动行政执法工作，这是司法权和行政权更为合理的一种权力交互模式，而检察机关则可更为积极主动地不断优化法律监督方法，以专业力量直接引导、推动行政机关执法工作的专业化。

二是应优化法官群体对政府法治工作的参与方式。法官作为行政诉讼的裁判者，发挥其专业能力、职业经验，通过各种路径，推动行政工作法治化当然非常重要，也更有实效。2016年，南京市中级人民法院为深化联动机制建设，与行政机关共同召开专题研讨、联合调研26次，行政审判法官应邀为行政机关进行培训授课20余次，培训人数达2000余人；2017年开展专题研讨、联合调研高达146次，应邀为行政机关培训授课120余次，应该说法官的审判外工作增量较大。笔者认为，随着信息传播技术的升级，法官对政府法治工作的专业参与，完全可通过微课、网络课程、远程讲座等方式开展。如此，一方面可减少法官与行政机关及其工作人员的直接接触，最大化地保证法官在行政诉讼中的中立、独立地位，另一方面也可挑选最优秀的法官录制课程，最大化地向其他领域共享法官群体的专业知识，同时还可从整体上减轻法官群体的审判外工作，使广大法官专心于行政诉讼的审判工作。

B.41
江苏检察机关提起公益诉讼的实践和思考

邹成勇*

摘　要： 党的十八届四中全会提出探索建立检察机关提起公益诉讼制度。江苏对检察机关公益诉讼工作作出了积极的探索，成效卓著。目前，检察机关提起公益诉讼也存在一些困难，同时对进一步完善江苏检察机关提起公益诉讼工作提出若干建议。

关键词： 检察机关　公益诉讼　民事诉讼

一　江苏检察机关提起公益诉讼的实践

（一）公益诉讼及公益诉讼的发展

随着经济的快速发展，社会公共领域一些违法行为严重损害了社会公共利益，但由于维权主体的缺乏或维权成本太高导致违法者逍遥法外，典型的如环境污染、国有资产流失、消费者权益保护等。为了维护公共利益，检察机关最早尝试以民事诉讼手段维护公共利益[①]。但这样的检察创新缺乏明确的法律授权。江苏在早期对社会公益的检察保护也作出了积极探索，如

---

* 邹成勇，江苏省社会科学院法学研究所助理研究员。
① 参见河南省方城县人民法院《民事判决书》〔1997〕方民初字第192号。河南方城县某工商所将价值6万余元的门面房以2万元的价格卖给私人，检察院接到举报后从职务犯罪侦查的角度进行调查，发现贱卖行为不构成犯罪，但是如何防止行政机关低价变卖国家资产是摆在检察院面前的难题。当地检察机关以原告身份提起民事诉讼，要求法院认定转让的民事行为无效。法院经过审查作出了认定合同无效的判决。

2008年11月24日江苏省无锡市中级人民法院和无锡市人民检察院共同出台了《关于办理环境民事公益诉讼案件的试行规定》[①]，这是国内第一项专门针对环境公益诉讼的地方性规定。江苏检察机关采取多样化手段，如督促履行职责、督促起诉、支持起诉、开展公益调查等多种方式，积极探索对社会公共利益的检察保护。2011年至2015年上半年，江苏检察机关办理公益检察保护案件4300余件，帮助挽回国有资产或公益损失共计30亿余元，成效卓著。[②] 但由于司法政策的变化，检察机关提起公益诉讼受到限制。[③]

2014年10月23日，中国共产党第十八届四中全会通过的《中共中央关于全面推进依法治国若干重大问题的决定》中提出"探索建立检察机关提起公益诉讼制度"。[④] 2015年5月5日，中央深改组第十二次会议审议通过了《检察机关提起公益诉讼改革试点方案》。2015年7月1日，第十二届全国人大常委会第十五次会议决定授权最高人民检察院在13个省、自治区、直辖市的部分市级与基层检察院开展为期两年的公益诉讼试点工作[⑤]，为加强对国家利益和社会公共利益的保护，授权最高人民检察院在生态环境和资源保护、国有资产保护、国有土地使用权出让、食品药品安全等领域开展提起公益诉讼试点，并要求检察机关在提起公益诉讼前，应当依法督促行政机

[①] 根据该规定，无锡市人民法院、人民检察院根据职能分工，通过办理支持起诉、督促起诉、提起民事公益诉讼案件等方式，共同扼制侵害环境公益的违法行为。

[②] 参见江苏检察网：《江苏检察机关公益诉讼试点工作推进情况》，http：//www.js.jcy.gov.cn/yaowen/201610/t3045656.shtml，最后访问时间：2018年5月17日。

[③] 2004年最高人民法院在《关于恩施市人民检察院诉求张苏文返还国有财产一案的复函》中要求法院不予受理该类案件，最高人民检察院随后出台《关于严格依法履行法律监督职责推进检察改革若干问题的通知》，明确规定"检察机关不得对民事行政纠纷案件提起诉讼"。

[④] 《中共中央关于全面推进依法治国若干重大问题的决定》明确指出："检察机关在履行职责中发现行政机关违法行使职权或者不行使职权的行为，应该督促其纠正。探索建立检察机关提起公益诉讼制度。"

[⑤] 2015年7月1日第十二届全国人民代表大会常务委员会第十五次会议通过《全国人民代表大会常务委员会关于授权最高人民检察院在部分地区开展公益诉讼试点工作的决定》。试点地区确定为北京、内蒙古、吉林、江苏、安徽、福建、山东、湖北、广东、贵州、云南、陕西、甘肃13个省、自治区、直辖市。

关纠正违法行政行为、履行法定职责，或者督促、支持法律规定的机关和有关组织提起公益诉讼。

（二）江苏检察机关提起公益诉讼的试点情况

第十二届全国人大常委会第十五次会议决定将江苏纳入13个试点省、市后，江苏省检察院高度重视这项工作，在第一时间将公益诉讼试点工作的部署向省委书面报告，由省委主要领导作出批示要求有关部门加强协调。江苏省检察院在先后两次向省委、省人大报送公益诉讼调研报告的基础上，制定了《江苏省人民检察院关于提起公益诉讼试点工作的实施方案》，确定了南京、苏州、常州、无锡、徐州、泰州、盐城7个省辖市为江苏省检察机关提起公益诉讼的试点地区。

试点期间江苏全省各试点检察机关办理了大量提起公益诉讼案件，其中摸排公益诉讼案件线索641件，其中民事案件线索121件、行政案件线索520件；办理诉前程序案件508件，其中民事诉前程序55件、行政诉前程序453件；提起公益诉讼案件62件，其中行政公益诉讼案件46件、民事公益诉讼案件10件、刑事附带民事公益诉讼案件6件；此外，在民事公益诉讼诉前程序中办理了支持起诉案件17件。[①]

（三）江苏检察机关提起公益诉讼工作全面展开

作为党的十八届四中全会提出的一项重要制度设计，检察机关提起公益诉讼经过两年试点，取得了许多成果。因此，有必要通过立法来完善相关规定，在全国范围内予以推广。2017年6月27日，十二届全国人大常委会第28次会议通过了关于修改《民事诉讼法》和《行政诉讼法》的决定，将"检察机关提起公益诉讼"这项制度以立法形式予以确立。《民事诉讼法》

---

① 参见《江苏检察机关开展公益诉讼试点工作取得显著进展》，http://news.jstv.com/a/20170816/155169.shtml，最后访问时间：2018年5月17日。

第 55 条增加一款，作为第二款。①《行政诉讼法》第 25 条增加一款，作为第四款。② 修改《民事诉讼法》和《行政诉讼法》的决定，自 2017 年 7 月 1 日起施行。两法修改以后，2018 年 2 月 23 日最高人民法院审判委员会第 1734 次会议、2018 年 2 月 11 日最高人民检察院第十二届检察委员会第 73 次会议通过《最高人民法院最高人民检察院关于检察公益诉讼案件适用法律若干问题的解释》，自 2018 年 3 月 2 日起施行。该解释详细规定了检察机关提起公益诉讼案件的法律适用问题。

检察机关提起公益诉讼制度结束试点并在江苏全面推开后，江苏省检察院推出公益诉讼工作"一把手"工程来统筹公益诉讼工作，于 2017 年 7 月成立了由省检察院检察长担任组长的全面开展公益诉讼工作领导小组，将入额检察长、分管副检察长是否直接办理公益诉讼案件纳入司法办案考核，并要求全省检察机关建立完善以省检察院为龙头、设区市院为枢纽、基层院为主体的上下一体化办案机制。2017 年 7 月 1 日至 11 月底，江苏全省检察机关共提起公益诉讼案件 22 件；办理诉前程序案件 436 件，占两年试点期间诉前案件数的 85.8%，其中办理民事公益诉讼诉前程序 28 件，办理行政公益诉讼诉前程序达 408 件。③

二 江苏检察机关提起公益诉讼的成效及问题

（一）江苏检察机关提起公益诉讼工作的成效

江苏检察机关提起公益诉讼试点取得了良好的社会效果。首先，江苏

---

① 新增加的第二款规定：人民检察院在履行职责中发现破坏生态环境和资源保护、食品药品安全领域侵害众多消费者合法权益等损害社会公共利益的行为，在没有前款规定的机关和组织或者前款规定的机关和组织不提起诉讼的情况下，可以向人民法院提起诉讼。前款规定的机关或者组织提起诉讼的，人民检察院可以支持起诉。
② 该款规定，人民检察院在履行职责中发现生态环境和资源保护、食品药品安全、国有财产保护、国有土地使用权出让等领域负有监督管理职责的行政机关违法行使职权或者不作为，致使国家利益或者社会公共利益受到侵害的，应当向行政机关提出检察建议，督促其依法履行职责。行政机关不依法履行职责的，人民检察院依法向人民法院提起诉讼。
③ 参见《江苏检察机关 5 个月办理公益诉讼案件 458 件》，http：//news.jcrb.com/jxsw/201801/t20180102_1830793.html，最后访问时间：2018 年 5 月 17 日。

检察机关作为公益诉讼人提起公益诉讼，弥补了提起公益诉讼的主体缺位，有效解决了国家和社会公共利益遭受损害时无人诉、无法诉、不愿诉的问题，社会公共利益得到有效保护。据有关统计，在试点期间江苏检察机关通过办理公益诉讼案件推进恢复、复垦被非法改变用途和占用的耕地、林地4480余亩；督促治理恢复被污染水源地面积约1008亩；保护被污染土壤约121亩；督促清除处理违法堆放的各类生活垃圾约23010吨，督促回收和清理生产类固体废物约29920吨；共向污染企业和个人索赔环境损害赔偿金、治理恢复费用2.3亿余元；督促收回被欠缴的城镇国有土地使用权出让金10.4亿余元；督促保护、收回国家所有资产和权益价值8140余万元。①

其次，江苏检察机关提起行政公益诉讼有助于推进法治政府建设。行政公益诉讼的目的就在于通过检察权对行政权的监督，促进行政执法规范化，加大公益保护力度。行政公益诉讼的制度目标就是实现特定领域内检察机关对执法行为的监督，促进严格规范执法，强化行政权对公共利益的保护功能。实践中的行政公益诉讼诉前程序作用很大，通过行政公益诉讼诉前程序，检察机关有效促进了行政机关依法正确履行职责。江苏检察机关在试点工作中，通过诉前程序督促行政机关依法履职，共发出督促履行职责类检察建议数百件。试点期间江苏检察机关在453件行政诉前程序案件中，除未到回复期的22件外，行政机关已纠正违法或者履行职责案件340件，改正率达78.9%。如徐州沛县检察院督促该县国土局履行行政管理职责案中，国土局收到检察院检察建议后积极履行职责对某公司进行罚款并收回涉案土地，避免了数千万元土地出让金损失。

最后，江苏检察机关提起公益诉讼工作也推进了检察机关自身建设，试点期间江苏检察机关牢牢抓住公益这个核心，办理了一批轰动全国的"首例"案件，有效促进了依法行政，维护了国家和社会的公共利益，也为修

---

① 参见《江苏检察机关开展公益诉讼试点工作取得显著进展》，http://news.jstv.com/a/20170816/155169.shtml，最后访问时间：2018年5月17日。

改完善相关法律积聚了江苏实践的样本。① 这些法治创新案例有效地推动了江苏法治建设。检察机关也很重视提起公益诉讼的工作机制。一是注重强化内部联动，形成有效的线索发现评估机制，充分运用"两法衔接"平台，适时掌握行政单位执法动态，增强线索发现的及时性、准确性。二是加强检察机关各个内设职能部门之间的沟通协作，做好线索移送工作。三是充分发挥检察一体化优势，做到上下联动，有效防止线索的流失。同时，江苏检察机关也注重形成保护社会公共利益的合力机制。检察机关特别注重争取各级党委、人大的领导和支持。在党委、人大支持的基础上，积极开展与行政机关以及人民法院的工作协调。通过加强协作，形成社会公共利益的保护合力。

（二）江苏检察机关提起公益诉讼存在的问题

首先，检察机关提起公益诉讼存在着法律适用的难题。如有学者认为，检察机关在民事公益诉讼中的地位是一个争议相当大的问题②。事实确实如此，检察机关提起公益诉讼后，其在诉讼中的地位是"原告"还是"公益诉讼人"在理论界存在分歧。如果检察机关对一审判决不服，是用抗诉还是上诉的方式进入第二审程序在理论界也存在着观点的分歧。检察机关在公益诉讼中是否对被告享有法律监督权也有很大理论上的争议。

其次，检察机关提起公益诉讼存在举证难的问题。调研中发现检察机关提起公益诉讼案件普遍存在调查取证难的现象。公益诉讼案件往往具有较高专业性，大部分案件属于各个专业领域，尤其是资源环境类案件的取

---

① 如常州办理了全国首例检察机关提起的许建惠等污染环境民事公益诉讼案，该案被评为全国检察机关十大法律监督案件、江苏省十大法治事件等，且被列为高检院第八批指导案件；徐州办理了全国首例法院开庭审理的检察机关提起的鸿顺公司污染环境民事公益诉讼案，该案被评为全国环境公益诉讼十大典型案例，徐州检察机关还办理了督促沛县国土局依法履职诉前程序案，该案被高检院评为诉前程序典型案例；南京探索实践了全国首起通过在全国媒体公告的方式履行民事公益诉讼诉前程序做法；苏州市检察机关办理了全省第一起行政公益诉讼案件。

② 李浩：《论检察机关在民事公益诉讼中的地位》，《法学》2017年第11期。

证、认定往往涉及环保、水文、化工等多门学科知识，案件专业性、技术性较强，办案人员能力水平还不能满足相关需要。同时，检察机关举证需要大量的鉴定意见，鉴定也存在缺乏专业鉴定机构、鉴定费用高、周期长等困难。

最后，从检察机关自身来看，由于公益诉讼往往具有较强的专业性，一些检察人员在办案中存在畏难情绪，部分人员的专业素质与公益诉讼的要求不相匹配。同时，各地也存在着检察机关公益诉讼覆盖范围太窄、公益诉讼案件来源过少的问题。同时，在行政公益诉讼案件中，由于行政公益诉讼一般以政府或行政部门为起诉对象，往往受到干扰和相关部门的阻力。

三 完善检察机关提起公益诉讼的若干建议

检察机关提起行政公益诉讼是符合当前具体制度格局的选择。我国行政管理的事务范围十分广泛。行政机关虽是公共利益的代表，但时常会因部门利益、施政怠惰或滥用职权等损害公共利益。实践中，因公共利益保护对象不明确、保护主体缺位，致使公共利益可能或正在受损害的情形屡见不鲜。根据目前检察机关提起公益诉讼存在的问题，提出如下建议。

（一）加强检察机关行政公益诉讼的抗干扰能力

行政公益诉讼的制度目标就是实现特定领域内检察机关对执法行为的监督，促进严格规范执法，强化行政权对公共利益的保护功能。行政公益诉讼的目的就在于通过检察权对行政权的监督，促进行政执法规范化，加大公益保护力度。因此，既然目前借助司法力量推进严格执法的共识已经初步达成，行政公益诉讼作为推进依法行政、严格执法的重要手段应该说是大势所趋，所以，检察机关应树立起开展行政公益诉讼的信心和决心，加强与行政机关的沟通，坚持把推进问题解决作为履职尽责的首要目标，在监督中寻求配合，努力为公益诉讼的开展营造良好的外部环境。

（二）要重点解决检察机关提起公益诉讼内部机制以及取证难、举证难的问题，尤其是要解决制约公益诉讼开展的鉴定难问题

应逐步完善评估审计及专业鉴定机制，为检察机关提供更加高效、便捷的鉴定服务；逐步细化调查取证的标准和流程，规范取证过程，确保取得的证据具有法律效力。各级财政部门应当增加对检察机关公益诉讼的财政投入，为其配备必要的设备和器材，考虑设立公益诉讼专项基金，通过专项基金来解决制约案件办理的鉴定难问题。

（三）要重视检察机关公益诉讼人才培养

加强公益诉讼检察人员配备，加强对检察人员的专业培训，检察机关有必要增加引进有理工科和法律双背景的人才，通过招录一批、选拔一批、培养一批、锻炼一批、储备一批，切实形成公益诉讼办案的专业化骨干团队。公益诉讼作为检察工作因监察体制改革职能削减后新的增长点，工作只能加强，不能削弱。

B.42 江苏加强个人信息保护的立法实践及完善建议

牛博文[*]

摘　要：	江苏不断加大个人信息保护力度，值得注意的是在立法层面，制定与个人信息保护相关的法律、法规，为信息泄露、信息买卖等侵犯公民信息权益案件提供了具体、可操作的法律依据。2011年9月23日，出台的《江苏省信息化条例》是江苏第一部综合信息化地方性法规。目前，江苏个人信息保护立法从信息内容角度看，保护的个人信息内容繁多；从信息流转角度看，保护了个人信息流转全过程；从区分责任主体的角度看，对国家机关与非国家机关非法获取个人信息应承担责任进行区分规定。但在个人信息分类分级、民事救济渠道和专业领域立法方面，江苏个人信息保护立法仍存在亟待提升的空间。在今后完善个人信息保护立法过程中，可考虑进一步完善个人信息分类分级，出台专业领域的个人信息保护法律法规，制定针对国家机关收集、使用、处理和传输个人信息过程的专门个人信息保护法，完善相关民事救济渠道。
关键词：	江苏　个人信息保护　地方立法

---

[*] 牛博文，江苏省社会科学院法学研究所助理研究员，江苏高校区域法治发展协同创新中心副研究员。

《中国互联网站发展状况及其安全报告（2017）》指出："由于互联网传统边界的消失，各种数据遍布终端、网络、手机和云上，加上互联网黑色产业链的利益驱动，数据泄露威胁日益加剧。"为解决电信网络诈骗、个人信息泄露、垃圾短信电话等威胁个人信息安全的问题，2002年8月5日，出台的《国家信息化领导小组关于我国电子政务建设指导意见》提出，要"加快推进电子政务法制建设"。2006年发布的《2006－2020年国家信息化发展战略》指出，"个人信息保护"与"信息基础设施电子商务、电子政务、信息安全、政府信息公开"共同构成"信息化法制建设"的重要内容。我国涉及个人信息保护的法律、法规已形成一定规模。有学者认为，中国大陆目前有24部法律或者规范性文件各自从某方面涉及对公民个人信息的保护，且均具有行政法律法规的性质。[1] 也有资料显示，我国目前有近40部法律、30余部法规以及近200部规章涉及个人信息保护。[2]

　　值得注意的是，2016年11月7日，颁布的《中华人民共和国网络安全法》第四十四条规定："任何个人和组织不得窃取或者以其他非法方式获取个人信息，不得非法出售或者非法向他人提供个人信息。"该部法律明确保障了个人信息安全，进一步规范了网络运营者、负有网络安全监督管理职责的部门及工作人员在收集、使用、处理和传输个人信息过程中的行为和职责，有助于打击当前个人信息泄露及衍发的犯罪活动，提升社会公众保护个人信息的意识。个人信息保护立法不仅需要相关国家基本法为基础和指引，也需要各地结合实际情况制定相关地方性法规、地方政府规章，以便使个人信息保护更具有操作性，更为系统全面。江苏不断加大个人信息保护力度，值得注意的是在立法层面，制定与个人信息保护相关的法律、法规，为信息泄露、信息买卖等侵犯公民信息权益案件提供了具体、可操作的法律依据。

---

[1] 卢建平：《我国侵犯公民个人信息犯罪的治理》，《法律适用》2013年第4期。
[2] 《个人信息保护将出台国标，明确使用后立即删除》，《新京报》2012年4月5日，第A6版。

一 江苏推进个人信息保护的立法现状

江苏积极推进个人信息保护立法，尤其2011年9月23日，江苏省第十一届人民代表大会常务委员会第24次会议通过的《江苏省信息化条例》（以下简称《条例》）自2012年1月1日起施行。《条例》共7章48条，对信息资源共享与开发利用、信息化规划与信息工程建设、信息安全保障、法律责任等作出了明确规定。这是江苏制定的第一部综合信息化地方性法规，在全国范围处于领先水平，建构起个人信息保护行政处罚与刑事处罚衔接的安全网。

第一，从信息内容角度看，江苏个人信息保护立法涉及的个人信息内容繁多。江苏个人信息保护立法主要分散于多部地方性法规中，例如《泰州市公共信用信息条例》（2016）、《无锡市公共信用信息条例》（2015）、《江苏省未成年人保护条例》（2009）、《南京市未成年人保护条例》（2015）、《无锡市档案管理条例》（2011）、《南京市档案条例》（2005）、《徐州市档案条例》（2005）、《苏州市档案条例》（2010）、《无锡市流动人口计划生育工作条例》（2010）、《徐州市计算机信息系统安全保护条例》（2009）、《江苏省信访条例》（2006）、《苏州市企业信用信息管理办法》（2004）、《江苏省人才流动管理暂行条例实施细则》（1997）、《江苏省实施〈中华人民共和国消费者权益保护法〉办法》（1996）等等。相对而言，江苏在专门领域、行业的个人信息保护立法较少，如《江苏省信息化条例》（2011）、《江苏省政府信息化服务管理办法》（2012）。正是江苏个人信息保护涉及法律法规较多、较为分散，相应地，通过立法保护的信息内容种类繁多，包括信息化、计算机信息系统安全、电子商务、网络商品交易、信息化促进；未成年人保护、残疾人保障等弱势群体保护；信用管理、公共安全视频监控、流动人口；举报监督、违纪处分、人大代表政协委员提案、法律援助、审计等监督管理等。

第二，从信息流转角度看，江苏个人信息保护立法涉及个人信息流转全过程。江苏个人信息保护立法对个人信息流转双方进行全方位保护,不仅处罚信息窃取、购买等非法获取信息的行为,非法披露、出售或以其他方式采集信息也应承担相应责任,并详细规定了相关的法律责任,包括令其删除信息,没收违法所得,以及对单位、个人的罚款。《条例》第二十四条、四十三条规定,任何单位和个人不得非法披露、出售或者以其他方式非法提供所采集的信息,或以窃取、购买等方式非法获取信息。非法披露、出售、提供信息,或者以窃取、购买等方式非法获取信息的,由县级以上地方人民政府信息化主管部门责令其删除信息,没收违法所得,对单位或个人处以一定的罚款;违反治安管理行为的,由公安机关依法给予治安管理处罚;构成犯罪的,依法追究刑事责任。可见,江苏对个人信息保护不仅体现在信息流转全过程,也体现在行政责任和刑事责任衔接的设计上,有助于实现对个人信息全方位、有实效的保护。

第三,从区分责任主体的角度看,江苏个人信息保护立法对国家机关与非国家机关非法获取个人信息应承担进行区分规定。个人信息流转相关的主体包括国家机关与个人、个人与个人、个人与法人、个人与其他组织、国家机关与法人、国家机关与其他组织等。尤其在推进电子政务的过程中,国家机关往往是以收集和分析大量个人信息为基础,在该过程中可能存在侵害个人信息的情况。除公安机关依据《居民身份证法》全面推行采集包括诸如指纹信息等个人体态信息在内的各种个人数据信息外,大多数行政机关在采集个人数据信息时都缺乏相应的法律依据,基本处于无法可依的法律真空状态。[①] 因此,《条例》第二十二条和第二十三条分别对非国家机关和国家机关信息采集加以规定。其中,非国家机关采集信息,应说明用途并征得被采集人同意,并应在向被采集人说明的用途范围内使用信息。国家机关应当遵循一个数据一个来源和谁采集、谁更新、谁负责的原则,在各自职责范围内做好信息资源采集、维护、更新,并依照相关规定予以共享。

[①] 陈海帆、赵国强:《个人资料的法律保护:放眼中国内地、香港、澳门及台湾》,社会科学文献出版社,2014,第160页。

二 江苏推进个人信息保护立法中存在的问题

目前，我国各地相继对个人信息保护开展专门立法活动，相关地方性法规和地方政府规章主要为分散立法（见表1）。其中，《湖南省信息化条例》是我国第一部信息化地方性法规，该《条例》在全国范围内属于制定较早的信息化条例。该《条例》注重保护个人信息的流转全过程，区分不同责任主体，注重行政执法与刑事司法衔接方面。但在个人信息分类分级、民事救济渠道和专业领域立法方面，江苏个人信息保护立法仍存在亟待提升的空间。

表1 个人信息保护地方立法不完全统计

省、市	地方性法规	地方政府规章
江苏省	《江苏省信息化条例》	—
徐州市	《徐州市计算机信息系统安全保护条例》	—
浙江省	《浙江省信息安全等级保护管理办法》《浙江省信息化促进条例》	—
厦门市	—	《厦门市软件和信息服务业个人信息保护管理办法》
湖南省	《湖南省信息化条例》	—
广东省	《广东省计算机信息系统安全保护条例》《广东省档案管理规定》	《广东省计算机系统安全保护管理规定实施细则（试行）》
广州市	《广州市信息化促进条例》	—
上海市	《上海市促进电子商务发展规定》	《上海市个人信用征信管理试行办法》《上海市社会保障和市民服务信息系统管理办法》《上海市信息系统安全测评管理规定》
重庆市	《重庆市计算机信息系统安全保护条例》	—
天津市	—	《天津市公共计算机信息网络安全保护规定》

第一，江苏个人信息保护相关法律未将个人信息进一步分类分级。2014年2月27日，在中央网络安全和信息化领导小组第一次会议上，习近平强

调"要抓紧制定立法规划,完善互联网信息内容管理、关键信息基础设施保护等法律法规,依法治理网络空间,维护公民合法权益"。① 而个人信息内容丰富多样,包括个人基本信息、身体信息、家庭信息、生活信息、受教育信息、工作信息、经济状况、社会活动信息、个人信用活动信息等(见图1)。因此,对个人信息保护的立法应该建立在对信息内容的管理上,只有将个人信息内容进行系统分类分级,才能进一步明确对不同类型、级别的个人信息应当采取什么样的保护措施,但江苏个人信息保护立法未充分反映出个人信息系统分类分级。

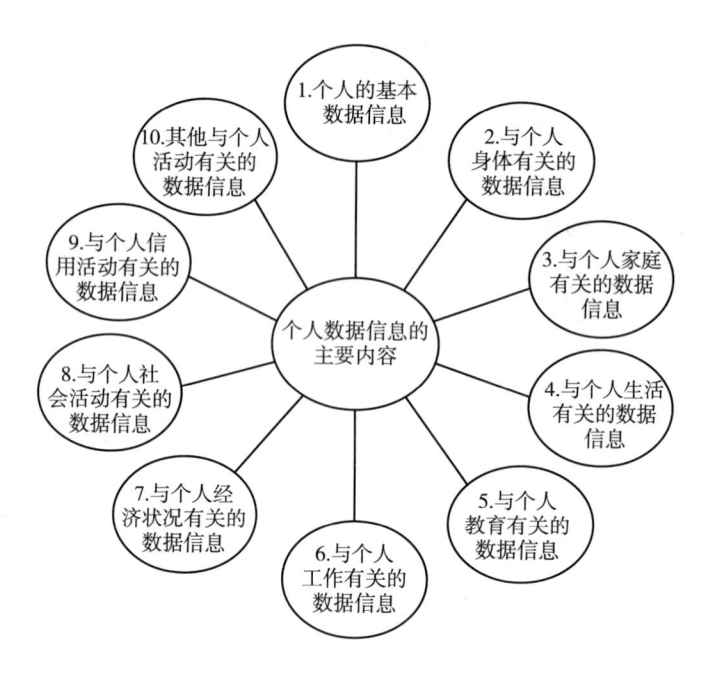

图1 个人数据信息内容

资料来源:蒋坡:《个人数据信息的法律保护》,中国政法大学出版社,2008,第169页。

---

① 《习近平主持召开中央网络安全和信息化领导小组第一次会议》,2014年2月27日,http://cpc.people.com.cn/n/2014/0227/c64094-24486402.html,最后访问时间:2015年9月27日。

第二，江苏对侵害公民个人信息应承担的法律责任偏重行政责任和刑事责任。《条例》第四十三条未规定侵害公民个人信息的民事救济渠道。个人信息的权利性质在学术界存在争议，主要有"隐私权客体说"、"所有权客体说"、"人格权客体说"和"基本人权客体说"。正是仍未在立法上明确个人信息权利的性质，在民事救济过程中依据的法律规范便可能产生差异。对被侵害个人信息公民的民事赔偿等问题，存有解释空间较宽并存在不统一的现象。由于个人信息保护领域较为宽泛，发生侵害公民个人信息的案件较多，但不明确侵害个人信息的民事责任，对于个人信息保护的规定依然呈现以个人信息保密为原则、个人信息内容不明确、法律责任不具体的特点，因此，众多规定并未实际发挥有效作用。

第三，江苏个人信息保护缺乏专业领域立法。目前，我国在征信业和网络个人信息保护方面有专门规范保护。《全国人民代表大会常务委员会关于加强网络信息保护的决定》（2012）、《电信和互联网用户个人信息保护规定》（2013），以及《最高人民法院关于审理利用信息网络侵害人身权益民事纠纷案件适用法律若干问题的规定》（2014）是对网络个人信息的专门保护。《厦门市软件和信息服务业个人信息保护管理办法》是专门对软件和信息服务业中个人信息加以保护的法律规范。[①] 针对特殊领域的个人信息保护立法更具有针对性和实践可操作性，而江苏未出台针对特殊行业的个人信息保护立法。

三 江苏进一步完善个人信息保护立法的对策

江苏不断推进个人信息保护立法，在保护个人信息安全、加强电子政务建设、维护通信市场正当竞争等方面已制定具有执行力的法律依据。在今后完善个人信息保护立法过程中，可考虑进一步完善个人信息分类分级，出台专业领域的个人信息保护法律法规，制定针对国家机关在收集、使用、处理

---

① 卢建平：《我国侵犯公民个人信息犯罪的治理》，《法律适用》2013年第4期。

和传输个人信息过程的专门个人信息保护法，完善相关民事救济渠道。

第一，江苏个人信息保护立法进一步完善个人信息分类分级。通过对个人信息分类分级，为专业领域个人信息保护立法奠定基础，有助于个人信息保护立法具有较强的可操作性，能够针对江苏特殊情况解决具体问题，及时适应江苏信息技术不断发展的新形势。

第二，江苏个人信息保护立法进一步完善民事救济渠道。与个人信息相关纠纷主要发生在个人信息的采集、处理、应用个人信息的全过程中，引入技术鉴定和专家证人等机制，完善民事救济渠道，才能让频发的相关纠纷得到快速、有效解决。《条例》的实施细则将会尽早出台，以完善保护信息安全的各项具体执行措施。[1] 完善民事救济渠道应当采取更加灵活的立法策略，符合江苏省省情，重点考察更为突出、频发威胁个人信息安全的问题。

第三，江苏个人信息保护立法可考虑制定针对国家机关在收集、使用、处理和传输个人信息过程的专门个人信息保护法。政府在提供信息化服务过程中，可能存在侵害公民个人信息的情况。2012年9月29日，江苏省人民政府公布《江苏省政府信息化服务管理办法》，第三十三条第三款对擅自扩大共享信息使用范围，违法提供、使用涉及个人隐私的共享政务信息资源的，应承担相应责任。《江苏省政府信息化服务管理办法》仅在个别条款涉及国家机关侵害个人信息的规定，今后可制定专门法律，进一步完善立法宗旨、适用范围、管理机构，采集个人信息的基本程序，公众在提供其个人信息时的知情权与在合理范围内的保留权，个人信息储存、加工及其他相关活动的行为规范，个人信息储存、加工及其他相关活动的行为规范，个人信息系统日常维护、及时更新等管理规范，个人信息应用的行为规范，个人信息的合理披露及其例外，个人信息及其系统的安全保障及相关法律责任。[2]

第四，江苏可出台专业领域的个人信息保护法律、法规。明确专业领域个人信息的内容，可采取列举式和可识别性双重标准；细化专业领域个人信

---

[1] 《江苏规定非法买卖个人信息最高罚50万》，《信息系统工程》2012年2月20日。
[2] 陈海帆、赵国强：《个人资料的法律保护：放眼中国内地、香港、澳门及台湾》，社会科学文献出版社，2014，第161页。

息权利内容，避免仅是知情、同意、举报、控告等；在法律责任方面，可着重民事责任，可记入社会诚信档案，注重民事责任、行政责任和刑事责任的衔接，与违法情节相适应。结合江苏现有个人信息分散立法保护的规定，专业领域的个人信息保护法律、法规需进一步明确个人信息界定、信息主体权利、法律责任等基本问题。

B.43
江苏法治文化软实力建设的成就、挑战与深化

林 海*

摘　要： 党的十九大对社会主义法治文化在新时代中国特色社会主义法治建设中的作用作了精当的论述。基于这一精神，江苏结合自身多年的法治实践经验，提出要将法治软实力作为核心竞争力加以打造的目标任务。作为法治建设的重要组成部分，江苏法治实践在法治精神和法治思维的传播形态上，逐步实现了从法制普及宣传向法治文化建设的框架转变，并在法治文化各项具体建设方面取得了突出的成就。在新的历史背景下，如何将法治文化建设作为法治软实力的重要组成部分加以推进，是法治传播形态发展的新的挑战和机遇。从形式向内容转化，基本的制度建设向价值体系打造的目标推进，从整体价值观建设的角度来思考法治文化软实力的问题，是一个值得认真对待的思路。

关键词： 法治文化建设　江苏　核心竞争力

党的十九大报告要求："加大全民普法力度，建设社会主义法治文化，树立宪法法律至上、法律面前人人平等的法治理念。各级党组织和全体党员

---

* 林海，江苏省社会科学院法学研究所助理研究员，吉林大学司法文明协同创新中心博士研究生，江苏高校区域法治发展协同创新中心研究人员。

江苏法治文化软实力建设的成就、挑战与深化

要带头尊法学法守法用法，任何组织和个人都不得有超越宪法法律的特权，绝不允许以言代法、以权压法、逐利违法、徇私枉法。"这一论述是对近年来理论界和社会舆论关于法治文化对法治建设重要作用的各种探讨的科学总结与归纳。在新时代中国特色社会主义理论指导下，江苏各地在法治文化建设实践中取得了令人瞩目的成就，凭借在多年的先行制度探索过程中积累的经验和改革红利，江苏逐步将法治文化建设发展成为法治软实力的重要组成部分，以自己的探索经验，为法治中国建设的推进，为实现在悠久的中华文化的改造转型和立足新的社会基础缔造新的生活方式的先进文化之间找到平衡和共识，提供了大量实践材料和研究素材，并在一个新的层面上提出了将法治文化软实力建设进一步推进的任务和理念。

一 江苏法治文化建设的成就

习近平总书记指出："全面推进依法治国，必须坚持全民守法。"他进一步说明："推进全民守法，必须着力增强全民法治观念。要坚持把全民普法和守法作为依法治国的长期基础性工作，采取有力措施加强法制宣传教育。"[①] 江苏法治文化建设从小到大，从简单到复杂，从硬性的基础制度建设到软实力的形成，正是江苏整体的法治建设在探索实践中获得的经验总结和体现，江苏法治文化建设从小到大，逐步发展成为江苏发展核心竞争力中不可忽视的重要因素之一。1997年，《中共江苏省委关于推进依法治省工作的决定》（苏发〔1997〕21号）正式出台，提出了依法治省工作的指导思想和总的要求以及到2010年的基本目标，其中规定，通过依法治省工作的实施，要"在全社会树立起法律的权威，做到有法可依、有法必依、执法必严、违法必究，使经济、政治、文化和社会生活的各个领域，逐步走上法制化轨道"。在普法目标上则提出，要使"全体公民的法律意识和法制观念明显增强，执法人员素质和执法水平显著提高"。为实现这个目标，该文件

---

① 习近平：《加快建设社会主义法治国家》，《求是》2015年第1期。

要求深入开展法制宣传教育，增强全民法律意识和法制观念，并提出在"三五"法制宣传教育中，要特别突出领导干部、执法人员和青少年三个方面的法制宣传重点。这一基本法制宣传重点人群的设定，直到今天依然在影响着普法工作基本工作的框架。2001年，中共江苏省委制定印发了《江苏省2001～2005年依法治省工作规划》，首次以主要任务的形式归纳了法制建设与文化事业发展之间的关系。而之后颁布的《法治江苏建设纲要》，则更加注重面向全民的法制教育方向，同时提出要创新宣传方式，强化普法实效，更好地发展和繁荣法制文艺，丰富宣传形式，增强宣传效果等。于是，全省法治建设向更广的范围发展，"法治江苏合格县（市、区）"建设和"民主法治示范村"、"民主法治示范社区"的建设命名活动等相继展开，对于法治意识和素养的提升等认识进一步加强，各市也相继制定了推进本地区法治建设的纲要或实施意见，其中对于法制宣传教育工作的意义和具体推进都作了规定。

《2007年法治江苏建设工作要点》明确将"加强法制宣传教育，弘扬社会主义法治文化"作为一项工作重点予以确认，其中将其工作的主要内容归纳为"突出抓好重点对象的学法用法"、"积极营造法治文化氛围"、"活跃社会法治实践活动"和"开展法治江苏建设理论研究"四个方面。2009年颁布的《中共江苏省委关于深入推进法治江苏建设保障和促进科学发展的意见》在"广泛深入开展法制宣传教育"条目下规定"大力加强法治文化建设"，使之与"深入开展社会主义法治理念教育"和"不断增强普法教育实效性"并列，体现出对法治文化建设意义的认识和理解得到了深化。2011年5月，基于法治江苏建设工作中法治文化建设的实践经验，为适应法治江苏建设进一步发展和实现江苏"两个率先"发展战略的需要，中共江苏省委办公厅、省政府办公厅印发了《关于加强社会主义法治文化建设的意见》，将法治文化建设的主要目标确定为以下三大方面：第一，"努力形成党委统一领导，党政齐抓共管，党委宣传部门、政府司法行政部门牵头协调，相关职能部门各司其职，社会各界和全体公民共同参与的工作机制，大力推进法治文化进机关、进乡村、进社区、进校园、进企业、进单位

'六进'活动,不断拓展法治文化的覆盖面,增强法治文化的渗透力";第二,"着力建设与社会主义法律法规体系相适应,与社会主义市场经济发展相协调,与中华民族优良传统相传承,与法治江苏建设进程相呼应,富有特色、覆盖全省的知识普及、观念引导、能力培养'三位一体'的社会主义法治文化体系";第三,"充分发挥社会主义法治文化在法治建设中的教育、熏陶、示范、引导作用,依法执政、依法行政、公正司法、依法办事水平进一步提升,全体公民信仰法律、遵守法律、服从法律,依法行使权利、履行义务的意识和能力进一步提高"。

就江苏法治文化建设的具体成就而言,首先,在组织保障体系完善方面,江苏完善了法治文化建设领导机制,建立法治文化建设联席会议制度,成立省法制宣传教育工作领导小组,省市县三级法制宣传教育领导机制共同发展,逐步形成了"党委领导、人大监督、政府实施、各部门齐抓共管、全社会共同参与"的工作体制机制。而江苏省"七五"普法规划创新性地提出把"企业经营管理人员"列为重点学法对象,在原有普法重点对象基础上扩展了普法适用范畴。

其次,在建设能力提升上,着重加强法治文化阵地建设,因地制宜地建设各类法治文化设施。法治文化阵地建设向特色化、个性化、规模化发展,打造出常州市武进区法治文化园、扬州市广陵区法治文化街区、海安县宪法教育馆等一大批覆盖城乡、便捷民众、设置合理、功能多样的新亮点。

最后,在法治文化作品创作方面,将法治文化建设融入"文化江苏"建设,推进法律人和文化人的整合,积极创作法治文化作品。法治文化作品创作与地方特色文化相结合,通过挖掘整理相关的法治名人故事、法制典故、法治警言等,建造各类形象生动的碑刻、石刻、雕塑、壁画、灯箱、标志牌、瓷版画等,作为各类法治文化阵地的重要组成部分。另外,各级宣传文化专项资金中都设置专款项目,省"五个一"工程奖也重点支持优秀法治文化作品创作,鼓励各类文化团体和文化企事业单位创作推广优秀法治影视戏曲作品,探索各种新的法治文化创作形式。同时,专题活动的开展也推动了法治文化作品的创作,比如,2016年,江苏省司法厅联合省文化厅、江苏城市频道等，整理推出法治文化建设成果选编，创作播出品牌系列普法栏目剧。近年来，法治动漫微电影征集展播活动也得到重点扶持发展。一批惠民法治文化活动由此融入公共文化服务体制，形成了常态化运行的模式。

在传播体系的优化方面，现代传媒手段得到广泛运用。《关于进一步加强新闻媒体公益法制宣传的意见》规定了广播、电视、报纸等新闻媒体公益法制宣传教育季度备案制，要求各部门协调合作，有效强化传统媒体传播法治文化的动力。广播电视报刊法制专题（专栏），专业普法网站和一些新型广告传播媒体，如楼宇广告、户外电子显示屏、地铁公交上的"移动TV"等，都被广泛运用于法制宣传，形成了"舆论广覆盖、媒体大联动"的法治文化传播格局。积极探索利用现代信息体系和互联网传播方式，充分发挥了"法润江苏网"和"江苏网络普法联盟"的集聚效应。

江苏还积极探索充实壮大社区和社会普法力量的举措，积极孵化培育专业型法宣组织，形成了以南京市浦口区乡贤会、淮安市博里法治农民画、建湖县法律服务社、扬中市小微企业法律服务团等为代表的80多个社会组织，截至2016年，建成了有15万多人的省市县三级普法志愿者队伍，高校普法志愿者工作也得到全面推开。法治教育纳入国民教育体系的基层实验一直在稳步推广和扩展之中。

江苏省"七五"普法规划明确要求，各级党委、政府要把"法治宣传教育"纳入各地国民经济和社会发展规划的综合目标考核体系，增加在精神文明创建、法治建设、平安创建等考核中的权重，明确部门普法责任清单，推动"软任务"变成"硬指标"，还要求从江苏实际出发，在三个方面进行细化量化，要求设区市、县（市、区）法治宣传教育中心建成率达到100%，力争公民对法治宣传教育的知晓率、满意率分别达到90%以上，努力使公民普遍了解法律救济途径和程序，形成"办事依法、遇事找法、解决问题用法、化解矛盾靠法"的社会氛围。截至2016年底，江苏全省建成省级法治文化建设示范点334个，县（市、区）法宣中心建成率达75%。省级法治文化资源库新增2000多件法治漫画、书法、微电影等作品，文化惠民常态开展，着力推动法治文化活动融入公共文化服务，受到群众普遍好评。

二 江苏法治文化软实力建设面临的挑战

多年来，江苏法治文化建设取得了巨大的成就，但就进一步发展来看，还存在着制度上和理念上的一些亟待解决的问题，在新时代的条件下，在法治软实力作为核心竞争力建设的重要组成部分的要求下，还有许多需要进一步考虑和思索的问题，面临着不少理论和现实的挑战。

一是关于法治文化软实力的理解和其在实践中如何去予以加强实现的问题。我们要避免一种认识，即文化建设就天然的是软实力建设。其实从我们对实践经验的梳理来看，似乎并非如此。事实上，我们注意到，我们已经总结的关于法治文化建设成就中，相当一部分其实依然集中在基础制度、基本阵地、实体或静态成果方面，这些成就作为文化建设的一部分可以理解为一种"软实力"，但对于法治本身具有动态性和流动性的价值理念来说，却完全是一种"硬基石"，也就是说，是一些基本制度框架搭建层面的问题。那么，法治的核心精神价值、人民的认同度、知法守法的理念等层面，这些外在的建设，其真实效果其实很难得到实际的转化，并得到完全准确的衡量。从根本上说，它们可能并不是一个层面上的问题。如何真正建立人民对法律和法治的信念，这才是法治文化软实力建设的根本所在。

二是法治文化建设发展尚缺乏更高层次的协调，法治文化建设整体水平有待提高。法治文化建设整体水平的提高，需要依靠各个方面的职能部门以及各级党委政府，还要包括全体公民的积极参与，才能得到根本性的发展。近年来，在各部门、各级单位以及各行业的联动发展上，江苏法治文化建设取得了不小的进展，包括联席会议制度等一系列体制机制的建立，对于加强部门间协调起到了不错的作用。但是，这种协调目前看还不能满足人民群众和社会现实发展的实际需要，推进法治文化建设整体发展的机制还有待完善，法治惠民有待向更基本和核心的方向发展，各部门间的齐抓共管和协调发展有待加强。简言之，就是如何将宣传口里所说的以法治文化软实力夯实法治建设硬基石的任务目标落到实处的问题。

三是对于法治文化建设的根本精神,即社会主义法治文化的核心价值内核,要进一步提高认识水平。一般而言,法治文化建设的核心内涵或价值目标,都指向鼓励倡导人民群众对社会主义法治理念的心理认同,培养全社会知法、守法、用法的思维习惯和行为习惯。不少论者更是把"法律信仰"的建立作为法治文化建设的必有之义。应当指出,从一般意义上来说,这些认识也都不失可欲。不过,我们也应当注意到,从人类历史的经验来看,"信仰法律"和一切按照法律办事的原则,并不是一个法治社会的最终目标,甚至不必然是法治的阶段性目标。社会主义法治的根本目标在于保障社会主义和谐社会的建设,而法治文化的精神又必然与和谐文化的精神构成关联。因此,法治文化建设的价值目标,不应停留在对"法律信仰"的简单确认,而要最终实现社会主义核心价值观在法治建设中的体现和宣传推广。

三 对于深化江苏法治文化软实力建设的几点建议

基于我们对法治文化软实力建设面临的挑战、存在的问题的认识,结合新时代制度建设整体条件和客观基础的历史性机遇,我们认为,江苏法治文化建设今后应该在这样一些方面加以探索,从而真正实现法治软实力作为核心竞争力的目标。

首先,应当更深入地研究法治文化建设的精神内涵,丰富和发展法治文化建设的内容和范围。法治文化的教育和培育的内容应当进行必要的改革和调整,基于对现代社会主体的法律文化心理结构的理解和把握,应当认识到,当代中国法治文化建设的主要任务不应再是简单的法律知识的教育,而是要根据不同情况,综合运用法律教育、法律实践等各种方法和手段开展法治文化建设。法治文化建设必须摆脱对狭义的"法治文化"理解的局限,从大文化、大社会的视角来看待法治文化教育的意义和作用,在加强精神文明层面的推进之外,将制度文明和行为方式的推动也纳入法治文化建设的体系中。

其次,在加强法治文化建设重点突破上,应当深入贯彻十八大到十九大的历次党的重要会议精神,深入领会习近平总书记关于"领导干部加强学习运用法治思维、法治方式深化改革、推动发展、化解矛盾、维护稳定"的相关讲话精神，从根本上实现领导干部学法用法和实现依法行政等目标。法治文化建设和法制宣传教育的第一重点，向来是对于领导干部的法治教育宣传。在法治文化建设的新时期，我们要重视对法律具体条文、规定的知识普及，更重要的是确立法治思维和法治理念。只有政府讲法治，领导干部和公务员积极实践法治，才能给全社会确立法治精神的基础，才能鼓励和推动全社会崇尚法治、尊重法律、按规则办事的风气的形成。

再次，应当加强法治文化教育中的部门协调。就江苏的实践来看，应进一步推进和完善相关的联动协调机制，但更重要的是进一步解放思想，充分认识到法治文化建设的跨学科、跨领域特征，积极发掘社会各个层次的法治资源，从构建法治文化的整体架构角度出发，推进法治文化建设，强调对法治文化建设整体性和统一性的坚持与发展。

最后，应当从法治文化建设的角度，加强对社会主义核心价值观的研究和导入。在我国的制度实践和社会结构理想的条件下，"信仰法律"的目标不是空泛的，也不能简单用"普世论"去涵盖。任何一个法治社会下的"法治信仰"或"法律信仰"，通常都与其社会基本价值标准和价值观体系有着不可否认的密切关联。在社会主义法治体系下的法治理念和法治精神，应当是社会主义核心价值观在法律体系和法治实践中的体现。从这个意义上讲，法治文化建设的精神实质也应当与社会主义核心价值观保持统一性和连贯性，这个问题可以在一定程度上转化为关于法治和德治关系的分析。不过，我们应当指出，在现代社会条件下，法律和道德，法治价值与普遍的道德价值、政治价值之间都存在一定的分工和区别，因此，社会主义核心价值如何导入法治精神体系的构建，就是一个需要认真对待和进一步深入研究的问题了。而最终目的，则是要实现习近平总书记提出的要求，"使全体人民都成为社会主义法治的忠实崇尚者、自觉遵守者、坚定捍卫者，使尊法、信法、守法、用法、护法成为全体人民的共同追求"[1]。

---

[1] 习近平：《加快建设社会主义法治国家》，《求是》杂志2015年第1期。

Abstract

The blue book of Analysis and Prospect of Economic and Social in Jiangsu, as the annual development report, has been written by the Jiangsu Academy of Social Sciences since 1997. In order to deepen the study of economic, social and cultural issues of the new normal in Jiangsu, the blue book is expanded into three volumes in 2015. In 2016, the 3 volumes of the blue book of Jiangsu were first published.

The blue book of analysis and prospect of the social situation in Jiangsu is to analyze the socialdevelopment of Jiangsu that year, forecast the social situation of Jiangsu next year, and put forward the corresponding countermeasures, ideas and suggestions. This book is an analysis of social development in 2017 and an outlook for social development in 2018. The content of this book is divided into 6 parts. The first is the general report on overall research of Jiangsu social situation; The second part is the government reform and the party construction, which is about the research on the Party Construction in Jiangsu grass-roots level; the third part is the social modernization, which is to study the development of the livelihood of the people in Jiangsu; the fourth part is the new urbanization, which is about analysis of the urban and rural development of Jiangsu; the fifth part is the grass-roots social governance, which is to research the practice of governance in Jiangsu grass-roots areas; the sixth part is the construction of the rule of law in Jiangsu. It is expected that these research reports will provide some reference for the relevant departments to formulate social development policies.

Contents

I General Report

B. 1 Analysis and prospect of social situation in Jiangsu province
from 2017 to 2018
          Zhang Wei, Bao Lei, Ma Lan and Hou Mengting / 001

Abstract: In 2017, Jiangsu province actively adapted to the new normal of economic development, consciously practiced the new idea of development, paid more special attention to the supply side structural reform, pushed together "two concentrations one high" the new practice, speeded up the construction of new strong, rich beautiful, high Jiangsu. The building of a service-oriented, law-based and clean government was further strengthened, the construction of clean government and style of work was further accelerated. New measures have been taken to improve people's livelihood and the policy of "33 strategies" in enriching the people has been implemented. The level of equalization of basic public services has been increasing. A new pattern of urban and rural social governance has gradually taken shape. The pattern of ecological protection has been further improved, and positive progress has been made in the reform and innovation of the environmental protection system. In 2018, Jiangsu will firmly focus on promoting high-quality development and building a new Jiangsu. So, first it needs to focus on the following aspects. Second, it should improve the system and mechanism of community-level social governance and create a new pattern of pluralistic co-governance. Third, it should strengthen the construction of the system of ecological environmental governance and promotes the construction of ecological civilization. Fourth, it should strengthen discipline that will ensure and promote the building of a clean and honest party and government.

Keywords: Social Situation; Social Development; People's Livelihood; Social Governance

Ⅱ The Government Reform and The Party Construction

B.2 The present Situation and Countermeasures of Strengthening the Party Building of State-owned Enterprises in Jiangsu

Sun Xiaoyuan / 028

Abstract: Adhering to the leadership of the party and strengthening the construction of the party are the "roots" and "souls" of the state-owned enterprises. From the assets scale of the local state-owned enterprises in Jiangsu, the creation of the GDP ratio and the total profits, The position in the economic development is very important. In recent years, Jiangsu has actively explored the new path of Party organization construction in state-owned enterprises. To promote the deep integration of the party's leadership, the construction of the party and the reform and development of state-owned enterprises, The party's political and organizational advantages are planted as the competitive advantage and development advantage of the state-owned enterprises. At present, there are still some problems that can not be ignored in the party construction of the local state-owned enterprises in Jiangsu. It is necessary to further clarify the content and process of the party organizations in the state-owned enterprises to participate in the decision-making of major issues. To improve the Party committee's participation in major decision-making methods; The construction of the rule of law of state-owned enterprises is led by the construction of the rule of law party organization. Continue to promote the standardization and the rule of law of corporate governance; To promote the organic integration of the construction of party organization in state-owned enterprises and the reform and development of state-owned enterprises. To promote the organic combination of the supervision and guarantee duties of the Party committee and the Commission for Discipline Inspection of state-owned enterprises and the corporate governance.

Keywords: State-owned Enterprise; Party Leadership; The Construction of the Party

B. 3　Practice Progress and Optimization Path of Administrative Examination and Approval System Reform　　*Chen Peng* / 038

Abstract: The reform of the administrative examination and approval system involves the optimization of the power structure and the function adjustment of the government departments, which is regarded as a powerful grasp of the government's "self-revolution" and the reform of the administrative management system. Since the eighteen Party of the party, it has actively promoted the reform of the administrative examination and approval system with the urgent sense of urgency and the spirit of the courage to innovate, and has become the pioneer of the economic and social development of the whole province. In this process, we have focused on the two major initiatives of "517 reform" and the relatively centralized reform of administrative examination and approval power. The survey found that these explorations have formed three successful experiences: becoming an effective breakthrough in deepening the reform, grasping the "nose" of the reform of the examination and approval system, and constructing a scientific and reasonable modern administrative examination and approval system. On the whole, the reform of administrative examination and approval system in Jiangsu has effectively promoted economic and social development. But the results are still phased, and the reform measures "decentralization, fragmentation," "incomplete, unsmooth, and not in place" still exist. To this, it is urgent to make further expansion and promotion. Based on this, we should clarify the direction and basic principles, form the consensus of ideas, aim at key links in the key areas, form an effective breakthrough, perfect the complete supporting measures, form a closed chain, push the information technology to promote the deepening of the reform, and strengthen the tracking and supervision, and form a strong force mechanism, which are all the measures to be promoted.

Keywords: the Reform of the Administrative Examination and Approval System; the Power Structure; the Function Adjustment

B. 4 Research on the Present Situation of the Construction of the Grass-roots Party Organizations in Rural Areas in Jiangsu
Wang Li / 047

Abstract: This article depth analysis new challenges of party organization in rural areas; sum up the practice and exploration experience of the construction of rural grass-roots party organization in Jiangsu Province ; summary and analysis the outstanding problems existing in the construction of rural grass-roots party organization in Jiangsu Province Finally, it put forward pertinent countermeasures and suggestions on the construction of rural grass-roots party organization in Jiangsu Province through special research analysis

Keywords: Jiangsu; the Rural Party Organization; Transfer of Land Rights

B. 5 Consideration and Suggestion on Strengthening the Forum Construction of County Party Secretary *Wang Ting* / 054

Abstract: Hosting the forum of County Party Secretary is an innovative measure and a good platform to strengthenexecutions of counties, which reflects the provincial Party Committee pays great attention to the county's economic and social development. This innovative exploration is well accepted and highly commended by many county party secretaries. It is necessary to strengthen the forum construction in order to make it more effective. Therefore, based on the investigations and studies, suggestions on strengthening the forum construction of county party secretary has been proposed. Firstly, a diversified participant forum is expected to be established, which could help to expand the scope of communication. Secondly, the theme setting should be improved, which should be problem-oriented and more pertinent. Thirdly, the forum organization should be demand-oriented and the contents should be lively. Lastly, the forum operation should be effect-oriented and measures should be taken to enhance its effectiveness.

Keywords: Jiangsu; County Party Secretary; Work Forum; Suggestion

B. 6 Study on the Improvement of Cadre Incentive Mechanism and Fault-tolerant and Error Correction Mechanism in Jiangsu

Cheng Jing / 061

Abstract: The mechanism of fault tolerance and error correction is an important measure to encourage cadres to implement responsibility in the new developmental background. Jiangsu has established the new incentive mechanism decentralized in which fault behavior, fault tolerant program were provision. Certain results has achieved, but problems also exist in systematization and operationalization. So it is need to improve the policy effectiveness in the perspective of systematic and collaborative. In this process, we must make full use of the guiding function of classical case and build cultural atmosphere of tolerance of failure.

Keywords: Jiangsu; Cadre Incentive Mechanism; Fault-tolerant and Error Correction Mechanism

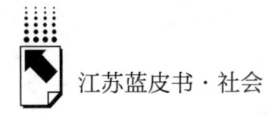

B.7 Promoting the Deep Integration of Power Lists and
Internet Government in Jiangsu Province   *Cheng Jing* / 071

Abstract: Internet government based on the power lists is an important means to promote the construction of legal government and service government. Relying on the standardized construction of power lists, Jiangsu has built a government service network take the form of flagship store which integrates administrative examination and approval, public services, complaints and suggestions. Aiming at the problems of data sharing and limited coverage, we should make use of the thinking of "system + technology", and further optimize the construction of Internet government platform based on the power lists.

Keywords: Jiangsu; Power Lists; Lnternet Government; Integration

Ⅲ The Social Construction

B.8 A Research on the Processes, Characteristics and
Countermeasures of Jiangsu Province's Modernization.
He Yu / 080

Abstract: Since the founding of new China, modernization has been a strategic goal of our socialist cause. While presenting common characteristics of China's roads, it also presents regional characteristics in the choice of modern roads. In general, with two external financial crises as the dividing line, the modernization of Jiangsu province can be divided into three stages: From reform and opening up to the Asian financial crisis; From Asian financial crisis to the U.S. debt crisis; From the U.S. debt crisis, especially since 2013 to now. Throughout the modernization of our province, there are three characteristics: Advances, balances and high levels. In the future, the countermeasures of promoting the modernization of our province to the new level include: to solve the "imbalance" from the balance and coordination of development, and the universality of the development results and the people's ability. There are three aspects to Crack "insufficient": the speed dimensions, the quality dimensions and the structural dimensions.

Keywords: Modernization; Jiangsu; Characteristics

B.9 Study on Theroute to Upgrade the Modernization
    Level of Jiangsu   *Meng Jing* / 089

Abstract: "Xi Jinping's report at 19th CPC National Congress" required that "In the first stage from 2020 to 2035, we will build on the foundation created by the moderately prosperous society with a further 15 years of hard work to see that socialist modernization is basically realized." On analyzing the situation of Jiangsu's economic development, living standard, social development, law construction and ecological condition, the article attempt to find the route to upgrade the modernization level of Jiangsu.

Keywords: Jiangsu; Construction; Modernization

B.10 "Thirteenth Five-year Plan" Population Development
     Trend and Countermeasures in Jiangsu   *Miao Guo* / 098

Abstract: During the "13th Five-Year Plan" period, Jiangsu's population development faces both opportunities and profound challenges. It is estimated that the working-age population aged 15 − 64 in the province will be reduced by 4 percentage points or 2.5 million, and the proportion of the total population will drop below 70% by the end of 2020. The labor force population of young and middle-aged people will have a larger decline. The labor force population aged 15 −24 will be reduced by 16% or 1.5 million people, and the 25 −44 −year −old labor force population will be reduced by 7% or 1.8 million. In the permanent population, the proportion of elderly people over 60 years old exceeds 20%, and they enter a moderately aging society. By the end of 2020, it will reach 22%. In addition to the aging of the low birth rate, the sex ratio at birth in Jiangsu has remained high for a long period of time, and the gender imbalance of young men and women aged 20 −35 has gradually become more prominent. In addition, both the old-age dependency ratio and the child dependency ratio have risen, and the burden of population support has increased. Comprehensively improve the overall quality of the population, continuously optimize the spatial layout of the population, actively respond to the aging of the population, promote the equalization of basic public services, promote the sharing and development of key populations, promote the coordinated and sustainable development of population and economy, society and resources, and accelerate human resources development. The province has changed from a strong human resources province, and it is necessary to step up reforms in terms of supporting measures to encourage the implementation of the two-child policy, actively responding to the aging of the population, and promoting non-domestic households to settle in cities and towns, laying the most important human resource foundation for an overall society.

Keywords: Jiangsu; Population Development; The Spatial Layout of the Population; Ageing with Fewer Children

B. 11 A Research about the Construction of Higher Quality People's Livelihood in Jiangsu Provence.　　　*He Yu* / 108

Abstract: People's livelihood is the most practical and important cause of the people. After reform and opening up of nearly 40 years of unremitting efforts and hard work, the cause of the people's livelihood in our province has entered a new historical position: building a new pattern of "the more solid people's life" cause; building higher level of people's livelihood; embarking on a new journey towards the development of a moderately developed country. "Imbalance" and "insufficient" are the main constraints which "meet the growing needs of the people" in the area of livelihood. According to the report the new requirements of the 19th congress of CCP, combining with the new orientation of Jiangsu, the construction of "more balanced and more fully" enterprise is the inevitable choice of modern enterprise: firstly we should follow the overall arrangements for the party central committee, scientific deployment of the development of the enterprises in our province "two stage" goals. Secondly, we should focus on the medium-term goals and develop a roadmap and timetable of the development. Thirdly, we should build a moderately prosperous society in all respects and build a cause of people's livelihood that is "more prosperous for the people". Fourthly, we should overcome the main contradiction between "unbalanced" and "insufficient". At last, we should adhere to the people-centered concept of development and push people's livelihood to a new stage.

Keywords: People's Livelihood; "two stage" goals; Jiangsu

B.12 Routes And Practice of Expanding Middle-income Groups in Jiangsu   *Fan Peipei* / 117

Abstract: Middle-income groups become more and more important to China, but the scale is still small compared with developedworld. Expanding middle-income groups can prevent China falling into the "middle-income trap". In Jiangsu, the resident income structure is disproportional to the economy, which discourages the consumption and sustainable development. Several suggestions for changing the adverse situation are as follows: first, stablizing the wage level of the middle, and raise the wage level for the low-income groups; second, transferring agricultural population to other industries; third, openning more channels for raising property income; fourth, encouraging innovation and startups through institutional arrangements.

Keywords: Middle-income Groups; Income Distribution; Property Incomes; Factor Payments Mechanisms

B. 13　The Aged Tendency of Population, New Characteristics and Solutions in Jiangsu Province　*Yao Xiaoxia* / 131

Abstract: The aged tendency of population has already been the social focus, and Jiangsu province is one of the earlier which are faced with aging population. This paper is proposed to scientifically analyze the future risks accompanied with aging population which is based on its status quo, new trend as well as new characteristics, and suggest some solutions dealing with the aging population in Jiangsu province.

Keywords: Aged Tendency of Population; Maintenance Ratio; Difference between Urban and Rural

B. 14　New Problems and Solutions of Old-Age Security System in Jiangsu　*Ma Lan* / 139

Abstract: The construction of old-age security system of Jiangsu province has achieved remarkable success in recent years, but there are also many deep-seated contradictions. Firstly, the divisions between different regions, different population, and between the urban and rural have not changed fundamentally. Secondly, the contradiction between income and expenditure of social insurance fund is prominent; Thirdly, the growth mechanism of pension is unscientific. These problems bring challenges to the sustainability of the old-age security system. During the 13th Five-Year pension, the system should be more scientific, and gradually move toward to a more equitable, continuous, efficient direction. In order to achieve the above purpose, the following measures should be taken. The most important is to perfect the pension system of the three pillar. Furthermore, a scientific pension growth mechanism should be established, the overall level needs to be improved, the support network for old-age security should be expanded andthe border of government responsibility is clear.

Keywords: Old-age Security System; Equity; Sustainability

B. 15 Study on the Countermeasures of Promoting Green

Lifestyle in Jiangsu *Guo Yuyan* / 149

Abstract: Since the eighteenth national Congress, theCommunist Party of China central committee attaches great importance to the ecological civilization construction and environmental protection. The ecological civilization construction has been incorporated into the overall layout of the "five in one" overall layout, and puts forward the five development philosophy (innovation, coordination, green, open and sharing). As a major industrial province, jiangsu province, the traditional economic development model has intensified the contradiction between resource environment and economic development, the current resources and environment problem has become a bottleneck restricting the development of green economy and society in jiangsu. The transformation of the model of production and lifestyle is imminent. In recent years, Jiangsu has made some achievements in green life. But there are some problems, such as the concept of green life has not yet been deeply rooted in the hearts of the people, the green lifestyle has not yet been formed, and the relevant regulations and regulations are not sound. To solve these problems properly, we should promote the good results of green life.

Keywords: Greenlifestyle; Jiangsu; Resources and Environment

B. 16 Preventing and Resolving the Social Risk of

Environmental Pollution in Jiangsu *Yue Shaohua* / 158

Abstract: Inthepaper of 19th CPC National Congress, general secretary Xi Jinping pointed out that we should resolutely fight against major risks, accurate poverty alleviation and pollution prevention. At present, the contradiction between the rapid development of Jiangsu's economy and society and the carrying capacity of resources and environment is more prominent. Some structural and regional environmental problems have not been fundamentally solved, and the ecological risk is relatively serious. Water resources, soil, air pollution and the layout of the petrochemical park are the main manifestations of the ecological risk. Social groups and public participation are the key factors for the transformation of ecological risk to social risk. Now, the social risks of environmental pollution are mainly in the following categories: the antagonism between the masses and illegal enterprises, the group struggle caused by the "proximity avoidance" effect, the group protest caused by traffic accidents, and the mass panic caused by rumors. These kinds of risks involved play a greater impact on social stability. We must strengthen risk prevention awareness, build a strong security defense. Firstly, we should strengthen the solution of environmental pollution and risk investigation; Secondly, establish and improve the social risk assessment system of environmental pollution; Thirdly, increase the cultivation of environmental protection social organizations; Finally, improve the government's ability to guide the spread of social risk networks.

Keywords: Jiangsu; Environmental Pollution ; Social Risk

B. 17 Study on Innovative Development of Private Enterprises in Jiangsu *Guo Yuyan* / 165

Abstract: Jiangsu private enterprises play an important role in the economic development of the whole province. Its contribution to economic aggregate is increasing year by year. The 18th national congress of the communist party of China has put forward the five development concepts of innovative development, coordinated development, green development, open development and Shared development. After years of development, the private enterprises in jiangsu have made remarkable achievements. But there are some significant problems with innovation and development, such as Less benchmarking enterprises, limited investment, insufficient technological innovation, poor financing channels and heavy tax burden. It is necessary to solve the problems that affect the innovation and development of private enterprises, so as to develop the private enterprises.

Keywords: Jiangsu; The Private Enterprise; Innovation; Financing Channels

B. 18　Studyand Measurement onReal Estate Long-term

　　　 Control Mechanism in Jiangsu　　　　　　 *Miao Guo* / 173

Abstract: Housing is a livelihood project that concerns millions of families who live and work in peace and contentment, and is one of the key areas of local government's macro-control. During the "Thirteenth Five-Year Plan" period, as the Jiangsu economy gradually moved from the middle-income stage to the high-income stage, the structure of housing supply and demand changed significantly. Under the background of building a well-to-do society in an all-round way, the needs of "residential well-to-do" and current real estate There are many deep-seated contradictions among regulatory policies: First, the number of indicators such as living space is no longer sufficient to meet the growing residential needs of residents, and there is ample room for improving the quality of living, and secondly, the arbitrariness and volatility of the control policies are tight. "Single price index" of the single control mode can not maintain the continuity and stability of the real estate market regulation and control policy; Third, as the regional market features obvious areas, fragmentation of the regulatory policy is not conducive to stabilizing market expectations, "sub-city policy", "according to local conditions" The means of regulation and control make the long-term real estate control system at the provincial level still need improvement. ⋯

Keywords: Jiangsu; Real Estate Regulation; long-term Mechanism

B. 19　Progress in the Construction of Multi Level Social Security

　　　 System in Jiangsu And Countermeasures　 *Zhang Chunlong* / 183

Abstract: 18th CPC National Congress report, "We will act on the policy requirements to help those most in need, to build a tightly woven safety net, and to build the necessary institutions, as we work to develop a sustainable multi-tiered social security system that covers the entire population in both urban and rural areas, with clearly defined rights and responsibilities, and support that hits the right level." which is a new discussion, pointed out the direction and tasks for social security reform and development of the next stage. In recent years, the multi-tiered social security system of Jiangsu has achieved great development. The construction of social security system has achieved remarkable results, generally at the forefront of the country, the pension, health care and subsistence allowances as the focus of the social security, the system has achieved full coverage, achieved wide coverage in the crowd. At the same time, the development of the urban and rural social security system has made great progress, and the level of social security treatment has been steadily improved. However, the fragmentation and fairness of the social security system in Jiangsu has been gradually highlighted with the deepening of the reform of the security system. According to the actual situation of Jiangsu, it is foreseeable that the fairness and sustainability of the social security system will be the key content of the social security reform in Jiangsu.

Keywords: Jiangsu; Multi Level; Fragmentation; The Multi-tiered Social Security System

Ⅳ The New Urbanization

B.20 The Main Progress and Countermeasures of Integrating the City and Industries in Jiangsu　　*Xu Qin, Lv Yechen* / 193

Abstract: With the development of new-type urbanization, the philosophy of constructing Economic and Technological Development Zones (ETDZs) also evolves from separating them from cities towards integrating, so that cities and ETDZs can mutually support each other and co-develop. This paper reviews the process of applying the idea of integrating ETDZs and cities in Jiangsu Province; the paper concludes, mainly via the case of the comprehensive reform based on this idea in Changzhou, three main policies of integration, including adjusting city planning to accommodate spaces for different functions such as living and servicing, improving infrastructures such as transportation and IT to bridge industries and cities, and strengthening public services to build living and working friendly cities. Lastly, this paper proposes three directions of policies to further make the idea of integration into effect in the reality: integrating manufacturing, living, and planting spaces, upgrading city infrastructures and management capacities, and improving the supply and the guarantee of public services.

Keywords: Integrating the City and Industries; Iindustrial Development; Livable Cities

B. 21　The Current Situation and Promotion Countermeasures of
　　　　Market-oriented Towns in Jiangsu　　　　　　　*Xu Qin* / 203

Abstract: There is a significant amount of famous market-oriented towns in Jiangsu Province, many of which have clear specialties and widespread influence because of the scale of their market transactions. As the wave of building "Characteristic Towns" advancing, the market-oriented towns started to transform into this new type. Compared to the qualifications of characteristic towns, the market-oriented towns have some obvious features to be noticed: prosperous yet structurally outdated industries, flourishing but spatially disordered markets, and relatively poor public services. Therefore, to resolve these issues and thus cultivate a number of characteristic towns, the towns have to upgrade their goals and functions in the city planning, focus on improving their environments, and strengthen their public services.

Keywords: Market-oriented Towns; Characteristic Towns; Environmental Quality of Towns; Public Service

B. 22　The Present Situation, Short Board and Countermeasure of
　　　　Beautiful Countryside Construction Jiangsu　　*Sun Yunhong* / 211

Abstract: The construction of beautiful countryside is an objective requirement to build a beautiful China and implement the strategy of rural revitalization. It is also an embodiment of the important thought of "green water and green mountains". In recent years, Jiangsu through beautiful countryside construction, rural infrastructure construction has become increasingly perfect, effective ecological environment governance, speeding up transformation and upgrading of rural tourism, the basic public service level gradually improve. However, there are some shortcomings in the construction of beautiful countryside, such as lack of cultural resources in traditional villages, lack of participation of villagers' subjectivity, insufficient industry support and relatively unitary capital investment. To this end, we should guide the construction of beautiful countryside with the urban and rural integration plan, and highlight the cultural characteristics of traditional villages. To promote the development of rural industries with ecological and enriching people, to play the role of the villagers; To support the construction of beautiful countryside with diversified funds, and promote equal coverage of infrastructure and public services; Efforts to improve rural living environment; We will foster a new mode of cultural harmony.

Keywords: Beautiful Countryside; Ecological Environment; Rural Tourism; Jiangsu

B.23 Routes and Practice of Rural Revitalization in Jiangsu

Fan Peipei / 222

Abstract: Rural revitalization, set by the Central as a national strategy, will deeply remold the urban-rural relations and development. The strategy focuses on modernization of industry and agiculture, and coordination of urbanization on different levels, promoting and streamlining the elements flow. Some rural areas in Jiangsu encounter development difficulties, such as limited land rights, small-scale farming, imperfect and fiscal arrangement. This paper comes up with several suggestions for rural revitalizaton: first, integrating development of different industries to increase famers' revenues; second, proceeding the revitalization step by step; third, making metropolis as development engines; fourth, encouraging startups in rural areas and cultivating new farmers; fifth, perfecting land laws and protecting farmers' property rights; sixth, carefully planing the revitalization with proper institutions and mechanisms; finally, rebuilding community culture to breed endogenous stimulus.

Keywords: Rural Revitalization; Industries; Talents; Integrated Development

B. 24 Countermeasure Study on Promoting the Integration and High Quality Balanced Development of Urban and Rural Compulsory Education in Jiangsu   *Han Hailang* / 232

Abstract: In recent years, Jiangsu powerfully advanced weak-school improvement, strengthened the care of left-behind children and the teachers' job-rotation policy in compulsory education schools, effectively promoted the integration and high quality balanced development of urban and rural compulsory education. The main questions now include: Time is limited and task is heavy in weak-school improvement, Shortage of staff and funds in the care of left-behind children, Great resistance and more difficult in the reform of teachers' job-rotation. The next few years, we should pay more attention to software construction in weak-school improvement; Increase the staffing and financial fund in the care of left-behind children; Deepen reform of the systems and mechanisms on teachers' job-rotation.

Keywords: Weak-school Improvement; Care of Left-behind Children; Teachers' Job-rotation Policy

B. 25 CurrentSituation, Problems and Counter-measures of Accurate Financial Poverty Alleviation in Jiangsu   *Tang Wenhao* / 243

Abstract: To take targeted measures in poverty alleviation is a necessary requirement in the era of post poverty alleviation and development. Poverty alleviation credit, poverty alleviation insurance and financial infrastructure construction have established a financial safety net for poor farmers and relieved the problem of development capital shortage. This article will summarize the specific Financial Precision Poverty Alleviation measures taken by Jiangsu Province and its achievements which is made in recent years, analyze its current situation and existing problems in poverty alleviation credit, poverty alleviation insurance and financial facilities construction, and put forward some relevant measures and suggestions.

Keywords: Finance; Poverty Alleviation; Jiangsu Province

V The Grassroots Social Governance

B. 26 The Present Situation, Problems and Countermeasures of Grass-roots self-government in Jiangsu.　　*Su jin* / 252

Abstract: adhering to and improving the system of grassroots self-government is an important part of the construction of socialist democracy with Chinese characteristics in the new era. In recent years, the practice of self-government of grass-roots people in various parts of jiangsu has developed in an orderly way, and some areas have explored and innovated, which has provided the whole province with experience for reference. At present, the following problems still need to be solved: some grassroots party organizations have weakened the leading role of grass-roots autonomy; There are mutual constraints between various grassroots organizations; The effective realization of the interests of the masses in the autonomous activities is not yet in place; The standardization of local autonomous activities and the uneven level of the rule of law exist in the non-system participation problem. To this end, the following Suggestions are put forward: uphold the leadership of the party and give full play to the leading role of grass-roots party organizations in the autonomy of grass-roots masses; Adhere to the system governance, and form a positive synergy of multi-subject collaborative governance; We should uphold the status of the people and promote the utility of self-government activities in safeguarding the rights and interests of the masses. We will adhere to the rule of law and incorporate all kinds of autonomous activities into the path of the rule of law and purify the political ecology at the grassroots level.

Keywords: Grassroots Self-government; Local Governance in Jiangsu Province

B. 27 Governance in "Village-to-Community" ofJiangsu Province: Current situation, Problems and Countermeasures.
Fei Jun / 262

Abstract: the community construction of "Village-to-Community" in Jiangsu province started earlier, forming three main forms in concrete practice: the whole village resettlement, the village regroup and the village house merge type. Community governance is an important part of the "Village-to-Community" community building. The "Village-to-Community" community governance highlights the role of the party, give full play to the three clubs linkage mechanism, and explores the "center + community" new mode of community governance. Of course, at present in jiangsu province "Village-to-Community" community governance still has many problems, need to perfect relevant policies and measures in the next stage, so as to promote the modernization of local governance.

Keywords: Village-to-Community; Community Governance; Jiangsu Province

B. 28 Study on the Social Mentality Ofnew Social Stratum in Jiangsu
Hou Mengting / 270

Abstract: As the product of reform and opening up, new social stratum has become the important social groups in our citizens. This group is becoming younger, better-educated and professionally. Their social mentality showed the following characteristics: the strong sense of crisis, but full of confidence in the prospects for future. Degrade themselves and think unable to share theachievements of development. Smallcircles and higher cultural identity. Higher social responsibility. To view the internet as the main channel for social participation. Approve the national policy but be critical to the society.

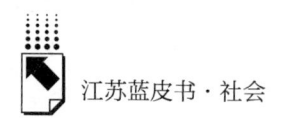

Keywords: New Social Stratum; Social Mentality; United Front

B.29 Research on the Work Mode of the New Social Stratum in Jiangsu *Zhang Wei, Hou Mengting and Sun Yunhong* / 278

Abstract: The United Front departments of Jiangsu are actively exploring new ways of work on internet, exploring the working pattern of building "big networks, big media and United Front", building a new work platform and exploring a new mode with regional characteristics. Itexists the following problems: lack of interactive features of the platform; content is lack of attraction and appeal; can not adapt to the new requirements of the development of the Internet; lack of new research on four groups. The United Front work must combine online and offline communication, link platform construction with content construction, study the social mentality, guide them to serve the people by their knowledge.

Keywords: Jiangsu; New Social Stratum; United Front

B.30 Measures and Suggestions on Promoting Rural Property Rights Reform and Legal Protection in Jiangsu Province

Xu Jing / 286

Abstract: The reform of the collective property rights in rural areas is being actively promoted. Jiangsu Province is one of the provinces with a developed economy. The rural collective economy is relatively developed. The reform of collective property rights started earlier. In response to the absence and conflict of supporting laws and the incompleteness of "separation of politics and economics" and the unsound governance structure of collective economic organizations and underdeveloped rural property rights trading markets in deepening the reform of rural collective property rights, measures suggestions have been proposed.

Keywords: Collective Economic Organization in Rural; Property Right Reform; Legal Protection

B. 31 Progress and Policy Proposals for Jiangsu to Make a Mutual Building Governing and Sharing Social Governance Pattern

Yue Shaohua / 295

Abstract: The new pattern of social governance will gradually lead to the modernization of social governance and national governance. Since the 18th CPC National Congress, Jiangsu has enriched the connotation of social governance through innovative practices such as "entirely visit" and "grid management". However, there are still some problems, such as the shortage of the people's livelihood, and the lack of the function of the social organization. At present, to strengthen social management and innovation is the key and new power to the construction of "Strong Rich Beautiful High" new Jiangsu, also to open a new journey of the construction of socialist modernization. It is necessary to improve co-construction, promote the service of the people's livelihood, co-governance, cultivate the main body of multiple governance, and accelerate the construction of the public security system.

Keywords: Mutual Building Governing and Sharing; Social Governance; Jiangsu

B. 32　The Route to Upgrade the Social Governance Level
　　　　of Jiangsu　　　　　　　　　　　　　　　*Meng Jing* / 304

Abstract: "Xi Jinping's report at 19th CPC National Congress" required that "Establishing a social governance model based on collaboration, participation, and common interests ". On analyzing the situation of Jiangsu's social development, the article attempt to find the route to upgrade the social governance level of Jiangsu.

Keywords: Jiangsu; Social Governance; Route

B. 33　Study on Problems and Countermeasures of Urban
　　　　Community Governance in Jiangsu Province
　　　　　　　　　　　　　　　　Zhang Wei, Tang Wenhao / 312

Abstract: Improving the urban and rural community governance system is a necessary prerequisite for ensuring the well-being of the people and the harmony and stability at the grass-roots level. It is an important measure for the country to deepen the reform of the political system. As a nationwide socio-economically developed province, Jiangsu has taken the lead role in the innovation of urban and rural grass-roots community governance. The system has achieved remarkable results. However, the current community governance in Jiangsu has problems in the participation rate, the integration of service resources, the construction of information, and the capacity of social workers. The corresponding policy recommendations are proposed in this paper.

Keywords: Urban and Rural; Grass-root Community Governance; Jiangsu Province

B. 34 The real Dilemmas and the Countermeasures of Democratic Self-government in Rural Areas of Jiangsu Province
Cheng Jie / 321

Abstract: General Secretary Xi Jinping proposed in the report of the 19th CPC National Congress that it should fully promote the development of deliberative democracy at the grassroots level and strengthen the establishment of deliberative democracy system. As the rapid development of rural economy, the rural areas of Jiangsu province has witnessed significant development in democratic politics. However, in some rural areas, it still exists many issues as follow: the institutional lapses in the "rural relations" and "two-committee relations"; the uneven distribution of the representative of farmers; the heavy emphasis on equitable predicament in the "elite"; deliberative democracy is weak in technical design or operability, or has fallen into the problems of strumentalization; weak social foundation of consultation culture and self-organizational development. Therefore, it is necessary to clarify the responsibilities and powers between "rural relations" and "two-committee relations" and give village committees sufficient self-government rights; to promote the transformation of deliberative democracy from technical democracy to substantial democracy; to build rural civic culture and combine the traditional morality enlightenment and the public rationality culture; to further promote institutional innovation, promoting the village committee members elected as the people's congress deputies to achieve the legitimacy of their identity, and promote the institutionalized development of rural deliberative democracy.

Keywords: Jiangsu Rural Area; Deliberative Democracy; Effective Participation

B. 35 The Progress, Problems and Countermeasures of the Rule of Law Society in Jiangsu Province *Zhang Chunli* / 331

Abstract: The construction of the rule of law society is an important part of the construction of the rule of law in China. It is also an important part of the construction of the rule of law in Jiangsu province. At present, there are fruitful achievements in the construction of the rule of law society in Jiangsu province, in the lead in the nation. The first, we have established the index system of the construction of legal society; The second, the full mobilization of the teachers will be fully involved; The third, further strengthening the theoretical study of legal society. But there are some key and difficult problems, we need to work hard to solve. The first, deepen legal education, and further establish the legal authority of the public. The second, we should strengthen the organization of grassroots autonomous organization and improve the organization and protection of the legal society. The thirds, play the role of all kinds of norms and strengthen the rule of soft law of legal society. Promoting the construction of the rule of law society in Jiangsu province, and then to the new steps.

Keywords: Law Society; The Construction of the Rule of Law; Franco-Prussion

B.36 The Development Status, Problems and Countermeasures of Social Organizations in Jiangsu Under the Vision of Legal Society *Zhang Wei, Wang Ye* / 339

Abstract: In 2017, party committees and governments at all levels in Jiangsu province attached great importance to the development and management of social organizations, further deepening the reform of the management. It creates a great environment for social organizations to improve cultivation and development furtherly and the comprehensive supervision system for social organizations has been further improved. The overall development trend of the social organization is in a leading position in the country, forming a development focus with distinctive characteristics of Jiangsu province. According to the survey, the level of social organization development in Jiangsu province is still not high, and the development of different regions and types of social organizations is unbalanced, and the contribution to economic, social and cultural development is not enough. So, the research group proposed countermeasures to guide and standardize the healthy development of social organizations in Jiangsu province. Firstly, to highlight the status of social organization charter, promoting the healthy development of social organizations. Secondly, to promote the establishment of the province's social organization work coordination mechanism. Thirdly, to further improve the social organization cultivation support policy. Findly, not only to strengthen social organization assessment but also to introduce the competition mechanism and strengthen the exit mechanism.

Keywords: Federal Society; Social Organization; Development; Suggestions

Ⅵ The Rule of Law in Jiangsu

B. 37 New ideas of the construction of the rule of law in
Jiangsu Province during the new era

Qian Ningfeng / 349

Abstract: the basic guiding ideology of the rule of law in Jiangsu Province during the new era is to further promote the construction of the rule of law in Jiangsu Province under the guidance of Xi Jinping's new socialist ideology with Chinese characteristics. Combined with the nineteen major reports of the Communist Party and the experience of the rule of law in Jiangsu Province, it is necessary to start from the following four aspects. First, improve the construction and organization leading system of the rule of law in Jiangsu so as to achieve the cohesive force of the the Party committee's Governance according to law and the leading group of the government's administration according to law. Second, establish the thinking of system construction, realize the framework of the rule of law as a whole. The three is to highlight the "Internet +" mode, promote construction of the rule of law in Jiangsu Province by the modern information technology. The four is to realize the integration of the rule of law into the local governance.

Keywords: the New Era; the Rule of Law; Jiangsu Province

B. 38 Research on the Fully Modification of the "Regulations on the Administration of Economic and Technological Development Zone in Jiangsu Province" *Fang Ming* / 359

Abstract: The "Regulations on the Administration of Economic and Technological Development Zone in Jiangsu Province", which adopted in 1986, has completely failed to meet the requirements of the new stage and the new situation of economic development, the lagging legislation has seriously hampered the construction and development, transformation and upgrading of the Jiangsu Development Zone. It is suggested that to fully modify "Regulations on the Administration of Development Zone", focus on further promoting the Development Zone to identify its development orientation, change the mode of development; innovate the management system, reform the operating mechanism; gather high-quality innovation resources and advance industrial transformation and upgrading; expand new space for opening up to the outside world and elevate the level of open economy in all directions; emphasize green intensive use and develop low-carbon recycling economy; optimize the business environment and innovate the financial service system; carry on the system innovations such as improve the system of assessment and evaluation, and increase the intensity of supervision and inspection, so as to consolidate the legal basis for the Development Zone to comprehensively enhance quality and efficiency, and realize transformation and upgrading.

Keywords: "Regulations on the Administration of Economic and Technological Development Zone in Jiangsu Province"; Fully Modification; Transformation and Upgrading

B. 39 Research on the Current situation, Problems and Countermeasures of Advancing the Joint Work of Administrative Law Enforcement and Criminal Justice in Jiangsu Province　　　　　　　　　　 *Liu Wei* / 369

Abstract: In 2014, the "Measures for the Implementation of the Coordination of Administrative Law Enforcement and Criminal Justice in Jiangsu Province" was formally introduced. All regions and departments in the province combined with the documents required to deploy the Linkage work in time, and the two laws were connected to obtain work. The working mechanism of coordinating the "two-law linking" work organization is clear and effective, the "two-law linking" systemic working mechanism is fully promoted, and the "two-law linking" work information platform is completed and operated. The "two-law linking" work supporting protection mechanism actively follows up. In the process of advancing, there are still some problems that need to be solved. The leadership and implementation mechanism of the work needs to be further optimized, the law enforcement standards for administrative law enforcement and criminal justice need to be further improved, the operational effectiveness of the "two-law linking" information sharing platform not fully realized, and the supporting support for the "two-law linking" work The mechanism needs further optimization. It is necessary to further advance the work from the following aspects: to further improve the leadership system of "two-law linking", to consider clear local party committees as leading bodies, to further improve the standards for the transfer of cases and standards of evidence, and to integrate further reforms of the national supervision system. We will improve the supervision mechanism for "two-law linking" and further refine the "two-law linking" working mechanism and safeguard mechanism.

Keywords: Administrative Enforcement; Criminal Justice; Joint Mechanism

B. 40　The Present Situation of Administrativelitigation in

　　　　Jiangsu Province and its Promotion to the Government

Li Xiaohong / 379

Abstract: The revision of the *administrative litigation law* has had a great influence on the administrative litigation work. In recent years, the amount of administrative litigation cases in Jiangsu province is still increasing, but the overall trend is stable, the types of cases are gradually diversified and some courts had begun to take control over this kind of cases intensively. The procuratorial organization had been increasing their supervises ability on administrative litigation activities . The legal service of the lawyers is keep going professional. In order to make the government work better, the administrative litigation should do the following: First, the courts should promote the concept of justice and strengthen judicial supervision over administration. Second, the courts should adhere to the rule of innovation, optimize the supervision conditions of the administration. Third, the judges, the court prosecutors and the lawyers should do what they should do and use the right way to communicate with the government , in order to improve the government's level on rule of law.

Keywords: Jiangsu; Administrative litigation; Law-based Administration; The Government Under the Rule of Law

B. 41　Suggestions on the Prosecution of Public Interest Litigation

　　　　by the Procuratorial Organs of Jiangsu　　*Zou Chengyong* / 389

Abstract: Public interest litigation is the new function of the procuratorial organs of our country. It is put forward by the party in the fourth Plenary Session of the 18th CPC Central Committee to explore the establishment of public interest litigation system by procuratorial organs. As a pilot province of public interest litigation, Jiangsu has made a positive exploration to the public interest litigation of the procuratorial organs. At present, there are still some problems in procuratorial organs' public interest litigation, while analyzing the problems, it also puts forward some suggestions for further improving the public interest litigation in Jiangsu.

Keywords: Procuratorial Organs; Public Interest Litigation; Civil Litigation

B. 42 The Legislative Practice and Improving Suggestions of Strengthening Personal Information Protection in Jiangsu Province *Niu Bowen* / 397

Abstract: Jiangsu has continuously strengthened the personal information protection, especially in the aspect of legislation. To develop the personal information protection relevant laws and regulations, such as information disclosure, buying and selling cases of infringement of citizens' rights and interests of information provides a concrete and workable legal basis. On September 23, 2011, the informatization regulations in Jiangsu province became the first comprehensive local law in Jiangsu province. At present, the perspective of information content and the protection of personal information content of Jiangsu personal information protection legislation is various; From the perspective of information flow, the whole process of personal information transfer is protected. From the point of view of distinguishing the subject of responsibility, it is necessary to distinguish between the state organs and non-state organs in obtaining personal information illegally. However, in terms of personal information classification, civil relief channels and professional legislation, there is still room for improvement in the legislation of personal information protection in Jiangsu province. In the process of improving the personal information protection legislation in the future, it can consider to improve personal information classification grading, a professional in the field of personal information protection laws and regulations, developing the national office to collect, using, processing and transmission of personal information to process specific personal information protection law, to perfect the relevant civil relief channels.

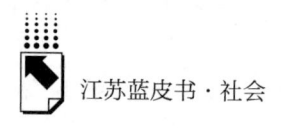

Keywords: Jiangsu; Personal Information Protection; Local Legislative

B. 43 The Achievements, the Coming Challenge and the Deepening Methods to form Soft Power by the Construction of the Culture of the Rule of Law in Jiangsu *Lin Hai* / 406

Abstract: The Nineteenth CPC Congress elaborately explained how the role of the Socialist Legal Culture should play in the construction of Socialist Rule of Law Institution with Chinese characteristics. Based on this spirit, Jiangsu has combined its many years' practical experience in the rule of law and proposed that the soft power of the rule of law should be taken as the core value of the competitiveness. As an important part of the construction of the rule of law, the practice of the culture of the rule of law in Jiangsu has gradually changed from the education to explain the articles of the legal system, to the construction of the culture of the rule of law on the spread of the spirit and thinking-way of the rule of law, and has made outstanding achievements in the specific construction of it. Under the new historical background, how to promote the construction of the rule of law culture should be regarded as a new challenge and opportunity for the development of the rule of law to play an important part in the rule of law's soft power building, from the transformation from outside form to inside content, from the basically systematical construction to the building of core value system. The objective to consider the issue of the soft power of the rule of law from the perspective of the overall value building, should be thought as a way that deserves seriously treatment.

Keywords: the Construction of the Culture of the Rule of Law; Jiangsu; the Core Value of the Competitiveness

社会科学文献出版社　皮书系列

❖ 皮书起源 ❖

"皮书"起源于十七、十八世纪的英国，主要指官方或社会组织正式发表的重要文件或报告，多以"白皮书"命名。在中国，"皮书"这一概念被社会广泛接受，并被成功运作、发展成为一种全新的出版形态，则源于中国社会科学院社会科学文献出版社。

❖ 皮书定义 ❖

皮书是对中国与世界发展状况和热点问题进行年度监测，以专业的角度、专家的视野和实证研究方法，针对某一领域或区域现状与发展态势展开分析和预测，具备原创性、实证性、专业性、连续性、前沿性、时效性等特点的公开出版物，由一系列权威研究报告组成。

❖ 皮书作者 ❖

皮书系列的作者以中国社会科学院、著名高校、地方社会科学院的研究人员为主，多为国内一流研究机构的权威专家学者，他们的看法和观点代表了学界对中国与世界的现实和未来最高水平的解读与分析。

❖ 皮书荣誉 ❖

皮书系列已成为社会科学文献出版社的著名图书品牌和中国社会科学院的知名学术品牌。2016年，皮书系列正式列入"十三五"国家重点出版规划项目；2013~2018年，重点皮书列入中国社会科学院承担的国家哲学社会科学创新工程项目；2018年，59种院外皮书使用"中国社会科学院创新工程学术出版项目"标识。

权威报告·一手数据·特色资源

皮书数据库
ANNUAL REPORT(YEARBOOK) DATABASE

当代中国经济与社会发展高端智库平台

所获荣誉

- 2016年，入选"'十三五'国家重点电子出版物出版规划骨干工程"
- 2015年，荣获"搜索中国正能量 点赞2015""创新中国科技创新奖"
- 2013年，荣获"中国出版政府奖·网络出版物奖"提名奖
- 连续多年荣获中国数字出版博览会"数字出版·优秀品牌"奖

成为会员

通过网址www.pishu.com.cn访问皮书数据库网站或下载皮书数据库APP，进行手机号码验证或邮箱验证即可成为皮书数据库会员。

会员福利

- 使用手机号码首次注册的会员，账号自动充值100元体验金，可直接购买和查看数据库内容（仅限PC端）。
- 已注册用户购书后可免费获赠100元皮书数据库充值卡。刮开充值卡涂层获取充值密码，登录并进入"会员中心"—"在线充值"—"充值卡充值"，充值成功后即可购买和查看数据库内容（仅限PC端）。
- 会员福利最终解释权归社会科学文献出版社所有。

卡号：688831414966

数据库服务热线：400-008-6695
数据库服务QQ：2475522410
数据库服务邮箱：database@ssap.cn
图书销售热线：010-59367070/7028
图书服务QQ：1265056568
图书服务邮箱：duzhe@ssap.cn

S 基本子库
SUB DATABASE

中国社会发展数据库（下设12个子库）

全面整合国内外中国社会发展研究成果，汇聚独家统计数据、深度分析报告，涉及社会、人口、政治、教育、法律等12个领域，为了解中国社会发展动态、跟踪社会核心热点、分析社会发展趋势提供一站式资源搜索和数据分析与挖掘服务。

中国经济发展数据库（下设12个子库）

基于"皮书系列"中涉及中国经济发展的研究资料构建，内容涵盖宏观经济、农业经济、工业经济、产业经济等12个重点经济领域，为实时掌控经济运行态势、把握经济发展规律、洞察经济形势、进行经济决策提供参考和依据。

中国行业发展数据库（下设17个子库）

以中国国民经济行业分类为依据，覆盖金融业、旅游、医疗卫生、交通运输、能源矿产等100多个行业，跟踪分析国民经济相关行业市场运行状况和政策导向，汇集行业发展前沿资讯，为投资、从业及各种经济决策提供理论基础和实践指导。

中国区域发展数据库（下设6个子库）

对中国特定区域内的经济、社会、文化等领域现状与发展情况进行深度分析和预测，研究层级至县及县以下行政区，涉及地区、区域经济体、城市、农村等不同维度。为地方经济社会宏观态势研究、发展经验研究、案例分析提供数据服务。

中国文化传媒数据库（下设18个子库）

汇聚文化传媒领域专家观点、热点资讯，梳理国内外中国文化发展相关学术研究成果、一手统计数据，涵盖文化产业、新闻传播、电影娱乐、文学艺术、群众文化等18个重点研究领域。为文化传媒研究提供相关数据、研究报告和综合分析服务。

世界经济与国际关系数据库（下设6个子库）

立足"皮书系列"世界经济、国际关系相关学术资源，整合世界经济、国际政治、世界文化与科技、全球性问题、国际组织与国际法、区域研究6大领域研究成果，为世界经济与国际关系研究提供全方位数据分析，为决策和形势研判提供参考。

法律声明

"皮书系列"(含蓝皮书、绿皮书、黄皮书)之品牌由社会科学文献出版社最早使用并持续至今,现已被中国图书市场所熟知。"皮书系列"的相关商标已在中华人民共和国国家工商行政管理总局商标局注册,如LOGO( )、皮书、Pishu、经济蓝皮书、社会蓝皮书等。"皮书系列"图书的注册商标专用权及封面设计、版式设计的著作权均为社会科学文献出版社所有。未经社会科学文献出版社书面授权许可,任何使用与"皮书系列"图书注册商标、封面设计、版式设计相同或者近似的文字、图形或其组合的行为均系侵权行为。

经作者授权,本书的专有出版权及信息网络传播权等为社会科学文献出版社享有。未经社会科学文献出版社书面授权许可,任何就本书内容的复制、发行或以数字形式进行网络传播的行为均系侵权行为。

社会科学文献出版社将通过法律途径追究上述侵权行为的法律责任,维护自身合法权益。

欢迎社会各界人士对侵犯社会科学文献出版社上述权利的侵权行为进行举报。电话:010-59367121,电子邮箱:fawubu@ssap.cn。

社会科学文献出版社